Lebenslang lernen

Band 3

Lebenslang lernen

Band 3

Herausgegeben von
Prof. Dr. Una M. Röhr-Sendlmeier

Lebenslang lernen

Lernen beginnt sehr früh im Lebenslauf. Bereits das Neugeborene zeigt erstaunliche Anpassungsleistungen etwa an die Mimik seiner sozialen Umgebung, und schon im Alter von wenigen Monaten imitiert das Kind die Sprachlaute seiner Bezugspersonen. Ein solcher dialogischer Prozess der Interaktion zwischen Individuum und Umwelt bringt die Lernentwicklung des Einzelnen entscheidend voran. Angeborene Dispositionen, Umweltcharakteristika und die je individuelle Entscheidung, Lernangebote aufzugreifen und Lernsituationen aufzusuchen, bestimmen die Lerngeschichte eines Menschen.

Lange war die Auffassung verbreitet, ein Kind erreiche die nötige Reife von selbst, wenn es sich nur in einem möglichst ungestörten Rahmen entfalten könne. Seit den 70er Jahren des vergangenen Jahrhunderts hat sich jedoch die Überzeugung durchgesetzt, dass die Entwicklung des Kindes durch vielfältige, auf seine Möglichkeiten abgestimmte Lernangebote begünstigt werden kann. Die Förderung individueller Fähigkeiten und die Bereitschaft zu lernen, rückten in den Mittelpunkt der wissenschaftlichen Betrachtung.

Auch in Bezug auf das Erwachsenenalter hat ein Umdenken stattgefunden, da einmal erworbene Fertigkeiten nicht ausreichen, um dauerhaft im Berufsleben erfolgreich zu sein. Lernen ist bis ins hohe und höchste Alter möglich. Es sind die Lernaktivitäten eines Menschen, die wesentlich den Verlauf seines Alterungsprozesses prägen. Bleibt er geistig wie körperlich aktiv, kann er ein selbst verantwortliches Leben über viele Jahrzehnte aufrechterhalten.

Die Bedeutung des Lernens vom Kleinkindalter über die Schul- und Berufsausbildung bis in das Erwachsenenalter und höhere Lebensalter wird zunehmend erkannt. Für neue Forschungsergebnisse in diesem wichtigen Feld will die Reihe "Lebenslang lernen" ein Forum bieten.

Una M. Röhr-Sendlmeier

Stefanie Greubel

Kindheit in Bewegung

**Die Auswirkungen sportlicher Förderung auf das
Selbstkonzept und die Motorik bei Grundschulkindern**

Logos Verlag Berlin

Lebenslang lernen

Herausgegeben von
Prof. Dr. Una M. Röhr-Sendlmeier

Institut für Psychologie
Rheinische Friedrich-Wilhelms-Universität Bonn
Römerstraße 164
D-53117 Bonn
email: roehr-sendlmeier@uni-bonn.de

Bibliografische Information Der Deutschen Bibliothek
Die Deutsche Bibliothek verzeichnet diese Publikation in der Deutschen
Nationalbibliografie; detaillierte bibliografische Daten sind im Internet
über http://dnb.ddb.de abrufbar.

ISBN 978-3-8325-1719-9
ISSN 1865-0023

Logos Verlag Berlin GmbH
Comeniushof, Gubener Str. 47,
10243 Berlin
Tel.:   +49 (0)30 / 42 85 10 90
Fax: +49 (0)30 / 42 85 10 92
http://www.logos-verlag.de

Danksagung

Mein ganz herzlicher Dank gilt Frau Prof. Dr. U. M. Röhr-Sendlmeier, die mir die Möglichkeit gab, diese Arbeit zu schreiben und mich auf diesem Weg vor allem mit Vertrauen, einem intensiven Gedankenaustausch, Gestaltungsfreiheit und fachlichen wie menschlichen Rat unterstützt hat. Ebenso herzlich gilt mein Dank Herrn Priv.-Doz. Dr. Michael Kavšek für das Übernehmen des Zweitgutachtens, vor allem aber für die hilfreichen Denkanstöße und die bemerkenswerte Ausdauer bei der Relativierung schier unlösbarer Probleme. Weiter möchte ich mich an dieser Stelle bedanken bei meinen Eltern Klaus und Rosemarie Rother für ihre unglaubliche Geduld, bei meinem Bruder Marcus Rother, der mich nun endgültig für eine Streberin hält, bei meiner Tante Elvira Holzapfel für die stete Ermutigung und natürlich bei Jenny Demircioglu unter anderen für die endlosen (fachlichen) Telefongespräche, die nötige Ablenkung sowie die akribische Durchsicht und Korrektur der Arbeit. Mein Dank gilt weiter Alexandra Gödeke für die Durchsicht des Literaturverzeichnisses, Kerstin Knopp für das gemeinsame Bestehen von Forschungshindernissen, Herrn Dr. Udo Käser für statistische Ratschläge und besonders auch den zahlreichen Praktikanten für die Hilfe bei den Erhebungen. Nicht zuletzt sollen auch die vielen Kinder und Lehrer erwähnt werden, die die empirische Erhebung durch ihre Mitarbeit erst ermöglicht haben.

Meinen Mann René Greubel danke ich besonders für all seine Hilfe, Geduld und Liebe. Danke René, dass Du die täglichen Spielplatzgänge und das Managen unserer Familie so selbstverständlich übernommen hast. Diese Arbeit ist für Dich, unsere Paulina und unser Baby.

INHALTSVERZEICHNIS

Einleitung

Die begeisternden Wochen im Juni und Juli 2006 haben es deutlich gezeigt: Bewegung findet statt, nicht nur in den Stadien, in den Kneipen und auf den Fanmeilen, nicht nur passiv als Zuschauer, sondern auch aktiv auf der Straße, auf Fußballplätzen, auf Wiesen und Feldern. Nicht nur die Jugendlichen und Erwachsenen, auch die Kinder haben sich anstecken lassen von der Euphorie über die Fußball Weltmeisterschaft 2006 in Deutschland. Länderspiele wurden auf der Wiese vor dem Haus nachgespielt, Tricks ausprobiert und verstärktes Interesse an der Mitgliedschaft in einem Sportverein gezeigt, um es bald den Helden im Fernsehen nachzumachen. Der Deutsche Fußballbund (DFB 2006) informiert, dass bereits nach dem erfolgreichen Abschneiden bei der Fußball WM 2002 Mädchen und Jungen mit Begeisterung an Fußball-Ferien-Camps oder Ähnlichem teilgenommen haben.

Großsportereignisse als Indikatoren für mehr Bewegung? Für anhaltende Bewegung? Für Bewegung, die die Begeisterung auch nach der ersten Niederlage der Lieblingsmannschaft und dem Einsammeln der letzten Fähnchen nicht verliert? Für Bewegung, die nicht nur spezifisch, sondern vor allem auch alltagstauglich ist?

Diese Wochen im Sommer haben gezeigt, dass Sport und sportliche Ereignisse einen großen Stellenwert in unserer Gesellschaft besitzen, eine sportliche Begeisterung ohne Mühen erreicht werden kann und dass Kinder offen für Bewegungserfahrungen sind. Bedürfen Kinder jedoch eines solchen Anreizes? Bewegen sich Kinder nicht ohnehin gern? Warum ist zunehmender Bewegungsmangel dann ein ernstzunehmendes und häufig öffentlich diskutiertes Thema?

Die deutsche Sportjugend (DSJ) formiert eine Arbeitsgruppe *Kinder in Bewegung*, der Bundeselternrat spricht sich unmissverständlich für mehr Bewegung in Kindergarten und Schule aus (DOSB 2006), die Kinderkommission des Bundestages (2007) macht es sich zur Aufgabe, über die große Bedeutung des Sports und der Bewegung aufzuklären, und fordert ebenfalls mehr sportliche Bewegung in Kindergärten, Schule und Freizeit. Die motorischen Leistungen der Kinder und Jugendlichen, die immer weiter abzufallen drohen, leisten ebenfalls ihren stummen Beitrag.

Die Befundlage zur kindlichen Bewegungswelt zeigt sich wenig ergiebig – nicht hinsichtlich des Erhebungsumfanges, sondern vor allem hinsichtlich der differierenden Ergebnisse und differierenden Akzentuierungen.

Nach Hoffmann, Brand und Schlicht (2006) gelten Kinder und Jugendliche gemeinhin „als eine gesunde und körperlich aktive Bevölkerungsgruppe" (ebd., 201), die diesen Status jedoch nicht mehr aufrechterhalten kann. Indizien wie psychosomatische Beschwerden oder Haltungsschäden deuten ihrer Ansicht auf mangelnde Bewegung hin. Die Autoren beklagen weiterhin, dass Bewegung, die außerhalb organisierter Sportvereinigungen stattfindet, seltener wissenschaftlich ergründet wird, als dies bei formellen Sportsituationen der Fall ist. Hinzu kommt eine Fokussierung auf das Jugendalter. Tatsächlich erfassen die existierenden epidemiologischen Studien zur körperlichen Aktivität nur die Gewohnheiten der über 15-Jährigen (vgl. Europäische Kommission 1999; Mensink 1999; WHO 2002). In einer Studie von Sygusch, Brehm und Ungerer-Röhrich (2003) hingegen wurden auch Kinder in die Stichprobe aufgenommen und für 20% der Kinder und Jugendlichen ein Bewegungsmangel attestiert, der gesundheitsgefährdende Ausmaße angenommen hat.

Die vorliegende Arbeit hat es sich zur Aufgabe gemacht, einerseits den tatsächlichen Bewegungsstatus und die Alltagssituationen heutiger Kinder zu untersuchen, andererseits einen Zusammenhang zwischen verschiedenen Formen der Bewegung und der psychischen Komponente *Selbstkonzept* herauszustellen und damit auf die Bedeutung einer sportlichen Förderung aufmerksam zu machen. Dieses umfassende Vorhaben gliedert sich in sieben Kapitel: In Anbetracht der sich langsam wandelnden Stellung von Kindern und Kindheit in der Gesellschaft und in Anbetracht der tagtäglichen Diskussion über heutige kindliche Lebensverhältnisse widmen sich die ersten zwei Kapitel zunächst der Position der Kindheit in der Forschungslandschaft und anschließend ihrer Situation im Alltagsgeschehen. Hierbei handelt es sich durchaus um eine kontroverse Diskussion, welche die zwiespältige Lage, in der sich Kinder heute oft befinden, verdeutlichen soll. Zur Vervollständigung dieses Themengebietes erfolgt schließlich auch eine geschlechtsspezifische Betrachtung, die sowohl empirisch gewonnene Daten zum Freizeitgeschehen von Jungen und Mädchen liefert als auch die gesellschaftlichen Erwartungen und Anforderungen an das geschlechtsspezifische Rollenbild skizziert.

Nach dieser Verortung des kindlichen Positionsgefüges steht eine weitere Standortbestimmung im Mittelpunkt: Über welche motorischen Fähigkeiten verfügt die heutige Kindergeneration? Um dies zu klären, bedarf es zunächst einer umfassenden Begriffserklärung und der Darstellung des kindlichen motorischen Entwicklungsverlaufs, um anschließend über die motorischen Dimensionen der Kinder sprechen zu können.

Thematisch bietet es sich daran anschließend an, den Begriff der Bewegung mit seinen Begleitfacetten näher zu bestimmen. Wie gestaltet sich Bewegung, und wo liegen die Grenzen zu Sport und Spiel?

Nach dieser kürzeren theoretischen Einheit wird direkt der Blick auf heutige Bewegungsgewohnheiten geworfen. Wie bewegen sich Kinder heute, wie werden sie gefördert und welche Rolle kommt dem Sportverein zu?

An diesen Werten sich orientierend wird im letzten theoretischen Kapitel die Bedeutung der Bewegung hinsichtlich der (kindlichen) Entwicklung thematisiert. Nach einem kurzen Überblick über bestehende Entwicklungstheorien werden konkret die einzelnen Entwicklungsparameter angesprochen und diskutiert. Dem Selbstkonzept kommt in dieser Arbeit eine besondere Rolle zu: Es wird zunächst unabhängig von möglichen Zusammenhängen mit Formen der Bewegung und dann schließlich in Abhängigkeit von einer solchen Beeinflussung genauer analysiert.

Im empirisch angelegten Teil der Arbeit geht es zunächst um die Darlegung der Fragestellungen: Wie sieht das Freizeitleben der Kinder aus, welche Unterschiede hinsichtlich der motorischen Fähigkeiten und Facetten des Selbstkonzeptes gibt es zwischen eher aktiven und eher inaktiven Kindern, welche Zusammenhänge können zwischen Bewegungsaspekten und Aspekten des Selbstkonzeptes gefunden werden? Der darauf folgende Überblick über die Methode und das angewandte Instrumentarium der Untersuchung wird den einzelnen Ergebnisbausteinen schließlich vorangestellt.

Die Darstellung der Ergebnisse erfolgt in fünf Schritten: Zunächst sind die Lebensbedingungen und Freizeitvorlieben aller Kinder von Interesse. Anschließend werden in einer kleinen Stichprobe eher bewegungspräferierende Kinder mit eher nicht bewegungspräferierenden Kindern hinsichtlich ihres sportlichen und nicht sportlichen Familienlebens, ihrer motorischen Fähigkeiten und ihrer Selbstkonzeptfacetten verglichen. Die gleiche Betrachtung, bezogen auf die Gewohnheiten der Sportvereinskinder im Vergleich zu Kindern ohne Sportvereinsbindung, schließt sich an. Um die querschnittlich angelegte Analyse zu ergänzen, bietet es sich an, anschließend eine längsschnittliche Betrachtung einer Teilstichprobe über zwei Erhebungszeitpunkte hinweg vorzunehmen, in denen die Entwicklung von Kindern mit Sportvereinsbindung und Kindern ohne Sportvereinsbindung hinsichtlich ihrer familiären Komponenten, Selbstkonzeptfacetten und motorischen Fertigkeiten verglichen werden. Als letzter Schritt schließlich wird eine Betrachtung der statistischen Zusammenhänge zwischen eigener Bewegungsliebe und Facetten des Selbstkonzeptes das Bild abrunden.

Mit einer umfassenden Zusammenfassung und Interpretation schließt die Arbeit.

Kindheit im Blickwinkel der Forschungstraditionen von Erziehungswissenschaft, Sportwissenschaft und Geschlechterforschung

5

Teil I: Theoretische Grundlegung

1. Kindheit im Blickwinkel der Forschungstraditionen von Erziehungswissenschaft, Sportwissenschaft und Geschlechterforschung

1.1 Welche Stellung hat Kindheit in der erziehungswissenschaftlichen Forschung?

Um den Stellenwert der Kinder und die Rolle der Kindheit in der zeitgenössischen Gesellschaft näher bestimmen zu können, muss zunächst eine Einbettung in historische Forschungsarbeiten in Verknüpfung mit den heutigen Trends der Kindheitsforschung (auch interdisziplinär) erfolgen. Schon seit jeher machen sich Menschen Gedanken über die nachwachsende Generation. Wissenschaftlich, neben eher laienhaften Beschäftigungen mit der Frage nach Pflege, Fürsorge und christlicher Unterweisung (vgl. Lauterbach/Lange 2000), werden diese Gedanken zunächst in den Nachbardisziplinen der Erziehungswissenschaft[1], bevor sich diese im Jahre 1779 als eigenständige universitäre Disziplin behauptet, erörtert (Marotzki/Nohl/Ortlepp 2005). Bis in die sechziger Jahre des 20. Jahrhunderts bleibt die Auseinandersetzung mit der Kindheit in der Erziehungswissenschaft vorwiegend hermeneutisch. Dieser geisteswissenschaftliche Zugang existiert spätestens zwanzig Jahre später parallel zu einem sozialwissenschaftlichen Ansatz, der mit empirischen Verfahren Informationen über die pädagogische Praxis sammelt (ebd.) und zuweilen mit dem Begriff „realistische Wende" (Hagemann-White 2004, 147) versehen wird. Wird sich dem Phänomen Kindheit und dessen wissenschaftlicher Erforschung zunächst historisch genähert, so lässt sich in der zweiten Hälfte des 18. Jahrhunderts/ Anfang des 19. Jahrhunderts eine neue Einstellung zum Kind und ein damit einhergehendes Interesse für die Kindheit konstatieren. Kinder erwerben einen eigenen sozialen Status als Erziehungsobjekte, gewinnen zudem ein „höheres Maß an Schonung und affektiver Zuwendung" (Hengst 1999, 11). Ariès (1975) beschreibt in seiner berühmt gewordenen Ausführung über die Geschichte der Kindheit diesen Wandel als eine neue Erkenntnis über den *Status Kind* überhaupt. Nach Ariès hat die Kindheit eine natürliche Stellung verloren. In der Anerkennung der Kindheit als eigenständige Phase und der Trennung der Bereiche zwischen Kindern und Erwachsenen sieht er

---

[1] Zu diesen Nachbardisziplinen zählen u.a. die Philosophie, Politik und Theologie.

einen großen Verlust für die Kinder, die fortan vom Leben der vertrauten Erwachsenen getrennt und verschult werden. Auch wenn Ariès'These nicht unumstritten ist (vgl. bspw. Arnold 1980) und z.b. de Mause (1977) herausgestellt hat, dass die von Ariès beschriebene Kindheit nicht so harmonisch verlief und sich erst mit den Jahrhunderten entscheidend verbesserte, so lässt sich dennoch festhalten, dass Kindheit keine „anthropologische Universalie" (Honig 1999, 18) ist, sondern vielmehr als ein Phänomen betrachtet werden muss, welches historisch wandelbar ist. Dieses Verständnis führt zu einer Fülle von historischen Kindheitsforschungen (vgl. u.a. Weber-Kellermann 1979; 1981; Schlumbohm 1983) und zu einer heutigen Begriffsvielfalt, die u.a. zwischen *Kindheit, Kindheiten, Kind sein* und *Kindern* differenziert (vgl. u.a.. Honig/Leu/Nissen 1996; Honig 1999; Feldmann 2005) und – so stellen Honig, Leu und Nissen (1996) heraus – ein Beleg dafür ist, dass es dem Gegenstandsbereich dieses neuen Forschungsfeldes noch an Präzision fehlt.

Mit Ellen Key und ihrer reformpädagogischen Aufforderung zu einem *Jahrhundert des Kindes* im Jahr 1900 beginnt eine nicht undiskutierte schrittweise Verbesserung der Lebenssituation von Kindern und eine weitere Verbreitung reformpädagogischer Ansätze. Key geht es, in Anlehnung an Rousseaus (1762/1998) Erziehungsroman Emile und seiner Aufforderung nach einer natürlichen Entfaltung, um eine respektvolle Erziehung, die sich an der Eigenwelt des Kindes orientiert. Gleichzeitig fordert sie eine empirisch erfasste und wissenschaftliche Fundierung der Erziehung.

Das Verständnis kindlicher Entwicklung als eines natürlichen Reifungsprozesses wird, so fasst Röhner (2003) zusammen, „zum Paradigma des reformpädagogischen Kindheitsbildes, das fußend auf Rousseau über Pestalozzi, Fröbel, Montessori bis in die sechziger Jahre des 20. Jahrhunderts das Denken über Kinder in der Grundschulpädagogik bestimmte. Die Aufgabe der Erziehung ist es, dafür zu sorgen, dass das Kind sich im *Schonraum der Kindheit* in Ruhe entfalten kann" (ebd., 16). Gleichzeitig wird der Charakter des Kindes als eigenständige Person aus eigenem Recht in vielen reformpädagogischen Ansätzen sichtbar (vgl. u.a. Otto 1912; Montessori 1967; Dewey 1993). Wie Kreppner (1998) darstellt, erhält die wissenschaftliche Erforschung des Kindes vor allem mit empirischen Forschungsmethoden etwa zeitgleich zu den reformpädagogischen Ansätzen zu Beginn des 20. Jahrhunderts einen Aufschwung. Als Konsequenz entstehen und verbreiten sich entwicklungspsychologische Konzepte, die weiter zu einer Beschäftigung mit dem Entwicklungsverlauf von Kindern führen (Hengst 1999). Die Rolle des Kindes bleibt bei diesen Bemühungen, oft rankend um „Ziele und Methoden zur Behandlung von Kindern" (Hengst/Zeiher 2005, 10), jedoch vornehmlich passiv. Diese – heute unter die Kategorie *ältere Forschungsrichtung* fallenden – Untersuchungen orientieren sich an

Kindheit im Blickwinkel der Forschungstraditionen von Erziehungswissenschaft, Sportwissenschaft und
Geschlechterforschung

7

stufenorientierten Abfolgen des Aufwachsens, die einem quasiuniversalen Gesetz unterstehen (Röhr-Sendlmeier 1988).

Die Stellung des Kindes in der Gesellschaft, die in den 20er Jahren nach Durkheim (1922) durch ihre Bedeutung für die Zukunft der Gesellschaft definiert wird, erhält in den USA seit den vierziger Jahren und in den folgenden Jahren auch in Europa im Rahmen einer beginnenden, ausführlicheren Sozialisationsforschung eine neue Fokussierung (Hengst/Zeiher 2005). Neue Erziehungsideale und Erziehungsziele (von streng konservativen Leitideen bis hin zu liberalen Erziehungsmodellen) sowie veränderte Bedingungen des Aufwachsens von Kindern im Zusammenhang mit einer zunehmenden Modernisierung der Gesellschaft in den 60er Jahren führen zu einer weiteren Beschäftigung mit der kindlichen Position (Lauterbach/Lange 2000). Die Vorstellung, dass „Kinder unidirektional durch ihre Eltern, vornehmlich durch deren Erziehungsvorstellungen und den damit in Korrespondenz stehenden Erziehungspraktiken, beeinflusst werden" (ebd., 11) ist der vorherrschende Gedanke. Ein grundlegendes Misstrauen gegen bestehende wissenschaftliche Kindheitstheorien (ebd.) sowie Forderungen aus den Reihen der Frauenforschung nach einer Fokussierung auf die Position des Kindes im Generationenverhältnis navigieren die Ansichten in der Forschung in Richtung einer kindzentrierten Vorgehensweise (Hengst/Zeiher 2005). Über die Konstanzer Familienforschung nach Lüscher (1975) und die entscheidenden Impulse von Bronfenbrenner (1976) entwickeln sich zahlreiche Forschungsrichtungen, die der Position des Kindes in seiner Lebensumwelt immer mehr Autorität zusprechen. 1978 postulierte Flitner eine erziehungswissenschaftliche Kinderforschung, die das Leben und den Alltag der Kinder thematisiert (Honig 1999). Mit durch diese Impulse angeregt bildet sich international eine *neue Kindheitsforschung*, in der Kinder als „kompetente soziale Akteure portraitiert (werden), die ihre Lebensführung selbständig disponieren, ihre sozialen Beziehungen als eigenständigen Lebenszusammenhang organisieren und aktiv an ihrer sozialen und persönlichen Entwicklung mitwirken" (ebd., 157).

Nach den Anhängern dieser neuen Forschungsgruppe soll sich Kindheitsforschung heute sowohl als Gegenwartsforschung verstehen als auch zukunftsorientiert engagieren. Im Mittelpunkt steht demnach nicht nur die Werdung des Kindes, sondern auch das Kind als Zeitgenosse (Hengst 2005). Die neue (soziologische) Kinderforschung, international mit dem Etikett *new social studies of childhood* (vgl. u.a. Corsaro 1997; James/Jenks/Prout 1998) versehen, bleibt jedoch nicht kritikfrei und einheitlich. Neben einzelnen Kritikpunkten wie der von Oakley (1993) und Mc Namee (2000) angesprochenen Ignoranz gegenüber geschlechtsspezifischen Eigenschaften und der von Bühler-Niederberger und Sünker (2003) vermerkten Vernachlässigung der sozialen Schichtung innerhalb der Kindergruppe lässt sich eine Diskrepanz vor allem zwischen den

Forschungslinien der englischen, amerikanischen und skandinavischen Fraktion einerseits und den deutschen Vorstellungen andererseits ausmachen (Hengst 1999). Die Diskussion der Forschergruppen dreht sich hauptsächlich um den Begriff der Sozialisation. Während die internationalen Kollegen (vgl. Corsaro 1997; Alanen 1997; Prout 2003) den Begriff stark kritisieren, da er zu sehr von den Bedürfnissen der Erwachsenen abhängig sei, und sie stattdessen eher eine aktive Selbstgestaltung und Beeinflussung der Gesellschaft durch die Kinder betonen, halten die deutschen Forscher diese extreme Stellung für undifferenziert und betonen, dass die Darstellung des Kindes nicht allein auf Subjektebene geschehen sollte (vgl. Hengst 1999; Honig 1999; Zinnecker 2000; Alt 2005). Unter anderen weisen Zinnecker (2000) und Heim (2002a) darauf hin, dass traditionelle pädagogische Grundlinien nach diesem neuen aktiven Verständnis an Geltungskraft verlieren könnten. Des Weiteren stellen deutsche Forscher heraus, dass das Konzept der Selbstsozialisation keine Neuerscheinung der *new social studies of childhood* sei, sondern, wie oben bereits dargestellt und von Zinnecker (2000) explizit herausgearbeitet, bereits Anfang des 20. Jahrhunderts durch sensible Differenzierungen zwischen den Begriffen *Entwicklung* und *spontanes Wachstum* sowie eine Betrachtung über die Rolle der eigenen Aktivität und der Fremdbildung vorgelegen habe und in den Ansätzen der Reformpädagogik weitergeführt werde.

Die deutschen Forscher befürworten eine Schutzzone, in der das Kind aufwachsen kann, ohne die volle Verantwortung für seine Entwicklung übernehmen zu müssen. Zinnecker (2000) plädiert für ein pädagogisches Modell, „in der Jüngere und Ältere abwechselnd Subjekt und Objekt von Erziehung sind, Selbst- und Fremderziehung und -sozialisation sich prozessual verschränken" (ebd., 285). Hengst (2005) schlägt ein Konzept der *differenziellen Zeitgenossenschaft* vor, welches darauf basiert, „dass es – bedingt durch Prozesse makrosozialen Wandels – soziale Herausforderungen gibt, mit denen sich alle Gesellschaftsmitglieder auseinandersetzen müssen, und auf deren Basis sich Klassen-, Alters-, Gender- und Generationsdifferenzen neu gestalten" (ebd., 262).

Bilanzierend kann festgehalten werden, dass das Themenfeld *Kindheit* in den Wissenschaften in den letzten Jahrzehnten immer mehr Aufmerksamkeit erhalten hat. Harney, Groppe und Honig (2006) fassen zusammen, dass sich die Erziehungswissenschaft in den vergangenen Jahren von der traditionellen historischen Pädagogik mit ihrer Ideen- und Institutionengeschichte absetzt und sich vermehrt der Sozialgeschichte und den Bedingungen des Aufwachsens widmet. Die Stellung des Kindes wandelt sich vom sozial unmündigen Kind, welches einer Erwachsenengruppe zugeordnet wurde, zu einer eigenständigen Persönlichkeit im Forschungsfeld, der sowohl Rechte als auch Pflichten zugeschrieben werden.

Kindheit im Blickwinkel der Forschungstraditionen von Erziehungswissenschaft, Sportwissenschaft und Geschlechterforschung

9

1.2 Stand der Kindheitsforschung in der Sportpädagogik

Überträgt man die oben dargestellten Entwicklungen innerhalb der Kindheitsforschung auf das Themenfeld des Sports, so fällt der Blick vornehmlich auf das Feld der Sportpädagogik. Versteht man Sportpädagogik nach Haag (1999) als eine „angewandte Teildisziplin der Erziehungswissenschaft (Intra-Beziehung) und eine Teildisziplin bzw. ein Theoriefeld der Sportwissenschaft (Inter-Beziehung)" (ebd., 18) und schreibt man weiterhin dieser Disziplin die Beschäftigung mit „funktionalen und intentionalen Möglichkeiten und Grenzen der Erziehung durch Bewegung Spiel und Sport" (ebd.), unabhängig von Alter, Geschlecht, Rasse, Religion oder sonstigen persönlichen Merkmalen, zu, so wird die Hervorhebung dieses Bereiches für den hier dargestellten Themenschwerpunkt deutlich. Die Abteilung Sportpädagogik stammt, historisch betrachtet, aus dem Konzept der Leibeserziehung. Dieses Konzept entwickelt sich über die pädagogischen Konzepte Rousseaus, der deutschen Philanthropen und der deutschen Turnerbewegung sowie der reformpädagogischen Leibeserziehung. Die historisch folgende Leibeserziehung während des Nationalsozialismus mündet nach 1949 unter anderen gesellschaftlichen und politischen Vorzeichen in die Körpererziehung der DDR, während in der Bundesrepublik der Versuch stattfindet, die nationalsozialistische Vergangenheit zu verdrängen und an alte Konzepte des anthropologischen Bewegungsverständnisses anzuknüpfen. Sport soll vor allem unpolitisch, eigenständig und zweckfrei sein (vgl. u.a. Prohl 1999; Drexel 2002). Das zugrunde liegende Menschenbild der „Leibeserzieher" (Balz/Kuhlmann 2003, 36) im Rahmen einer Bildungskonzeption war das des erziehungsbedürftigen und erziehungsfähigen Menschen, der „über den Leib bzw. zu und durch Bewegung als Aktualisierung dieses Leibes" (Haag 1999, 15) als Teil seiner Gesamterziehung, also auch im Rahmen eines etablierten Schulfaches, erzogen werden muss. Mit einer rasanten Wertsteigerung und Differenzierung der Sportmöglichkeiten in den späten 60er und frühen 70er Jahren – nicht zuletzt angeregt durch die olympischen Spiele 1972 in München – verliert das Konzept der Leibeserziehung seine dominante Stellung in einer sich zunehmend etablierenden Sportwissenschaft. Im Blickpunkt der pädagogischen Aufgabe steht, im Zusammenhang mit sportlichem (und politischem) Wetteifer, das Konzept der sportlichen Befähigung und Erlangung einer Motivation, die zum lebenslangen Sporttreiben animiert (Balz/Kuhlmann 2003). In neueren Arbeiten zur Sportpädagogik werden neben diesen rein sportlichen Zielen besonders auch soziale Aspekte beachtet (vgl. u.a. Bund 2002; Burrmann/Baur 2004).

Während die Thematik des Schulsports bereits seit frühester Zeit als zentrales Anliegen Eingang in die Sportpädagogik findet und sowohl die motorische Entwicklung als auch die

Leistungsfähigkeit und Belastbarkeit im Kindesalter, geprägt durch reformpädagogisch fundierte Entwicklungskonzepte, untersucht werden, steht die Erforschung des Kindes in seiner außerschulischen sportlichen Bewegungswelt noch am Anfang (Heim 2002a). Erst in den 90er Jahren des letzten Jahrhunderts erfährt die sportwissenschaftliche Betrachtung der Grundschulkinder – die bis zu diesem Zeitpunkt wegen ihrer Vernachlässigung als Untersuchungsgruppe mit dem Synonym *Lücke-Kinder* (u.a. Schmidt/Hartman-Tews/Brettschneider 2003) versehen wurden – eine größere Bedeutung. Repräsentativ angelegte Studien wie die 1992 in Nordrhein–Westfalen durchgeführte Studie von Kurz, Sack und Brinkhoff (1996) bildet mit den Anfang für eine Reihe von Großuntersuchungen, die letztendlich in den von Schmidt, Hartman-Tews und Brettschneider (2003) veröffentlichten „Ersten deutschen Kinder und Jugendsportbericht" mündeten. Werden zuvor die Jugendlichen und ihr sportliches Engagement in einer sich etablierenden Disziplin betrachtet (vgl. u.a. Burrmann/Baur 2004; Burrmann 2005a), so rücken nun die Kinder nach. Nicht zuletzt durch sich verändernde Lebensbedingungen der Kinder und eine sich wandelnde Stellung innerhalb der Wissenschaften als aktive Gesellschaftsmitglieder ist dieser Nachzug zu erklären (vgl. Brettschneider/Schierz 1993; Schmidt et al. 2003). Heim (2002a) weist jedoch darauf hin, dass die sportwissenschaftliche Betrachtung der Kindheitsthematik noch nicht ausreichend auf neuere und oben bereits skizzierte Trends innerhalb der Kindheitsforschung eingeht. Er fordert sowohl auf theoretischer als auch auf methodischer Basis eine Annäherung der sportpädagogischen Forschung an die neuere sozialwissenschaftliche Kindheitsforschung: „Die Sportpädagogik könnte (...) sowohl neue Einsichten und Anregungen für Praxis in Schule und Verein gewinnen als auch – wegen der großen subjektiven Bedeutung des Sports für Kinder – einen innovativen Beitrag zur Weiterentwicklung der modernen Kindheitsforschung leisten." (ebd., 299)

1.3   Kindheit und Geschlecht

Die Analyse hinsichtlich feministischer Einflüsse und Ansätze in der Erziehungswissenschaft kann einmal über Veränderungen der Disziplin institutioneller Art und damit in Zusammenhang stehende personale Besetzungen sowie über Veränderungen erziehungswissenschaftlicher Themen und Problemstellungen erfolgen (Glaser/Priem 2004). In der Erziehungswissenschaft kann man mit den Worten von Glaser und Priem (2004) eine „innerpädagogische Tradition der Geschlechterforschung" (ebd., 18) verorten. Damit sind zum einen die weiblichen Antagonisten der männlichen Kindheitstheoretiker in der Wissenschaft gemeint, zum anderen erste Arbeiten zu weiblichen Lebensläufen, Bildungsrealitäten und Erziehungswirklichkeiten. Trotz dieser Tradition hat sich das Themenfeld in der Pädagogik zwar vergrößert, jedoch noch nicht umfassend etabliert. Die Veröffentlichung von Handbüchern (u.a. Gieseke 2001; Glaser/Klika/Prengel 2004; Becker/Kortendieck 2004) und Lexika (Kroll 2002) sowie die Verbreitung geschlechtsspezifischer Artikel in angesehenen erziehungswissenschaftlichen Medien sorgen, auch in Verbindung mit der Einführung des Studiengangs *Gender studies* an deutschen Universitäten, zu einer Stärkung und Unabhängigkeit des Fachgebietes (Bönold 2005). Ohne hier auf nähere Einzelheiten der Werdegeschichte und bestehende Konzepte der allgemeinen Geschlechterforschung eingehen zu können (vgl. u.a. Kahlert/Thiessen 2005), soll nun der Fokus auf die Rolle der Kinder, insbesondere der Mädchen, gelegt werden.

Mit Beginn der Geschlechter- und Frauenforschung wird der Blick auch auf die Situation von Mädchen gerichtet. International lassen sich in den sechziger und siebziger Jahren, neben zahlreichen Sozialisationsstudien (vgl. u.a. Scheu 1977), besonders Arbeiten finden, die sich mit Unterschieden zwischen Mädchen und Jungen hinsichtlich ihrer kognitiven Fähigkeiten und ihres Sozialverhaltens befassen (Kelle 2004). Dieser Forschungsschwerpunkt gerät nicht zuletzt durch Hagemann-White (1984) unter große Kritik. Nach ihrer Auffassung ist das Geschlecht grundsätzlich nicht als unabhängige Variable geeignet. Breitenbach (2005a) sowie Rendtorff (2005) kritisieren ebenfalls den Gebrauch von Geschlecht als feststehendes Merkmal und verweisen auf den inzwischen üblichen Begriff des *doing gender*, in der Geschlecht als grundlegende soziale Kategorie gesehen wird. Diese Kategorie basiert auf dem Verständnis, dass die ursprünglich feste Verknüpfung zwischen Person und Geschlechtszugehörigkeit einer lockeren oder aufgelösten Verbindung weicht (Breitenbach 2005). Kelle (2004) beschreibt das *pädagogische Dilemma*, welches durch den Vergleich der beiden Geschlechtergruppen und den daraus resultierenden defizitären Blick auf eine der beiden Gruppen entsteht. Eine weitere Gefahr des Differenzforschungsansatzes besteht in der weiteren Verfestigung geschlechtsspezifischer Attribute und Fehlinterpretation der gewonnenen Werte. Mädchen werden als Konsequenz dessen zu Beginn der 80er Jahre nicht mehr nur im Vergleich zu Jungen und im Hinblick auf das einzelne Individuum, sondern auch als eigenständige und als gemischtgeschlechtliche Gruppe in ihrer Jugendkultur untersucht (vgl. u.a. Maltz/Borker 1982). Als einen Meilenstein in der wissenschaftlichen Erkennung der Mädchengruppe nennt Kelle den sechsten Jugendbericht (1984–1988) im Auftrag der Bundesregierung, der die Chancengleichheit von Mädchen verbessern sollte. Anfang der 90er Jahre entwickelte sich aus der wissenschaftlichen Beschäftigung ein neues akademisches Feld: die sog. *girls´ studies*, die mit einer internationalen Konferenz zu *girls und girlshood* initiiert wurden (vgl. de Ras/Lunenberg

1993). Neuere Forschungen betrachten zunehmend Mädchen aus dem Blickwinkel ihrer Kommunikation mit dem anderen Geschlecht (vgl. u.a. Kaiser 2004). Neben dieser Perspektive wird jedoch auch weiterhin der spezifischen Mädchenkultur Aufmerksamkeit gewidmet (vgl. u.a. Fritzsche 2003). Methodisch und thematisch entwickelt sich die Darstellung in der Mädchenforschung parallel zu den oben beschriebenen Tendenzen in der allgemeinen Kindheitsforschung „weg von (idealtypischen) Mädchen als Objekten von Sozialisationstheorie hin zu Mädchen als (empirischen) Subjekten und Akteurinnen" (Kelle 2004, 364). Hagemann-White (1998) betont zudem die Wichtigkeit einer differenzierten Betrachtung der unterschiedlichen psycho-sexuellen Entwicklung von Mädchen und Jungen in einer Prozessperspektive. Ein weiterer Themenschwerpunkt der Mädchen- und allgemeinen Kinderforschung liegt in der Betrachtung des Körpers. So werden die Bereiche Sexualität oder Gesundheit und Sport im Zusammenhang mit Geschlecht näher fokussiert (vgl. u.a Keck 2005). Trotz einer Festigung durch wissenschaftliche Zeitschriften wie *Betrifft: Mädchen* und speziellen Tagungen steht die Mädchenforschung weiterhin vor einer fachlichen Herausforderung: „In der Mädchenforschung geht es um die wissenschaftlichen Ansprüche, sowohl Mädchen in eigenem Recht zu erforschen als auch ‚Mädchen' als kulturelle, diskursive und wissenschaftliche Konstrukte im Rahmen des Systems der Zweigeschlechtlichkeit zu analysieren." (Kelle 2004, 366) Hierbei soll nach Kelle die Betrachtung der Mädchenkulturen durch Kontextuierung hinsichtlich ihrer Unterscheidungsmerkmale zum anderen Geschlecht untersucht werden.

Während sich die Mädchenforschung, mit Rückhalt der Frauen-Geschlechterforschung, inzwischen in der Fachwelt etabliert hat, steht eine Jungenforschung vergleichsweise noch am Anfang. Ähnlich wie die Frauenforschung kann auch die Männerforschung auf Vorläufer ihrer Wissensgeschichte blicken. Kimmel und Messner (1992) unterscheiden zwei Generationen von Männerforschern: Während Mitte der 70er Jahre international und besonders im angloamerikanischen Raum Arbeiten erscheinen, die sich mit der männlichen Stellung und den Männlichkeitskonzepten in der Gesellschaft auseinandersetzen und als Reaktion auf die Frauenbewegung verstehen (vgl. u.a. Pleck/Sawer 1981), verlagern sich die Themenschwerpunkte in den 80er Jahren, ähnlich wie in den feministischen Forschungen, auf die Betrachtung der verschiedenen sozialen Konstrukte innerhalb der Männergruppe (vgl. u.a. Hearn 1987). Mit der Erweiterung der Frauenforschung in Richtung *Gender-studies* in den 90er Jahren gewinnt die Männerforschung auch in Deutschland an Dynamik (Forster 2005). Ihr Gegenstand ist „die Analyse männlicher Identitäten und Handlungsmuster, der unterschiedlichen Repräsentationen von Männlichkeit sowie der gesellschaftlichen Strukturen, innerhalb derer Geschlecht zusammen mit anderen Kategorien wie Ethnie, Generation, Klasse etc. als zentraler

*Kindheit im Blickwinkel der Forschungstraditionen von Erziehungswissenschaft, Sportwissenschaft und
Geschlechterforschung*

13

Allokationsmechanismus von Macht fungiert" (Forster/Rieger-Ladich 2004, 271 f.) Während sich die *Men Studies* im angloamerikanischen Raum inzwischen weitgehend institutionalisiert haben und dies durch zahlreiche Publikationen unter Beweis stellen, steht die deutschsprachige Männerforschung noch am Anfang einer festen Etablierung in Universitäten und wissenschaftlichen Gesellschaften (ebd.). Die Verbindung zur Erziehungswissenschaft entsteht nicht zuletzt durch die Jungenforschung, die zu den Anfängen in der deutschsprachigen Männerforschung gehört. Übergeordnete Themen der männlichen Forschungsrichtung wie Sozialisation und Identität, Vaterschaft und Gewalt gehören darüber hinaus u.a. zu den zentralen (auch neuen) Fragestellungen innerhalb der Erziehungswissenschaft.

2. Kindheit zu Beginn des 21. Jahrhunderts: Eine Diskussion zwischen kulturoptimistischer und kulturpessimistischer Perspektive

2.1 Vorbemerkung: Verortung des Kindseins in der heutigen Gesellschaft

Folgt man Wilhelm Flitners (1989) Aufforderung an die Erziehungswissenschaftler nach einer konsequenten pädagogischen Reflexion des gesellschaftlichen Klimas, nach der Definition eines „Standortbewußtsein(s) im Kampfgefühl der Zeit" (ebd., 336), bevor wissenschaftliche Fragestellungen analysiert werden können, so steht zunächst eine ebensolche Verortung an.

Marotzki et al. (2005) diskutieren in ihrem jüngst veröffentlichten Einführungsband zur Erziehungswissenschaft den Begriff der *Wissensgesellschaft,* der seit Ende der 1990er Jahre zwar nicht unkritisch und unkontrovers, aber doch populär in Bezug auf jüngere Gesellschaftsentwicklungen rezipiert wurde. Mit *Wissensgesellschaft* wird eine Bevölkerungsgruppe bezeichnet, für die „wissenschaftliches Wissen auf fast allen Gebieten des Lebens eine einflussreichere Rolle spielt" (Stehr 1994, 16). Diese einflussreiche Rolle hängt, und darin sind sich die meisten Wissenschaftler, die den Begriff differenziert reflektieren, einig, mit der stetig ansteigenden Flut moderner Informationstechnologien zusammen (Marotzki et al. 2005). In der aktuellen Debatte um die *Wissensgesellschaft* wird als eine elementare Folge dieser Entwicklung die Konzentrierung von Verantwortung auf das einzelne Individuum bezeichnet (Höhne 2003). In der Konsequenz heißt dies, dass die schnelle Erweiterung und Verbreitung des Wissens nicht nur als Privileg, sondern vor allem auch als Zwang der (Weiter-)Bildung gesehen werden muss, der die jeweilige Position in der Gesellschaft sichert. Für die erziehungswissenschaftliche Forschung bedeutet das, dass „die Biographisierung des Lebens" (Marotzki et al. 2005, 11) und auch die Position der Kinder näher betrachtet werden müssen. Der Begriff Kindheit ist keine universale Grundkonstante der menschlichen Geschichte (vgl. Kap 1): Marotzki et al. (2005) unterscheiden zwischen der gesellschaftlichen Tatsache Kindheit, dem Kindsein, welches die Lebenspraxis der Kinder repräsentiert, und der Kindheit als biographischem Abschnitt im Lebenszyklus, die zwischen der gesellschaftlichen Kindheit und dem Kindsein steht. Harney et al. (2006) verstehen Kinder als Altersgruppe in der Bevölkerung, die sich hinsichtlich ihrer Lebensverhältnisse systematisch von denen der Erwachsenen unterscheidet. Festzuhalten bleibt, dass sich die Lebensverhältnisse von Kindern aber auch innerhalb dieser Altersgruppe vielfältig, bedingt u.a. durch sozio-ökonomischen Status, Geschlecht und Wohngegend unterscheiden. Hengst (1999) betont, dass auf die Kindheit, versteht man sie als soziales Phänomen, die gleichen Einflusskräfte der Gesellschaft wirken wie auf die Gruppe der Erwachsenen. Die zugesprochene Eigenständigkeit der Kinder in der Gesellschaft wird so durch zwei Ebenen beschränkt: Sie erfährt sowohl Einschränkungen, die die Gesamtgesellschaft betreffen, als auch Begrenzungen, die allein auf ihre Altersgruppe zielen (ebd.). Ebenso auffällig ist eine Durchlässigkeit der Grenzen zwischen der Kindergruppe und der Erwachsenengruppe. Ein Beispiel dafür ist die oben angesprochene Verbreitung des Wissens. Kinder eignen sich ihr Wissen heute zunehmend selbständig und unabhängig vom Wissensstand ihrer Bezugsperson an und sind diesen in manchen Bereichen (z.B. im Computerbereich) sogar voraus (vgl. u.a. Leu 1990; Postman 2000). In der sog. *zeitlich-biografischen Entgrenzung* (BMFSFJ 2005) stellen sich für Kinder neue Herausforderungen. Zunehmend wird in der Literatur in diesem Zusammenhang von dem der feministischen Frauenforschung entlehnten Begriff des *doing childhood* gesprochen (vgl. u.a. Hengst 1999). Es wird also eine Trennung zwischen biologischem und sozialem Alter vorgenommen. Nicht verwunderlich ist es daher, dass die Diskussion über die Auflösung der Kindheitsphase eingesetzt hat. Bereits in den 80er Jahren erregen Postman (2000) und Elkind (1987; 1995) in den USA Aufsehen mit ihren Thesen vom *Verschwinden der Kindheit* und vom *gehetzten Kind*, die die oben beschriebene Durchlässigkeit der Grenzen zwischen Erwachsenen- und Kinderwelt monieren. Elkind beschreibt zudem die hohen Anforderungen der Eltern an die Kinder, die zugleich als Statussymbol und als Realisator sämtlicher elterlicher Bedürfnisse fungieren müssen. Hurrelmann (1999) schließt sich den amerikanischen Kollegen an und verweist auf typische Erwachsenenkrankheiten wie „Erschöpfungszustände, Nervosität und Unruhe, Magenverstimmungen und Schlafstörungen" (ebd., 17), die zunehmend bereits im Kindesalter diagnostiziert werden. Andere Autoren wie Grefe (1997) und Eichler (1993) diagnostizieren ebenfalls das *Ende der Spielzeit* und plädieren für eine *Rettung der Kindheit*, in der Kinder wieder sorglos ihren urwüchsigen Bedürfnissen nachgehen können. Mit dieser pessimistischen Analyse der heutigen Kindheit stehen die Autoren nicht singulär im Forschungsfeld. Angeregt durch die sich wandelnden Lebensbedingungen der Kinder, die sich in veränderten Familienformen mit wenigen oder keinen Geschwistern, Zwei-Eltern- oder Ein-Eltern-Situationen, in veränderten Wohn- und Raumbedingungen, in den veränderten Spielbedingungen und Freizeitmanagements sowie in den veränderten materiellen Gegebenheiten zeigen, entstehen vermehrt Thesen, die den Kindern eine unglückliche, gar nicht existierende oder im Verschwinden begriffene Kindheit diagnostizieren (vgl. u.a. Harms 1989; Holzer 1993; Textor 1994). An dieser Stelle ist aber, wie Bucher (2001) scharf analysiert, zu bedenken: Unglücklich für wen? Aus der Sicht der Erwachsenen oder der Kinder? In einer umfangreichen Analyse kommt er zu dem Schluss, dass der Wandel der Kindheit primär aus Erwachsenensicht, beeinflusst durch eigene Kindheitserinnerungen und Vorstellungen von Kinderglück, dramaturgisiert wird und sich heutige Kinder durchaus mehrheitlich als glücklich einschätzen. Sie wachsen in ihre Lebenswelt hinein und erleben daher keinen Wandel, sondern haben die Möglichkeit, sich ihre Welt aktiv anzueignen (ebd.).

Im Folgenden soll der Stand der Kinder in den verschiedenen Lebenssituationen, die prägnant sind für eine heutige Kindheit, dargestellt werden. Die kulturkritische Perspektive soll die Ambivalenz zwischen den neuen Anforderungen und den gewonnenen Freiheiten berücksichtigen.

2.2 Kinder in ihrer familialen Lebenswelt

2.2.1 Kinder im Blickpunkt von pluralisierten Lebensformen und familialen Beziehungen

Die Bedeutung der Familie für das kindliche Aufwachsen ist und bleibt in der Rangliste der kindzentrierten Themen unangefochten. Familie ist die Beziehungsform, an die die höchsten Ansprüche gestellt werden und die alle Bedürfnisse befriedigen soll (vgl. u.a Beck-Gernsheim 1998; Wahl 1999). So beschreibt auch die amtierende Bundesministerin für Familie, Senioren, Frauen und Jugend Familie und die Aufgaben der Familie folgendermaßen: „Familie ist mehr als eine Oase der Innerlichkeit oder des Rückzugs: Das auch, aber nicht nur. Familie ist der Ort, wo Menschen für andere und für sich Verantwortung übernehmen. Familie ist der Ort, wo Menschen immer wieder neu ein gemeinsames Leben handeln und verhandeln. Familie ist der Ort, wo beide Eltern sich für beides verantwortlich fühlen, für das wirtschaftliche wie für das emotionale und seelische Wohlergehen der Kinder. Und Familie muss wieder zu einem Erfolgsmodell in der Gesellschaft werden." (von der Leyen 2005, 1) Von der Leyen erkennt mit dieser Ausführung an, dass das Modell der Familie keine stagnierende und starre Lebensform, aber eine förderungswürdige Institution ist, die Kinder für ein erfüllendes Leben brauchen. Außerdem betont sie die gleiche Verteilung von Arbeitsaufgaben zwischen den Geschlechtern und geht damit auf die steigende Zahl erwerbstätiger Mütter ein, die sie (im weiteren Verlauf ihrer Rede) befürwortet und unterstützt. Familie ist die primäre Sozialisationsinstanz, die sich heute in vielfältiger Form präsentiert. Neben der ehelichen Zwei-Eltern-Familie, in der nach den neuesten Daten des 12. Kinder und Jugendberichtes (2005) die überwiegende Mehrheit der Kinder mit einem Geschwisterkind aufwächst, gibt es zahlreiche so genannte alternative Familienformen wie nicht-eheliche Paargemeinschaften, Stieffamilien oder Alleinerziehendenhaushalte (BMFSFJ 2005) mit unterschiedlichen Zeitbudgets. Weiter wird darauf hingewiesen, dass Kinder und Jugendliche im Altersverlauf im Jahr 2000 häufiger in wechselnden Familienformen leben und mit Trennung oder Scheidung der Eltern konfrontiert werden, als dies noch 1988 der Fall war (vgl. Wilk 2000). Die Erfahrung solcher Wechsel kann sowohl chancenreich als auch sehr belastend sein. Wie Röhr-Sendlmeier und Greubel (2004) zeigen können, erleben Kinder in alternativen Familienformen (hier Stieffamilien) häufig die gleichen Alltagssorgen und -freuden wie Kinder aus traditionellen Familienkonstellationen. Festzuhalten ist daher, dass nicht die Familienform an sich, sondern u.a. die Umgangsweise und die Beziehung zwischen Eltern und Kindern für eine gute Entwicklung entscheidend sind (vgl. u.a. Wilk 2000). Dennoch sehen Engelbert, Herlth, Mansel und Palentien (2000) in dieser Pluralisierung der Familienformen und Familienrollen einen Beweis dafür, dass die Familienkindheit „als ein Spannungsfeld erscheint, das durch Widersprüchlichkeiten, Ambivalenzen und Unvereinbarkeiten gekennzeichnet ist und mit einer Vielzahl von Erschwernissen und Risiken für das gedeihliche Aufwachsen von Kindern verbunden ist" (ebd., 9). Diese Erschwernisse und Risiken resultieren nach den Autoren jedoch nicht nur aus der beschriebenen Pluralisierung, sondern auch aus gestiegenen Erwartungen an die binnenfamilialen Beziehungsebenen und aus dem Umstand, dass der Anspruch an Erziehungsleistungen der Familien zwar gestiegen ist, die gesellschaftlichen Hilfestellungen aber nicht hinreichend vorhanden sind. Engelmann et al. (2000) ziehen den Schluss, dass Eltern heute die richtige Balance zwischen der Verfolgung ihrer eigenen (emotionalen, zeitlichen und materiellen) Interessen und den Bedürfnissen ihrer Kinder finden müssen, damit aus den Risiken Chancen werden, die die Kinder in ihrer Entwicklung sogar fördern können. Mit den Anforderungen an ein gelungenes Familienleben wird auf den großen Anspruch an die Eltern aufmerksam gemacht, dem sich gegenwärtig viele Familien ausgesetzt sehen. Die Entscheidung für ein Kind erfolgt im Gegensatz zu früheren Jahrhunderten nicht mehr aus materiellen Erwägungen im Sinne eines Beitrags zur Existenzsicherung und Gewährleistung der Altersversorgung (vielmehr im Gegenteil als ein immenser Kostenfaktor mit großer ökonomischer Belastung!) oder etwa zur Weitergabe des Familiennamens, sondern aus vornehmlich emotionalen Anstößen (vgl. u.a. Hein 2003; Zimmermann 2003). Mit dem Verlust des „biographischen Monopolcharakers" (Engelbert et al. 2000, 9) steht die bewusste Entscheidung für eine Familie in Konkurrenz mit anderen biografischen Optionen und erhält dadurch zusätzlichen Wert, der sich in gesteigerten Erwartungen hinsichtlich des Familienlebens und der Förderung der Kinder oder des Kindes manifestiert. Mit diesem Wertewandel finden sich die Kinder in einer Familienbeziehung, in der sie im Idealfall als eigenständige Person mit eigenen Interessen und Bedürfnissen anerkannt und gefördert werden (vgl. Zimmermann 2003). Die Vorstellung des perfekten Erziehungsklimas entwickelt sich „vom Befehlen und Gehorchen zum Verhandeln" (Büchner 1983, 196). Statt Erziehung wird heute von Beziehung gesprochen. Dieser Wandel, der vorwiegend positiv gesehen werden muss, fordert jedoch auch seinen Tribut. Nach den Ergebnissen einer Studie von Fuhs (1999) befürworten zwar die meisten Eltern den liberalen Umgang mit den Kindern, jedoch vermissen sie auch bestimmte Werte aus ihrer eigenen Kindheit. Ebenso fordert der neue Erziehungsstil (partizipativer Erziehungsstil nach Hurrelmann 2002) ein gewisses Bildungsniveau: Es müssen Kommunikationsfähigkeiten beherrscht, der Umgang mit den Kindern sollte argumentativ geregelt werden und die Diskussionen gleichberechtigt verlaufen (vgl. u.a. Oelkers 2001). Auch Hurrelmann und Bründel (2003) betonen, dass hohe „soziale, psychische und kommunikative Fähigkeiten" (ebd., 93) von den Eltern gefordert werden, die nicht selbstverständlich zu erwarten sind und je nach sozialem Milieu variieren. Oftmals haben die Eltern aber keine eindeutige Vorstellung über ihre Aufgaben oder sie verfallen in alte Muster. Klare Rollenverteilungen und Autoritätsstrukturen sind einer gewissen Unsicherheit im Umgang mit den Kindern gewichen. Wie Zimmermann (2005) beschreibt, werden Kinder immer mehr zu Partnern ihrer Eltern. Als Partner kommt ihnen allerdings nicht nur eine emotional positive Beziehung zugute; die Position ist andererseits auch sehr von Eigenverantwortung gekennzeichnet, wodurch den Kindern in ihrer neuen Rolle auch mehr zugemutet wird. Beck (1986) spricht noch von der „letzten verbliebenen, unaufkündbaren, unaustauschbaren Primärbeziehung" (ebd., 193) zwischen Kind und Elternteil, die über einer Partnerbeziehung steht, während Engelbert et al. (2000) 14 Jahre später betonen, dass die Paarbeziehung stärker an Bedeutung gewinnt und die Kinderinteressen in Gefahr sind, vernachlässigt zu werden. Neben dieser Unsicherheit hinsichtlich des Erziehungsgefüges treten zusätzliche Anforderungen an das Familienleben. Wie Zeiher (2005) herausstellt, wachsen auf der einen Seite die Aufgaben und Pflichten, die sich an die Familie stellen, während auf der anderen Seite ihr Zeitbudget, auch begründet durch die zunehmende Erwerbstätigkeit der Mutter, immer schmaler wird. Röhr-Sendlmeier (2006) kann jedoch in einer Studie über begabte

Gymnasiasten zeigen, dass die Berufstätigkeit der Mutter keinesfalls negative Begleiterscheinungen zeitigt. Im Gegenteil: Fühlen sich die Mütter wohl und zeigen ihre positive Einstellung zur Arbeitswelt vor ihren Kindern, so kann sich dies durchaus positiv auf die Charaktereigenschaften, auf die Eigenständigkeit und damit auf die Schulleistung des Kindes auswirken.

2.2.2   Eltern und Kinder im Förderwettstreit?

Eltern sind heute als Allrounder gefordert. Im Zusammenhang mit dem stetig steigenden Wert an Wissen und Bildung sehen sich viele Eltern an erster Stelle als Entwicklungsförderer. Die neuen Erkenntnisse der Entwicklungspsychologie und Sozialisationsforschung betonen, dass alles, was Kinder mit dem Zeitpunkt ihrer Geburt tun und erfahren, sei es „Spielen, soziale Interaktionen, Mitarbeit im Haushalt" (Zeiher 2005, 214 f.), als relevant für „Entwicklung, Sozialisation und formelles Lernen" (ebd.) verstanden und gesteuert werden muss. Die Eltern finden sich mit diesem Wissen in einer Position wieder, die sie zwingt, die möglichst besten Bedingungen für ihr Kind zu schaffen. Schon früh sehen sich Eltern damit konfrontiert, den inzwischen beträchtlich gewachsenen Markt der (Früh-)Förderung zu überblicken und ihm gerecht zu werden.[2] Wie Röhr-Sendlmeier (2007) ausführlich darstellt, hat in den letzten Jahren und Jahrzehnten ein Einstellungswandel gegenüber der (früh)-kindlichen Förderung stattgefunden und es wird vermehrt darüber diskutiert, welche Maßnahmen zu einer optimalen Entwicklungsförderung ergriffen werden sollen. Bisher bedarf es jedoch, wie Röhr-Sendlmeier weiter ausführt, einer systematischen wissenschaftlichen Evaluation dieser Maßnahmen. Fundierte Richtlinien für Eltern, Erzieher und Lehrer fehlen bisher. Eher intuitiv ist die Spielwelt zu einer „informellen Lernwelt (geworden), die Erzieher und Eltern inszenieren und kontrollieren" (Zeiher 2005, 214). Nach Büchner (1994) ist es ebenso wichtig, dass die Kinder auch miteinander konkurrierende Angebote nutzen und für sich chancenbringend verwerten. Das infolge doppelter Berufstätigkeit häufig entstehende Zeitdefizit wird oft durch Auslagerung der Kinderbetreuung in institutionalisierte Einrichtungen kompensiert, die höchste Bildungsqualität versprechen (vgl.

---

[2] Dass solche Angebote auch ins Grenzenlose und Abstruse führen können, beschreiben Rolff und Zimmermann (2001) unter dem Stichwort „head start": In internationalen „Learning centers" sollen bereits Kleinkinder zum Karrierevorsprung angetrieben werden, indem sie z.B. bereits mit 8 Monaten zählen lernen oder mit vier Jahren Geige beherrschen sollen. In Japan gibt es Einrichtungen, die mit solchen Lernverfahren bereits beginnen, bevor die Kinder überhaupt geboren werden. Schwangere Frauen nehmen an Trainings teil, die das Ungeborene stimulieren sollen.

u.a. te Poel/du Bois-Reymond/Zeijl 2000). Die außerschulische Zeit wird ansteigend auch zum Wissenserwerb z.B. durch Arbeitsgruppen oder Nachhilfestunden genutzt. Neben diesen schulleistungsbezogenen Fördermaßnahmen spielen jedoch auch die musisch-kulturellen und vor allem auch die sportlichen Freizeitmöglichkeiten eine große Rolle (Zeiher 1993; Engelbert et al. 2000). Rolff und Zimmermann (2001) betonen den problematischen Aspekt des neuen Förderbooms. Sie sehen die Gefahr, dass Kindererziehung zum *wissenschaftlichen Projekt* wird: „Das Ziel der Familienerziehung ist dann immer weniger das wohlgeratene und zufriedene Kind, sondern das *perfekte* Kind, das gleichsam zur Visitenkarte der Familie wird." (ebd., 39 f.) Die Autoren führen dieses überfordernde Verhalten auf den bereits beschriebenen Erziehungsdruck, den Eltern in einer wissensdominierten Gesellschaft erleben, zurück. Auch Bründel und Hurrelmann (2003) sehen diese Tendenz im elterlichen Verhalten: „Kinder leben heute in einer Gesellschaft, die individuelle Anstrengung einfordert und jeden Menschen auf Leistung programmiert. Sie spüren die Bemühungen ihrer Eltern, sie zu fördern und zu stützen, aber sie nehmen auch die hohen Ansprüche wahr und vor allem den Druck, der dahinter steht." (ebd., 130) Die Autoren weisen zudem darauf hin, dass Eltern allzu oft dazu neigen, ihre eigenen Wünsche auf das Kind zu übertragen und sie damit zu überfordern. Grefe (1997) beleuchtet das Elternverhalten zusätzlich unter der Konkurrenzperspektive. Im Vergleich mit anderen sehen sich Eltern gezwungen, auch ihrem Kind etwas zu bieten. Selbst Mütter und Väter, die beharrlich in den frühen Jahren auf externe Förderung verzichtet haben, geben mit zunehmenden Alter nach und sehen sich verpflichtet, geeignete Kurse zu suchen. Letztendlich ist ein gewisses Maß an Förderung jedoch wichtig und sinnvoll, wenn es mit einem gezielten Einsatz bestimmte Bereiche abdeckt, die ohne gesonderten Input nicht erreichbar wären. Auch können mit einer spezifischen Förderung wie etwa der Teilnahme an einem Sportverein mehrere soziale und motorische Bereiche abgedeckt werden. Nicht zu unterschätzen ist auch die Individualität des Kindes, die über Über-, Unter- oder optimierter Förderung entscheidet. So liegt es im Ermessen der Eltern, in Zusammenarbeit mit ihrem Kind ein optimales Programm zu gestalten, das die Bedürfnisse des Kindes an die erste Stelle setzt (vgl. u.a. Haug-Schnabel 2002).

2.2.3 Kindheit als institutionalisierte Terminkindheit?

Mit Blick auf die oben skizzierten Bedingungen der Förderung verweisen Zeiher und Zeiher (1998) u.a. darauf, dass Kinder ihre Nachmittagsgestaltung zeitlich planen müssen. Die große

Mehrheit der Kinder – abhängig vom sozialen Status der Eltern – verfügen bereits über mehrere Termine in der Woche (vgl. u.a. Fuhs 2002b; Schmidt 2002). Nach Angaben von Fuhs (1996) steigt die Anzahl der festen Termine im Alltag mit zunehmenden sozialen Status; gerade in diesen Familien wird einer sinnvollen und aktiven Freizeitbeschäftigung ein hoher Stellenwert zugesprochen.

In einer Reihe von Arbeiten gehen Forscher auf den neuen Umgang mit der Zeit im Kinderalltag ein (vgl. u.a. DJI 1992; Wilk/Bacher 1994; Fölling-Albers 2001). Festzuhalten ist, dass einerseits die Selbständigkeit der Kinder als positiver Aspekt betont wird, gleichzeitig aber auch die Gefahr einer Überforderung gesehen werden muss. Nach Zeiher (2005) reden Kinder heute zunehmend mit, wenn es um ihre Freizeitgestaltung geht. Zugleich wird aber darauf hingewiesen, dass die Kinder durchaus die elterliche Hilfe zur Einhaltung dieser Termine benötigen (vgl. Hurrelmann 1993a; Fuhs 2000a).

Nach Rückriem (1996) verfügen Kinder heute über offensichtlich mehr Freizeit als frühere Generationen. Auch wenn man diese zur Verfügung stehende Zeit näher analysieren sollte, so betonen doch auch u.a. Hurrelmann und Bründel (2003), dass Kinder mehrheitlich selbst ihr Zeitbudget für ausreichend halten und unter keinem Zeitdruck leiden. Dennoch sind Kinder natürlich vom Zeitplan ihrer Eltern abhängig: „Wie auch bei Erwachsenen sind auch in ihrem Alltag die Balancen zwischen Unabhängigkeit und sozialer Bindung, individualisierter Identität und sozialer Zugehörigkeit prekär" (Zeiher 2005, 223). Krappmann (2000) betont den positiven Aspekt dieses Aushandelns und die damit einhergehende Notwendigkeit eines klaren Standpunktes: „Spiel und Sport, Kleidung und Ernährung, Musik und Freizeitaktivitäten stecken voller Konsequenzen für Lebensgefühl, sozialer Akzeptanz, Lernmöglichkeiten, persönliche Entfaltung und Auswirkungen auf das zukünftige Leben, die wohlbedacht werden müssen." (ebd., 352)

Das Erfordernis einer zeitlichen Strukturierung des Kinderalltags resultiert nicht zuletzt aus den neuen Lebensräumen, die sich Kindern öffnen. Die Schaffung von außerschulischen Freizeiteinrichtungen, die zusammenhängend mit dem Ausbau des Bildungswesens Ende der 60er Jahre und den gestiegenen Bildungswünschen der Eltern initiiert wurde, löste zu großen Teilen den inzwischen motorisierten öffentlichen Lebensraum der Kinder ab und bietet zahlreiche Möglichkeiten der geplanten Freizeitausübung. Mit der Reduzierung der unmittelbaren außerhäuslichen Spielfläche, zumeist der Straße, meldeten sich in der Forschung lange Zeit vor allem kritische Stimmen. Die Straße wird und wurde vor allem als Möglichkeit der Gestaltung des Kinderalltags mit freiem und selbst geregeltem Spiel der Kinder (Weber-

Kindheit zu Beginn des 21. Jahrhunderts: Eine Diskussion zwischen kulturoptimistischer und kulturpessimistischer
Perspektive

23

Kellermann/Falkenberg 1992) und auch als Möglichkeit der gemischtgeschlechtlichen Beschäftigung gesehen (Behnken/Zinnecker 1987). Zu bemerken ist an dieser Stelle jedoch, dass die exemplarisch dargestellte Entwicklung vom freien Spiel auf der Straße hin zum *institutionalisierten Kinderalltag* keine allgemeingültige historische Linie darstellt. So besteht zwar eine tendenzielle Verlagerung der Spielstätte, doch hatte die *historische Straßenkindheit* vielmehr die Rolle eines Modells inne, welches abhängig von sozialer Schicht ihre Gültigkeit hatte (vgl. u.a. Zinnecker 1990b; Fuhs 1990; 1999; 2002). Beiträge von Rusch und Thiemann (2003) sowie von Podlich und Kleine (2003) demonstrieren zudem sehr eindrucksvoll, dass die *Straßenkindheit* sowohl für Jungen als auch für Mädchen weiterhin existiert.

Die häufig formulierten Thesen der *Verinselung kindlicher Lebensräume* (Zeiher 1983)[3], der *Verhäuslichung des Kinderalltags* (Prenner 1989) oder der *Versportung des kindlichen Bewegungslebens* (Zinnecker 1990a) müssen vor allem kontrovers betrachtet werden: Nach Zeiher (2005) haben sich Kinder nie vollständig den räumlichen Einschränkungen gefügt und nutzen ihre unmittelbare Wohnumgebung weiterhin für Spiele und sportliche Betätigungen (vgl. auch Engelbert/Herlth 1993). Wie Schlemmer (2000) und zuvor auch schon Nissen (1992) zeigen können, gehen nur rund die Hälfte der Grundschulkinder regelmäßig zu einem außerschulischen Freizeitangebot. Diese Orte der strukturierten Freizeitangebote sind oft selbst erreichbar (Fuhrer 2005). Kleine (1999) kommt zu dem Schluss, dass Kinder heute ein *kombiniertes Modell der Raumaneignung*[4] erfahren.

Eine so genannte *Verhäuslichung des Kinderalltags*, die sich darin spiegelt, dass sich Kinder durch zunehmend zur Verfügung stehende eigene Zimmer vornehmlich in den Wohnungen aufhalten und das Spielen im unmittelbaren Wohnumfeld vernachlässigen, kann ebenfalls nicht uneingeschränkt bestätigt werden. Zwar gibt es Tendenzen, dass Kinder – auch durch den gestiegenen Medienkonsum – (s.u.) viel Zeit im häuslichen Nahraum verbringen, doch zeigen Befragungen, dass sich Kinder sowohl im Innen- als auch im Außenbereich gerne zum Spielen aufhalten (vgl. u.a. Ledig 1992; Hurrelmann/Bründel 2003).

---

[3] Die These von Zeiher wird in der Literatur häufig vereinfacht und pauschalisierend dargestellt. Zeiher beschreibt mit der „Verinselung" lediglich Lebensraumveränderungen, die nicht zwangsläufig zu einer Verschlechterung der Lebensqualität von Kindern führen müssen. Es geht eher um einen aktiven Prozess des Kindes, sich seine – nun auch vergrößerte – Umwelt anzueignen.
[4] Sowohl Räume der unmittelbaren Umgebung als auch verinselte Aufenthaltsorte werden von den Kindern als gleichrangige Facetten ihrer Raumaneignung angenommen.

2.2.4   Kindheit als Medien- und Konsumkindheit?

Für die Beschäftigung im innerhäuslichen Bereich spricht nicht zuletzt der gestiegene Gebrauch von Spielsachen und neuen Medien. Oft wird betont, dass Kinder – unabhängig von sozialer Schichtung – in Spielzeug „versinken" (vgl. Sander/Vollbrecht 1993). Rolff (1990) spricht von einer Viertelmillionen verschiedener Spielzeuge auf dem Markt. Heute, 16 Jahre später ist es sehr wahrscheinlich, dass sich diese Zahl noch erhöht hat. Dieses Überangebot besteht jedoch nicht mehr nur aus phantasiereichen Gegenständen, die vielfältig genutzt und benutzt werden können, sondern zunehmend aus Konstruktionen, welche jegliche eigenständige Handlung des Benutzers überflüssig machen (vgl. Rolff 1983). Diese Beurteilung unterschätzt jedoch die kreativen Möglichkeiten, die Kinder in jedem Gegenstand sehen. Spielsachen werden nach eigenem Belieben umfunktioniert. So werden z.B. funktionstüchtige Puppen auch als Stütze für eine Sprungschanze oder Ähnliches genutzt, die selber gebaut wird. So konnten z.B. Rusch (1998) und Rusch/Thiemann (2005) in ethnographisch angelegten Studien beobachten, was zuvor Muchow (1979) beobachten konnte: Kinder bringen ihren Eigensinn ein, um Dinge so zu verändern, wie sie in ihre aktuelle Spielsituation hineinpassen. Dennoch besteht die Tendenz, dass durch den Überfluss an – teilweise qualitätsniedrigem und billigem – Spielzeug eine Achtung des eigenen Spielzeugs nicht mehr vorhanden ist: „Ein Zuviel an Spielsachen, die in keinem echten Bezug zum Kind stehen, führt zu einer Nivellierung des Einzelobjekts. Ob etwas mehr oder weniger vorhanden ist, ist in der Fülle unerheblich. Defektes oder Gebrauchtes wird ausgetauscht, da reparieren teurer ist als kaufen und Konsum Spaß macht" (Zöllner 1994, zitiert nach Hein 2003).

Eine weitere wichtige Rolle spielt der Gebrauch des Fernsehers. Nach den Daten von Schmidt (2003a) besitzen heute 12-Jährige zu 74 % ein eigenes Fernsehgerät und zu 58 % einen Computer. Neben dem regelmäßigen Gebrauch des Fernsehers erhalten multimediale Spielgeräte wie Computer oder Playstation eine neue Stellung in der Kinderwelt. Kinder wachsen heute selbstverständlich mit den neuen Errungenschaften der Technik auf und binden diese in ihren Alltag ein. Fölling-Albers (1992) betont den Wert der Unabhängigkeit, den die Medien auf Kinder haben können: „Kinder können also, auch wenn sie auf sich allein gestellt sind oder Langeweile haben, sich mit Hilfe der Medien ohne eigene Anstrengung fast uneingeschränkte Unterhaltung und Abwechslung verschaffen. Sie sind auf Spielpartner oder auf eigene Spielinitiativen nicht mehr angewiesen" (ebd., 13). Diese Nutzung des Fernsehers sowie der frühe Gebrauch des Computers werden kontinuierlich kritisch betrachtet (vgl. u.a. Ennemoser

2003; Myrtek 2003; Fuhrer 2005) Neben den negativen Effekten von Reizüberflutung und zunehmender Gewaltbereitschaft durch aggressive Fernsehsendungen oder Computerspiele wird vor allem auch die daraus resultierende Reduzierung von bewegungsreichen Aktivitäten als heikel empfunden. Ebenso problematisch erscheint die Tendenz, dass reale soziale Kontakte zurückgehen und durch die mediale Kommunikation ersetzt werden (vgl. Scholz 2005). Auch die Trennung zwischen virtueller und realer Welt wird problematisiert. Das Entdecken von Spielräumen und das Erfahren von Hindernisbewältigungen erfolgt zunehmend primär auf virtuellem Weg. Leu (1990) spricht in diesem Zusammenhang auch vom Computer als „kognitivem Abenteuerspielplatz" (ebd., 114). Dietrich (1997) bemerkt kritisch die Wirkung auf die persönliche Handlungsfähigkeit: „Die Auseinandersetzungen mit der Umwelt, wie sie im Bewegungsspiel noch möglich ist, wird reduziert auf einen Scheindialog, in dem der Spieler nicht mehr Handelnder, sondern nur noch Reagierender ist." (ebd., 36) Die Beschäftigung mit der virtuellen Welt dominiert nach empirischen Untersuchungen jedoch nicht vollständig die Lebenswelt der Kinder. Nach den Daten des BMFSJ (2005) wächst zwar weiterhin die Bedeutung von Medien und moderne Informationstechnologien im und für den kindlichen Alltag, doch wird dem persönlichen Kontakt nach wie vor große Bedeutung zugesprochen. Fernsehen ist in vielen Familien auch zum gemeinsamen Ritual geworden, das durchaus positiv gesehen werden kann. Fernsehsendungen können auch eine neue Kommunikationsmöglichkeit erschließen (vgl. Lange 2000; Hein 2003). Neben der Option des Informationsgewinns und des damit in Zusammenhang stehenden Bildungszuwachses durch die Medien kann unter bestimmten Bedingungen auch von einer förderlichen Wirkung auf Sprache und soziale Kompetenz gesprochen werden (vgl. u.a. Fuhrer 2005). Trotz dieser positiven Aspekte überwiegen doch in den Forschungsergebnissen die negativen Aspekte wie „Einseitigkeit der sensorischen Inanspruchnahme, Einschränkung der motorischen und kreativen Aktivität, Brachliegen der Imaginationsfähigkeit" (Schlack 2004, 100). Zudem sollte der Blick auf die Medien immer differenziert und mit Fokus auf soziale Milieus, Geschlecht, Alter und familiären Bezug beobachtet werden. Nach Schlack (2004) begünstigen „schlechte ökonomische Bedingungen (…) eine permissive Einstellung zum Fernsehkonsum der Kinder, und ein hoher Fernsehkonsum ist ein Indikator für eine familiäre Kommunikation mit wenig persönlichem Austausch" (ebd., 100). Zu einem ähnlichen Ergebnis kommen auch die Studien von Röhr-Sendlmeier, Götze und Stichel (2007), die, unüblich für die vorherrschende Forschungslage, die Komplexion aus den drei Faktoren Mediennutzung, Medienerziehung und schulisch relevanten Fähigkeiten untersucht haben. Die Autorinnen fanden sowohl heraus, dass bereits bei einer relativ geringen regelmäßigen Fernsehdauer ein Zusammenhang zwischen Fernsehkonsum und einer verminderten Lesefähigkeit bei Grundschulkindern besteht, als auch, dass die Fernseherziehung und die Vorbildfunktion der Eltern sehr bedeutsam für das Fernsehverhalten der Kinder sind. Ebenso konnten Verhaltensunterschiede und Unterschiede in der Zielsetzung des Mediengebrauchs zwischen eher bildungsnahen und eher bildungsfernen Familien gefunden werden. Mit diesen Ergebnissen eröffnet das Forschungsfeld des Medienkonsums im Kindheitsalter weitere Fragestellungen, die eine differenzierte Erforschung verlangen und bisher nicht hinreichend geklärt sind.

Wenn über Kinder in Bezug auf Spielzeug und mediales Verhalten gesprochen wird so fällt häufig auch der Begriff der *Konsumkindheit* (vgl. u.a. Neumann-Braun 2001; Fuhs 2002). Kinder genießen heute nicht mehr den Status der zukünftigen Käufer, sondern werden als aktuelle Konsumentengruppe und damit lukrative Zielgruppe wahrgenommen (vgl. u.a. Lange 2000). Durch gestiegenen Wohlstand in der Gesellschaft haben auch die meisten Kinder eigene finanzielle Mittel zur Verfügung und können sich Wünsche eigenständig erfüllen (vgl. Hurrelmann/Bründel 2003). Neumann-Braun (2001) stellt die These auf, „dass Markt und Medien zu neuen Sozialisationsinstanzen und Sinnagenturen geworden sind, die heute einen bedeutsamen, gar nicht zu unterschätzenden Einfluss auf Kinder ausüben" (ebd., 91). Weiter führt er aus, dass Kinder schon sehr früh als eigene Konsumentengruppe eine autonome Stellung gegenüber Elternhaus und Schule entwickeln könnten: „Kinder kommen heutzutage schon sehr früh, jedenfalls viel früher als bislang an die Macht." (ebd.) Durch gezielte Produktwerbung im Fernsehen bilden sie Wünsche, die sie an die Eltern weitergeben oder – mit zunehmenden Alter – selber realisieren. Der Einfluss auf die Eltern, so weist Mayer (1998) nach, bezieht sich jedoch nicht nur auf Kinderprodukte – deren Anzahl auch im Lebensmittelbereich in den letzten Jahren deutlich gestiegen ist –, sondern auch auf alltägliche Produkte aus der Erwachsenenwelt. Die aktive Mitbestimmung überfordert Kinder zunehmend. Sie geraten nach Hurrelmann/Bründel (2003) „in den Sog eines demonstrativen Konsums, weil sie durch ihre Kleidung und ihre Ausstattung symbolisch unterstreichen müssen, dass sie zu einer sozialen Gruppe gehören, die im Kindergarten und in der Schule Anerkennung genießt" (ebd.; 150). Damit geraten Kinder schon sehr früh in Konflikte. Gerade Kindern aus unteren sozialen Schichten (s.u.) fällt es demnach zunehmend schwer, den Anforderungen innerhalb der Kindergruppe gerecht zu werden. Diese Entwicklung ist ein Faktor für eine sich abzeichnende Verkürzung des Kindesalters und ein früheres Einsetzen des Jugendalters: Zu berücksichtigen ist, dass Kinder von den genannten Alltagsbedingungen unterschiedlich betroffen sind. Faktoren wie Alter,

Lebenslage, Milieu und auch Geschlecht bilden für sich immer neue Lebensbedingungen (vgl. auch Zeiher 1993).

2.2.5　Kindheit unter sozial ungleichen Bedingungen?

Obwohl die meisten Kinder unter guten Lebensbedingungen aufwachsen, so steigt doch die Zahl der Kinder, die in armen Familien leben. Nach den Angaben von Kamensky, Heusohn und Klemm (2000) gelten 2,8 Millionen Kinder und Jugendliche in Deutschland als arm.[5] Damit ist der Kreis der Minderjährigen die am häufigsten von Armut betroffene Personengruppe (Hanesch/Bordt 1994; Klocke/Hurrelmann 2001). Es wird daher von einer *Infantilisierung der Armut* gesprochen (vgl. u.a. Sing 2000). Die große Zahl der Kinder kommt nicht zuletzt dadurch zustande, dass Familien mit mehreren Kindern einem deutlich höheren Risiko der Verarmung unterliegen als Familien mit nur einem Kind. Eine weitere Risikogruppe stellt zudem, meist bedingt durch die Einkommenssituation, die Gruppe der allein erziehenden Eltern (vgl. Napp-Peters 1995; Otto 1997; BMFSJ 2005). Nach neuesten Daten liegt ihr Äquivalenzeinkommen 2003 bei nur 70% des Durchschnittseinkommens (Grapka/Krause 2005). Je nach Bildungsstand der Eltern und vorherrschendem Erziehungsstil innerhalb der Familie kann sich Armut verschieden auf die Lebensqualität der Kinder auswirken. Walper (1995) deutet darauf hin, dass Armut zu einer Veränderung des familiären Klimas zum Schlechteren führt. Gleichzeitig zeigt sie auf, dass auch ein hohes Bildungsniveau heute keinen Schutz mehr vor Armut bieten kann. Nichtsdestotrotz müssen die Auswirkungen auf das Familienklima und die psychische Befindlichkeit des Kindes in betroffenen Familien mit einem vergleichsweise höheren Bildungsniveau nicht so gravierend ausfallen wie in anderen Familien.

Joos (2001) zeigt unabhängig vom familialen Klima und dem Bildungsniveau auf, dass individuelle ökonomische Ressourcen einen entscheidenden Bestandteil der Lebensqualität bilden. Gerade Kinder sind die Hauptleidtragenden der Armut. Wie Kamensky et al. (2000) darstellen, sind die Folgen eines chronischen Geldmangels gravierend. Sie beeinträchtigen sowohl das körperliche und seelische Wohlbefinden als auch die Entwicklungs- und Lebenschancen der Minderjährigen (u.a. Schlack 2004). Das Besitzen von Markenkleidung oder das Teilnehmen an verschiedenen Freizeitaktivitäten bedeutet in einkommensschwachen

---

[5] Als arm gelten nach dem Lebenslagenkonzept Menschen, wenn sie in einem oder mehreren Lebensbereichen (Arbeit, Wohnen, Freizeit, Gesundheit, Ernährung und die Teilhabe am gesellschaftlichen Leben) unterversorgt sind (vgl. Döring/Hanesch/Huster 1990; Zimmermann 2003).

Familien eine zusätzliche hohe finanzielle Belastung, die nicht immer zu bewältigen ist. So werden viele Kinder und Jugendliche zu Außenseitern, die mit dem Standard ihrer Mitschüler nicht mithalten können. U.a. weist Lange (2000) darauf hin, dass heutige Kinderkleidung – als Renaissance zu früheren Jahrhunderten (vgl. Weber-Kellermann 1997) – einen gesellschaftlichen Stellenwert besitzt, der je nach Preis und Marke differiert und Anerkennung bzw. Missachtung im Kinderkreis verursacht. Weitere Begleiterscheinungen wie ein zu enger Wohnraum gehen einher mit schlechteren Leistungen in der Schule, die wiederum einen schlechten Start ins Berufsleben bedeuten können. In einer Studie von Klocke und Hurrelmann (1995) konnte gezeigt werden, dass arme Kinder weniger Selbstvertrauen haben und sich einsamer und hilfloser fühlen. Zudem berichten Kinder aus armen Familienverhältnissen mehr über schlechtes Wohlbefinden und emotionelle Labilität, geringeres Selbstvertrauen und Kopfschmerzen (Kamensky et al. 2000). Klocke (2001) spricht im Zusammenhang mit schlechtem Selbstvertrauen (in Wechselbeziehung mit schlechten Schulleistungen) auch von einer „sozialen Vererbung von Armut" (ebd., 303). Neuere Daten von Strehmel (2005) lassen jedoch die Hoffnung zu, dass der Zustand elterlicher Arbeitslosigkeit (als ein Merkmal von hohem Armutsrisiko) nicht zwangsläufig zu einer negativen Entwicklungslinie der Kinder führen muss. So zeigen sich zwar deutliche Zusammenhänge zwischen elterlicher Arbeitslosigkeit und elterlichem Befinden, aber „nur wenige und moderate Zusammenhänge zwischen elterlicher Arbeitslosigkeit, schulischen Leistungen und kindlichen Entwicklungsindikatoren" (ebd., 236). Hurrelmann (1993) betont: „Je stärker eine Person in ein soziales Beziehungsgefüge mit wichtigen Bezugspersonen innerhalb und außerhalb der Familie eingebunden ist, desto besser kann diese Person auch mit ungünstigen sozialen Lebensbedingungen, kritischen Lebensereignissen und andauernden Lebensbelastungen umgehen." (ebd., 240). Dennoch betont auch Strehmel (2005), dass Kinder arbeitsloser Eltern häufiger in Armut aufwachsen, über weniger pädagogisch sinnvolles Spielzeug verfügen, weniger sprachlich gefördert werden und öfter eine gedrückte Stimmung der Eltern und Spannungen in den Familien erleben als Kinder mit erwerbstätigen Eltern.[6]

Zimmermann (2003) resümiert, dass „Armut für Heranwachsende bedeutsame nachteilige Konsequenzen für deren Persönlichkeitsentwicklung haben kann" (ebd., 121), fordert aber, wie

---

[6] Strehmel (2005) führt zudem unterschiedliche Beeinträchtigungen auf, die davon abhängen, ob Mutter oder Vater arbeitslos sind. So zeigte sich u.a. dass die Arbeitslosigkeit der Mutter zu mehr Problemen führt als die Arbeitslosigkeit der Väter.

auch Strehmel (2005), Längsschnittstudien, die den Zusammenhang zwischen armen Lebensverhältnissen und Sozialisation längerfristig beobachten und untersuchen sollen.

2.2.6 Fazit

Zusammenfassend lässt sich festhalten, dass Kinder in ihrer familialen Lebenswelt etliche Herausforderungen zu bewältigen haben, die sowohl chancenbringend als auch destruktiv wirken können. Kinder leben heute in einer Gesellschaft, die viel Leistung fordert und gleichzeitig nicht ausreichend Hilfestellung bietet. Jungen und Mädchen eignen sich jedoch ihre Umwelt aktiv an und wachsen selbstverständlich mit den Neuerungen der Technik auf und nutzen diese, um die Veränderungen ihrer Umwelt zu bewältigen. Die hohe Anzahl an außerschulischen und institutionalisierten Freizeitangeboten macht es zudem nötig, genaue Zeitarrangements zu treffen. Diese ersetzen jedoch nicht vollständig das freie und zufällige gemeinsame Spielen in unmittelbarer Wohnumgebung. Kinder haben heute mehr Wahl*freiheit*, aber auch mehr Wahl*pflicht*. Unter dem herrschenden Leistungsdruck der Schule und bildungsbeflissener Eltern gehört die Freizeit nicht mehr alleine dem Vergnügen, sondern der zusätzlichen kognitiven und motorischen Förderung. Diese Art der Förderungen erhalten jedoch nicht alle Kinder gleichermaßen, und es sticht zunehmend die immer größer werdende Anzahl an armen Kindern ins Auge, die die Angebote des Freizeitlebens nicht nutzen und dadurch eine Benachteiligung erleben. Dadurch entsteht schnell ein Ungleichgewicht, das sich sowohl im sozialen Kontakt als auch im Bereich der schulischen Leistungen negativ auswirken kann. Gerade im schulischen Bereich, wie die PISA Studie bereits gezeigt hat, muss daher Sorge dafür getragen werden, dass bestehende Ungleichheiten ausbalanciert werden und allen Kindern Chancengleichheit ermöglicht wird.

2.3   Mädchenwelten und Jungenwelten?

Durch die oben skizzierten Veränderungen der kindlichen Lebenswelt ergeben sich für Mädchen und Jungen neue Möglichkeiten der Selbstgestaltung. Wer aber über die Unterschiede zwischen männlichen und weiblichen Umgangs- und Erfahrensweisen berichten will, gerät in ein Dilemma: Im Zuge der geschlechts- und sozialwissenschaftlichen Debatte über die Kategorie

Geschlecht erscheint es müßig Analysen über die Differenzen zwischen Jungen und Mädchen anzustellen. Zahlreiche Arbeiten berichten über gleiche oder zumindest sich annähernde Verhaltensweisen zwischen den Geschlechtern (vgl. u.a. Oswald/Boll 1992; Schütze 1993). Gleichzeitig findet man jedoch ebenso viele Arbeiten, die detailliert die unterschiedlichen Facetten des Alltagerlebens von Jungen und Mädchen, z.b. im Raumerleben, dokumentieren (vgl. u.a. Nissen 1993). Erschwerend kommt hinzu, dass die sich im Entwicklungsverlauf zeigenden geschlechtstypischen Auffälligkeiten je nach der theoretischen Orientierung der untersuchenden Wissenschaftler hinsichtlich Ausmaß und Wirkung höchst unterschiedlich interpretiert werden und dass eine zuverlässige Erhebung dieser Auffälligkeiten eine methodische Herausforderung darstellt (vgl. Rendtorff 2006).

Im Rahmen dieser Arbeit wird es daher sicherlich nicht möglich sein, die Fragen der Erziehungswissenschaft nach dem Vorhandensein von typischen männlichen und weiblichen Eigenschaften mit der daran anschließenden Konsequenz der Erziehungsstile oder nach der Präsenz von sozialen oder selbstdefinierten Geschlechtskategorien zu klären. Im Folgenden soll jedoch ein Einblick in bestehende Diskussionen gewährt werden.

2.3.1 Empirische Ergebnisse zu Mädchen- und Jungenwelten

2.3.1.1 Freizeiterleben von Jungen und Mädchen

Die Modernisierung der Kindheit gilt für beide Geschlechter gleichermaßen. Flade, Hacke und Lohmann (2003) konnten z.b. anhand von Mobilitätsstudien herausfinden, dass Mädchen und Jungen im Alter zwischen 13 und 14 Jahren ähnlich lange Strecken täglich zurücklegen und ähnlich mobil sind. Jungen fahren jedoch signifikant häufiger Fahrrad als Mädchen und verunglücken demnach auch häufiger als Mädchen im Straßenverkehr.[7] Geschlechtsstereotype fanden sie ebenso in der Beurteilung des Autos, welches Mädchen durchaus pragmatischer bewerten als Jungen.

Ältere Arbeiten von Rauschenbach (1990) und Nissen (1993) erkennen durchaus mehr Unterschiede in der Auseinandersetzung mit den neuen Möglichkeiten und Anforderungen. So betont Rauschenbach (1990) zwar zunächst die gleichermaßen gestaltete Unabhängigkeit der Kinder, doch kommt sie schnell zu dem Ergebnis, dass Jungen tendenziell stärker ihre Umwelt

---

[7] Stecklina (2004) bemerkt für Jungen in diesem Zusammenhang auch ein höheres Risikoverhalten als für Mädchen, welches sich vor allem auch in der Jugendphase deutlich zeigt.

erobern als Mädchen, die sich mehr auf das Haus konzentrieren (vgl. auch Hurrelmann/Bründel 2003; Karsten 2003). Dabei erkennt sie schichtspezifische und altersabhängige Faktoren durchaus an. So erleben Kinder der oberen Mittelschicht (insbesondere die Mädchen) ihre Alltagsplanung stärker institutionalisiert als Kinder (insbesondere Jungen) der unteren sozialen Positionierung. Rendtorff (2006) verweist in diesem Zusammenhang auf die Wirkung der geschlechtsspezifischen Sozialisation. So kommt der Unterschied des Raumerlebens in erster Linie durch elterliche Restriktionen zustande, die Jungen oftmals mehr Freiraum zusprechen als Mädchen. Mit zunehmendem Alter sieht Rauschenbach (1990) eine stärker werdende Geschlechtsrollendifferenzierung. Mädchen haben nach ihren Angaben wesentlich mehr feste Nachmittagstermine als Jungen, die spontan über ihre Zeit verfügen (können). Zu den gleichen Ergebnissen kommt Nissen (1993; 1998). Sie führt darüber hinaus auch an, dass Mädchen mehrere unterschiedliche inhaltliche Angebote wahrnehmen, während sich Jungen meist nur auf eine Institution, klassischerweise den Fußballverein, konzentrieren (vgl. auch Hagemann-White 1984; Zinnecker/Silbereisen 1998). Bründel und Hurrelmann (1996) betonen für Freundschaftsbeziehungen eher vertraulich gehaltene Beziehungen innerhalb von Mädchengruppen und eher nichtexklusive Beziehungen innerhalb größerer Jungengruppen. Rendtorff (2006) beschreibt weiter für die Gruppen unterschiedliche Strukturen. Während sich Jungen mehr hierarchisch organisieren, basieren die Freundschaften der Mädchen mehr auf gegenseitiger Anerkennung (vgl. auch Bischof-Köhler 2004). Nissen (1993) erkennt Unterschiede in der Interessenverwirklichung. So kann bei Jungen eine Konzentration auf technische Medien beobachtet werden, während Mädchen nach wie vor gerne Bücher lesen und sich zudem lieber musisch-künstlerisch betätigen als ihre andersgeschlechtlichen Altersgenossen (vgl. auch Strzoda/Zinnecker 1998; Cornelißen/Blanke 2004). Rohrmann (1994) zeigt ebenso geschlechtsspezifische Spielwelten auf, die sich für Jungen aktionsreich, computer- und videobezogen präsentieren, während der Schwerpunkt bei den Mädchen eher auf Plüsch und Puppen liegt. Dass sich diese Muster tatsächlich noch in vielen Bereichen an den klassischen Zuschreibungen orientieren, zeigen auch die Ergebnisse der Shell-Studie 1992: Jungen und Mädchen nach ihren beliebtesten Freizeitaktivitäten in ihrer Kindheit (Zeit zwischen drei und zwölf Jahren) befragt, zeigten sich noch deutliche geschlechtsspezifische Unterschiede. Zwar führt bei beiden Geschlechtern im Westen das Hören von Schallplatten/Kassetten die Rangliste an (im Osten stehen „Räuber und Gendarm" an erster Stelle bei den Jungen), doch folgen typische geschlechtsspezifische Aktivitäten wie Malen, Zeichnen, Mutter-Kind-Spiele bei den

Mädchen und wilde Spiele wie Räuber/Gendarm, Cowboy/Indianer bei den Jungen (vgl. Faulstich-Wieland 1999).

2.3.1.2 Lebensplanung und Erziehungslinien

Trotz der oben genannten Unterschiede kann dennoch von einer Annäherung der Lebensbedingungen von Jungen und Mädchen gesprochen werden. Es ist zu beobachten, dass Mädchen immer mehr in ehemalige Jungendomänen (wie z.b. den Sport) vorstoßen und sich durch ein gleichermaßen hohes Bildungsniveau und eine steigende Selbständigkeit auszeichnen. Hofäcker und Lück (2004) können diese Annahme für die Tendenz zu höheren Bildungsabschlüssen bei Mädchen und der ansteigenden Erwerbsbeteilung von Frauen bestätigen. Auch Geissler und Oechsle (1996; 1998) sehen eine mögliche Erweiterung der Lebensplanung von Mädchen, die u.a. durch eine gestiegene Durchsetzungskraft und Leistungsorientierung seit den 80er Jahren gekennzeichnet und nicht mehr so weit von den männlichen Lebenswelten abgegrenzt ist wie noch in den Jahren zuvor. Dabei betonen sie jedoch, dass immer noch soziale Ungleichheiten (auch zwischen den Frauen) bestehen und die Frauen mehr Anforderungen und Entscheidungen als Männer bewältigen müssen. Fritzsche und Münchmeier (2000) notieren für die Jugendlichen, die im Rahmen der Shell-Studie 2000 befragt wurden, auf den ersten Blick kein typisches männliches bzw. typisch weibliches Lebensmuster. Es zeigen sich jedoch sowohl interindividuelle Unterschiede zwischen den Jungen und Mädchen, auch bedingt durch neue Alltagssituationen, als auch intraindividuelle Unterschiede innerhalb einer Geschlechtergruppe. Mit einer 1994/1995 durchgeführten Studie über zukünftige Lebensvorstellungen kann Hempel (1998) belegen, dass Mädchen und Jungen (befragt in Ostdeutschland) bereits in Ansätzen losgelöst von tradierten Rollenvorgaben sind. Die Angaben von Horstkemper und Zimmermann (1998) weisen in die gleiche Richtung und betonen, dass sich „rollentypische Selbstverständlichkeiten in der Geschlechtersozialisation von Kindern zwar nicht als obsolet, aber doch brüchig" (ebd., 7) erweisen. Eine große Rolle spielt bei diesem Prozess die Erziehung, die je nach gesellschaftlicher Gruppierung innovativ und geschlechtübergreifend Jungen sowie Mädchen gleichermaßen fördert. Dennoch weisen die Autoren darauf hin, dass Geschlechterdifferenzen natürlich nach wie vor – auch schon aufgrund gestiegener Sensibilisierung – wahrgenommen werden. Kückmann-Metschies und Müller-Heisrath (1998) kommen zu dem Schluss, dass eher vorsichtig von einer Enttraditionalisierung polarer Geschlechterbilder gesprochen werden muss. Dies steht in Einklang mit den Ergebnissen der Studie *Frauenwelten 1* (vgl. Reigber 1993): Bezüglich der Erziehungsziele gegenüber Mädchen und Jungen zeigen Faulstich-Wieland (1995; 1999) und diese zusammen mit Horstkemper (1998) in einer Längsschnittstudie unterschiedliche Schwerpunkte hinsichtlich des Geschlechts. Im Osten wie auch im Westen Deutschlands besteht ein – über die Zeit der längsschnittlichen Erhebung hinweg relativ stabiles – Frauenbild, welches traditionelle Weiblichkeitstugenden wie „sozial, hilfsbereit, zärtlich", mit neuen Leitbildern einer selbständigen und durchsetzungsfähigen Frau kombiniert.

Hinsichtlich des skizzierten Jungenbildes ist die deutlich höhere Anzahl an Merkmalszuschreibungen auffällig. Diese Überfrachtung an Merkmalen, die „das Bild eines ehrgeizigen, durchsetzungsfähigen, weltoffenen, handwerklich und technisch kompetenten Mannes, der zugleich aber auch ritterlich und zuvorkommend sein soll" (Faulstich-Wieland 1995, 101), zeichnet, kann ein Hinweis darauf sein, dass nicht nur das Bild des Mädchens umgestaltet worden ist, sondern gleichzeitig das Jungenbild eine Veränderung erfährt, indem ebenfalls neue Eigenschaften hinzukommen.

Hinsichtlich des Erziehungsalltages von Mädchen und Jungen etwa mit Blick auf Hausarbeit – Mädchen werden nach wie vor mehr zur Hausarbeit herangezogen als Jungen (vgl. u.a. Cornelißen/Blanke 2004) – oder Spielwelt – Jungen erhalten nach den Angaben einer Marktstudie quantitativ und qualitativ mehr (geschlechtsspezifisches) Spielzeug (Bundesverband des Spielwareneinzelhandels e.V. 1997; zitiert nach Müller-Heisrath/Kückmann-Metschies 1998) – muss davon ausgegangen werden, dass liberalere und geschlechtsneutralere Erziehungsstile und -ziele zwar angestrebt werden, hundertprozentige Transfereffekte auf den Alltag aber noch ausstehen.

2.3.2 Jungen und Mädchen in der (Geschlechter-)Krise? Ein Fazit

Nissen (1993) verweist auf Jacobi (1991) und zieht das pessimistische Fazit, dass Mädchen und Jungen wohl auch in Zukunft geschlechtsspezifisch getrennte Wege gehen. Um erfolgreich in der Gesellschaft voranzukommen, bleibt Mädchen und Frauen nur die Angleichung an männliche Verhaltensweisen und Normen.

Forschungsarbeiten der letzten Jahre widersprechen diesen Darstellungen. Vogel (2005) fasst in ihrem Band *Was ist weiblich – was ist männlich?* zusammen: Gemeinsam ist die Erkenntnis, „dass die Definition von Geschlechtern über unterschiedliche Eigenschaften von Frauen und

Männern in den Bereich der Alltagstheorien gehört, die jeweils Niederschlag von Ideologien bzw. unhinterfragten Konventionen und entsprechend interpretierten eigenen partiellen Erfahrungen sind. Geschlechterunterschiede sind also im Wesentlichen sozial konstruiert und entsprechend wandelbar" (Vogel 2005, 26). Damit sind Geschlechtsunterschiede nicht aufgehoben, sondern erheben den Anspruch, differenziert betrachtet zu werden.

Blickt man noch einmal auf die oben beschriebenen geschlechtsspezifischen Merkmalszuschreibungen, so wird doch eine Ambivalenz deutlich zwischen gewünschten Attributionen und realen Verhaltensmustern. Paradoxerweise befinden sich gerade auch die Jungen in einer Situation, die gänzlich neu ist. Beuster (2006) sieht eine Überfrachtung an Anforderungen an die Jungen, die Hilfestellung benötigen. Er stellt die These auf, dass Mädchen immer sicherer, Jungen hingegen immer unsicherer werden. Sielert (1999) verweist ebenso auf die sich wandelnde Situation des männlichen Geschlechts, das zum einem auf die gewohnten weiblichen Hilfestellungen, zum anderen auf vertraute Rollenanforderungen und Lebensplanungen wenigstens in ihrer vollen Konsequenz und Selbstverständlichkeit verzichten muss. Dass sich die Inszenierung des eigenen Geschlechts sowohl für Mädchen als auch für Jungen als schwierig gestaltet, führt Kersten (1999) aus. Für ihn ist „der öffentliche Raum für die Bewerkstelligung von Geschlecht kein Schonraum, sondern Bühne für erzwungenermaßen vorzeitige Partizipationsbemühungen an erwachsenen Entwürfen von Männlichkeit und Weiblichkeit" (ebd., 86). Die Kategorie Geschlecht ist in diesem Sinne nicht aufgehoben, sondern individuell gestaltbar. Was typisch weiblich oder typisch männlich ist, wird individuell und auf die jeweilige Situation angepasst.

Damit wird jedoch die Macht der Geschlechterbilder unterschätzt. Sicherlich wird mit der Kategorie *Geschlecht* in Zukunft vorsichtiger umzugehen sein. Wie Knapp (2005), Gildemeister (2005), Becker-Schmidt (2005) oder Krais und Beaufaÿs (2005) darstellen, sollten andere Aspekte wie Handlungs- und Interaktionsgewohnheiten oder Habitus in den Vordergrund gestellt werden. Wetterer (2004) verweist auf konstruktivistische Ansätze, die statt von natürlichen Geschlechter*unterschieden* von Geschlechter*unterscheidungen* sprechen. Von einer biologisch fundierten Zwangsattribution von männlich und weiblich ist somit abzusehen. Vogel (2005) resümiert, dass die klaren Zuordnungen zu männlich und weiblich nicht mehr in ihrer vollen Beständigkeit haltbar sind; sie spricht aber von einer Spannung zwischen zwei grundsätzlichen Erkenntnissen:

„Geschlechterunterschiede werden einerseits in Abhängigkeit von gesellschaftlichen Machtstrukturen, dem *gender system,* durch die soziale Praxis von Akteuren als *doing gender* immer wieder sozial konstruiert. Andererseits stellen diese Geschlechterunterschiede mächtige, jeweils verinnerlichte Konventionen dar, die scheinbar auch durch manche Alltagserfahrungen zunächst gestützt werden." (Vogel 2005, 26 f.) Festzuhalten ist abschließend, dass es prinzipiell möglich ist, das Gerüst der Geschlechterzuweisungen umzubauen. Dabei handelt es sich aber um einen Prozess, der schrittweise durchgeführt werden muss.

3. Motorik und motorische Entwicklung

Glaubt man den negativen Schlagzeilen über kindliche Bewegung und Gesundheitsstatus in Zusammenhang mit konkurrierenden Freizeitaktivitäten wie Fernsehen oder Computer und mit dem Verzehr von fetthaltigen Nahrungsmitteln, so kann man froh sein, wenn sich Kinder heute überhaupt noch einigermaßen geschickt bewegen können. Tatsächlich verzeichnen zwar Arbeiten von Gardemann (2001) sowie von Kurth et al. (2002) ein positives Ergebnis hinsichtlich des Gesundheitszustandes von Kindern und Jugendlichen im historischen und globalen Vergleich, doch alarmieren Arbeiten von Mast, Körtzinger und Müller (1998) sowie Kalies, Lenz und von Kries (2002), die für jedes fünfte bis sechse deutsche Kind Übergewicht – oft auch im Zusammenhang mit Fernsehkonsum (vgl.Kretschmer/Giewald 2001) – feststellen. Auch ein Vergleich der Schuleingangsuntersuchungen zwischen 1986 und 1996 verdeutlicht nach Schmidt (2002) den Trend zu körperlichen Koordinationsdefiziten (vgl. Tabelle 1):

Tabelle 1: Schuleingangsuntersuchungen 1986-1996 (Essener Kinderbericht nach Schmidt 2002, 146)

	1986	1988	1990	1992	1994	1996
Zahl der Kinder	5.327	5.317	5.528	5.618	6.296	6.466
Koordinationsstörungen	7,8%	7,5%	7,7%	9,8%	14,6%	13,9%
Haltungsschwächen	9,6%	7,7%	7,4%	7,3%	8,4%	10,1%
Übergewicht	5,6%	6,0%	6,5%	7,5%	7,4%	7,1%

Die Ergebnisse sprechen für eine leichte Zunahme des Defizits im koordinativ-konditionellen Bereich. So haben ein Drittel aller untersuchten Kinder motorische Defizite.

Die Untersuchungen bezüglich der motorischen Leistungsfähigkeit tendieren in keine klare Richtung. Klaes et al. (2000) finden in ihrer Analyse von zwölf Längsschnittstudien zu fünfzig Prozent keine signifikanten Verschlechterungen und teilweise sogar Verbesserungen des motorischen Leistungsstatus von Kindern und Jugendlichen und zu fünfzig Prozent Ergebnisse, die auf schlechter werdende Leistungen der Untersuchungsgruppe schließen lassen. Ebenso ambivalent erscheinen die Analysen weiterer Arbeiten: Die Übersichtsarbeit von Dordel (2000) zeigt überwiegend konstante Leistungen, aber auch Rückgänge der körperlichen Fitness bei Erstklässlern, das Review von Gaschler (1999; 2000; 2001) und die Längsschnittanalyse von Eggert, Brandt, Jendritzki und Küppers (2000) lassen eine Interpretation hinsichtlich einer Verschlechterung der körperlichen Gesamtkoordination im Kindesalter zu.

Diese uneinheitliche Ergebnislandschaft ist nach den Autoren selbst und nach dem Stand des DSB (2003) auf die heterogenen Forschungsbedingungen verschiedener Untersuchungsteams mit unterschiedlichen Strukturen und auf die Analyse von zu kleinen Stichproben über mehrere Erhebungszeitpunkte zurückzuführen.

Im Rahmen der WIAD-AOK-DSB Studie II[8] (DSB 2003) wird der motorische Status sowie Bewegungsgewohnheiten erstmalig von über 20.000 Kindern einheitlich strukturiert und halbjährlich erhoben. Ebenso liegen Ergebnisse von Bös (2003) vor, der auf der Basis einer Literaturrecherche von 1965 bis 2002 insgesamt 54 aussagekräftige Untersuchungen mit insgesamt mehreren hunderttausend Testpersonen beiderlei Geschlechts im Alter von sechs bis 17 Jahren genauer analysiert und die Ergebnisse der einzelnen Testaufgaben vergleicht. Die Ergebnisse dieser Studien sollen exemplarisch im Folgenden herangezogen werden.

Bevor jedoch genauer auf den motorischen Leistungsstand der Kinder eingegangen werden kann, bedarf es einer Klärung des motorischen Begriffes und einer Darstellung der motorischen Entwicklungsschritte:

3.1   Der Begriff *Motorik*

Wird innerhalb des Gebiets der Sportwissenschaften auf den traditionellen fähigkeitsorientierten Ansatz rekurriert, so ist die im deutschen Sprachraum weitgehend als anerkannt geltende Definition von Bös und Mechling (1983) heranzuziehen. Basierend auf den früheren Ansätzen von Guilford, Fleishmann und Gundlach wird die Motorik als Summe aller Steuerungs- und Funktionsprozesse verstanden, die der Haltung und Bewegung zu Grunde liegen.

Unter motorischen Fähigkeiten sind demnach die Gesamtheit der Strukturen und Funktionen zu verstehen, „die für den Erwerb und das Zustandekommen von Bewegungshandlungen verantwortlich sind" (Bös 2003, 86). Die Qualität der Bewegungshandlungen in Entwicklungs-, Lern- und Leistungsprozessen ist damit abhängig vom Ausprägungsgrad der motorischen Fähigkeiten (Bös et al. 2001).

Motorische Fähigkeiten wie Kraft, Schnelligkeit, Ausdauer, Beweglichkeit und Koordination bestimmen weiter die Ausführungsqualität und das Niveau der so genannten Fertigkeiten, die sich in motorische und sportmotorische Fertigkeiten untergliedern lassen. Während unter den motorischen Fertigkeiten Basishandlungen wie Laufen, Springen und Werfen gezählt werden, gelten komplexe Bewegungsabläufe wie dribbeln, schmettern oder Rad fahren zu den sportmotorischen Fertigkeiten (Bös 2003). Bös (2003) beschreibt wechselseitige Beziehungen

---

[8] Es handelt sich hierbei um eine Studie des Wissenschaftlichen Instituts der Ärzte Deutschlands, der Allgemeinen Ortskrankenkasse und des Deutschen Sportbundes.

zwischen den motorischen Fähigkeiten und motorischen Fertigkeiten: „So drücken sich die latenten Fähigkeiten auf der Beobachtungs- und Testebene in Fertigkeiten aus und werden rückwirkend wieder durch das Üben dieser Fertigkeiten beeinflusst." (ebd., 86)

Zur weiteren Differenzierung motorischer Fähigkeiten existieren in der Sportwissenschaft zahlreiche Ansätze, die u.a. bei Mechling und Effenberg (2006) nachgelesen werden können. An dieser Stelle soll exemplarisch die Gliederung von Bös dargestellt werden, da diese für den Aufbau und für das Verständnis von Erhebungsverfahren im motorischen Bereich herangeführt werden kann (vgl. Abb. 1)

Abbildung 1: Differenzierung motorischer Fertigkeiten (Bös 1987, nach Bös 2003, 87)

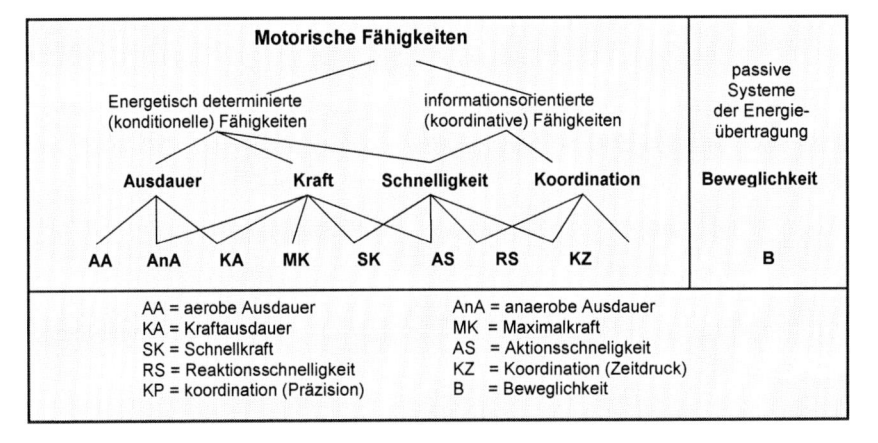

Dem dargestellten Drei-Ebenen-Modell liegt eine hierarchische Struktur zugrunde, die sich von generellen Fähigkeiten zu spezifischen Fähigkeitskomponenten spezialisiert. Während auf der ersten Ebene grob zwischen energetisch determinierten und informationsorientierten Fähigkeiten unterschieden wird, finden auf der zweiten Ebene die zentralen Fähigkeitskategorien bzw. die motorischen Grundeigenschaften Eingang. Auf der detaillierten und praxisrelevanten untersten Ebene schließlich lassen sich auf der Basis von Belastungsnormativen wie Dauer, Umfang oder Intensität die bereits angesprochenen Fähigkeitskomponenten unterscheiden.

Die mit in das Schema integrierte Beweglichkeit ist zwar streng genommen keine motorische Fähigkeit, ist aber den passiven Systemen der Energieübertragung zuzuordnen und damit mitverantwortlich für die Qualität von Bewegungshandlungen (vgl. Bös/Mechling 1983).

Gilt es nun den motorischen Fitnessstand einer Person zu ermitteln, werden diese Einzelbausteine der Motorik über Testaufgaben erfasst und anschließend zu Testprofilen oder Testbatterien kombiniert (Bös 2003). Mit Hilfe dieser Testbatterien ist es anschließend möglich, die verschiedenen Bereiche der Motorik zu erfassen und ein Gesamtbild einer getesteten Person zu erstellen.

3.2 Entwicklungsstadien motorischer Entwicklung

Die Entwicklung der kindlichen Motorik wird nach Angaben von Schmidt (2002) als Erfahrungszuwachs definiert, der zeitlich überdauert und in geänderten Erlebnis-Verhaltens-, und Bewältigungsprozessen zum Vorschein kommt. Motorische Leistungen sind sowohl von reifungs- und altersabhängigen Faktoren wie auch von Umwelteinflüssen abhängig. Unter typischen Umwelteinflüssen sind u.a. gezielte Bewegungsaufgaben und Übungen zu nennen. Motorisches Lernen im Sinne des Leistungsfortschritts durch Üben ist weiter keine Sonderform des Lernens (vgl. Birklbauer 2006). Entwicklung und Lernen stellen vielmehr eine „individuenbezogene psycho-physische Handlungsstrukturveränderung dar" (Schmidt 2002, 145). Das heißt, dass die Wahrnehmungs- und Bewegungsprozesse bei der Lösung von Bewegungsaufgaben interagieren. Diese Interaktion bewirkt intern eine Modifikation der Handlungsorganisation und extern eine verbesserte motorische Leistung (ebd.). Meinel und Schnabel (1998) legen diese Zusammenhänge der motorischen Entwicklung folgendermaßen grafisch dar (vgl. Abb. 2).

Abbildung 2: Die motorische Ontogenese beeinflussende Prozesse. (nach Meinel/Schnabel 1998, 239)

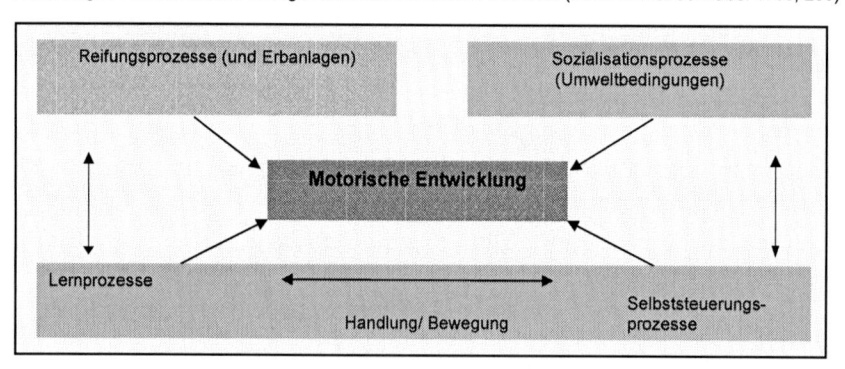

Meinel und Schnabel (1998) betonen: „... die Freisetzung anlagebedingter motorischer Dispositionen ist an eine Reihe sozialer und ökologischer Umweltfaktoren und deren Interdependenzen gebunden" (ebd., 239). Dies bedeutet für die motorische Entwicklung, dass

Umweltbedingungen und die kindliche Aktivität den Entwicklungsprozess mit bestimmen. Nach diesen Erkenntnissen fällt es schwer, der individuellen motorischen Entwicklung des Kindes gerecht zu werden. Folgende Ausführungen können demnach nur als Richtwerte gelten (vgl. Abb.3).

Abbildung 3: The Developmental Continuum (nach Gabbard 2004, 333)

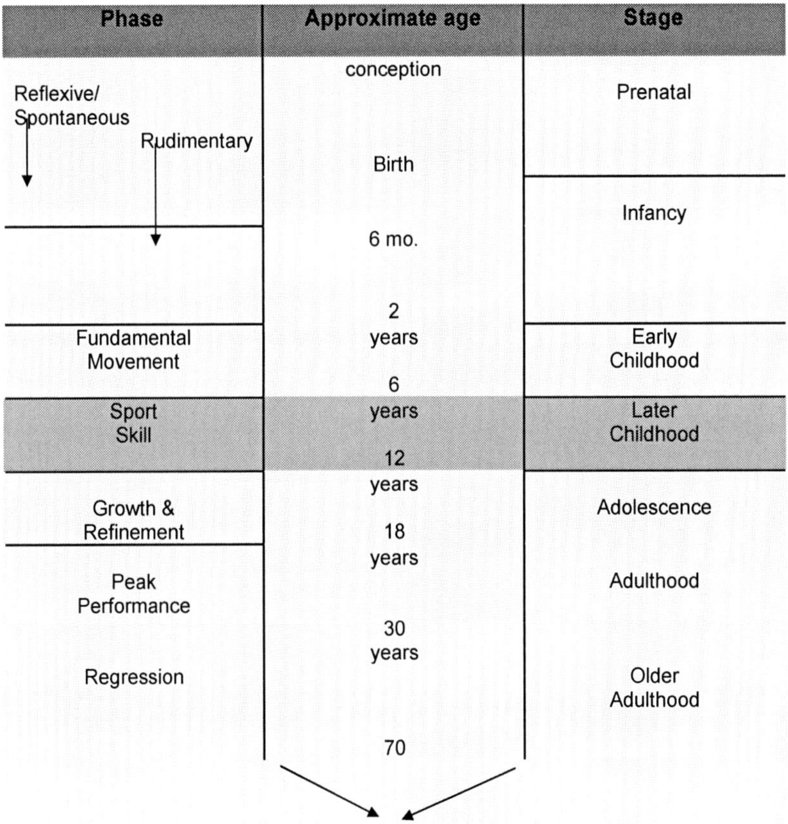

Phase	Approximate age	Stage
Reflexive/ Spontaneous	conception	Prenatal
Rudimentary	Birth	
	6 mo.	Infancy
Fundamental Movement	2 years	Early Childhood
Sport Skill	6 years	Later Childhood
Growth & Refinement	12 years	Adolescence
	18 years	
Peak Performance		Adulthood
	30 years	
Regression		Older Adulthood
	70	

Die motorischen Fähigkeiten des Kindes entwickeln sich stetig und im Zusammenspiel mit geistigen, hormonellen und psychischen Entwicklungsfortschritten. Das Kind entwickelt sich mit zunehmendem Alter immer differenzierter: „Das Bewegungsbild wird automatisiert, komplexer, harmonischer und koordinierter" (Wolf 2000, 43). Zu beachten sind die frühen individuellen Unterschiede in der motorischen Entwicklung. So spielen schon im frühesten Alter

Temperament und Persönlichkeit sowie die Umgebung eine Rolle; mit den folgenden Jahren bestimmen die Interessen des jeweiligen Kindes den weiteren motorischen Werdegang.

3.2.1 Motorische Entwicklungsschritte im Säuglings- und Kleinkindheitsalter

Die motorischen Verhaltensmuster des Neugebornen (0-4 Monate) bestehen in erster Linie aus ungerichteten Massenbewegungen und unkoordinierten ziellosen Spontanbewegungen (vgl. Wolff 2000). Zur Motorik zählen hauptsächlich einige motorische Verhaltensmuster, früher weitläufig als Reflexe bezeichnet, die sich differenziert und strukturiert präsentieren (Rauh 2002).

Ab dem vierten Monat gelingt es dem Säugling, sich erste koordinative Fähigkeiten (wie z.B. das Greifen) anzueignen. Tabelle 2 gibt einen Überblick über die grob- und feinmotorische Entwicklung[9] in den ersten zwei Jahren:

Tabelle 2: Gross and fine motor development in the first two years (nach Berk 2005, 187)

Motor Skill	Average Age Achieved	Age Range in which 90 percent of infants achieve the skill
When held upright, holds head erect and steady	6 weeks	3 weeks – 4 month
When prone, lifts self by arms	2 month	3 weeks – 4 month
Rolls from side to back	2 month	2 – 7 month
Grasps cube	3 month, 3 weeks	2 – 7 month
Rolls from back to side	4 ½ month	5 – 9 month
Sits alone	7 month	5 – 11 month
Crawls	7 month	5 – 11 month
Pulls to stand	8 month	5 – 12 month
Plays pat -a-cake	9 month, 3 weeks	7 – 15 month
Stands alone	11 month	9 – 16 month
Walks alone	11 month, 3 weeks	9 – 17 month
Builds tower of two cubes	11 month, 3 weeks	10 – 19 month
Scribbles vigorously	14 month	10 – 21 month
Walks up stairs with help	16 month	12 – 23 month
Jumps in place	23 month, 2 weeks	17 – 30 month
Walks on tiptoe	25 month	16 – 30 month

Interessant für die äußerst komplexen Lernvorgänge im Säuglingsalter sind z.B. die schon in diesem Alter erkennbaren Unterschiede in der Phase des Gehenlernens. Während früher von

---

[9]Motorische Tätigkeiten lassen sich allübergreifend zwischen grob- und feinmotorischen Bewegungen unterscheiden. Größere Aktionen, die dem Individuum helfen, seine Umgebung zu erkunden (krabbeln, stehen, laufen), fallen unter den Bereich Grobmotorik, während kleinere Bewegungen (nach etwas strecken, greifen) feinmotorischer Art sind (vgl. u.a. Berk 2005).

einheitlichen Entwicklungsschritten ausgegangen wurde, zeichnen heutige Forscher ein durchaus flexibles Bild, abhängig von Temperament und Lebensumgebung:

Anstatt von einer normierten Bewegungsabfolge von Drehen, Kreisrutschen, Robben, Kriechen und Vierfüßlergang auszugehen, nehmen alternative Fortbewegungsmethoden einen kongenialen Platz ein, der sich einzig durch die Frequentation von den üblichen und am häufigsten vorkommenden Bewegungsarten unterscheidet. Im weiteren Verlauf der Kleinkindphase (1.– 3.Lebensjahr) festigt das Kind bereits erlernte sowie erwirbt und übt neue Bewegungsformen (Balancieren, Hüpfen, Springen, Kriechen, Klettern etc). Es erreicht für alle Bewegungsabläufe die „Stufe der Grobkoordination" (Wolff 2000, 35).

3.2.2 Motorische Entwicklungsschritte vom 5. bis 12. Lebensjahr

Diese Altersstufe ist durch mehrere Meilensteine der Entwicklung gekennzeichnet. Kinder haben in dieser Zeit sowohl mit Veränderungen hinsichtlich ihrer Körperkapazität (Wachstumsschritte, physische Veränderungen) als auch mit veränderten Bewegungsbedingungen (Schuleintritt) zu kämpfen. Gabbard (2004) bringt diese Phase vor allem mit dem Erlernen sportlicher Fähigkeiten in Zusammenhang. Im Vorschulalter (5.– 6./7. Lebensjahr) stabilisieren sich bisher erworbene Bewegungsabläufe. Diese Phase wird auch als „Phase der Vervollkommnung vielfältiger Bewegungsformen und Aneignung erster Bewegungskombinationen" (ebd.) bezeichnet. Es finden sowohl deutliche *quantitative* Steigerungen des Leistungsvermögens (springen, werfen, fangen, schieben, schwingen etc.) als auch *qualitative* Leistungssteigerungen (erste Bewegungskombinationen) statt. Nach Wolff (2000) finden sich in diesem Altersabschnitt auch erste Unterschiede zwischen trainierten und untrainierten Kindern. Besonders im sechsten und siebten Lebensjahr zeigen sich die Steigerungen und Unterschiede. Durch das auffällige Bedürfnis des Kindes nach Bewegungsspielen und Betätigung wird eine schnelle motorische – und auch soziale – Entwicklung positiv beeinflusst. Durch ein verändertes Körperschema, und ein verbessertes Kraft-Last-Verhältnis bilden sich zudem neue Möglichkeiten der Betätigung und Selbstbestätigung. Geschlechtliche Unterschiede lassen sich bereits im Werfen erkennen. Während Jungen ab dem fünften Lebensjahr mit vergrößertem Rumpfeinsatz und gekreuzter Arm-Bein-Koordination werfen, führen die Mädchen die Schlagwurfbewegung aus frontaler Körperstellung oder aus „leichter Schrittstellung mit Rumpfeinsatz" (ebd.; 36) aus. Im frühen Schulalter, etwa ab dem siebten bis zehnten Lebensjahr, beginnt die Phase der schnellen Fortschritte in der motorischen Lernfähigkeit. Durch die veränderten Lebensbedingungen (weniger Freizeit, mehr geistige Anforderungen) kommt es bei vielen Kindern zu einem „Erregungsstau" (ebd., 38) (vgl. Tabelle 03).

Tabelle 3: Entwicklungsmerkmale des frühen Schulkindalters (Wolff 2000, 38)

Ausgeprägte Lebendigkeit und Mobilität	
1. Klasse	2. Klasse
• ungehemmte Bewegungen • Bedürfnis, sich auszutoben	• Zweckgebundenes Ziel- und situationsgerichtetes Bewegungsverhalten
Zunehmende Ansprechbarkeit für sportliche Leistungsanforderungen und Entwicklung sportlichen Leistungsstrebens	
1. Klasse	2./3. Klasse
• noch wenig Konzentration • sehr verspieltes Gesamtverhalten • sehr interessiert, aber unausgeglichenes Leistungsstreben	• sehr ansprechbar für sportliche Leistungsanforderungen • dauerhaftes und ausgeglichenes Leistungsstreben
Schnelle Zunahme der motorischen Lernfähigkeit	

Die Beweglichkeit der Kinder ist individuell unterschiedlich, bei gezielter Übung differenzieren sich die Bewegungsformen. Geschlechtsspezifische Unterschiede werden hier immer deutlicher. Während bei Jungen gewöhnlich ein Anstieg von Bewegungsstärke, -tempo und Ausdauerleistungen zu beobachten ist, zeigen Mädchen in der Regel weniger differenzierte Bewegungssteuerungen (ebd.). Die Phase der besten motorischen Lernfähigkeit in der Kindheit beschreibt die nächste Altersstufe, die das zehnte/elfte bis elfte/zwölfte Lebensjahr umfasst. Die Phase kennzeichnet ein hohes Aktivitätsniveau der Kinder, welches sich besonders in Situationen mit hoher Anforderung zielgerichtet und beherrscht zeigt. Lauf- und Kletterspiele, verbunden mit Bewegungslust, spielen eine große Rolle in der Freizeit, die Grundstrukturen der eigenen Bewegung werden daher besser erkannt: „Durch einen adäquaten Rumpfeinsatz erfolgt eine gute Bewegungskopplung sowie ein Nachvollziehen des Bewegungsrhythmus. Die Kinder erweitern ihr Antizipationsvermögen und erreichen ein sehr gutes Niveau der motorischen Steuerungs-, Kombinations- und Lernfähigkeit" (Stone/Church 1978, 39). Individuelle Besonderheiten, geschlechtsspezifische Unterschiede, Freizeitaktivitäten sowie Training und regelmäßige Übung bilden, zusammenfassend betrachtet, die abhängigen Variablen der motorischen Fähigkeiten dieser Altersstufe (ebd.).

3.2.3 Motorische Entwicklungsschritte in der Adoleszenz

Die erste Phase der Reifezeit (Pubeszenz: Mädchen 11./12. bis 13./14. Lebensjahr; Jungen 12./13. bis 14./15. Lebensjahr) wird als „Phase der Umstrukturierungen von motorischen Fähigkeiten und Fertigkeiten" (Wolff 2000, 40) bezeichnet. Durch die hormonelle Umstellung des Organismus kommt es zu widersprüchlichen Empfindungen und Entwicklungen im psychisch-emotionalen sowie motorischen Bereich. Das Bewegungsverhalten der Jugendlichen ist abhängig von Interessen und Geschlecht. Während Jungen durch die hormonellen Umstellungen meist leistungsfähiger werden, haben Mädchen oft mit ihrem Gewicht zu kämpfen. Die motorische Fähigkeit wird somit auch durch individuelle und trainingsbedingte Unterschiede beeinflusst (ebd.). In der zweiten Phase der Pubertät (Adoleszenz: Mädchen 13./14. bis 17./18. Lebensjahr; Jungen 14./15. bis 18./19. Lebensjahr) beginnt der Abschnitt der „Stabilisierung der ausgeprägten geschlechtsspezifischen Differenzierung und der fortschreitenden Individualisierung" (Wolff 2000, 41). Die motorische Leistungsfähigkeit erreicht ihren Höchststand, der durch entsprechendes Training erhalten und gesteigert werden kann. In dieser Phase zeigen sich individuelle Unterschiede, begründet durch Temperament und Interesse sowie weiterhin geschlechtsspezifische Unterschiede: Mädchen bevorzugen in der Regel rhythmische Bewegungen mit größerem Ausdrucksgehalt, während die generell sehr bewegungsstarken Jungen mehr Bewegungstempo und -stärke entwickeln.

Gabbard (2004) weist jedoch auch darauf hin, dass sich Mädchen in den letzten Jahren durch eine große Steigerung ihrer motorischen Leistungen ausgezeichnet haben und dass zwar verschiedene biologische Merkmale der Männer zu höheren Leistungen beitragen, vor allem aber sportliches Training der Mädchen durchaus diesen Vorsprung verkleinern kann. So verweist Gabbard auf große individuelle Unterschiede zwischen und innerhalb der Geschlechter, die auf unterschiedliche Bewegungshäufigkeiten zurückzuführen sind.

3.3 Empirische Ergebnisse zur sportmotorischen Leistungsfähigkeit

3.3.1 Ergebnisse der WIAD-AOK-DSB-Studie

Basierend auf der Ende 2000 ins Leben gerufenen Gemeinschaftsinitiative „Fit sein macht Schule" verfolgt die WIAD-AOK-DSB-Studie das Ziel, zuverlässige Daten über die Entwicklung des Bewegungsstatus von Kindern und Jugendlichen über einen kontinuierlichen Zeitraum zu erheben. Gewonnene Daten sollen anschließend genau analysiert und für den Aufbau eines Präventivsystems genutzt werden.

Grundlage der Erhebung sind der Münchner Fitnesstest (MFT) (Rusch/Irrgang 2001) und ein Kurzfragebogen über bewegungsbezogene Einstellungen, Verhaltensweisen und Sportvorlieben der Kinder und Jugendlichen. Am Jahresende 2002 sind bereits 20.599 Schüler und Schülerinnen zwischen sechs und 18 Jahren der Stichprobe zuzuzählen.

Innerhalb der Gruppe der 6- bis 18-jährigen Kindern und Jugendlichen werden allein im Zeitraum zwischen 2001 und dem zweiten Halbjahr 2002 Verschlechterungen bezüglich der körperlichen Fitness festgestellt (vgl. Abb. 4):

Abbildung 4: Entwicklung der sportmotorischen Leistungsfähigkeit von 2001 bis 2002 (nach DSB 2003, 12)

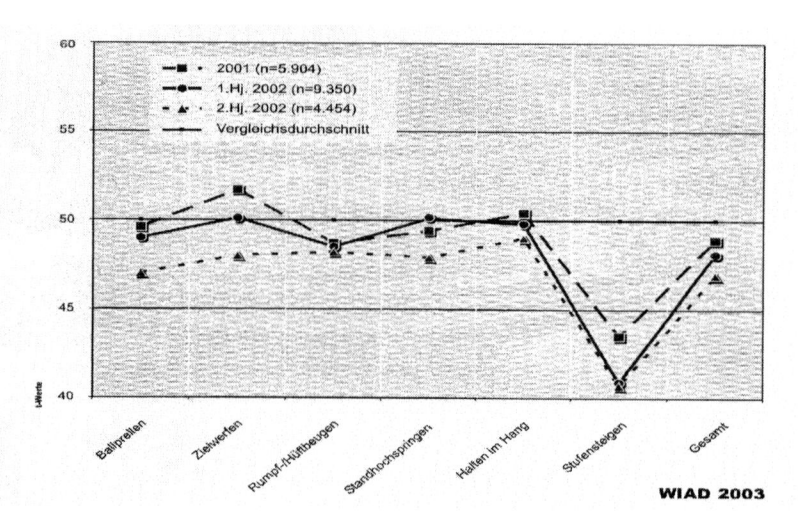

Wie die Abbildung zeigt, kann – bis auf die Übung Standhochspringen – ein tendenzieller Abfall der motorischen Leistungsfähigkeit verzeichnet werden. So liegt der Durchschnittspunktwert der im zweiten Halbjahr 2002 getesteten Kinder um 3,1 Punkte unter dem Ende 2000/ Anfang 2001 gewonnenen Durchschnittswert der Normierungspopulation, die sich aus 4.300 getesteten Kindern und Jugendlichen zusammensetzt.[10] Gerade im Koordinationsbereich (Ballprellen und Zielwerfen) und im Ausdauerbereich (Stufensteigen) fallen größere Verschlechterungen zwischen dem ersten und dritten Erhebungszeitpunkt und mit Blick auf den Vergleichsdurchschnitt auf. Die Autoren der Studie bestätigen aufgrund dieser breiten Datenlage daher einen Rückgang der kindlichen Fitness (DSB 2003).

Kritisch anzumerken sind an der Darstellung dieses Studienergebnisses die fehlenden Angaben von Signifikanzen. So bleibt unklar, wie groß die Unterschiede tatsächlich sind. Auch die Autoren weisen darauf hin, dass aufgrund des kurzen Bewegungszeitraumes die Daten mit

---

[10] Die Normierung erfolgte geschlechts- und jahrgangsspezifisch, so dass die resultierenden t-Werte aller Untersuchungspersonen unmittelbar miteinander vergleichbar sind.

Vorsicht zu interpretieren sind und keinesfalls eine stabile zeitliche Entwicklung, sondern lediglich einen Trend darstellen.

Zunächst kann in jeder Altersgruppe ein Rückgang der getesteten Fitness verzeichnet werden. Für die Altersgruppe der 6- bis 10-Jährigen sind die Differenzen zunächst nicht offensichtlich, während die deutlichsten Unterschiede in der mittleren Altersgruppe (11–14 Jahre) vorzufinden sind. Für jede Altersgruppe lassen sich jedoch, mit Ausnahme der 16–18-jährigen Jungen, für Mädchen und für Jungen eine signifikante Verschlechterung der Durchschnittspunktzahl aller Übungen verzeichnen. Dieser Unterschied wird auch im Vergleich mit älteren Daten des Münchner Fitnesstests von 1995 deutlich. Gerade in den jüngeren Altersklassen der 10- und 11-Jährigen lassen sich hier Verschlechterungen im Vergleich zu der Altersklasse von 1995 erkennen. Dieses Ergebnis ist insofern alarmierend, als sich Defizite im Kindheitsalter zunehmend festigen und den weiteren Verlauf der Gesundheit oder Lebensqualität bestimmen (DSB 2003).

80% der Jungen und 74% der Mädchen erreichten im letzten Erhebungsdurchgang die durchschnittlichen Leistungen bezüglich Ausdauer, Kraft und Koordination ihrer Altersgenossen aus dem Jahre 1995. Jungen wiesen in der Regel ein besseres Testergebnis auf als Mädchen. Für beide Geschlechter kann jedoch, ausgehend von einem unterschiedlichen Ausgangsniveau ein nahezu identischer Rückgang der Fitness innerhalb des Zeitraumes zwischen 2001 und 2002 verzeichnet werden, der hoch signifikant ausfällt. Dies zeigt sich für Jungen und Mädchen deutlich im koordinativen Bereich, für Mädchen besonders im Ausdauerbereich.

3.3.2 Ergebnisse der Review-Untersuchung von Bös (2003)

In der Untersuchung von Bös (2003) wurden neben Kontrollvariablen wie Körpergröße, Körpergewicht und dem Body-Mass-Index (BMI) insgesamt fünf Testaufgaben aus insgesamt 54 Untersuchungen analysiert. Über eine Zeitspanne von 25 Jahren liegen neun Erhebungszeitpunkte vor. Die Stichprobe gliedert sich in vier Altersgruppen (6–8; 9–11; 12–14; 15–17 Jahre) und vier Untersuchungskohorten (1975; 1976–85; 1986–95; ab 1996). Da die Stichprobengröße der einzelnen Untersuchungen stark variiert (zwischen 50 und 10.000 Testpersonen), wurden die Stichprobenmittelwerte nach Geschlecht, Altersgruppen und Untersuchungskohorten gewichtet.

Hinsichtlich einer Veränderung der körperlichen Erscheinung ist zunächst festzustellen, dass die untersuchten Kinder mit steigender Kohorte größer und schwerer wurden und sich dementsprechend auch der BMI erhöhte. Trotz der numerischen Veränderung zeigen die

Ergebnisse der linearen Regressionsanalysen jedoch, dass sich zwischen 1975 und 2000 keine signifikanten Veränderungen ergeben haben. So liegt der Zuwachs der Körpergröße bei 1,5 % und der des Körpergewichts bei 3 %. Im Geschlechtsvergleich zeigt sich, dass der BMI der Jungen leicht angestiegen, der der Mädchen leicht gesunken ist. Diese Veränderungen liegen jedoch im unbedeutenden 1%-Bereich.

Mit den Ergebnissen linearer Regressionsanalysen kann Boos bestätigen, dass die motorische Leistungsfähigkeit der Kinder und Jugendlichen zwischen 1975 und 2000 im Durchschnitt um etwa 10 % abgenommen hat (vgl. Tabelle 4).

Tabelle 4: Güte des Regressionsmodells (aufgeklärte Varianz) und Signifikanzbeurteilung (nach Bös 2003, 104)

| Variable | JUNGEN | | MÄDCHEN | |
	aufgekl. Varianz	Signifikanz	aufgekl. Varianz	Signifikanz
20 m-Lauf	14,8%	***	28,0%	***
12 Min-Lauf	4,4%	(p>0,10)	18,8%	***
06 Min-Lauf	16,5%	***	7,7%	**
Sit-ups	0,2%	n.s.	0,1%	n.s.
Rumpf	21,0%	***	15,9%	***
Standweit	2,5%	*	1,6%	*

*** p<0,001; ** p<0,01; * p<0,05

Die größten Leistungsredundanzen lassen sich bei den Laufdisziplinen und bei der Beweglichkeit verzeichnen. Während der Unterschied beim 12-Minuten-Lauf bei den Jungen nur marginal signifikant ist (p = 0,057), können bei den Sit-ups sogar leichte Verbesserungen festgestellt werden, die jedoch deutlich im nicht-signifikanten Bereich liegen. Auch im Standweitsprung sind die Verschlechterungen nicht so deutlich wie in den anderen Disziplinen.

3.3.3 Zusammenfassung

Die Ergebnisse der WIAD-AOK-DSB-Studie lassen zusammenfassend den Schluss zu, dass der Fitnessgrad der Kinder und Jugendlichen tatsächlich einen leichten Abwärtstrend verzeichnet. Dies gilt sowohl für Jungen und Mädchen als auch für alle Altersklassen zwischen sechs und 18 Jahren. Wird von dem singulären Fitnessgrad ausgegangen, so schneiden in der Regel die Jungen besser ab als die Mädchen und die 6- bis 10-Jährigen besser als die höheren Altersgruppen. Gleichzeitig zeigt sich in der zeitlichen Entwicklung, dass der Rückgang der Fitness bei Jungen und Mädchen nahezu gleich verläuft, dass sich aber gerade der Prozess der negativen Entwicklung bei der zuvor genannten Altersgruppe der 6- bis 10-Jährigen besonders stark vollzieht. Dieser negative Entwicklungstrend macht deutlich, dass gerade dieser Altersgruppe weiter Beachtung geschenkt werden muss.

Bös bestätigt mit seiner ausführlichen Analyse den Trend des motorischen Leistungsabfalls im Kinder- und Jugendalter. Über den Zeitraum von 25 Jahren hat die motorische Leistungsfähigkeit sowohl bei Mädchen als auch bei Jungen um durchschnittlich zehn Prozent abgenommen. Die Zunahme an Körpergröße und Körpergewicht geben Hinweise auf eine frühere Akzeleration, der ermittelte BMI bezeugt jedoch keinen Anstieg an Übergewicht innerhalb der jungen Generation.

Bös folgert aus seinen Untersuchungen, dass sich weniger dispositionelle Merkmale bei Kindern und Jugendlichen negativ auf sportmotorische Leistungen auswirken, sondern dass die Ursache eher in einem zunehmenden Bewegungsmangel in dieser Altersgruppe zu suchen ist.

4. Bewegung, Spiel und Sport: Grundlagen und Aspekte der sportlichen Förderung

Unter anderen verweist Haag (1986) auf die Bedeutung der Bewegung im menschlichen Lebenslauf und spricht unter erziehungswissenschaftlicher Perspektive von Bewegungsbildung im Sinne einer Bildung zur und durch Bewegung. Die Anthropologie bietet mit ihrer ganzheitlichen Orientierung ein allumfassendes Verständnis des menschlichen Handelns hinsichtlich Bewegung, Spiel und Sport. Bewegung wird damit als eine „grundlegende menschliche Verhaltensweise" (Scholz 2005, 75) verstanden, die im Gegensatz zur *Erbmotorik* (Gehlen 1961) der Tiere erst erlernt werden muss. Es stellt sich daher die pädagogische Aufgabe einer Bewegungserziehung. Spiel und Sport bilden Facetten der menschlichen Bewegung und sind als Medien der Bewegungsförderung ideal, da sie in den meisten Fällen unbewusst und gerne vollzogen werden. Zu diesem Schluss kommen auch Röhr-Sendlmeier und Knopp (2007), die betonen, dass eine Bewegungserziehung nicht nur für die motorische, sondern auch für psychosoziale und kognitive Entwicklungsparameter von großer Bedeutung ist. Mit Blick auf die ständig wachsende Reizüberflutung im kindlichen Alltag (vgl. Kap. 2) ist es wichtig, Kinder gezielt und differenziert durch Bewegung zu fördern.

4.1 Bewegung als ganzheitliches Verhaltensphänomen

Die menschliche Bewegung wird nach Dietrich (2001) als „unverzichtbares Medium der Erschließung und der Gestaltung von Lebensräumen" (ebd., 57) beschrieben. Bewegung hat demnach einen zentralen Stellenwert in der kindlichen Ontogenese. Grupe und Krüger (1997) unterscheiden zwischen Innen- und Außenaspekten der Bewegung. Unter den Außenaspekten sind die Bewegungshandlungen anzuordnen, die von außen sichtbar sind, während die Innenaspekte sozialpsychologische Faktoren beinhalten. Weiter nennen sie folgende Funktionen: „Über unsere Bewegungen stellen wir uns Aufgaben, verfolgen Ziele, realisieren Absichten, entsprechen Anforderungen oder schaffen uns diese wie im Sport" (ebd., 204). Bewegung ist demnach nicht nur einfache motorische Handlung, die die Veränderung eines Körpers in Hinblick auf Zeit und Raum betrifft sondern vielmehr Ausgangspunkt für ganzheitliche Erfahrungen und Darstellungsweisen.

Grupe (1982) nennt vier Bedeutungen von Bewegungshandlungen:

a) eine instrumentelle Bedeutung

b) eine explorierend-erkundende Bedeutung

c) eine soziale Bedeutung

d) eine personale Bedeutung.

Die grundlegende instrumentelle Bedeutung bezieht sich auf die Dinge, die durch die Bewegung erreichbar gemacht werden: „Der instrumentelle Gebrauch unseres Körpers und unserer Bewegung ist uns – so wissen wir – in langen Prozessen des Lernens, der Sozialisation, der Nachahmung und Identifikation so selbstverständlich geworden, dass wir ihn im Grunde gar nicht oder nur am Rande bemerken" (Grupe 1982, 85). Dieser mühelose Umgang mit Bewegungsabläufen ist für Kinder besonders wichtig, da er hilft, das Selbstbewusstsein zu stärken, und dazu befähigt, in Spielsportarten mehrere Handlungsdimensionen gleichzeitig durchzuführen.[11]

Die explorierend-erkundende Bedeutung bezieht sich auf die materiale Erfahrung des Kindes. Erfahrungen werden nach diesem Verständnis nicht nur über den Vollzug der Bewegung gemacht. Die Bewegung wird vielmehr zum Medium der Erfahrung. Materiale Erfahrung ist im Sinne eines Erkenntnisprozesses zu sehen, den das Kind selbst erfahren muss. Er zeigt sich z.B. in dem Explorationsverhalten eines Kleinkindes, das die Funktion und Variationsmöglichkeiten des Schaukelns auf einem Schaukelpferd erkundet.

Die soziale Bedeutung gliedert sich in eine interaktional-kommunikative, eine ausdrückend-expressive und eine rituell darstellende Bedeutung und richtet sich an dem Miteinander mit anderen Menschen durch gemeinsame Regeln aus. Die sozialen Bedeutungen der Bewegung bzw. des Sports werden in langfristigen Lernprozessen durch Rollenübernahme und ihrer individuellen Ausdeutung erlernt und erworben.

Die personale Bedeutung schließlich trifft den Bereich der eigenen Selbstfindung: Die Erfahrung, selbst handelnder und entscheidender Akteur im Bewegungserleben zu sein, macht eine Facette der personalen Bedeutung aus: „Die Erfahrung unserer leiblichen Wirklichkeit ist deshalb auch immer verknüpft, wenn nicht sogar identisch, mit der Erfahrung unserer selbst. Sie ist eine Erfahrung von Mängeln und Grenzen, aber auch von Souveränität und Autonomie" (Grupe 1982, 100). Durch die Vergrößerung des Bewegungskontingentes nehmen nach Grupe auch die Sicherheit und das Zutrauen zu sich, die Selbstwerteinschätzung, Kompetenz und die Möglichkeiten an individueller Freiheit zu.

---

[11] Als Beispiel sei hier das Fußballspielen genannt, während dessen der Spieler sowohl zum Ball laufen, die Gegenspieler im Auge behalten als auch die vorgegebene Taktik einhalten muss (vgl. Grupe 1982).

Bewegung ist nach diesen Darstellungen der Schlüssel zu einer ganzheitlichen Entwicklung. Sie ist das ideale Medium, um das fundamentale Bedürfnis der Kinder, sich mit ihrer Umwelt auseinanderzusetzen, zu befriedigen. Gleichzeitig eröffnet diese Bewegungserfahrung, wie oben dargestellt, einen Entwicklungsvorteil denjenigen Kindern gegenüber, die motorisch nicht gefördert werden. Röhr-Sendlmeier, Knopp und Franken (2007) können dies in ihren Studien bestätigen und betonen in diesem Zusammenhang wie wichtig es ist das natürliche Bedürfnis der Kinder nach Bewegung in ihren Tagesablauf einfließen zu lassen.

Bewegung, bisher mit den Nennungen Spiel und Sport in einem Atemzug genannt, soll hier als allumfassendes Muster verstanden werden, welches Spiel und Sport mit seinen je spezifischen Bewegungsformen beinhaltet. Da sich diese Arbeit mit dem allgemeinen Bewegungsgrad, aber auch mit der Ausübung spezifischer Bewegungsformen, wie sie im Sport entstehen, beschäftigt, soll nun ein kurzer Überblick über die Bewegung im Spiel und im Sport erfolgen.

4.2   Die Funktionen des kindlichen Spiels

Das Spiel scheint, so Oerter (1993), in allen Kulturen das kindliche Verhalten mitzubestimmen und ermöglicht in jeder Altersklasse Chancen der Weiterentwicklung. Wygotski (1987) argumentiert in die gleiche Richtung und sieht das Spiel sogar als *Zone nächsthöherer Entwicklung* an. Wir haben es also mit einer *existentiellen Grundlage* (Rüssel 1965), besonders in Bezug auf das Kindheitsalter, zu tun.

Spiel im Alltagsleben der Kinder zeichnet sich vor allem durch Zweckfreiheit, Spontanität und Offenheit aus (vgl. Wolf 2005). Kinder erleben im Spiel eine selbstbestimmte lustvolle Betätigung, die sich mit dem Alter der Kinder immer weiter differenziert. Oerter (2002) beschreibt drei Merkmale des Spiels: den Selbstzweck, den Wechsel des Realitätsbezuges und die Wiederholung/ das Ritual.

Der Selbstzweck des Spiels beschreibt die Handlung um der Handlung willen. Im Spiel kann das Individuum ganz in seiner Tätigkeit aufgehen. Es kann sich neben der Ausschaltung des Zeitgefühls auch einen Raum fern von der Realität schaffen. Dieser Raum kann in Absprache mit anderen durch die Umfunktionierung einzelner Gegenstände oder auch Personen erfolgen. Durch die Wiederholung einzelner Handlungssequenzen, oft in Gestalt eines Rituals, wird der Spielende intrinsisch motiviert und erlebt die Spieltätigkeit als lustvoll.

Nach Scheuerls (1965) ausführlicher phänomenologischer Merkmalszuweisung kann das Spiel nur gelingen, wenn es nicht völlig beherrscht wird. Vor allem in der Unberechenbarkeit, der

Offenheit des Spielausgangs und in seiner zeitlichen Unabgeschlossenheit liegt der Reiz eines gelungenen Spieles.

Spiele können frei gestaltet, aber besonders im mittleren Kindesalter auch reglementiert sein. In jeglichen Kulturen beginnen Kinder sich in informell organisierten Spielarten zu organisieren. Diese Spiele können sich sowohl in Varianten der formellen Sportarten finden als auch in typischen Kinderspielen oder selbst erfundenen Spielen, deren Regelgestaltung oft als genauso spannend und lustvoll erlebt wird wie das Spiel selbst (Kirchner 2000). Die Erweiterung der kognitiven Kompetenzen und die dadurch gewonnene Fähigkeit der Perspektivenübernahme und Rollenzuschreibung ermöglichen dem Kind die Teilnahme an einem durch Regeln organisierten Spiel. Berk (2005) bekräftigt schon die von Groos aufgestellte These, dass das Spiel der Einübung lebenswichtiger Funktionen dient und damit auch entwicklungsfördernd ist. Durch zunächst einfach organisierte Spielarten ist den Kindern die Möglichkeit gegeben, verschiedene Spielbewältigungen zu probieren, ohne einen Gesichtsverlust durch Versagen zu riskieren. Mit der Weiterentwicklung der Regeln und der Einhaltung dieser ist zudem ein weiterer Schritt in Richtung emotionaler, sozialer und moralischer Entwicklung getan. Das Spiel baut demnach zusammenfassend eine Brücke zwischen dem Einüben von Kompetenzen und einer lustvollen Betätigung.

4.3 Die Rolle des Sportes

Der Übergang vom Spiel zum Sport erscheint fließend. Nach Zimmer (1998) kann „eine ursprünglich vielleicht spielerische spontane Bewegung (....) zu einer sportlichen Bewegung werden, wenn der Bewegungsablauf festgelegt wird, wenn er wiederholbar und damit auch vergleichbar, messbar wird" (ebd., 14). Sportliche Betätigungen befinden sich nach dieser Darstellung in einem engeren Aktionsrahmen. Diese Reglementierung der freien Bewegungshandlungen führt vielfach zu der pädagogischen Sorge, dass die Vermittlung sportlicher Fertigkeiten die Vielfalt kindlicher Bewegungsbedürfnisse erheblich reduziert (vgl. Scherler 1976; Schmidt 1993a; b). Schmidt (2002) verweist aber auf die von Oerter (1980) geschilderten zwei Richtungen der Entwicklung. So entwickeln sich im Prozess der Differenzierung unkoordinierte Massenbewegungen des Kleinkindes zu gezielten Bewegungskombinationen und Einzelbewegungen. Der Prozess der Verfestigung und Kanalisierung demonstriert, dass das Kind zwar einerseits unendlich viele Möglichkeiten der Bewegungsaktualisation hat, dass diese Vielfalt andererseits aber auch zunehmend durch die

Interessenentwicklung des Kindes eingeschränkt und spezialisiert wird. Grupe (1982) argumentiert ähnlich: „Der Sport reduziert ‚Komplexität' einerseits und erweitert sie andererseits. Ohne den Sport gäbe es vielleicht viele Formen der Bewegungsentfaltung und - entwicklung überhaupt nicht" (ebd., 76).

Söll (2000) bezeichnet Sport als einen abstrakten Begriff, „der lediglich eine bestimmte, nicht leicht zu definierende Art der Auseinandersetzung mit Bewegung bezeichnet" (ebd., 4). Seine konkrete Form erhält der Sport nur in seinen spezifischen Sportarten, die er folgendermaßen gliedert (vgl. Abb. 5):

Abbildung 5: Bewegungskultur des Sportes (nach Söll 2000, 4)

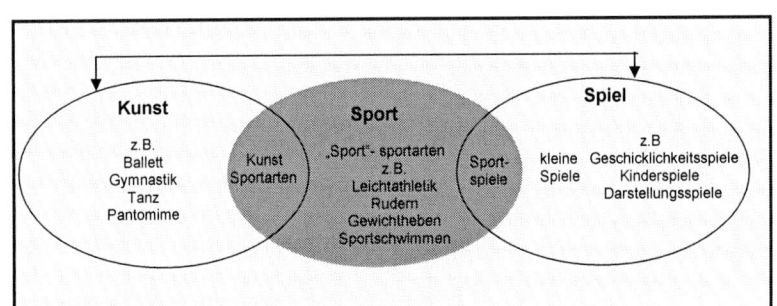

Neben dieser Einteilung verweist Söll weiter auf die „postmodernen Bewegungspraktiken" (ebd., 4), zu denen er Sportarten mit besonderem psychologischen Anreiz zählt. Mit Sölls Charakterisierung wird die Verbindung zum Spiel erneut deutlich.

Beschränkt man sich auf das – für diese Arbeit vorrangige – Gebiet des Kindersports, so kommt dem Sport in erster Linie die Funktion der Bewegungserziehung zu. Abhängig vom Standpunkt der Befragten ergeben sich aber unterschiedliche Zielsetzungen.

Jütting (1989) unterscheidet drei Handlungssysteme des Sports. Das professionelle, das alltagskulturelle und das mediale Sportsystem. Das für diese Arbeit im Mittelpunkt stehende alltagskulturelle Sportsystem ist in sich ebenfalls gefächert. Brinkhoff und Sack (1996) differenzieren zwischen den verschiedenen Settings (Familie, Freunde, Sportverein, kommerzielle Sporteinrichtungen etc.), in denen Sport stattfindet. Baur (1989) unterscheidet zwischen den Handlungsfeldern und den Motiven, die diese definieren. So wird beispielsweise im Sportverein wegen einer Leistungsverbesserung trainiert, während im Freundeskreis der Spaß an erster Stelle steht. Dass diese Kategorien keinesfalls disjunkt sind, miteinander in Verbindung stehen können, hat Brinkhoff (1998) hervorgehoben. Ebenfalls möglich sind unterschiedliche Sinngebungen innerhalb eines Handlungsfeldes (vgl. Büchner/Fuhs 1998). Festzuhalten bleibt daher, dass sowohl unterschiedliche Sport- und Bewegungsmöglichkeiten als auch verschiedene Motivationen hinter der sportlichen Betätigung stehen können. Während die am Wettkampf orientierten Gruppen beispielsweise den Sport als leistungssteigernd konzipieren, sehen aus gesellschaftspolitischer Sicht argumentierende Gruppen das Ziel eher in einer Förderung der kindlichen Entwicklung. Die Kinder schließlich integrieren den Sport in ihren individuellen Lebensvorstellungen, die sowohl leistungs- als auch erlebnisorientiert ausfallen können (Cachay 1995).

Cachay (1995) spricht dem Kindersport bzw. der Bewegungserziehung heute vor allem eine kompensatorische Funktion zu. Dies ist als Prävention und auch als „Beseitigung motorischer und gesundheitlicher Defizite unter Berücksichtigung der individuellen Lebenswelten der Kinder" (ebd., 21) zu verstehen. Mit diesem Anspruch hat der organisierte Kindersport eine große Bandbreite von Inhalten zu erfüllen. An oberster Stelle steht die Bereitstellung von Möglichkeiten vielfältiger Bewegungserfahrungen. Dies sollte unabhängig von je individueller motorischer Begabung oder sozialisatorischen Einflüssen geschehen. D.h., dass das Bewegungshandeln des Kindes mit Blick auf seine individuellen Lebensbedingungen und persönlichen Vorraussetzungen adäquat angeregt und gefördert werden soll (Conzelmann/Gabler 1993).

4.4.   Bewegung, Sportengagement und Sportförderung im Wandel?

Die bereits dargestellten Facetten des kindlichen Lebensstils machen es deutlich: Die kindliche Lebenswelt hat sich in den letzten Jahrzehnten geändert, und gerade für die Elterngeneration bedeutet dies auch eine Auflösung von Verhaltens- und Förderregeln. Wie viel muss, wie viel darf, wie viel kann ein Kind gefördert werden, um in der Gesellschaft eine adäquate Position zu beziehen? Eine Frage, die sicherlich nicht so einfach beantwortet werden kann und, wie oben bereits angedeutet, in Kommunikation mit dem Kind besprochen werden muss. Fest steht: Im Rahmen der sich verändernden Lebensumwelt von Kindern, die immer weniger Platz für spontanes Spiel und Bewegungserfahrung ermöglicht, ist eine Förderung, die Raum bietet für körperbezogene Grenzerfahrungen und soziale Kontakte, eine ideale Basis für eine ganzheitliche Entwicklungsunterstützung.

Sport und Bewegung finden heute auf vielfältige Weise statt. Während in Arbeiten zu Beginn der 90er Jahre der Sport vor allem mit der Tätigkeit der Jugendlichen in Verbindung gebracht wurde (vgl. Zinnecker 1989; Brettschneider/Bräutigam 1990), ist heute unübersehbar eine Verfrühung sportiver Partizipation bei den Kindern zu beobachten (vgl. u.a. Hasenberg/Zinnecker 1998; Kurz/Sack/Brinkhoff 1996; Schmidt 2003b).

In Anlehnung an Burrmann (2005c) empfiehlt sich die Verknüpfung dreier Perspektiven des Sportengagements:

1. die synchronische Perspektive - Verkoppelung von Sportengagement und aktueller Lebensführung.

   Kinder und Jugendliche stehen vor der Aufgabe, ihre Sportaktivitäten mit selbst gesetzten und von der sozialen Umwelt an sie herangetragenen Anforderungen und Erwartungen zu koordinieren,

2. die diachrone Perspektive - Organisation dieser Balance im lebenszeitlichen Verlauf.

   Mit dem Aufkommen neuer Anforderungen müssen die Prioritäten immer wieder neu ausgehandelt werden.

3. die soziale Perspektive - Realisierung der angestrebten Aktivitätsmuster in Abhängigkeit von der sozialen Lebenslage. Kinder und Jugendliche sind letztendlich von den ihnen gegebenen Lebensbedingungen und Partizipationschancen abhängig.

Mit Blick auf die Individualisierungsthese von Beck (1986) und auf die damit in Zusammenhang stehende Pluralisierungsthese des Sportes (u.a. Schwier 2003) analysiert Burrmann (2005c) punktgenau die Diskussion über das Bewegungsengagement und über die Sportförderung von Kindern und Jugendlichen. Die moderne Annahme, dass gerade auch die Heranwachsenden die steigenden Möglichkeiten im Rahmen von Individualisierungsprozessen im sportlichen Bereich stetig nutzen, bildet den Hintergrund, welchen es zu überprüfen gilt. Gibt es noch den typischen konstanten Vereinssportler oder hat der so genannte *Patchwork-Sportler* (Schwier 2003) als neuer Prototyp in den Kindersport Einzug erhalten? Das Sportengagement der jungen Generation wird vermehrt mit den Etiketten *Versportlichung*, *De-Institutionalisierung*, *Multiplizierung*, *Erlebnisorientierung* und *Entstrukturierung* belegt (vgl. u.a. Schulze 1992; Hasenberg und Zinnecker 1998; 1999; Schildmacher 1998; Gebhardt 2002).

4.4.1   Sportliche Förderung durch Versportlichung[12] des Kindesalters?

Nicht zuletzt hat Zinnecker (u.a. 1989) darauf hingewiesen, dass durch die Vielfalt der sportlichen Angebote Kinder und Jugendliche immer schneller ein für sie attraktives Bewegungsfeld finden und dieses auch zunehmend nutzen. Kaschuba (1989) sowie Büchner und Fuhs (1993) sehen die sportliche Betätigung ebenfalls als wesentlichen Bestandteil des kindlichen und modernen Lebensstils und als feste Position innerhalb des schulischen wie außerschulischen Alltagslebens von Kindern. Die genannte Vielfalt der Bewegungsmöglichkeiten bezieht sich nicht allein auf das differentielle Angebot der Sportvereine, sondern auch auf sportliche Tätigkeiten, die sich außerhalb des Sportvereines organisieren, wie dies z.B. beim Streetball oder Inlineskating der Fall ist. Aber auch bei diesen informellen Bewegungsaktivitäten beobachtet Hildebrandt-Straman (2001) einen „Prozess der Pädagogisierung und Institutionalisierung des Bewegungsleben von Kindern heute" (ebd., 873). So fahren Kinder z.B. nicht mehr einfach Rollschuh, sondern lernen Inlineskating in speziellen Kursen mit kombinierter Verkehrserziehung. Mit Blick auf die angesprochenen Möglichkeiten muss also gefolgert werden, dass eine Zunahme von Sportaktivitäten in der Freizeit verzeichnet werden kann. Tatsächlich kann Burrmann (2005c) durch eine Fortführung der Zeitreihendaten von Zinnecker (1989) die These der Versportlichung des Kindes- und Jugendalters bestätigen (vgl. Tabelle 5). Die Tabelle zeigt, dass sich die Sportbeteiligung von Kindern und Jugendlichen über die erhobenen Jahre deutlich erhöht hat. Wird die Stichprobe über Westdeutschland herangezogen, so zeigt sich ein großer Sprung zwischen den 50er und 80er Jahren mit einer Sportbeteiligung von 47 % auf 72 %. Auch ist die Anzahl der weiblichen Sportbeteiligung gestiegen. Für NRW gilt eine relativ stabile hohe Sportantizipation in den 90er Jahren mit einem annähernd gleichem Engagement von Mädchen und Jungen. Auffällig ist die leicht höhere Verbreitung von vereinsaktiven Sportlern mit gymnasialem Schulhintergrund. Zu beachten ist an den Daten, dass es sich um ältere Kinder handelt, die sich im Übergang zum Jugendalter befinden oder bereits Jugendliche sind.

---

[12] Zinnecker (1989) führte Ende der achtziger Jahre die These der „Versportung jugendlicher Körper" ein und bezieht sich sowohl auf die Lebenspraxis des Einzelnen als auch auf die gesellschaftliche Institution. Versportung ist in seinem Sinne „das ungeplante Resultat komplexer sozialer, miteinander konkurrierender Handlungs- und Machtverflechtungen" (ebd., 296). Es entsteht durch die Eindringung sportiver Praxen in die persönliche Lebensführung und den individuellen Lebenslauf. Die Ausweitung der gesellschaftlichen Verfügungsmacht der Institutionen steigt und differenziert sich, als zweite Seite der Versportung, immer weiter aus. Versportung ist also auch als historischer Entwicklungsprozess zu betrachten, der auf die Modernisierungen der Gesellschaft reagiert. Der Begriff der „Versportlichung" erfährt inzwischen vielfältige Definitionen. Während Hildebrandt-Stramann (2001) den Sport innerhalb von Institutionen anspricht, die als „Disziplinarräume" bzw. „kontrollierte Räume" bezeichnet werden, orientiert sich Burrmann (2005c) näher an Zinnecker und damit an einer allgemeinen Wahrnehmung und Nutzung sportiver Angebote in der Freizeit. An Letzterem wird sich der folgende Text orientieren.

Tabelle 5: Sportbeteiligung von Jugendlichen in der Freizeit (ja – nein, * mindestens einmal in der Woche). Prozentwerte (nach Burrmann 2005c, 103)

Erhebungs- jahr	Region	N	Alter	Gesamt %	Geschlecht		Schulbildung	
					männl.	weibl.	Haupt (Real)	Gym- nasium
1954 (1)	West	1493	15-24	47	60	35		
1984 (2)	West	1472	15-24	72	75	69	67	80
1999 (2)	gesamt	4546	15-24	81	85	76		
1992 (3)*	NRW	3630	8-19	88	89	86	86	94
1995 (4)*	NRW	1656	13-19	88				
1998 (5)*	NRW	1565	12-16	86				
1995 (4)*	BBG	1770	13-19	85				
1998 (6)*	BBG	2407	13-19	85	89	82	(89)	(88)
2002 (7)*	BBG	1848	16	84	88	81	(84)	88

Anmerkung: (1) Emnid Studie (ref. in Zinnecker,1989); (2) Shell-Studien (1985,2000); (3) Bielefelder Jugendsportsurvey (Kurz, Sack & Brinkhoff, 1996); (4) Bielefelder Jugendsportsurvey (Kurz&Tietjens,2000); (5) Paderborner Längsschnitt (Brettschneider & Kleine, 2002); (6) Brandenburgischer Jugendsportsurvey 1998 (Baur & Burrmann, 2000); (7) Brandenburgischer Jugendsportsurvey 2002.

Hasenberg und Zinnecker (1998) können diesen Trend innerhalb des *Kinder- und Elternsurvey 1993* jedoch auch für jüngere Kinder bestätigen. Nach ihren Hobbys befragt[13] gaben 78% der 10- bis 13-jährigen Jungen und Mädchen (N = 696) sportbezogene Tätigkeiten an. Weiter in der Aktivitätenliste folgen Medien/Medienkonsum (36%), praktische Liebhabereien[14] (26%), Lesen (23%), künstlerische Betätigungen (22%), Computer (16%), Spielen und Erzählen (11%) und Tanzen/Flirt/Vergnügen (10%). Die Liste zeigt deutlich die Balance, mit der Kinder ihren Alltag gestalten. So nimmt Bewegung den größten Stellenwert ein und wird mit aktuellen Medienangeboten kombiniert.

Die Dominanz sportbezogener Unternehmungen kann auch die Studie von Schmidt (2003c) bestätigen: 80% der im Rahmen der *Ruhrgebietsstudie* befragten 12-Jährigen favorisieren in ihrer Freizeit sportive Tätigkeiten, und zwar vornehmlich im Freundeskreis, der peer-group oder im Verein.

Dass sportliche Betätigung nicht monoton geschieht, demonstriert die Auflistung von Strzoda und Zinnecker (1998). In der Liste der Kinder, die zu 78% Sport als Hobby nennen, führt das Fahrrad (29% gesamt; 34% Jungen; 23% Mädchen), gefolgt von Schwimmen (28% gesamt, 26%Jungen; 30%Mädchen) und Fußball (19% gesamt, 37% Jungen, 2% Mädchen) die Liste an. Weiter finden sich allgemeines Sporttreiben, Tennis, Reiten, Kampfsportarten, Ballsportarten und Gymnastik. Es zeigt sich, dass das vereinsunabhängige Fahrradfahren sowohl bei Jungen als auch bei Mädchen einen hohen Stellenwert besitzt. Das spricht gegen die häufig formulierte

---

[13] Bei der Frage handelte es sich um eine offene Frage mit Mehrfachantworten.
[14] Darunter sind Tätigkeiten wie sammeln, mit Tieren beschäftigen, häusliche Lieblingstätigkeiten etc. zu verstehen.

These, dass Kinder nur noch mit dem Auto transportiert werden. Ebenso ist zu erkennen, dass der Fußballsport bei den Jungen und das Schwimmen bei den Jungen und Mädchen ungebrochene Attraktivität besitzen; damit führen klassische Sportvereinsarten die Liste der vielfältigen Sportangebote an.

Berücksichtigt man abschließend die Ergebnisse von Brinkhoff und Sack (1996), die für 69% der erhobenen 8–10-ährigen Kinder aus NRW *Sport in der Freizeit ohne Sportverein* und für 72% der Kinder *Bewegungsspiele in der Freizeit* deklarieren, und bedenkt man weiterhin die große Zahl der Kinder, die zusätzlich in einem Sportverein tätig sind und den Schulsport als Lieblingsfach nennen (vgl. u.a. Gogoll/Kurz/Menze-Sonneck 2003; DSB 2000), so wird deutlich, dass „sportliche Aktivitäten zu den bedeutsamsten Modernisierungsprozessen heutiger Kindheit(en) zu zählen sind" (Schmidt 2002, 88). Angaben von Brettschneider und Kleine (2002) zufolge gehört die Gruppe der Vereinssportler insgesamt betrachtet zu der Gruppe von Kindern, die sich am häufigsten formell und informell sportlich betätigen.

4.4.2 Sportliche Förderung durch informelle und erlebnisorientierte Sportbeteiligung?

Mit Blick auf die oben dargestellten Daten kann zunächst festgehalten werden, dass sowohl Tätigkeiten im Verein als auch sportliche Aktionen außerhalb des Vereinslebens einen wichtigen Stellenwert in der Alltagsgestaltung des Kindes und Jugendlichen haben. Die Thesen der *De-Institutionalisierung*, *Multiplizierung* und *Erlebnisorientierung* gehen weiter davon aus, dass die Verbindlichkeit eines Sportvereins im Zuge der Individualisierung zunehmend als unattraktiv empfunden und gemieden wird (vgl. u.a. für das Jugendalter Brinkhoff/Ferchhoff 1990; Ferchoff 2000; Telschow 2000). Informelle und flexible Sportbetätigung bietet sich gerade dadurch an, dass sie problemlos in den Alltag mit anderen Anforderungen und Aufgaben integriert werden kann (vgl. u.a Baur/Burrmann 2004). Ein rückläufiger Trend der Sportvereinsmitgliedschaften sollte sich daher belegen lassen. Durch die große Auswahl an Sportmöglichkeiten ist nach den Thesen weiter davon auszugehen, dass sich eine Mitgliedschaft in einem Verein kürzer und wechselhafter gestaltet. Ebenso ist denkbar, dass Kinder und Jugendliche in mehreren Vereinen angemeldet sind und verschiedene formelle sowie informelle Sportarten (kurzzeitig) ausüben. Schließlich wird auch auf eine Verschiebung der gewählten Sportarten zugunsten von Fun-Sportarten hingewiesen, die im Zuge der neuen Erlebnisorientierung eine „Mischung aus körperlicher Aktivität, Mode, Marken und Musik" (Großegger/Heinzlmaier 2002, 17) versprechen. In die gleiche Richtung geht der Trend zum „immer individuelleren Körpererleben und zur Einzigartigkeit des eigenen Körperstylings (…) allein, als Einzelkämpfer und doch gemeinsam innerhalb einer Sport- und Fitness-Szene" (Frohmann 2003, 147).

Burrmann (2005c) kann für jugendliche Sportler feststellen, dass die Mitgliederzahl in Sportvereinen von 17% im Jahr 1954 auf 35% im Jahr 1975 gestiegen und seitdem relativ konstant ist. Ebenso wenig kann sie eine verkürzte Mitgliedschaftsdauer der Jugendlichen bestätigen. Einige Befunde sprechen jedoch für eine Kombination aus Vereinssport und informellen Sport. Dadurch wird die Sicherheit eines Sportvereins mit seinen Ritualen und regelmäßigen Trainingszeiten mit dem Reiz des Neuen anscheinend problemlos verbunden. Weiter führt Burrmann für die jugendliche Stichprobe an, dass Sportvereinskarrieren flexibler geworden und Wechsel sowie Mehrfachmitgliedschaften durchaus zu beobachten seien. Der Trend zu Fun-Sportarten und körperbezogenen Aktivitäten kann ebenfalls betätigt werden. Dennoch sind die traditionellen Sportarten nicht ausgestorben, sondern sind im Gegenteil immer noch sehr präsent.

Schmidt (2003b) kann mit Blick auf aktuelle Kindersportstudien das aktive Engagement in Sportvereinen bestätigen. Zwischen den 50er und 70er Jahren hat sich nach den Angaben von Zinnecker (1987) die Anzahl der Kindermitgliedschaften in Sportvereinen von 15% auf 35% mehr als verdoppelt. In den 80er und 90er Jahren liegt der prozentuale Anteil zwischen 47,7% (Sack 1980) und 45,5% (Brettschneider/Bräutigam 1990) bzw. 40,7% (Kurz et al. 1996). Die neueren sozialwissenschaftlichen Daten aus den Jahren um die Jahrtausendwende (vgl. Schmidt 2000; 2002; 2003c), die die Kerngruppe der 10- bis 14-Jährigen näher betrachtet, sprechen sogar von einem Anteil von 51% bzw. 52,4%. Nach einer Rechnung von Schmidt (2003b), der die oben genannten Daten hinzuzieht, kann von dem hohen Prozentsatz von 86% ausgegangen werden, der aktuelle und bereits ausgeschiedene Mitglieder aus dem Sportverein umfasst. Damit wird deutlich, dass der Sportverein eine sehr große Rolle im Alltagsleben der Kinder spielt.

Gleichzeitig verweist aber auch die bereits angesprochene Gruppe der ehemaligen Vereinsmitglieder, dass Kinder heute mehr ausprobieren, zwar früher in einen bzw. in mehrere Verein(e) eintreten, aber dafür auch schneller die Sportart wieder wechseln und aus einem Verein austreten (u.a. Schmidt 2003a). Charakteristisch für den Kindersport ist auch die bereits angesprochene Differenzierung der Sportarten.

Bezogen auf Angebote innerhalb des Sportvereins erfasst der Deutsche Sport Bund heute ca. 50 Kindersportarten (in den 60er Jahren konnten gerade fünf bis sieben Angebote gezählt werden)[15]. Ein Vergleich der Daten zwischen 1996 und 2003 zeigt folgenden Trend innerhalb der Vereinssportarten (vgl. Tabelle 6).

---

[15] Mindestens 1% der vereinsorganisierten Kinder muss den Sport betreiben, um ihn als Kategorie zu etablieren.

Fußball hat auch innerhalb der Vereinssportarten eine dominante Stellung. Alle unten aufgeführten Listen führen den Fußballsport als beliebteste bzw. am häufigsten ausgeübte Sportart innerhalb eines Sportvereins an. Diese Beliebtheit ist sicherlich auch mit der Mediatisierung des Fußballs und der damit in Zusammenhang stehenden dauerhaften Präsenz im Alltag in Verbindung zu bringen, die einen frühen Zulauf (3–6 Jahre) (vgl. Schmidt 2003b) vor allem wahrscheinlich durch die Begeisterung der Eltern bzw. Väter begünstigt. 50% der Jungen und ca. 15% der Mädchen üben inzwischen nach den Daten von Schmidt (2003b) diese Erstsportart aus.

Tabelle 6 Sportvereinsmitgliedschaften (1996-2002), Ranglisten für Jungen und Mädchen. (nach Schmidt 2003b, 116)

NRW 1996 n = 1.476 Alter 9-19 Jahre			D 2000 Gesamtstatistik Alter 7-18 Jahre			Ruhrgebiet 2002 n = 1.081 Alter 10-14 Jahre		
1.	Fußball	23,3%	1.	Fußball	2,2 Mill.	1.	Fußball	35,1%
2.	Schwimmen	12,8%	2.	Turnen	1,2 Mill.	2.	Kampfsport	11,1%
3.	Turnen	11,5%	3.	Tennis	450.000	3.	Reiten	10,1%
4.	Handball	9,3%	4.	Leichtathletik	304.000	4.	Basketball	9,2%
5.	Tennis	8,2%	5.	Handball	299.000	5.	Schwimmen	8,7%
6.	Tischtennis	4,9%	6.	Schwimmen	290.000	6.	Tanz	7,2%
7.	Volleyball	4,4%	7.	Reiten	250.000	7.	Tennis	6,3%
8.	Judo	4,1%	8.	Tischtennis	222.000	8.	Tischtennis	6,0%
9.	Reiten	3,5%	9.	Judo	185.000	9.	Handball	5,0%
10.	Badminton	3,0%	10.	Ski	156.000	10.	Judo/Ringen	4,3%
11.	Tanzen	3,0%	11.	Volleyball	154.000	11.	Turnen	4,2%
12.	Basketball	2,6%	12.	Basketball	102.000	12.	Leichtathletik	3,8%

Weitere klassische Erstsportarten für Jungen und Mädchen sind weiterhin Turnen, Schwimmen und Leichtathletik, wobei Letzteres in der Ruhrgebietsstudie nur noch einen unteren Platz aufweisen kann. Eine Analyse über einen zeitlichen Verlauf zwischen den Jahren 1996 und 2003 ist jedoch nicht unproblematisch, da sich die Daten auf unterschiedliche Stichproben aus unterschiedlichen Erhebungsgebieten beziehen. Dennoch ist zu bemerken, dass sich individuelle und körperbezogene Sportarten wie der Kampfsport und modernisierte Sportarten wie Basketball/Streetball unter den ersten vier Plätzen der Liste aus 2003 befinden und damit dem beschriebenem Trend entsprechen. Die unterschiedlichen Angaben zum Reitsport sind in erster Linie darauf zurückzuführen, das dieser bei Mädchen sehr beliebte Sport oft informell, durch Pflege und Versorgung der Pferde auf dem Reiterhof betrieben wird (Schmidt 2003b). Im Alter zwischen zwölf und 14 Jahren verlieren die meisten Einstiegssportarten für die Kinder zunehmend an Bedeutung. So liegt die Dropout-Quote für die Kampfsportarten bei 50%, für die Tanzsportarten sogar bei 90%. Eine relativ stabile Mitgliederzahl hingegen können die Ballsportarten verzeichnen (vgl. Schmidt 2003b). Kinder zeichnen sich demnach mehr durch vereinsgebundene Tätigkeiten aus als Jugendliche.

Mode- und Trendsportarten wie Mountainbike, Inlineskating oder Klettern bilden einen Anteil an den informellen Sportarten und spielen für die Gestaltung der Vereinslisten keine große Rolle (ebd.). Sie werden bevorzugt im Freundeskreis betrieben. Gerade die Gruppe der 6- bis 13-Jährigen zeichnet sich in ihrer Freizeit durch besondere sportliche Kreativität aus: So übernehmen die Kinder tradierte Spielformen, um sie in abgewandelter Form in neuen Sportsettings zu integrieren und zu kultivieren (Podlich/Kleine 2003; Rusch/Thiemann 2003). Repräsentative Erhebungen (s.o.) geben ebenfalls Hinweise auf vielfältige und nebeneinander verbundene Bewegungs-, Spiel und Sporttätigkeiten, denen mehrmals in der Woche nachgegangen wird (Schmidt 2003b). Charakeristisch für die sportliche Betätigung außerhalb des Vereinsports ist weiterhin die Flexibilität hinsichtlich des Austragungsortes und der Teilnehmerzahl. So werden Sport und Spielarten bevorzugt, die sich spontan durchführen lassen. Kommerzielle Anbieter spielen nach den Ergebnissen von Schmidt (2003a) noch keine große Rolle in der Sportgestaltung der Kinder. So nehmen nur ca. 10% der Jungen das Angebot von privaten Kampfsportvermittlern und ca.18% der Mädchen Aktivitäten wie Reiten, Tanzen, Ballet und Aerobic von kommerziellen Anbietern an.

Zusammenfassend lässt sich sagen, dass die kindliche Altersgruppe die am stärksten in Sportvereinen vertretene Gruppe ist. Sie treten früh in einen Verein ein und treiben überdies auch in ihrer Freizeit Sport. Informelle Sportbetätigungen laufen dem Vereinsleben allerdings nicht den Rang ab. Sie bilden eher eine Ergänzung zum Vereinssport.

4.4.3 Sportliche Förderung im Zusammenhang mit Entstrukturierung?

Nach den oben dargestellten Ergebnissen hinsichtlich des Bewegungsengagements Kinder und Jugendlicher dürfte sich das Problem motorikschwacher Kinder eigentlich gar nicht stellen. Die Frage ist daher zu stellen, ob die Welt der sportlichen Beteiligung für alle Kinder gleichermaßen zugänglich ist. Nach den Thesen der Entstrukturierung ergeben sich für Kinder und Jugendliche unterschiedlicher sozialer Herkunft heute die gleichen Möglichkeiten der sportlichen Betätigung. Neuere soziologische Theorien, die im Sinne der Individualisierungstheorie argumentieren (vgl. Hradil 2005; 2006), gehen von einer zunehmenden Auflösung der starren Klassen-Schicht oder Milieuzugehörigkeit aus und sehen vermehrt die Angehörigkeit zu pluralisierten und locker miteinander verbundenen sozialen Lagen. Dies soll sich folglich auch auf die bisher „deutlich ausgeprägten sozialstrukturellen Differenzierungen" (Burrmann 2005c, 99) innerhalb der Sportwelt auswirken. Neben dem Alter, dem Geschlecht und der Schulbildung verliere auch die soziale und regionale Herkunft an Differenzierungskraft für die Sportbeteiligung. Durch die zunehmende Pluralisierung der Sportarten und die sportliche Entwicklung „vom aristokratischen Freizeitvergnügen zum Massenphänomen" (Nagel 2003, 13) sollten sich Unterschiede allein durch individuelle Präferenzen unabhängig von sozialstrukturellen Merkmalen ergeben. Wenn der Zugang zum Sport demnach prinzipiell egalitär verläuft, dürften sich in empirischen Erhebungen kaum Unterschiede hinsichtlich der genannten Faktoren finden lassen.

Regionale Unterschiede zwischen Stadt/Land bzw. Ost/West sind in erster Linie wohl auf die strukturellen Unterschiede und die damit in Zusammenhang stehenden Möglichkeiten zurückzuführen. Kurz und Tietjens (2000) sowie Baur und Burrmann (2003) verweisen u.a. auf die größere Anzahl an kommerziellen, vereinsgebundenen und kommunalen sportlichen Einrichtungen im Westen Deutschlands (hier NRW) und auf die Grenzen, die ostdeutsche Kinder und Jugendliche vor allem in ländlichen Raum hinsichtlich sportbezogener Betätigungsmöglichkeiten erfahren. Schmidt (2002) kann für die jüngeren Vereinsmitglieder eine Angleichung des sportiven Freizeitverhaltens in Ost und West diagnostizieren (vgl. Tabelle 7):

Tabelle 7: Organisationsgrad in Sportvereinen (nach Schmidt 2002, 97)

Alter in Jahren	Thüringen	NRW
3 - 6	20%	30,2%
8 - 9	25%	41,7%
12 - 13	50,4%	52,4%

Während die jüngeren Kinder im Osten anteilsmäßig seltener in Sportvereinen anzutreffen sind als die Altersgenossen im Westen (Ostdeutsche Kinder in diesem Alter sind vornehmlich in ganztägigen Kinderkrippen oder Horten organisiert), sind die 12- und 13-jährigen Kinder ähnlich oft in einem Sportverein angemeldet.

Dies führt zu einer weiteren Differenzierungsvariablen, dem Alter.

Schmidt (2003b) hat für Kinder unterhalb des Grundschulalters eine zunehmende Verschlechterung der Bewegungsmöglichkeit attestiert. Enge Wohnräume, die unökologisch genutzt und zugestellt werden, bieten zunehmend wenig Raum für Bewegungserfahrungen (vgl. u.a. Hildebrandt/Landau/Schmidt 1994; Schmitz/Schlicht 2001). Hinzu kommt der zunehmend kinderunfreundliche Außenraum. Zwar werden Babys, Kindergarten- und Vorschulkinder zunehmend durch diverse Kurse wie Krabbelgruppen und Schwimmschulen gefördert, die eine ganzheitliche und erfüllte Kindesentwicklung versprechen, (vgl. u.a. Krüger 1999; Hildebrandt-Stramann 2001), doch ersetzen diese nicht oder nur unzureichend die Erfahrungen der aktiven Selbstgestaltung. Ältere Kinder hingegen nutzen die ihnen zur Verfügung stehenden (teilweise verbauten) Flächen in ihrer Wohnumgebung, um sie kreativ sportlich zu nutzen (vgl. u.a.

Brinkhoff/Sack 1999; Schmidt 2003c). Für die frühe und mittlere Kindheit lässt sich eine Annäherung an die Verhaltensweisen der früheren Jugendlichen erkennen. Diese Annäherung zeichnet sich durch eine vergleichsweise frühe Verselbständigung aus. So treten sie immer früher in den Verein ihrer Wahl ein und gehen auch in ihrer vereinsfreien Zeit sportlichen und eigenständig organisierten Tätigkeiten nach (s.o.) (vgl. u.a. Büchner 1990a, b). Unterschiede zwischen Kindern und Jugendlichen lassen sich u.a. an der ausübenden Sportart erkennen. So bezeichnet Schmidt (2003b) z.B. die Kampfsportarten als „kindheitsbezogenes Übergangsphänomen" (ebd., 117).

Resümierend lasst sich bezogen auf das Alter feststellen, dass besonders Klein- und Kindergartenkinder einen Mangel an Bewegungsmöglichkeiten kompensieren müssen. Kinder ab dem 6./7. Lebensjahr sind heute vielfältig in der Lage, sowohl aus dem reichhaltigen Sportangebot zu wählen als auch eigenständig und kreativ den ihnen zur Verfügung stehenden Raum sportlich zu nutzen. Jugendliche binden sich nicht mehr vollständig an einen Verein, sondern nutzen vielfältige Angebote.

Eine eindeutigere Differenzierungsvariable bildet die soziale Herkunft bzw. das Bildungsniveau. Wie in Tabelle 5 bereits angedeutet wird, spielen soziale Determinanten für die Beteiligung an sportlichen Aktivitäten eine große Rolle (vgl. u.a. zfsd. Rittner/Breuer 2000, Schmidt 2002; 2003b). Dies drückt sich sowohl in der tatsächlichen Sportbeteiligung als auch in der Wahl der Sportarten aus. So beschreibt schon Sack (1989) sehr ausführlich in seiner Feldstudie differentielle Verhaltensmuster der Kinder und Eltern auf dem gewählten Sportsetting (vgl. auch Baur/Braun 2001a; Nagel 2003). Zwar scheinen sich Bildungsunterschiede in der allgemeinen Sportbeteiligung über die Jahre etwas verringert zu haben, doch können gerade auch im vereinsgebundenen Sport noch deutliche Unterschiede gefunden werden:

Schmidt (2003b) kann mit Blick auf die Daten der *Ruhrgebietsstudie* feststellen, dass Kinder aus unteren sozialen Schichten im Vereinsleben weitaus unterrepräsentiert sind (vgl. Tabelle 8):

Tabelle 8: Sportvereinsmitgliedschaft und Sozialschicht, N = 1.192, Angaben in Prozent (nach Schmidt 2003b, 124)

Sozialschicht[16]	niedrig	niedrig – mittel	mittel - hoch	hoch
Nie im Verein	26,2	12,1	7,0	6,3
Nicht mehr im Verein	37,6	37,7	31,0	23,8
In mind. einem Verein[17]	36,2	50,1	62,0	70,0

---

[16] Der Sozialschichtindex wurde gebildet durch den Schulabschluss und die ausgeübten Berufe der Eltern. Dieser Index wurde anschließend zu vier Ausprägungen (niedrig-hoch) zusammengefasst.

[17] Der Durchschnittswert der Stichprobe beträgt 51,4%.

Die Tabelle demonstriert eindrucksvoll, dass die Drop-out-Quote bei Kindern aus eher niedrigen sozialen Schichten am höchsten und bei Kindern aus höheren sozialen Milieus am niedrigsten ist. Ebenso fällt der hohe Anteil der Sportvereinsmitglieder innerhalb der sozial höher gestellten Schicht auf. Der Differenzwert der Vereinsmitgliedschaft zwischen niedrigem und hohem sozialen Status beträgt 33,8% und verweist auf eine Selektionsfunktion des Sportvereins. Dieses Ergebnis ist konform mit ähnlichen Befunden hinsichtlich der Schullaufbahn der Kinder. So sind Kinder der 5. und 6. Klasse der Hauptschule zu 39,1% und des Gymnasiums zu 62,2% Mitglied in einem Sportverein (Schmidt 2003b). Neben dem Sportverein kann auch in den kommerziellen und informellen Sportarten eine bevorzugte Nutzung der höheren sozialen Schichen verzeichnet werden (vgl. Brinkhoff/Sack 1999). Hasenberg und Zinnecker (1998) heben für die Antizipationsunterschiede die mit dem Bildungsniveau der Eltern und Großeltern in Zusammenhang stehenden beruflichen und finanziellen Ressourcen hervor, über die die Eltern verfügen Allerdings ist damit noch nicht eindeutig bewiesen, dass sich Kindern der höheren sozialen Schichten aufgrund ihrer finanziell besser gestalteten Situation mehr Möglichkeiten zum Sporttreiben anbieten. Der Zusammenhang könnte auch so gerichtet sein, dass gerade Eltern mit einem höheren sozialen Niveau und einer gewissen Bildungsnähe besonders viel Interesse an der sportlichen Förderung ihrer Kinder zeigen und sie demnach mehr ermutigen und auffordern.

Dies würde übereinstimmen mit der Analyse von Burrmann (2005d), die für eine jugendliche Stichprobe sagen kann, dass in erster Linie elterliche Unterstützungsmaßnahmen das Sportengagement beeinflussen (ideell: Interesse am Sport zeigen, Sport als wichtig erachten; praktisch: Fahrdienste übernehmen, um die Pflege der Sportsachen kümmern etc.).

Auch Sack (1989) sieht diese Verbindung zwischen eigenen sportlichen Engagement der Eltern, elterlichen emotionalen und funktionellen Unterstützungsmaßnahmen und der Sportaktivität der Kinder. Darüber hinaus äußert er die Annahme, dass sportliche Familien über ein besseres Familienklima verfügen. Erleben Kinder und Jugendliche ein Elternhaus, in dem Sport ein Familienthema ist und die Eltern interessiert am Sport der Kinder sind, so engagieren sie sich genauso oft in sportlichen Kontexten wie ihre Altersgenossen, deren Eltern über entsprechende Bildungsressourcen, ökonomische Mittel und die Unterstützung ihrer Eltern verfügen: „Durch positive Beziehungen zwischen den Eltern und Kindern lassen sich demnach ungünstige familiale Rahmenbedingungen zumindest teilweise kompensieren." (Burrmann 2005d, 259)[18]

---

[18] Weiter muss allerdings hinterfragt werden, ob sich die sportliche elterliche Unterstützung durch das hohe sportliche Engagement der Kinder und Jugendlichen ergibt, die diese Unterstützung dann auch vermehrt annehmen, oder ob durch die Unterstützung erst eine hohe sportliche Betätigung möglich wird (Burrmann 2005b). Vgl. zur Beziehung zwischen sportlichen Kindern und ihren Eltern auch Weiss/Hayashi (1995); Richartz (2000); Rottländer (2001); Wuerth/Lee/Alfermann (2002); Anderson et al. 2003; Bois et al. (2004).

Festzuhalten bleibt jedoch für das sportliche Engagement im Kindheitsalter, dass Kinder aus unteren sozialen Settings mit geringeren Schulqualifikationen oder mit Migrationshintergrund seltener einem Sportverein als Kinder mit einem höheren sozialen Hintergrund beitreten. Nach Burrmann (2005d) bleibt zwar die Sportbeteiligung bis auf wenige Ausnahmefälle für „die Verteilung von sozialen Platzierungen und Lebenschancen weitgehend irrelevant" (ebd., 216), doch wenn man der Sportbeteiligung auch die Vermittlung von sozialen, psychischen und physischen Kompetenzen zugesteht, so wird doch eindeutig, dass Kinder ohne diese Erfahrungen schlechtere Startpositionen innehaben.

Bleibt als letzte Differenzierungsvariable das Geschlecht: Die Geschichte der Mädchen und Frauenbeteiligung am Sport ist lang und reicht von den Leibesübungen vor dem ersten Weltkrieg bis zum Sportvereinsengagement heutiger Mädchen (vgl. Pfister 1980). Mit der Aussage, die Mädchen als die moderneren Sportler bezeichnet (Bernd/Menze 1996), wird auf das Phänomen hingewiesen, dass Mädchen immer mehr Zugang zum Sport finden, sich jedoch auf vielfältigere und andersartige Ziele berufen und vorwiegend andere Sportarten ausüben als ihre männlichen Altersgenossen (vgl. Schmidt 2003b). Trotz dieser Unterschiede kann bereits Zinnecker (1989) darauf verweisen, dass Mädchen immer mehr in den Sport als klassische Jungendomäne eindringen. Dies belegen sowohl die Teilnahme an wettkampforientierten Spielen als auch die steigende Zahl der Vereinseintritte. Mädchen sind damit immer öfter sportlich eingebunden. In der bereits genannten Studie von Hasenberg und Zinnecker (1998) geben 78% der 10- bis 13-jährigen Mädchen und 84% der ebenso alten Jungen aus Ost und Westdeutschland sportbezogene Hobbys an. Mitglied in einem Verein sind 53% der Jungen und 42% der Mädchen in Westdeutschland. Für Ostdeutschland ergeben sich die Prozentwerte 28% (Jungen) zu 16% (Mädchen). Damit haben die Mädchen – vor allem in Westdeutschland – stark aufgeholt. Dass Mädchen jedoch nach wie vor eine unterrepräsentierte Gruppe im Sport darstellen, ist zu einem auf die hohe Fluktuationsrate der Mädchen – besonders im Turnen – (vgl. Schmidt 2003b) und zum anderen auf die geringe Beteiligung am informellen Sport (vgl. u.a. Wopp 1999) zurückzuführen. Dafür sind Mädchen öfter in kommerziellen Einrichtungen (34%) organisiert als Jungen (23%) (Sack/Brinkhoff 1999). Dieser Unterschied mag vor allem dadurch zustande kommen, dass Mädchen vieler ihrer favorisierten Sportarten, wie z.B. das Reiten (hinter Tanzen und Turnen), sowohl in kommerziellen Einrichtungen als auch in Vereinen betreiben, während der beliebteste Sport der Jungen, Fußball, die führende Vereinssportart ist und ausschließlich dort, wird von kommerziellen Sport- und Fußballschulen abgesehen, auch organisiert durchgeführt wird.

Zusammenfassend lässt sich für die Mädchen sagen, dass sie zwar in das ehemalige Jungengebiet vorgestoßen sind, dass Mädchen jedoch immer noch seltener in Vereinen oder in informellen Spielsettings auf der Straße anzutreffen sind als Jungen.

Was steckt nun hinter der Entstrukturierungsthese? Es ist deutlich, dass sich Unterschiede zwischen regionalen, sozialen und geschlechtsspezifischen Zugangsbedingungen nicht vollständig nivellieren lassen. Es zeigt sich aber auch, dass eine Annäherung stattfindet. So steigen auch die Mitgliederzahlen im Osten Deutschlands sowie die Zahl der Vereinsmitglieder aus unteren sozialen Schichten. Nicht ohne Grund betonen Schmidt, Hartmann-Tews und Brettschneider (2003b) den Beitrag des Sportvereins zur sozialen Integration. Auch Kurz (2002) spricht speziell für den Fußballverein und bemerkt, dass gerade in dieser Sportart eine einzigartige Integration von sozial schwachen Kindern und solchen mit Migrationshintergrund erfolgt. Mädchen dringen immer mehr in den sportlichen Bereich ein, setzen aber mitunter andere Prioritäten und erscheinen im sportlichen Bild nur im Hintergrund. Hinsichtlich der Altersstrukturen lässt sich feststellen, dass Kinder unterhalb des Grundschulalters die schlechtesten Bedingungen der Bewegungsfreiheit haben. Sie werden zwar gefördert, doch fehlt es an eigenständigen Erfahrungen, die hingegen vermehrt die Kinder im Grundschulalter und darüber hinaus machen. Sie sind in Vereinen aktiv, auch erschließen sie sich ihren unmittelbaren Wohnumgebungsraum. Jugendliche unterscheiden sich von den Kindern mittleren Alters durch die gewählten Sportarten und auch die steigende Verlagerung aus den Sportvereinen hin zu kommerziellen und informellen Sportangeboten.

4.4.4   Sportliche Förderung innerhalb der Familie

Kinder werden an Sport und Bewegung zunächst im Kontext der Familie herangeführt, bietet diese doch den Raum für erste Bewegungserfahrungen überhaupt. Blickt man auf die oben bereits beschriebene kindliche Selbständigkeit und die gegebene Optionsvielfalt, stellt sich die Frage, inwieweit die Familien in das Freizeitleben ihrer Kinder eingebunden sind. Strzoda und Zinnecker (1998) nehmen dazu folgendermaßen Stellung: „Innerhalb der Familien entfalteten sich Ansätze eines generationsübergreifenden Freizeitstils, der das Spektrum der Aktivitäten und die Vorlieben von Eltern und Kindern einander näher brachte. Kristallisationspunkte bildeten dabei das Sport- und das Mediensystem der Freizeit" (ebd., 41). Fuhs (2000a) analysiert anhand qualitativer Beispiele, dass „Kinder die eigenen Vorstellungen mit den Angeboten und den Werten und Normen der Familienkultur erfolgreich verbinden" (ebd., 216). Demnach ist es bedeutsam zu fragen, in welche Richtungen das elterliche Engagement zeigt:

Kinder finden heute zunehmend sportliche Elternhäuser vor, dass heißt, dass Eltern heute vermehrt selber sportlich aktiv sind. Nach den Daten u.a. von Nagel (2003) sowie Breuer (2004) werden Sportaktivitäten heute über die Lebensmitte hinaus bis ins höhere Erwachsenenalter beibehalten. Auch hierbei werden soziale Unterschiede sichtbar: So sind Eltern nach einer Studie von Burrmann (2005d) mit einer Vollzeiterwerbstätigkeit und mit höheren Bildungsabschlüssen selbst stärker in den Sport involviert und geben ihren Kindern eher sportliche Unterstützung als arbeitslose Eltern und Eltern mit niedrigeren Bildungsniveau.

Sport in der Familie findet insgesamt betrachtet zwar nicht überragend oft, aber doch sichtbar statt: Etwa 70% der im Rahmen der *NRW-Studie* (u.a. Brinkhoff/Sack 1999) befragten Kinder im Alter zwischen acht und elf Jahren treiben mit ihren Eltern gemeinsam Sport. 92% der Kinder, die Geschwister haben, gehen mit ihnen ebenfalls sportlichen Betätigungen nach. Fragt man nach regelmäßigen Aktivitäten, so gibt jedes vierte Kind an, mit seinen Eltern sportlich aktiv zu sein. Mit den Geschwistern treibt jedes zweite Kind Sport. Eine ähnlich hohe Sportaktivität in den Familien deutet sich auch in den Ergebnissen des *Kindersurveys* ab: Auf die Frage *Treibst Du mit Deiner Mutter gemeinsam Sport?* antworteten in der Studie von Hasenberg und Zinnecker (1998; 1999)[19] 22,5% mit *trifft zu* bzw. *trifft sehr zu*. Bezogen auf den Vater sind es 30,5%. Beobachtbar ist ein Nachlassen des gemeinsamen Sporttreibens mit den Eltern mit zunehmendem Alter. So treiben die 10-Jährigen noch zu 44% mit dem Vater und zu 32% mit der Mutter Sport, während die 13-Jährigen dies nur noch zu 26,5% mit dem Vater bzw. zu 19% mit der Mutter tun. Ähnliche Ergebnisse zeigen sich innerhalb der *NRW-Studie* (u.a. Brinkhoff 1998) mit insgesamt niedrigeren Prozentwerten, in der die 10-Jährigen – bezogen auf beide Elternteile – zu 26% und die 13-Jährigen zu 16% eine gemeinsame Sporttätigkeit bestätigen. Dieses Ergebnis ist konform mit den bekannten Theorien der Entwicklungspsychologie, die mit steigendem Alter eine Ablösung vom Elternhaus und eine themenspezifische Interessensverschiebung hinsichtlich des Freundeskreises konstatiert (vgl. u.a. Berk 2005).

Des Weiteren werden in der Analyse von Hasenberg und Zinnecker (1998; 1999) geschlechtsspezifische Unterschiede deutlich: Sowohl west- (39,1%) als auch ostdeutsche (32,9%) Jungen treiben häufiger Sport mit ihrem Vater als mit der Mutter (21,5% West; 18,1% Ost). Die Mädchen aus beiden Teilen der Republik üben mit beiden Elternteilen gleich viel Sport aus (West mit Mutter 25,5%, mit Vater 25,6%; Ost mit Mutter 20,7%, mit Vater 20,2%).

Dies kann in Zusammenhang mit der These der geschlechtsbezogenen Abhängigkeit bei der Weitergabe der Sportkultur von Georg, Hasenberg und Zinnecker (1998) – zumindest für das Sportengagement der Jungen – gesehen werden, der zufolge die sportiven Rollenmodelle der

---

[19] Die Daten basieren auf den Ergebnissen des Deutschen Kindersurveys 1993, in dessen Rahmen 705 Kinder aus Ost-und Westdeutschland befragt wurden.

Väter auf die Jungen stärker wirken als entsprechende Modelle der Mütter. Dass sich Mädchen entsprechend mehr an der sportlichen Orientierung der Mütter orientieren, zeigt sich hier nicht, wobei beachtet werden muss, dass lediglich die gemeinsame Sportaktivität und nicht die Vorbildfunktion erhoben wurde. Georg et al. (1998) vermuten weiter, in Anbetracht der höheren Sportorientierung der Eltern von Jungen, dass durch das sportliche Engagement der Jungen Rückkopplungsprozesse ausgelöst werden: „Je engagierter die Söhne sind, umso stärker werden sportive Orientierungen der Väter bzw. der Eltern aktualisiert – es bildet sich, anders als bei sportiven Töchtern, ein Interaktionssystem „sportive Familie" heraus." (ebd., 143) Bei den Mädchen wirken sich eher erweiterte familiale Ressourcen auf direktem Weg auf die Sportantizipation aus. So ist es weniger der gemeinsame Sport bzw. das gemeinsame Interesse am Sport wie bei den Jungen, sondern vielmehr die zum Kontext einer gehobenen *Mädchenausbildung* gehörende kulturelle Orientierung, die Mädchen zum Sport auffordert (ebd.). Burrmann (2005d) sieht die rein pragmatische Begründung der männlichen Sportförderung darin, dass Jungen öfter in einem Verein anzutreffen sind als Mädchen und daher auch mehr im Elternhaus für diesen Sport trainiert wird. Zwischen Jungen und Mädchen, die beide einem Sportverein angehören, kann sie in ihrer Studie dies bestätigend keine Unterschiede in der sportlichen Betätigung mit den Elternteilen sehen.

An dieser Stelle lässt sich festhalten, dass Kinder heute durchaus sportliche Elternhäuser antreffen und auch zusammen mit ihren Familienmitgliedern Sport treiben. Zwar differieren die Werte zwischen Jungen und Mädchen sowie zwischen Kindern aus Ost- und Westdeutschland und so zeigen sich auch altersbedingte Wandlungen, doch ist eine Verbindung zwischen der elterlichen und der kindlichen sportiven Freizeitgestaltung durchaus erkennbar.

4.4.5 Fazit

Die Analyse hat gezeigt, dass Kindern und Jugendlichen heute viele Möglichkeiten der sportlichen Betätigung gegeben werden, dass sich dadurch aber auch neue Herausforderungen an sie stellen. Das Sportengagement wird zunehmend in die aktuelle Lebensführung integriert – sowohl auf formeller als auch auf informeller Basis. Den Kindern wird es heute zunehmend selbst überlassen, welche Sportart sie wählen, doch treten auch vermehrt Erwartungen der Gesellschaft und des unmittelbaren Familienkreises an sie heran. Sport gehört heute zum anerkannten Lebensstil. Er muss eigenständig integriert werden. Mit der Erweiterung der Alltagsaufgaben müssen weiter neue Prioritäten gesetzt werden. Die Fülle der Sportarten, die im Vereinsleben integriert sind, und die Differenziertheit der informellen Angebote erleichtern es dem Kind und Jugendlichen, ein Angebot zu finden, welches in die ganz individuelle und aktuelle Lebensführung hineinpasst. Eine sportliche Karriere verläuft nicht mehr nach einem statischen Muster, sondern ist wandlungsfähig, was sich im Wechsel der Sportart oder im Wandel des sportlichen Settings ausdrückt. Unter der sozialen Perspektive ist zu beobachten, dass der Zutritt zum sportlichen Engagement nicht egalitär verläuft. Noch immer finden sich soziale Unterschiede im Blick auf die Vereinswahl oder auf das sportliche informelle Betätigungsfeld. Auch Mädchen sind noch nicht völlig integriert, sondern machen erst sehr zurückhaltend auf sich aufmerksam. Dies zeigt sich auch in dem geringeren sportlichen Engagement innerhalb der Familie.

Resümierend lässt sich festhalten, dass sich das sportliche Engagement von Kindern und Jugendlichen in den letzten 50 Jahren durchaus verändert hat. Kinder scheinen heute durchweg sportlich aktiv zu sein. Dieses Bild darf aber nicht über die Tatsache hinwegtäuschen, dass der Bewegungsstatus der Kinder allgemein dennoch bedenklich ist. Die Defizite, die zum Teil im Vorschulalter entstehen, können durch die außerschulische Partizipation an sportlichen Arrangements nicht immer ausgeglichen werden. Hinzu kommt die Gruppe, die nur wenig sportliche Angebote in Anspruch nimmt und sich bewegungsärmeren Freizeitangeboten widmet. Es handelt sich also um ein widersprüchliches Bild, welches sich auch teilweise in den widersprüchlichen Ergebnissen zur Kindersportkultur widerspiegelt.

4.5 Der Sportverein im Alltag und Lebenslauf von Grundschulkindern

Nach den neuesten Daten der Sportjugend NRW gibt es im Jahr 2005 allein in Nordrhein-Westfalen (mit einer Einwohneranzahl von 18.075.352) 19.959 Vereine mit einer Zahl von insgesamt 5.075.423 Mitgliedern. Auf die diese Arbeit betreffende Altersgruppe der 7- bis 14-Jährigen[20] fallen insgesamt 1.033.198 Mitglieder. Hinter der Altergruppe der 41- bis 60-Jährigen (1.269.977) ist diese Gruppe am stärksten in der Gesamtzahl vertreten (Sportjugend NRW e.V. 2006). Der Sportverein stellt demnach eine präsente Erscheinung in der Lebensumwelt von Eltern und Kindern dar (vgl. Krüger 1999).

In Anbetracht der großen Rolle, die der Sportverein für Kinder inzwischen innehat, ist es sinnvoll, einzelne Aspekte des Vereinslebens näher zu betrachten. Sportvereine stehen heute vor der Aufgabe, den verschiedenen Interessen von Kindern und Jugendlichen mit ihren je spezifischen Erwartungen gerecht zu werden. Als erste Orientierungsmarke des modernen

---

[20] Die Kategorisierung der Altersgruppen wurde von der Sportjugend vorgenommen.

Sportvereins wird in der Sportliteratur vor allem das Anstreben nach bleibender Attraktivität gennant. Kinder und Jugendliche sollen sich möglichst im Verlauf ihrer Sportkarriere an den Sportverein binden und sich mit ihm identifizieren Der Sportverein sieht sich als geeignetes Mittel nicht nur der sportlichen, sondern auch der sozialen und psychischen Förderung. (vgl. u.a. Brettschneider/Bräutigam 1990; Baur/Brettschneider 1994; Baur/Burrmann 2004). Die deutsche Sportjugend (2003) zählt zu den sozialen Funktionen eines Sportvereins die soziale Integration, die Vermittlung von Werten und Normen, die Unterstützung der Affektkontrolle, die Vermittlung von Weltanschauungen, die gesundheitliche und soziale Prävention sowie die Unterstützung und Partizipation. Der Sportverein verfolgt demnach mehr als das Ziel, physische Fertigkeiten zu vermitteln.

4.5.1 Soziale und sachbezogene Gründe für eine Vereinsmitgliedschaft

Neben den bereits dargestellten sozialen Determinanten der Sportvereinsmitgliedschaft im Kindesalter (Jungen gehen öfter als Mädchen, Kinder mit höherem Bildungsstatus und finanziellen Ressourcen öfter als Kinder ohne diese Privilegien) gibt es eine Reihe von subjektiven Gründen für einen Vereinseintritt. Kinder treten heute immer früher in einen Sportverein ein. Auf der einen Seite haben die Sportinitiatoren selber großes Interesse daran, möglichst früh Nachwuchs in ihren Sport zu integrieren (vgl. Conzelmann 2006). Digel, Fahrner und Sloboda (2005) stellen mit Blick auf die Entwicklung im Hochleistungssport fest, dass die Karrieren von Athleten immer früher beginnen und dass es einer frühzeitigen Förderung bedarf, um international konkurrenzfähige sportliche Leistungen erbringen zu können. Auf der anderen Seite stehen aber auch die weniger hoch gesteckten Ziele und Motivationen vieler Kinder, die keine hochleistungssportliche Karriere anstreben.

Brinkhoff und Sack (1999) haben im Rahmen der *NRW-Studie* 1992 517 kindlichen Vereinsmitgliedern eine Liste mit zehn möglichen Gründen für den Vereinseintritt vorgelegt. Die Liste beinhaltet sechs Gründe, die sozialer Natur sind, und vier eher sachbezogene Gründe (vgl. Tabelle 9).

Tabelle 9: Gründe für den Eintritt in einen Sportverein, N = 517 jetzige Sportvereinsmitglieder, Kindersportstudie NRW 1992. (nach Brinkhoff/Sack 1999, 103)

Gründe für den Eintritt in einen Sportverein	gesamt	männl.	weibl.	Chi ^{2}
Sozialbezogene Gründe:				
Freunde waren schon dort	26,3	27,4	24,8	
kannte schon Kinder	21,9	23,8	19,2	
Schwester/Bruder waren schon da	11,8	11,9	11,7	
Eltern waren schon dort	9,1	10,2	7,5	
weil meine Eltern es damals wollten	16,2	18,2	13,6	
weil mich mein(e) Sportlehrer(in) darauf brachte	3,1	2,3	4,2	
Sachbezogene Gründe:				
weil ich die angebotene Sportart betreiben wollte	50,3	52,1	47,7	
weil dort der bessere Trainer war	12,0	16,5	5,6	s.s
weil er am einfachsten zu erreichen war	9,5	9,9	8,9	
Ich weiß es nicht mehr	14,3	10,6	19,6	s.s.

Die Angabe von sozial bezogenen Gründen hält sich im Gesamtwert die Waage mit sachbezogenen Motivationen. Mädchen geben signifikant öfter an als Jungen, dass sie den Grund für den Vereineintritt vergessen haben. Etwa die Hälfte der befragten Kinder ist um des angebotenen Sportes willen in den Sportverein eingetreten. Dies zeigt die hohe Sportbegeisterung der Kinder. An zweiter Stelle spielen soziale Beeinflussungen eine Rolle. So spielen in erster Linie Freunde, andere Kinder im Verein, Eltern und Geschwister eine Rolle beim Vereineintritt. Immerhin 16,5% der befragten Jungen, aber nur 5,6% der Mädchen, geben als Grund einen besseren Trainer an. Demnach lässt sich vermuten, dass Jungen mehr als Mädchen schon Erfahrungen in einem anderen Verein gesammelt haben oder sich zumindest bei anderen Spielern über die Kompetenz des Trainers erkundigt haben. Die wahrscheinlichere erste Variante bestätigt die These, dass bereits Kinder flexibel mit ihrer Sportkarriere umgehen. Es bedeutet aber auch, dass die Rolle des Trainers nicht unterschätzt werden darf, sondern im Gegenteil einen bedeutsamen Einfluss, positiv wie negativ, innerhalb der Sportsozialisation ausübt. (vgl. u.a. Mrazek/Rittner 1991; Brinkhoff/Sack 1999; Schmidt; 2003b). Relativ unwichtig scheint der Ratschlag der Sportlehrer (sofern sie überhaupt einen geben) sowie die Entfernung zum Sportverein zu sein.

4.5.2   Der Sportverein als persönliche Wertsteigerung?

Die Gründe, warum Kinder in einen Verein eintreten, sind, wie aus den obigen Angaben ersichtlich, vielfältig. Neben einem großen Bewegungsbedürfnis, welches aufgrund der veränderten Lebensbedingungen in Vereinen kanalisiert wird (vgl. Büchner 1990a), und dem Bedürfnis nach sozialen Kontakten spielt auch zunehmend der Wunsch nach Anerkennung eine Rolle (Ledig 1992). Gerade im Sportverein ist es verhältnismäßig früh möglich, gewisse Sporttitel zu erlangen. Mit der neuen Altersklasseneinteilung seit Beginn der 80er Jahre vor allem in den Spielsportarten können beispielsweise bereits 5-Jährige bei den *Bambinis* Fußballturniere spielen (Schmidt 2002). Auf die vielfältigen Einsatz- und positiven Einflussmöglichkeiten des kindlichen Sports gehen Behnken und Zinnecker (2001) ein: Während Kinder, die sich wenig sportlich betätigen, hauptsächlich auf die Kultur der Schule zurückgreifen können, um sich im Kreis der Mitschüler zu vergleichen und zu beurteilen, besteht für sportliche Kinder die Möglichkeit, ihr *Körperkapital* einzusetzen. Sportpokale und Sporturkunden sind eine direkte Bestätigung des eigenen körperlichen Könnens: „Das Sporttraining der Kinder kann Arbeitscharakter annehmen; über den Sport erfahren Kinder aber auch eine soziokulturelle Grundbildung außerhalb der Schule." (Behnken/Zinnecker 2001, 870) Wie später noch analysiert werden soll, ermöglichen sportliche Betätigungen ein hohes Maß an Wissen über den eigenen Körper und damit einen Zugang zum eigenen Selbstkonzept. An dieser Stelle muss jedoch auch angemerkt werden, dass sportliche Leistungen auch frustrieren können und der Wettkampfcharakter Kinder auch überfordern kann. Gerade Mitglieder, die sich durch schwache Leistungen auszeichnen, zu hohen Anforderungen ausgesetzt und auch zwischenmenschlich nicht integriert sind, profitieren nur wenig von einem Engagement im Sportverein (vgl. Schmidt 2003b) und steigen auch früher wieder aus dem Vereinsleben aus.

4.5.3   Der Sportverein als Rahmen für ideale Trainings- und Förderbedingungen?

Das sportliche Training im Kindesalter wird nach Martin (1982) als Wechselbeziehung zwischen den individuellen Entwicklungsvoraussetzungen und den spezifischen Anforderungen einer sportlichen Handlung charakterisiert. Mit dem Begriff des *Wechselwirkungsprozesses* wird darauf verwiesen, dass sowohl bestimmte sportliche Handlungen nicht stattfinden können, wenn der Reifegrad der ausübenden Person dafür noch nicht gegeben ist, als auch dass bestimmte Reizangebote aus der Umwelt die Bildung der Funktionsreife erst ermöglichen und fördern. Ohne hier auf die Tiefen der Motivationsforschung eingehen zu können, soll auch das Motiv der

Unter- oder Überforderung genannt werden. So fördert der Trainer in einer Sportsituation vor allem diejenigen, die sich in der Aufgabe bestmöglich gefordert sehen, also eine optimale Diskrepanz zwischen Aufgabenstellung und eigenen Fähigkeiten erleben (ebd.). Stetige Über- oder Unterforderung der sportlich Aktiven hingegen bewirken auf Dauer nur eine Entwicklungsbehinderung anstelle von Entwicklungsförderung.

Der Person selbst wird dabei im Idealfall auch Handlungskompetenz zugesprochen: Durch die selbständige Bestimmung zumutbarer Handlungen, wie dies zum Beispiel im Förderkonzept der Psychomotorik passiert und in der angewandten Bewegungslehre wissenschaftlich fundiert wird, können Kompetenzen besser eingeschätzt werden, und Erfolge werden wahrscheinlicher. Der Trainer wird nach Loibl (1990) besser zum Moderator statt zum Instrukteur. Bewegung, Spiel und Sport methodisch so zu inszenieren bedeutet danach:

- „Bewegung und Spielen eigenständig und situationsangemessen durch entdeckendes, quasiexperimentelles und auf neue Erfahrungen gerichtetes Handeln lernen zu lassen,

- für den Lehrer, Lernsituationen zu arrangieren, die eine Balance herstellen zwischen individuellem Können und „objektivem Schwierigkeitsgrad" jenseits von Überforderung oder matter Langeweile,

- Lernsituationen anzubieten, die die Schaffung und Erhaltung eines möglichst großen Entscheidungs- und Handlungsspielraumes beinhalten"

(Schmidt 2002, 140–141).

Ähnlich sieht auch Kurz (1993) eine optimale Trainingsleistung und betont die Wichtigkeit der Praktizierung unterschiedlicher koordinativer Bewegungsaufgaben, die Kinder für eine gesunde Entwicklung benötigen. Sportliche Betätigung sollte sich im frühen/mittleren Kindheitsalter nicht allein auf eine Sportart konzentrieren, sondern aus vielfältigen Bewegungsabläufen bestehen (vgl. u.a. auch Frey 1981; Martin 1991). Dies betont auch Gabbard (2004), der für Kinder, die sich erst nach der Pubertät auf eine spezifische Sportart konzentrieren, eine konstantere Beteiligung, geringere Verletzungen und eine längere Neigung zu sportlichen Spielen nachweist als für diejenigen, die sich früh an eine Sportart binden. Zu einem idealen Sporttraining gehört für ihn außerdem, dass Kinder in der Sportart ermutigt werden sollen, die ihnen auch liegt und an der sie Spaß haben.

Nach dem dargestellten integrativen bewegungstheoretischen Verständnis beeinflusst selbständiges Lernen im Sinne des Konzepts der Entwicklungsaufgaben veränderte Spiel- und Bewegungsbedingungen sowie situative Aufgabenstellungen den Prozess der individuellen Entwicklung und des Lernens im Sport positiv (Schmidt 2002).

Kinder, die aktiv in einem Sportverein mitwirken, tun dies in der Regel auch regelmäßig. Hier zeigen die Daten der NRW-Studie 1992 (u.a. Brinkhoff/Sack 1999) signifikante Unterschiede hinsichtlich des Geschlechts und des Alters (vgl. Abbildung 6):

Abbildung 6: Häufigkeit des Sporttreibens im Sportverein, differenziert nach Geschlecht und Schuljahr bzw. Alter; N= 517; Kindersportstudie NRW 1992 (nach Brinkhoff/Sack 1999, 108)

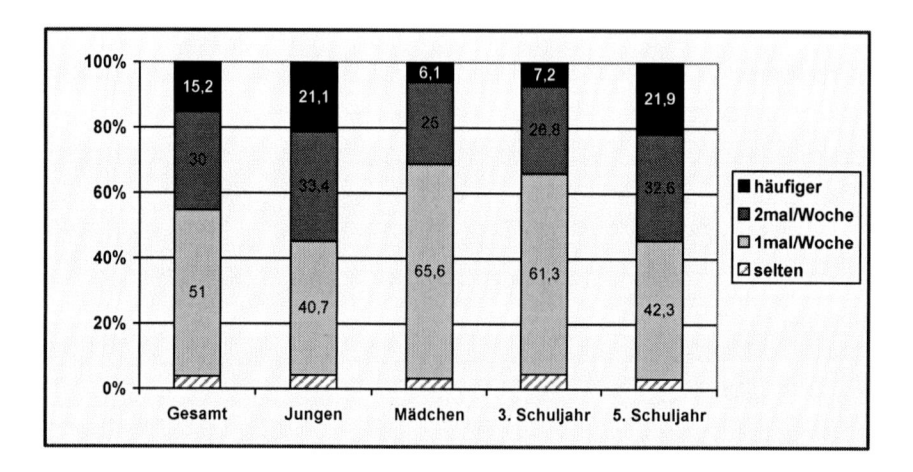

Etwas über die Hälfte der sporttreibenden Vereinskinder (51%) geht einmal in der Woche zum Training. Jungen nehmen signifikant öfter als Mädchen das Training im Verein wahr. Während jeder fünfte Junge häufiger als zweimal in der Woche sportlich im Verein aktiv ist, tun dies nur 6,1% der Mädchen. Sie treiben mehrheitlich einmal in der Woche Sport, während dies nur 40,7% der Jungen tun. Auch zeigt sich eine signifikante Steigerung zwischen dem dritten und fünften Schuljahr. Die Zahl der einmal wöchentlichen Sportler nimmt zugunsten der Sportler zu, die häufiger als zweimal in der Woche trainieren. Eine weitere Analyse zeigt, dass eine Interaktion zwischen Geschlecht und Alter besteht. So bleibt die Sporthäufigkeit der Mädchen zwischen dem dritten und fünften Schuljahr weitgehend konstant, während die Sporthäufigkeit der Jungen in der genannten Zeitspanne deutlich ansteigt. Nach diesen Zahlen lässt sich vermuten, dass Jungen dem Training einen höheren Stellenwert zuschreiben als Mädchen. Es kann aber auch bedeuten, dass Mädchen mehreren verschiedenen Aktivitäten in der Woche nachgehen und der Besuch im Sportverein nur einen Teil dieser Aktivitäten darstellt. Dies würde auch das stetige Teilnehmen über die Zeitspanne von zwei Jahren erklären. Während die Jungen zunehmend den Sport wertschätzen und sportliche Ziele im Verein verfolgen, ist es für die Mädchen denkbar, dass der Sport neben anderen Freizeitaktivitäten keinen Bedeutungszuwachs erfährt.

5. Die Bedeutung sportlicher Förderung: Bewegung als Entwicklungsindikator?

Seit der wissenschaftlichen Erforschung von Leibesübungen und Sport stellt sich auch die Frage, welchen Einfluss Bewegung, Spiel und Sport auf die kindliche Entwicklung haben (Conzelmann 2001). Dabei konzentrieren sich die Forscher sowohl auf einzelne Aspekte wie Gesundheit oder soziales Verhalten als auch auf Gesamtkonzepte, wie z.B. die Persönlichkeit. Die Forschungslage scheint nicht immer eindeutig und basiert zu großen Teilen auf unbefriedigenden Querschnittstudien, die die Betrachtung über die Lebensspanne vernachlässigen (Heim/Stucke 2003). Dennoch scheint die Bedeutung der Bewegung für die kindliche Entwicklung unangefochten: „In und durch Bewegung entwickelt sich nicht nur die Fähigkeit zur Koordination der Gliedmaßen, sondern die aktive, gekonnte Bewegung eröffnet die Möglichkeit zum Aufbau der Selbständigkeit, zur Verstärkung des Selbstwertgefühls und möglicherweise zur Entwicklung von Identität" (Schmidt 2002, 103, vgl. auch Röhr-Sendlmeier/Knopp/Franken 2007).

Wird sich die Erziehungswissenschaft ihrer Aufgabe als Tatsachen-, Orientierungs- und Handlungswissenschaft bewusst, so ist es unabdingbar, dass sie nach einer Darstellung der aktuellen Lebensverhältnisse von Kindern auch die Handlungsmöglichkeiten und in diesem Kontext die Verbindung zwischen Bewegung und allgemeiner Bildung wissenschaftlich fundiert darstellt.

5.1 Bewegung und ihre Stellung in Entwicklungstheorien

Bewegung, Spiel und Sport sollten in erster Linie und in Anlehnung an anthropologische Sichtweisen nicht isoliert, sondern im Gesamtsystem der menschlichen Handlungen betrachtet werden. Hecker (1995, zitiert nach Scholz 2005, 72) betont, „dass Menschen, wenn sie in Bewegung, Spiel und Sport handeln, als Ganzheit zu sehen sind, und zwar in ihren körperlich-physischen, geistig-kognitiven und seelisch-affektiven Verhaltensausprägungen". Entwicklungen finden daher in einem komplexen Netz aus unterschiedlichen funktionalen Bereichen statt. Wird die Bedeutung der Bewegung im kindlichen Entwicklungsprozess thematisiert, so bedarf es der Einbeziehung verschiedener bestehender Entwicklungstheorien. Die Psychomotorik, als Anwendungsbereich des relativ jungen wissenschaftlichen Gebiets der Motologie (vgl.

Weiß/Ullmann 2003), betrachtet die kindliche Entwicklung vorrangig aus der Perspektive der Bewegungsaktivität. Dem geht der Gedanke voraus, „dass Persönlichkeitsentwicklung durch Handeln, in dem kindliche Bewegungs- und Wahrnehmungstätigkeit, Erleben und Kognition eine untrennbare Einheit bilden, durch die tätige Auseinandersetzung mit der materialen und sozialen Umwelt geschieht" (Schilling 1990, 70–71). Dieses Entwicklungsverständnis grenzt sich klar von älteren Entwicklungsvorstellungen ab, die Entwicklung als anlagebestimmt (endogenistische Theorien), als umweltbestimmt (exogenistische Theorien) oder allein selbstbestimmend (konstruktivistische Theorien) verstehen (vgl. Röhr-Sendlmeier 1988). Neben dem Verhältnis zwischen Person und Umwelt bestimmen auch Gedanken über eine kontinuierliche versus diskontinuierliche Entwicklung sowie über individuelle versus universale Entwicklung bestehende Entwicklungstheorien. Nach dem heutigen Erkenntnisstand ist davon auszugehen, dass Entwicklung nicht eindimensional, sondern im Interaktionsprozess zwischen Person und Umwelt geschieht. Moderne Entwicklungstheorien setzen Akzente in die Richtung, dass Entwicklung sich über die gesamte Lebensspanne vollzieht, sowohl durch Fortschritte als auch durch Verluste und Kompensationen gekennzeichnet und nicht mit dem Jugendalter abgeschlossen ist. Weiter basieren sie auf der Annahme, dass Entwicklung nicht nach starren Regeln verläuft, sondern durchaus gefördert werden kann und als dynamischer Prozess zu verstehen ist. Dem Kind wird, nicht zuletzt auch durch den Einfluss der modernen sozialwissenschaftlichen Forschung (vgl. Kap.1), eine Rolle zugeschrieben, die die Beziehungen zwischen Individuum, Umwelt, genetischen Prädispositionen und sozialen Einflüssen eigenständig mit dirigiert. Weiter wird der Blick auf die Individualität des Kindes gerichtet. So rückt der Mythos vom Durchschnittskind in weite Ferne, da die Angabe von durchschnittlichen Entwicklungsschritten zu verallgemeinernd ist (vgl. u.a. Heim/Stucke 2003). Entwicklung wird also mehr denn je zu einem komplexen und komplizierten Prozess, dessen einzelne Facetten sicherlich noch nicht hinlänglich geklärt sind. Miller (1993) verweist auf die Tatsache, dass sich Entwicklungspsychologen erst allmählich der Tatsache bewusst werden, dass sie kognitive Prozesse, Persönlichkeit und Wahrnehmung zu lange losgelöst von bedeutsamen motorischen Verhaltensweisen betrachtet haben.

Fischer (2003; 2004) stellt drei Theoriebezüge der oben genannten metatheoretischen Orientierungen vor, die nicht isoliert, sondern in Verbindung gesehen werden müssen (vgl. Abb. 7):

Abbildung 7: Dreiecksmodell kindlicher Entwicklung (nach Fischer 2000, aus Fischer 2003, 128)

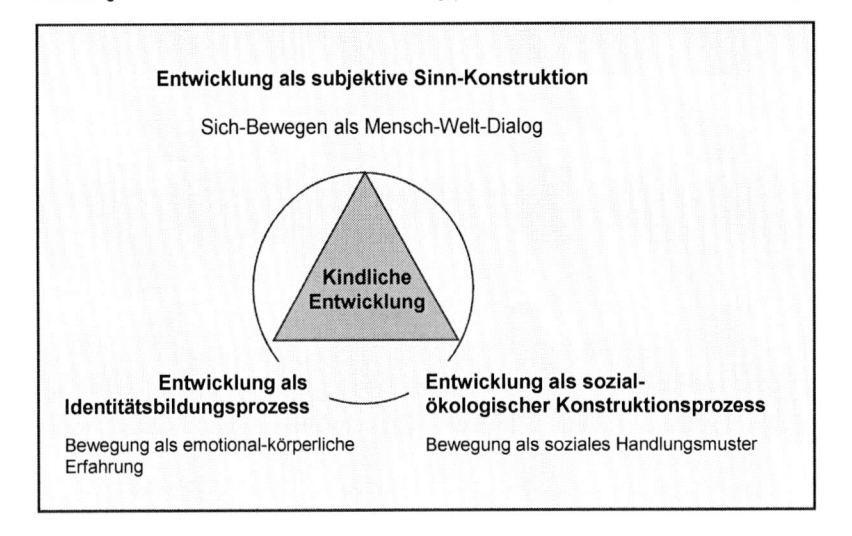

5.1.1 Entwicklung als subjektive Sinn-Konstruktion

Mit der Einführung des Erfahrungslernens in Bezug auf Bewegung durch Scherler (1975; 1976) gewinnen grundlegende Bewegungstätigkeiten wie Schaukeln, Balancieren etc. eine wichtige Bedeutung hinsichtlich der Entwicklung komplexer Repräsentationsschemata. So erfährt und erlernt z.b. das schaukelnde Kind Gesetze über Schwung, Schwerkraft und Balance. Durch den handelnden Umgang mit Menschen und Dingen erlernt das Kind Qualifikationen, die in der Motologie den Kategorien Ich-Kompetenz, Sach-Kompetenz und Sozialkompetenz zuzuordnen sind. Das Erfahrungslernen ist als strukturbildend im doppelten Sinne für Können und Wissen zu betrachten, wobei Wissen die abstrahierte Form der Tätigkeit darstellt (Fischer 2003).

Die grundlegende Erkenntnis, dass Bewegung durch die Tätigkeiten des Experimentierens und Variierens im Umgang mit Dingen und der Umwelt präzisiert und vervollkommnet wird und damit die Basis für das Können darstellt, ist letztendlich auf die Arbeiten von Jean Piaget zurückzuführen. Seine Forschungsarbeiten gehen der Bedeutung sensomotorischer Handlungen für den Prozess der Erkenntnisgewinnung nach. Piagets (z.B. 1977) Ansätze, die in den 30er bis 50er Jahren des 20. Jahrhunderts ihren Ursprung finden, sind auch heute noch aktuell. Fischer (2003) bezeichnet als Stärke des Konzeptes die schlüssige „Herleitung kognitiver Leistungen (symbolische Repräsentation) von der Handlungsebene (sensomotorische Intelligenz)" (ebd.,

126) Schwächen zeigen sich in Piagets früheren Werken besonders in der Konzentrierung auf kognitive Prozesse und in der Vernachlässigung kulturspezifischer Entwicklungstendenzen. Scherler (1975; 1976) erweitert Piagets Ansatz und schreibt der Bewegungshandlung eine generelle Bedeutung für den Aufbau von Wissens- und Könnensstrukturen zu. Hier geht er im Gegensatz zu Piaget über die sensomotorische Phase hinaus. Ebenso ist es sein Verdienst, dass die Aspekte der Materialisation stärker in den Vordergrund gerückt werden. Dies entspricht einer Fokussierung des Erfahrungsbegriffes auf das handlungsgebundene Erkennen eines Gegenstandes bzw. auf die Auseinandersetzung mit einer Situation und der Erfassung des jeweiligen Symbolgehalts von Bewegungs- und Spielhandlungen.

Als Kritikpunkte an Scherlers Arbeit sind nach heutiger Forschungslage die Vernachlässigung sozialer und emotionaler Komponenten im Entwicklungsverlauf zu nennen. Vorteile der konstruktivistischen Sichtweise liegen in der Kompetenzzuschreibung der sich entwickelnden Person. Die ganzheitliche Bewegung wird zum Entwicklungsträger.

5.1.2   Entwicklung als Identitätsbildungsprozess

Die identitätsbildende Perspektive beschäftigt sich mit der körperbezogenen, subjektiven und emotionalen Erlebnisqualität des Handelns. Grundlegende Elemente der personalen Identität sind nach Paulus (1986) Erfahrungsdaten des eigenen Körpers. Menschliches Erleben äußert sich hiernach in einer Körpervorstellung und in sozialen und materialen Erfahrungen. Anders ausgedrückt: Es existieren zwei „Seins-Weisen des Körpers" (Fischer 2003, 128): Ein *Im*-Körper-Sein und ein *Außerhalb*-des-Körpers-Sein.

Erikson (1950) kann als erster Vertreter dieser körperbezogenen Sichtweise der kindlichen Entwicklung bezeichnet werden. Im Vordergrund steht vor allem die subjektiv-emotionale Erlebnisqualität des Handelns. Erikson beschreibt die menschliche Entwicklung als Entwicklung der Persönlichkeit mit dem Ziel der Bildung einer Identität. Das Individuum befindet sich in Interaktion mit seiner Umwelt und erlebt im Laufe seiner Entwicklung die Konfrontation mit kritischen Ereignissen, deren Bewältigung zum entwicklungstragenden Element wird. Diese herausfordernden Erlebnisse bilden die Brücke zur motologischen Betrachtungsweise, bieten sie doch die Möglichkeit der Übertragung auf bewegungsspezifische Herausforderungen.

Epstein (1984) nähert sich Eriksons Arbeit insofern, als er von der Notwendigkeit des „Nettogewinns an positiven emotionalen Erfahrungen" (ebd., 18) spricht. Nur die optimale Balance zwischen Lust und Unlust führt so zu einem gesunden Selbstwertgefühl. Bei Erikson liegt die Betonung einer gesunden Identität ebenso auf der Balance zwischen positiven und negativen Polen der Persönlichkeitsentwicklung, wobei die Tendenz in Richtung der negativen Pole kritisch in Bezug auf die sich entwickelnde Identität zu betrachten ist. Besonders für das Kindheitsalter betont Epstein die Notwendigkeit positiver emotionaler Erfahrung. Epstein verweist ebenso auf die Angemessenheit der Erfahrungen, die die Bedeutung der Person-Umwelt-Bezüge betont. Der Sport und andere kindliche Bewegungen bieten ein großes Potential an emotionaler Erfahrung. Dies beginnt bereits in den ersten Lebenswochen, wenn das Baby nach Dingen greift und sie erreicht. Später lassen sich solche Erfahrungen in der Freude über ein geschossenes Tor oder ähnlichen spezifischen sportlichen/motorischen Zielerreichungen finden. An dieser Stelle ist es jedoch auch notwendig zu erwähnen, dass kindliche Bewegung und somit auch der Sport aus dieser Perspektive nur hilfreich sein können, wenn die gesetzten Ziele auch erreicht werden können und die Aktivität nicht als reine Misserfolgskette erlebt wird.

5.1.3 Entwicklung als sozial-ökologischer Konstruktionsprozess

Entwicklung unter die Bezeichnung *Ökologie* zu stellen, bedeutet Entwicklung in ihrer Ganzheit zu beschreiben, die sowohl soziale als auch physische Merkmale der Person-Umwelt-Interaktionen beinhaltet (vgl. Leyendecker 1989).

Für die vorliegende Arbeit stellt der ökologische Ansatz insofern eine Bereicherung dar, als das Konzept Entwicklungsförderung in Handlungskontexten sowohl auf die Gestaltung und gemeinsame Nutzung von Bewegungs- und Lebensräumen als auch auf die Wirkung sozialer Beziehungen aufbaut (Fischer 2003). Bronfenbrenner (1976) gehört zu den Wissenschaftlern, die den Ökologiebegriff systematisch erweitert haben:

Das Kind entwickelt sich nach Bronfenbrenner in komplexen, sich über die Zeit hinweg verändernden Netzwerken aus Beziehungen, die sich durch verschiedene Ebenen der Umwelt ergeben. In Zusammenhang mit dem Einfluss der personeigenen Kräfte, die mit den Faktoren des Lebensbereiches zusammentreffen, nennt Bronfenbrenner sein Modell *bioecological model* (Bronfenbrenner/Evans 2000). In dem Modell wird von proximalen Prozessen ausgegangen, das heißt es bestehen Wechselwirkungen zwischen Organismus und Umwelt, die als konstante und primäre Mechanismen die menschliche Entwicklung vorantreiben. Bedingungen wie die persönlichen Eigenschaften des sich entwickelnden Individuums, die Kontexte der Umwelt sowie die Zeitpunkte der proximalen Prozesse steuern die Kraft dieser Mechanismen (ebd.) (vgl. Abb. 8).

Abbildung 8: Structure of the environment in ecological system theory (Berk 2005, 27)

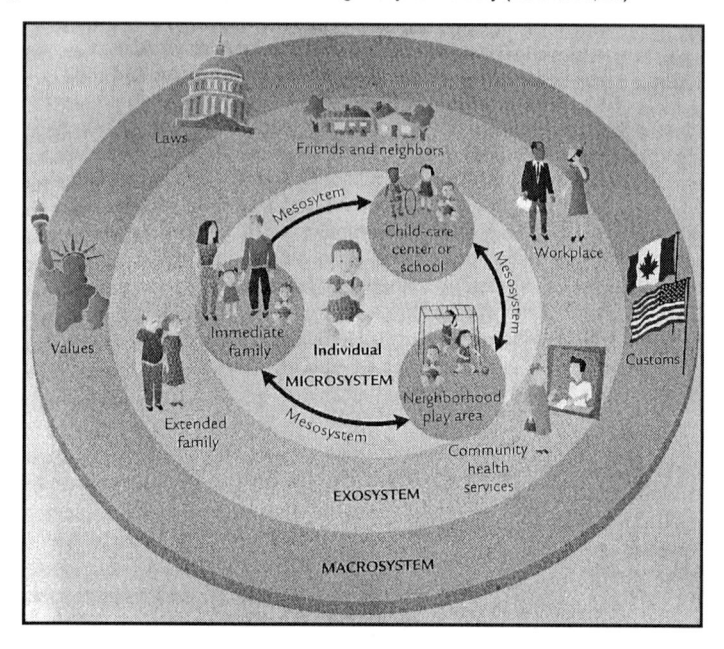

Das dargestellte Mikrosystem bildet den intimsten Raum des Kindes. In ihm finden Beziehungen innerhalb der nahen Umgebung statt. Bronfenbrenner betont für die kindliche Entwicklung innerhalb dieses Systems, dass alle Beziehungen wechselseitig verlaufen. So wird sowohl das kindliche Verhalten durch die Eltern beeinflusst als auch das Verhalten der Eltern durch die Kinder. Zusätzlich beeinflussen dritte Personen im unmittelbaren Lebensraum die dualen Beziehungssysteme. Das Mesosystem definiert sich durch das Wechselwirkungsgefüge, welches zwischen den einzelnen Mikrosystemen besteht. Jede Beziehung innerhalb des Mikrosystems hat eine größere Chance der Entwicklungsförderung, wenn diese Wechselwirkung zwischen den Systemen (z.B. zwischen dem Familiensetting und dem Kindergarten) besteht. Die Bereiche, in denen das Kind (das Individuum) nicht als aktive Person agiert, die aber das Erleben des Kindes im unmittelbaren Bereich beeinflussen, umfasst das Exosystem. Als Beispiel kann hier der Arbeitsplatz der Eltern dienen, der sowohl finanzielle als auch psychische Auswirkungen auf das Familienleben und damit auf das Kind haben kann. Das allumfassende Makrosystem bezieht sich auf die gesamtgesellschaftlichen Zusammenhänge in der Entwicklung stattfindet. Dies sind z.B. die Rahmenbedingungen, unter denen Erziehung vollzogen wird: Welche Normen bestehen in Bezug auf Arbeitszeiten, welchen Stellenwert hat die Familie in der Gesellschaft und welche Rollenerwartungen werden von der Gesellschaft an Familien gestellt?

Mit dem Chronosystem (nicht abgebildet) berücksichtigt Bronfenbrenner die zeitliche Dimension. Bronfenbrenner unterscheidet – in Anlehnung an die beschriebenen Systeme – zwischen Mikro- Meso- und Makrozeit. Die Kontinuität bzw. Diskontinuität von proximalen Prozessen wird durch die Mikrozeit bestimmt. Die Mesozeit umschreibt die regelmäßige Wiederkehr dieser Begebenheiten in einem bestimmten Zeitraum, während sich die Makrozeit auf gesamtgesellschaftliche Veränderungen (Erwartungen und Ereignisse) bezieht (Bronfenbrenner/Morris 2000).

Zu den Kritikpunkten an Bronfenbrenners Modell gehört, dass die Systeme zwar übersichtlich, aber doch unsystematisch sind. So kritisiert Oerter (2002a) das Fehlen von größeren Organisationsformen und Zwischenformen. Ebenso hält er das Makrosystem nicht für vergleichbar mit den unteren Systemen, da es eine durchgreifende Wirkung der Kultur beschreibe, die als System nicht klar definierbar sei (ebd.). Festzuhalten bleibt, das Bronfenbrenners Modell dennoch ein wichtiger Ansatz für zukünftige Forschungsmodelle ist.

5.1.4 Entwicklung unter der Perspektive der Bewegungskarriere

Das Konzept von Baur (1989) orientiert sich an der ökologischen Systemtheorie von Bronfenbrenner (u.a.1976) und ist in dieser Arbeit sinnvoll anzuführen, da sie das Konzept der sportlichen Bewegung und damit das der *Sportkarriere* (Baur 1993) mit einschließt. Die Körper- und Bewegungskarriere gilt als eine Entwicklungslinie des gesamten Lebenslaufs. Sie steht für den Handlungszusammenhang im Entwicklungsgang, „in dem das Individuum seinen Körper und seine Bewegung sich aneignet und weiterentwickelt" (Baur 1989, 64). Diese Entwicklungslinie entsteht durch die Dialektik zwischen der Entwicklung der Person und ihrer jeweiligen Lebensverhältnisse Näher betrachtet heißt dies Folgendes:

Der Körper und die Bewegung bleiben als ein existentielles Lebensthema über den gesamten Lebenslauf bestehen. Baur führt den Begriff des *Körpermanagements* an und bringt damit das eigene Verhältnis zum Körper zum Ausdruck, welches jedes Individuum so gestaltet, dass es die Anforderungen der Gesellschaft bewerkstelligen kann. Eine Körper- und Bewegungskarriere verläuft jedoch nicht statisch, sondern kann in einzelnen Stationen der Biographie unterschiedliche inter- und intraindividuelle Relevanz gewinnen. Zu diesen Unterschieden kommen unterschiedliche Intentionen bezüglich des körperlichen Engagements. Bewegungstätigkeiten, die gesellschaftlich als Sport definiert sind, stehen im Zusammenhang mit der Sportkarriere, die sich innerhalb der Körper- und Bewegungskarriere entwickelt und an sie gebunden bleibt. Durch den Sport werden „bestimmte Auslegungen von Körper und

Bewegung gebündelt" (Baur 1989, 67). Im Gegensatz zur Körper- und Bewegungskarriere stellt die Sportkarriere keine ununterbrochene Linie dar. Sie kann zu jedem Zeitpunkt beginnen, unterbrochen und wieder aufgenommen werden. Während also die Sportkarriere an die Körper- und Bewegungskarriere gebunden ist, ist diese wiederum mit anderen lebensthematischen Entwicklungslinien (Berufswahl, Partnerwahl, Freizeitvorlieben) gekoppelt. Durch die individuell subjektiven Erfahrungen, die das Subjekt im Laufe seiner Körper- und Bewegungskarriere macht, entstehen Handlungszusammenhänge, die wiederum neues Handeln und neue Erfahrungen mit sich bringen. Damit ist die Karriere auch immer ein Handlungs- und Erfahrungszusammenhang im Lebenslauf: „Sie stellt insofern eine je individuelle Konstruktion des einzelnen Subjekts dar, in der dieser seinen Körper und seine Bewegung in seiner persönlichen Form auslegt" (ebd., 86). Diese Ausformung wird als Körper- und Bewegungsbiographie erfasst, die das Körpermanagement sowie die Körper und Bewegungserfahrungen „in einem individuell-subjektiven Handlungs- und Erfahrungszusammenhang" (ebd.) bündelt und in der gesamten Biographie verankert (vgl. Abb. 9)

Abbildung 9: Die handlungsvermittelte Entwicklungsdialektik des Lebenslaufes (und der Körper- und Bewegungskarriere) und der Lebensverhältnisse. (nach Baur 1989, 85)

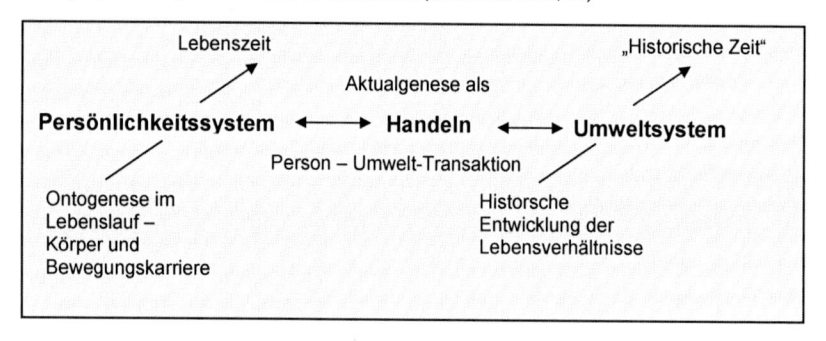

Die Körper- und Bewegungskarriere stellte eine Entwicklungslinie dar, „die über das Handeln des Individuums in wechselseitiger Abhängigkeit von den sich verändernden Lebensverhältnissen aufgebaut wird" (ebd., 85). Die Karriere ist demnach zwar gesellschaftlich und kulturell geprägt, doch ergeben sich für das Individuum entsprechende Handlungsspielräume. Die Kernannahme in Baurs Modell, dass „sich die Entwicklung von Körper und Bewegung als Komponenten der Persönlichkeitsentwicklung in der handlungsvermittelnden Entwicklung von Person und Umwelt" (ebd., 282) vollzieht, knüpft an die allgemeinen dialektischen Entwicklungskonzeptionen an und soll als Anregung zur Weiterentwicklung bestehender Theoriebildung dienen. Baur bezieht in sein Theoriegebilde sämtliche internen und externen Faktoren der Entwicklung mit ein und beschreibt die einzelnen Entwicklungsschritte der Minderjährigen in Kombination mit anderen Entwicklungslinien. Baur zeichnet für die Entwicklung zwischen Säuglingsalter und Adoleszenz folgende Handlungsfelder und Entwicklungstendenzen (vgl. Tabelle 10):

Tabelle 10: Die Körper- und Bewegungskarriere im Kontext des Lebenslaufs im Kinder- und Jugendalter (nach Baur 1989, 242-243)

A	Lebens-abschnitt	Handlungs-felder und Sozialpartner	Entwicklungstendenzen in der Körper- und Bewegungskarriere	Generelle Entwicklungs-tendenzen im Lebenslauf
1.	Säuglings-alter	familialer „häuslicher" Handlungszu-sammenhang: primäre Sozialpartner	soziobiologische Existenzsicherung Aneignung des Körpers Erwerb des fundamentalen menschlichen Bewegungs-repertoires	Erwerb von Ur-Vertrauen; sensomotorische Intelligenz; „symbolische" Person-Umwelt-Beziehungen
2.-3.	Kleinkind-alter	familialer „häuslicher" Handlungszu-sammenhang unmittelbare Wohnumgebung: Gleichaltrige der Nachbarschaft	Weiterentwicklung des fundamentalen Bewegungs-repertoires Aufbau des elementaren Bewegungsrepertoires	Entwicklung von „Autonomie"; Beginn des Spracherwerbs; vorbegriffliches Denken; egozentrische Person-Umwelt-Beziehungen
4.-6.	Vorschul-alter	Familie Weitere Wohnumgebung: Gleichaltrige der Nachbarschaft Kindergarten	Einführung in die Regelungen des alltäglichen Körpermanagements Erweiterung des elementaren Bewegungsrepertoires	Entwicklung von Initiative; fortschreitende Sprach-beherrschung; anschau-liches, intuitives Denken; egozentrische Person-Umwelt-Beziehungen
7.-11. / 13.	Mittlere Kindheit	Familie weitere Wohnumgebung Schule: Lehrer, Mitschüler Sport-organisationen: Trainer, Sportkameraden	Gewöhnung an die Regelungen des alltäglichen Körpermanagements Aufbau des sportbezogenen Bewegungsrepertoires Zunehmende Differenzierung der Körper- und Bewegungskarriere	Entwicklung von „Werksinn"; ungehinderte sprachliche Kommunikationsfähigkeit; konkrete intellektuelle Operationen; relativistische Person-Umwelt-Beziehungen unter Berücksichtigung der Regeln, Normen und Definitionen der einzelnen Handlungsfelder
11. / 13. 13. / 16 13. / 16. 18. / 21.	Pubeszenz Adoleszenz	Familie Informelle Sozialkreise: Gleichaltrige, heterosexuelle Sexualpartner Schule Betrieb usw. Sportorganisationen	Problematisierung des Körperverhältnisses in Zusammenhang mit den puberalen somatischen Veränderungen Neubestimmung des Körperverhältnisses und Ausbildung eigener sittlich-hygienisch-ästhetischer Orientierungen im alltäglichen Körpermanagement Differenzierung und Individualisierung der Körper- und Bewegungskarriere	Entwicklung von Ich-Identität; Abstrakte intellektuelle Operationen; Reflexive Person-Umwelt-Beziehungen unter Berücksichtigung des gesellschaftlichen Lebenszusammenhangs

5.1.5 Entwicklung als ein dynamisches System

Neuere Forschungstheorien beschreiben sowohl die Konsistenz als auch die Variabilität in der kindlichen Entwicklung (Berk 2005). So weist z.b. Largo (2000) darauf hin, dass es in der kindlichen Entwicklung kein Verhalten oder Entwicklungsmerkmal gibt, das nicht variabel ist. Deutlich wird dies z.b. auch an Perzentilenkurven[21] für Körpergröße und Gewicht, die eine große Streubreite aufweisen. Largo (2000) erklärt die Streuung sowohl durch genetische Anlagen als auch Umweltfaktoren. Um Variationen besser erklären zu können, wird in neueren Forschungsarbeiten die Perspektive eines dynamischen Systems angenommen: Hiernach bilden die geistigen Fähigkeiten sowie die körperlichen und sozialen Welten des Kindes ein integratives System, welches das Entstehen neuer Fähigkeiten leitet. Das System ist dynamisch oder dauerhaft in Bewegung. Wird ein Bereich verändert, so unterbricht der bestehende Organismus sein bestehendes Muster und das Kind richtet sein Verhalten neu aus, so dass die Komponenten des Systems wieder – in einer komplexeren, effektiveren Art – zusammenarbeiten können. Dynamische Forschungstheoretiker gehen davon aus, dass ein gemeinsames menschliches Erbgut und grundlegende Ordnungen in den sozialen und physischen Kinderwelten universelle und umfassende Konturen der Entwicklung beinhalten (vgl. Berk 2005). Thelen und Smith (1994; 2003), die grundlegende Arbeit im Bereich der systemischen Kindheitsforschung geleistet haben, grenzen sich sowohl von Piagets kognitiver Entwicklungstheorie als auch von nativistischen Entfaltungstheorien ab. Sie sehen die Strukturen der Entwicklung, die ihrerseits durch komplexe Interaktionen entstehen, als Produzenten für weitere Entwicklung (vgl. Richardson 1998): „In our view, development does not ´know` where it is going from the start. There are no constrains on development that act like levees on a flooding river, keeping it from going where it ought not to go. There is no set and end-state other than the end of life itself. We propose instead that development is the outcome of the self-organising processes of continually active living systems" (Thelen/Smith 1994, 44). Das heißt, dass Thelen und Smith (1994) von Systemen ausgehen, die keine kontrollierenden Schemata oder Programme besitzen, welche die Abläufe in ihnen steuern, sondern die über die in ihnen stattfindenden Interaktionen und über ihre Reaktivität auf äußere Bedingungen funktionieren. Diese Systeme können sich in eine Art *bevorzugten Zustand* begeben, den man *Attraktor* nennt. Entwicklung in biologischen und kognitiven Systemen kann als Übergang von einem Attraktor in den nächsten gesehen werden. Diese Übergänge stellen sich ein, wenn etwa aufgrund des eigenen Handelns neue Bedingungen

---

[21] Dass sich diese Perzentilenkurven auch über die Zeitdimension verändern, zeigt die Tatsache, dass bestehende Kurven inzwischen ausgetauscht und durch neuere Kurven ersetzt werden. Heutige Kinder sind im mitteleuropäischen Raum größer und schwerer als noch vor einigen Jahren.

auftauchen[22]. Allerdings muss das Kind diesen Zustand verlassen, um in seiner Entwicklung voranzukommen. Das heißt, der anfängliche Attraktorzustand muss instabil werden, damit neue Koordinationsmuster auftreten können.

Große individuelle Unterschiede in bestimmten kindlichen Fertigkeiten sind auf die Variation innerhalb der biologischen Aufmachung und auf die Einflüsse der wichtigsten Bezugspersonen mit ihren speziellen Alltagsaufgaben und Lebensumwelten zurückzuführen. Gleichzeitig wird betont, dass selbst Kinder, die die gleichen Fertigkeiten besitzen, diese auf individuelle und einzigartige Weise ausführen (vgl. Wachs 2000). Nach den Ausführungen von Fisher und Bidell (1998) bauen Kinder durch reales Handeln in realen Kontexten Kompetenzen auf. Da diese Kontexte variieren, kommt es zu unterschiedlichen Reifegraden innerhalb des gleichen Kindes (ebd.). Ausgehend von dieser Perspektive kann Entwicklung nicht mehr als eine singuläre Linie der Veränderung gesehen werden. Es gleicht eher einem Netz aus Fasern, die in verschiedene Richtungen zeigen, welche jeweils einen anderen Fähigkeitsbereich repräsentieren, der sowohl kontinuierliche oder schrittweise Veränderungen vollziehen kann (Berk 2005) (vgl. Abb. 10).

Abbildung 10: Die dynamische Sichtweise der Entwicklung (Berk 2005, 30)

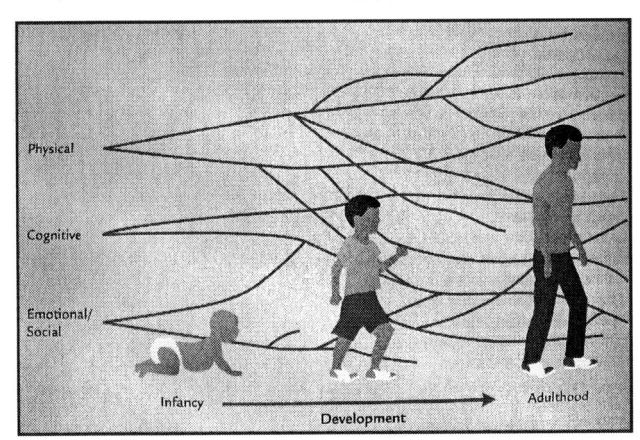

Entwicklung zeigt sich zusammenfassend als ein Prozess der Veränderung innerhalb eines dynamischen Systems (Thelen/Smith 1998; 2003). Während die relativ junge dynamische Sichtweise zunächst besonders auf die motorische und kognitive Entwicklung des Kindes

---

[22] Ein Beispiel, das Thelen und Smith (1994) anführen, sind die Tretbewegungen im Säuglingsalter. So nehmen die rhythmischen Tretbewegungen in den ersten sechs Lebensmonaten erst an Häufigkeit zu, bis das Kind anfängt zu sitzen, zu krabbeln und zu stehen. Die stabile Anordnung von Koordinationen (Beugung und Streckung der Gelenke) kann als Attraktorzustand angesehen werden.

gelenkt wird, finden sich heute Arbeiten, die auch die emotionale und soziale Entwicklung unter dynamischen Gesichtspunkten (vgl. u.a. Fogel 2000; Lewis 2000) betrachten. Dynamische Forscher beobachten und analysieren Entwicklung in ihrer ganzen Komplexität und hoffen dadurch näher an ein allumgreifendes Verständnis der Entwicklung zu gelangen (Berk 2005). Richardson (1998) wendet kritisch ein, dass neben den Beschreibungen innerhalb des überaus komplexen Systems weiterhin Erklärungen für die Veränderungen fehlen und dass es so nicht möglich ist, Gesetze der Entwicklung aufzustellen. Die Gefahr besteht weiterhin darin, dass die „dynamic systems theory could simply present us with yet another set of shadowy metaphors for development" (ebd., 190).

5.2 Dimensionen kindlicher Entwicklung und ihr Zusammenhang mit Bewegung

In den vorigen Kapiteln sollte deutlich gemacht werden, dass Entwicklung immer ganzheitlich verläuft und individuelle Entwicklungsprozesse somit auch andere Prozesse beeinflussen. *Bewegung* vermag entscheidende Entwicklungsimpulse zu geben. Jackel (zitiert nach Prohl 1999) deutet die Bewegung als Medium der menschlichen Entwicklung und stellt dieses folgendermaßen grafisch dar (vgl. Abbildung 11)

Abbildung 11: Sich-Bewegen als Medium der menschlichen Entwicklung (Jackel 1997, nach Prohl 1999, 239)

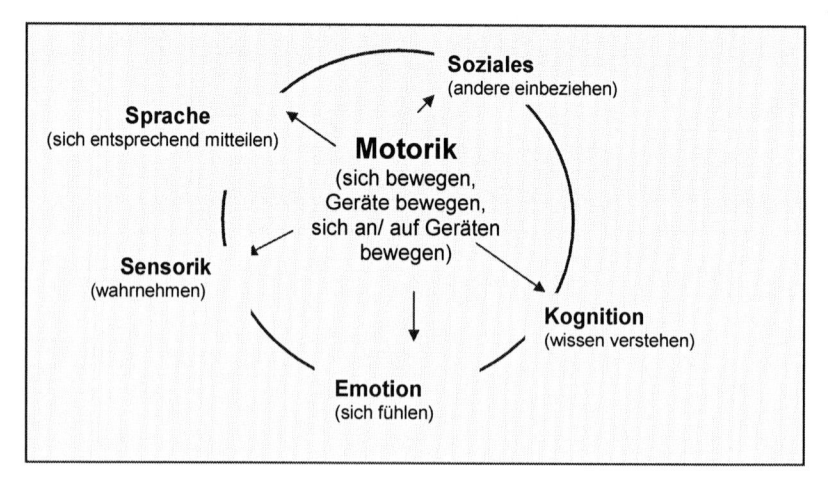

Die Motorik steht demnach in direktem Zusammenhang mit entscheidenden Dimensionen der kindlichen Entwicklung. Ebenso ist zu beachten, dass die einzelnen Bereiche auch miteinander verbunden sind und daher streng genommen nicht isoliert betrachtet werden können. Wenn dies jetzt doch geschieht, so ist das in erster Linie unter pragmatischen Gesichtspunkten zu betrachten. Die Auswahl der im folgenden dargestellten Bereiche basiert zu einem auf der bestehenden Forschungslage hinsichtlich des Wirkungsmaßes von Bewegung, zum anderen gelten die kognitive, emotionale, soziale und die Persönlichkeitsentwicklung als die wichtigsten Funktionsbereiche menschlichen Handelns.

5.2.1 Bewegungsaktivität und kognitive Entwicklung

Kognitive Prozesse beinhalten die Auseinandersetzung mit Wahrnehmungen. Damit sind gedankliche Konstrukte gemeint, die sich z.B. in Aufmerksamkeit, Gedächtnis, Denken und Problemlösen, Lernen und Sprache ausdrücken (Heim/Stucke 2003). Kognitive Prozesse in ihrer Qualität und Quantität finden ihren Niederschlag im Intelligenzbegriff, sofern es sich um komplexere Prozesse wie z.B. beim Problemlösen oder bei Entscheidungsfindungen handelt.

In den ersten Lebensjahren basiert die kognitive Entwicklung des Kindes hauptsächlich auf Bewegungs- und Wahrnehmungserfahrungen. Die grundlegenden Voraussetzungen dafür werden durch die fortschreitende Differenzierung des Gehirns, des Nervensystems und der Sinnesorgane geschaffen. Das Kind entwickelt sich im Vorschulalter vom *Reagieren auf etwas* zum *Wissen über etwas*. Es lernt durch experimentierendes Bewegen mit Gegenständen die Beschaffenheit und die Eigenschaften des Materials kennen. Die Fähigkeit, die kognitiven Funktionen anwenden zu können und sich so schnell auf immer neue Situationen einstellen zu können, entwickelt sich nach Piaget (1977) in der handelnden Auseinandersetzung des Kindes mit den Objekten seiner Umwelt. Denken vollzieht sich zunächst in der Form aktiven Handelns. Über die praktische Bewältigung von Situationen gelangt das Kind zu deren theoretischer Beherrschung (vgl. Zimmer 1994).

Der Versuch, einen Zusammenhang zwischen kognitiver Entwicklung und Bewegungsaktivität nachzuweisen, ist in zahlreichen empirischen Studien unternommen worden, die jedoch auf unterschiedlichen Forschungsdesigns, Altersgruppen und kognitiven Aspekte basieren und dementsprechend widersprüchlich ausfallen. Während in den 80er Jahren des vergangenen Jahrhunderts allgemeine Zusammenhänge untersucht wurden, konzentrieren sich neuere Arbeiten auf spezielle Aspekte (vgl. Heim/Stucke 2003).

Zu den älteren Arbeiten sind die von Krombholz (1988) zu zählen. Seine Analyse bestehender empirischer Arbeiten und die Ergebnisse seiner eigenen Erhebung dokumentieren einen positiven und signifikanten, aber nur sehr schwachen Zusammenhang zwischen kognitiven Leistungen und Motorik im Vorschulalter. Ebenfalls positive Korrelationen zeigt Zimmer (1981) in einer umfangreichen Reviewanalyse. Aufgrund der unterschiedlichen Erhebungsverfahren gibt es jedoch eine sehr große Streubreite der Korrelationskoeffizienten. In einer eigenen Untersuchung kann Zimmer die Wirksamkeit eines besonderen (psychomotorischen) Bewegungstrainings hinsichtlich einer signifikant gesteigerten motorischen Leistung und eines positiven signifikanten Einflusses auf die Intelligenzleistungen, ebenfalls für Kinder im Vorschulalter, nachweisen. Zaichkowsky/Zaichkowsky/Martinek (1980) können dieses Ergebnis für den anglo-amerikanischen Raum nicht uneingeschränkt bestätigen. Zwar finden auch sie einen Zusammenhang zwischen den genannten Faktoren, doch seien diese sehr gering und oft nicht signifikant und differierten hinsichtlich des Alters, des Intelligenzquotienten und der Schwere der motorischen Aufgabe.[23] Ebenfalls Zweifel an der Bedeutung eines Zusammenhangs lassen sich in den Arbeiten von Kavale und Mattson (1983), Thomas und Thomas (1986) und Williams (1986) finden.

In neueren Studien, die vermehrt auf multidimensionalen Ansätzen beruhen, wird auf globale Aussagen zum Zusammenhang zwischen Motorik und kognitiver Entwicklung weitgehend verzichtet. Die wenigen Untersuchungen, die bisher publiziert worden sind, richten ihr Augenmerk auf spezielle Detailfragen. Dazu ist z.B. die Studie von Ernwein, Keller und Witther (1998) zu zählen, die die Auswirkungen sportlicher Aktivität (Skifahren) auf mentale Fähigkeiten nachweisen wollten, jedoch bis auf eine Ausnahme keine Zusammenhänge finden konnten.[24] Ein Großteil der bestehenden neueren Untersuchungen beschäftigt sich außerdem mit der Bewegungswirkung auf räumliche Orientierungsleistungen. Die Arbeiten von Lehnung und Leplow (2001), Neidhard und Schmitz (2001) sowie Quaiser-Pohl (2001) geben Informationen über die komplexen Zusammenhänge zwischen Bewegung, räumlicher Kognition und Orientierungsleistung, die je nach Alter des Kindes und gestellter Aufgabe variieren. So zeigt sich in der erstgenannten Studie, dass das Erlernen einer bestimmten Labyrinthordnung durch aktive Bewegung zwar langsamer geschieht, dass dieses Wissen aber flexibler angelegt und übertragbar ist.

---

[23] Variationen ergeben sich in dieser Studie hinsichtlich des Alters und der mentalen Verfasstheit des Kindes. So ergibt sich bei jüngeren Kindern und mental retardieren Kindern ein höherer Zusammenhang als bei älteren und durchschnittlich intelligenten Kindern. Ebenso ergibt sich ein höherer Zusammenhang bei der Bewältigung von anspruchsvollen motorischen Aufgaben und der Intelligenzleistung. Kritisch anzumerken ist die Tatsache, dass Intelligenztests für jüngere Kinder zu großen Teilen aus auf motorischen Fähigkeiten basierenden Handlungsteilen bestehen.
[24] Es zeigte sich lediglich ein negativer Zusammenhang zwischen morgendlichem Skifahren und verbal-logischem Denken am Nachmittag.

Dies gilt jedoch nur für die kognitiven Leistungen der getesteten 7- und 11-jährigen Kinder. 5-Jährige dagegen fühlen sich überfordert, ortsgebundene Orientierungsleistungen anzuwenden. Die beiden anderen genannten Untersuchungen betonen ebenfalls die Bedeutung der Bewegung für die Entwicklung räumlicher Fähigkeiten. In der Altersklasse der Erst- und Zweitklässler scheinen sich, in Abhängigkeit von motivationalen Einflüssen und Erfahrungen, erste Zusammenhänge zwischen Strategien der räumlichen Orientierung und Raumkognition auszubilden.

Aus neurologischer Sicht entstehen in letzter Zeit immer mehr Arbeiten, die auf eine enge Interaktion zwischen Körper bzw. körperlichem Training und Gehirn verweisen (vgl. Singer 2002; 2003; Kunze 2003). Erkenntnisse sind zu einem, dass besonders bei kleinen Kindern durch Bewegung Nervenzellen vernetzt und sog. Synapsen gebildet werden. So beschreibt auch Dickreiter (1999), dass die Motorik, besonders in Form komplexer Bewegung, eine der stärksten Anregungen zur kindlichen Gehirnentwicklung darstellt. Buchner (1997) untersucht den Zusammenhang zwischen räumlicher Orientierung und Lernfähigkeit und schreibt der Bewegung im Zusammenhang mit dem Einfluss auf die Gehirnentwicklung einen positiven Einfluss auf Denken, Rechnen sowie Lesen und Schreiben zu.

Bedenkt man den engen Zusammenhang zwischen kognitiver Leistung und Bewegungsmechanismen sowie Wahrnehmungsprozessen, wie sie in manchen Sportarten z.B. durch Passentscheidungen oder Orientierungen im Spielfeld (vgl. z.B. Munzert 2006; Raab/Plessner 2006) gefordert werden, so sind manche sportlichen Situationen sicherlich auch als kognitives Training zu bezeichnen, welches in anderen nichtsportlichen Situationen seine Wirkung zeigt.

Zusammenfassend lässt sich festhalten, dass sich bei älteren Studien zwar ein moderater Zusammenhang zwischen kindlicher Bewegungsaktivität und kognitiver Entwicklung finden lässt, dass dieser Zusammenhang jedoch mit diversen Einflussfaktoren wächst oder an Kraft verliert. Die neueren Studien deuten zudem an, dass die Beziehung weitaus komplexer ist als bisher angenommen. Neurobiologische Untersuchungen beschäftigen sich mit dem Einfluss der Bewegung auf die Gehirnentwicklung und stellen durchaus positive Effekte fest. Trotzdem ist die Forschung noch am Anfang; so weisen Heim und Stucke (2003) darauf hin, dass viele Aspekte der kindlichen Entwicklung, wie zum Beispiel die Sprachentwicklung, bisher nur in Ansätzen in Zusammenhang mit der Bewegungsaktivität untersucht wurden.

5.2.2 Bewegungsaktivität und emotionale Entwicklung

Nach Ulich und Mayring (1992) fokussieren Emotionen subjektive Erlebniszustände. Sie kommen zum Vorschein, wenn der Frage der Empfindung nachgegangen wird. Damasio (2000) unterscheidet zwischen primären, sekundären und Hintergrundemotionen. Emotionen wie Freude, Trauer, Angst/Furcht, Ärger, Überraschung und Ekel gehören zu den primären Emotionen, während u.a. Verlegenheit, Eifersucht, Schuld oder Stolz den sekundären Emotionen zuzurechnen sind. Hintergrundemotionen drücken sich in Wohl- oder Unbehagen, Ruhe oder Anspannung aus (vgl. Heim/Stucke 2003). Obwohl sich die meisten Wissenschaftler darüber einig sind, dass Emotionen von bestimmten Komponenten beeinflusst werden, wird die Bedeutsamkeit dieser einzelnen Komponenten wie zum Beispiel der Kognition höchst unterschiedlich bewertet. Ebenso wird darüber diskutiert, ob Emotionen angeboren oder teilweise erlernt werden (vgl. Siegler/DeLoache/Eisenberg 2005). Während Hurlock (1970) bereits für wenige Monate alte Babys Emotionen wie Ängstlichkeit, Besorgtheit, Freude, Entzücken, Wut, Eifersucht und Zuneigung differenziert, betonen neuere Theorien, dass der emotionale Ausdruck des Säuglings oft subjektiv von der betreuenden Person interpretiert und zugeschrieben wird. Dennoch kann bereits in diesem jungen Alter zwischen positiven und negativen Emotionen unterschieden werden. Emotionen verändern sich in den ersten Lebensmonaten und Jahren und sind für viele menschliche Funktionen grundlegend. Für die Veränderungen sind altersbezogene, kognitive, biologische und erfahrungsbasierte Faktoren verantwortlich (Siegler et al. 2005)[25].

Die emotionale Entwicklung im Zusammenhang mit Bewegung zu analysieren heißt in erster Linie, in ein bisher wenig beachtetes Gebiet vorzudringen. Im deutschsprachigen Raum kann auf Graf (1975) verwiesen werden, der für ängstliche Kinder eine weniger gute fußballerische Leistung diagnostizierte als für nicht ängstliche. Heim und Stucke (2003) verweisen aber zu Recht auf die Argumentationslinie von Zimmer (1981), nach der ebenso der Umkehrschluss möglich wäre:

Gute Fußballspieler sind demnach weniger ängstlich. Ähnlich argumentieren auch Röhr-Sendlmeier und Knopp (2007), die für Fußball spielende Kinder eine Steigerung in verschiedenen Aspekten des Selbstkonzeptes belegen können.

Biddle (1993) formuliert für den anglo-amerikanischen Raum allgemeine Aussagen zu der Beziehung zwischen Bewegung und Emotion und spricht von einer Reduzierung der

---

[25] So haben zum Beispiel Vorschulkinder oft Angst vor imaginären Figuren wie Monstern oder Ähnlichem, während bei Grundschülern diese Angst nur selten auftaucht (vgl. Silvermann/LaGreca/Wasserstein 1995).

Zustandsangst sowie einer Senkung des Depressionsgrades in Verbindung mit Bewegung und Sport. Ebenso zeigen Bewegungsaktivitäten einen unterstützenden Einfluss auf die emotionale Lage. Arbeiten von Bässler (1988), Abele und Brehm (1993) sowie Steptoe und Butler (1996) machen Aussagen über einen positiven Effekt der körperlichen Aktivität auf die Stimmung. Auch Röthlisberger, Calmonte und Seiler (1997) betonen, dass regelmäßig sportlich aktive Jugendliche mit ihrem Leben und ihrer Gesundheit signifikant zufriedener sind als eine Vergleichsgruppe.

Eine Untersuchung zum Angstabbau bei wasserscheuen Kindern (vgl. Weiss/McCullagh/Smith/Berlant 1998) verweist auf die Rolle des sozialen Einflusses und des Modelllernens und gibt Einblicke in die Richtung, dass der Zusammenhang zwischen Angst und sportlichen Aktivitäten komplizierten Prozessen unterworfen ist, die oft vereinfacht dargestellt werden. Dieser Überblick demonstriert zugleich die Präferenz auf Angstuntersuchungen (vgl. Arent/Rogers/Landers 2001; zusammenfassend Rethorst 2006), wobei, wie Wilke (1981) formuliert, der Sport Ausdruck von vielfältigen Emotionen sein und auch zu differenzierten Emotionen führen kann (vgl. auch Hackfort/Birkner 2006). Weiter liegen tendenzielle Ergebnisse hinsichtlich des emotionalen jugendlichen Selbstkonzeptes vor, die zwar querschnittlich betrachtet sportlichen Jugendlichen eine größere emotionale Stabilität und geringe Prävalenz psychosomatischer Beschwerden bescheinigt, dieses jedoch nicht für den Längsschnitt leisten kann (vgl. zusammenfassend Brettschneider 2003). Dieses wissenschaftliche Feld ist bislang noch unzureichend bestellt , so dass abschließend noch von keiner wissenschaftlichen Klärung zwischen körperlicher Aktivität und emotionaler Entwicklung gesprochen werden kann.

5.2.3 Bewegungsaktivität und soziale Entwicklung

Unter sozialer Entwicklung fallen all jene Prozesse, die es dem Individuum ermöglichen, in die verschiedenen sozialen Beziehungsnetze hineinzuwachsen. Zu diesem Prozess ist der Erwerb von Wissen, Kompetenzen und Verhaltensweisen zu zählen, die das Kind eigenständig regulieren muss. Der Erwerb geschieht in einem wechselseitigen Vorgang zwischen Kind und sozialer Umwelt. Die soziale Entwicklung fordert vom Individuum im Kontakt mit seinen Mitmenschen nicht nur die auferlegten Rollen und Normerwartungen zu beachten, sondern auch seine eigene Persönlichkeit zur Geltung zu bringen. Folgt man den Kategorien der zentralen sozialen Bezugssysteme der Kinder nach Schmidt-Denter und Zierau (1994), lassen sich die Bereiche soziale Verhaltensweisen in der Gleichaltrigengruppe, Bindungsmuster in der Familie,

Freundschaftsbeziehungen, soziale Prozesse in Bildungsinstitutionen und innerhalb des Sportsystems sowie moralische Einstellungen unter die Thematik sozialer Entwicklung stellen (vgl. Heim/Stucke 2003). Ein Ziel der sozialen Entwicklung ist die Aneignung einer sozialen Kompetenz, mit der die Fähigkeit einer Person beschrieben wird, alle Anforderungen des sozialen und gesellschaftlichen Lebens zu erfüllen. Menschen mit einer sozialen Kompetenz zeichnen sich vor allen durch die Fähigkeit aus, mit anderen Menschen interagieren zu können. Nach Habermeyer (2005) gilt der Besitz einer hohen sozialen Kompetenz als positive soziale Eigenschaft und bringt der betreffenden Person innerhalb ihrer sozialen Gruppe und ihres sozialen Raumes hohes soziales Prestige ein.

Eine systematische Untersuchung der Verbindung zwischen körperlicher Aktivität und sozialer Entwicklung lässt sich im deutschen wie internationalen Raum nur spärlich finden. Erschwerend kommt hinzu, dass sich die dominierenden Einzeluntersuchungen zu diesem Fragenkomplex weitgehend widersprechen. So lassen sich in älteren Studien Aussagen über eine bevorzugte soziale Stellung von Sportlern lesen (vgl. Bührle 1971), die wiederum in anderen Untersuchungen nicht bestätigt werden (vgl. Rieder 1971). Ebenso werden Aussagen über ein größeres Maß an Selbständigkeit an motorisch früh geförderten Kindern getroffen (vgl. Diem/Lehr/Olbrich/Undeutsch 1980), die von Zimmer (1981) nicht vollständig bestätigt werden. Neuere Untersuchungen sprechen hingegen dafür, dass Sportvereinsmitglieder über mehr soziale Kontakte verfügen, sich besser integriert und unterstützt fühlen als Nichtmitglieder (vgl. Tietjens 2001, Burrmann/Krysmanski/Baur 2002; Röhr-Sendlmeier/Knopp/Franken 2007; zusammenfassend Sygusch et al. 2003;). Demgegenüber kann ein kompetenterer Umgang mit Gleichaltrigen bei den Sportlern im Vergleich zu den Nichtsportlern in der Studie von Brettschneider und Kleine (2002) nicht festgestellt werden.

Dem Verständnis von Moral im alltäglichen und sportspezifischen Kontext gehen die Studien von Shields und Bredemeier (1995) sowie im Detail Bredemeier (1995) nach. Die Ergebnisse dieser Studien deuten darauf hin, dass ab einem gewissen Alter sportspezifische, anders als alltagsbezogene Problemsituationen, anders bewertet werden. Der direkte Zusammenhang zur tatsächlichen Bewegungsaktivität bleibt bisher in diesen Studien jedoch weiter ungeklärt.

5.2.4   Bewegungsaktivität und Entwicklungsstörungen

Bisher wurde der Schwerpunkt auf die förderlichen Auswirkungen einer bewegungsreichen Tätigkeit auf verschiedene Dimensionen der kindlichen Entwicklung gesetzt. Hier soll nun der umgekehrte Blick erfolgen und untersucht werden, welche Konsequenzen mangelnde

Bewegungstätigkeit nach sich ziehen können. Wie bisher gezeigt spielt die Bewegung eine nicht zu unterschätzende Rolle in der kindlichen Ontogenese. Hoffmann, Brand und Schlicht (2006) bestätigen, dass körperliche Aktivität sowohl aus medizinischer als auch aus sozialwissenschaftlicher Sicht einen umfassenden Beitrag zur Gesundheitsförderung leisten kann. Bewegungsmangel ist demnach als ein Risikofaktor zu bezeichnen, der vielfältige gesundheitliche Beeinträchtigungen zur Folge hat und immer mehr Kinder und Jugendliche betrifft. Besonders fehlende oder unzureichende Bewegungserfahrungen in den ersten Lebensjahren verursachen nicht nur direkte Defizite, sondern auch langfristige Folgen. Durch zu wenig Bewegung wird die Entstehung von Übergewicht begünstigt. Es können auch Herz-Kreislauf-Erkrankungen entstehen. Außerdem kann sich durch eine geringe Reizsetzung die haltungsfördernde Muskulatur nicht ausreichend entwickeln, so dass es zu funktionellen Haltungsstörungen im Kindesalter kommen kann. Diese können sich schnell zu Haltungsschäden wie Bandscheibenschäden oder Wirbelsäulendeformationen entwickeln (Kunz 1994). Nach Kunz (1994) führt die mangelnde Erfahrung im Umgang mit dem eigenen Körper zu einem erhöhten Unfallrisiko. Er stellt fest, dass motorisch ungeschickte Kinder beim Stürzen viel häufiger mit dem Kopf aufprallen als motorisch geschickte, die sich mit den Armen abfangen. Defizite im Gleichgewicht führen z.B. zu Stürzen beim Fahrradfahren, eine schlechte Bewegungssteuerung ist häufig Ursache für Zusammenstöße.

In den Sportwissenschaften wird Gesundheit zunehmend verstanden als *dynamische Balance von Risiko- und Schutzfaktoren* (Knoll 1997). Es wird angenommen, dass sportliche Betätigung einen direkten Einfluss auf den aktuellen Gesundheitszustand eines Individuums hat. Des Weiteren wird postuliert, dass der „Zusammenhang zwischen Anforderungen und aktuellem Gesundheitszustand indirekt durch Sporttreiben beeinflusst wird" (ebd.). Ebenso wird durch Sporttreiben die Balance zwischen Schutz- und Risikofaktoren und damit ebenfalls das gesundheitliche Befinden beeinflusst. Als Ergebnis der Studie ist festzuhalten, dass zwar kein globaler Zusammenhang, wohl aber für Teilaspekte Zusammenhänge zwischen sportlicher Aktivität und physischer Gesundheit nachgewiesen werden können. Diese Ergebnisse, die sich auf die körperlichen und motorischen Folgeerscheinungen beschränken, können zusätzlich durch die aufgrund Bewegungsmangel entstandenen psychischen und sozialen Auffälligkeiten ergänzt werden. Heim und Stucke (2003) betonen mit Blick auf zahlreiche empirische Studien, dass eine Vielzahl von Entwicklungsstörungen mit spezifischen Defiziten im motorischen Bereich einhergeht: „Selbst geringfügige Auffälligkeiten scheinen sich in der Entwicklung nicht „auszuwachsen", sondern treten in späteren Lebensabschnitten nach einer gewissen Latenz wieder auf" (ebd., 143). Auf Basis ihrer zusammengetragenen Untersuchungen können sie für eine Vielzahl von Störungen (Sprachstörungen, Lese-/Rechtschreibschwäche,

Aufmerksamkeitsdefizite) einen Zusammenhang mit motorischen Faktoren benennen, die jedoch individuell und auf spezifischen Bewegungsausführungen beruhen. Zusammenhänge sind daher immer komplex und verlaufen nicht nach einem einfachen Schema.

Für Grupe (2000) sind körperliche Mängel und Bewegungsbehinderungen „für das Kind immer auch Beeinträchtigungen seines Selbst- und Weltverhältnisses; und sie machen es ihm oft schwer, bestimmte altersspezifische und für seine Entwicklung wichtige Erfahrungen zu erreichen" (ebd., 150). Kinder, die im Spiel mit anderen durch Ungeschicktheit auffallen, werden oft vom Spiel ausgeschlossen. Durch diese Misserfolgserfahrungen kommt es zu erhöhter Frustration und zu einer zukünftigen Vermeidungshaltung, die bestehende Bewegungsdefizite noch verstärken kann. Kinder, die sich aufgrund von Misserfolg z.B. nicht mehr trauen zu klettern oder zu balancieren, geraten oft in eine gefährliche Außenseiterrolle und haben auch nicht die Chance, ihre Fertigkeiten zu verbessern. Nach Zimmer (1981) entsteht so ein „Kreislaufprozess, bei dem das mangelnde Selbstwertgefühl sowohl als Ursache als auch als Folge der Bewegungsunsicherheit angesehen werden kann" (ebd., 43).

Heim und Stucke (2003) betonen, dass es noch einer gründlichen wissenschaftlichen Erforschung des Zusammenhangs zwischen Bewegung und Entwicklungsstörungen bedarf. Es kann zwar als gesichert gelten, dass motorische Entwicklungsstörungen aufgrund ihrer langreichenden Wirkung nicht ignoriert werden dürfen, doch fehlt es bislang an soliden wissenschaftlichen Befunden über entsprechende präventive oder therapeutische Konzepte.

5.2.5 Zusammenfassung

Als Fazit der dargestellten Zusammenhänge zwischen körperlicher Aktivität und spezifischen kindlichen Entwicklungsbereichen ist festzuhalten, dass es keine allgemeinen Wirkungszusammenhänge, sondern spezifische Situationen gibt, die einen positiven Einfluss haben können.

So kann sich motorische Betätigung günstig auf die intellektuelle Entwicklung auswirken, doch hängt diese unterstützende Wirkung von vielfältigen Faktoren ab. Ebenso sind die Wirkmechanismen zwischen dem Einfluss sozialer Kontexte und motorischer Leistungsfähigkeit zwar weitgehend bestätigt, doch sind diese Mechanismen komplizierter als bisher angenommen. Zudem können Entwicklungsstörungen in Verbindung mit spezifischen motorischen Defiziten betrachtet werden. Schließlich ist dem Zusammenhang zwischen emotionaler Entwicklung und Bewegung bisher nicht genügend Aufmerksamkeit gewidmet worden, obwohl gerade im praktischen Sportbereich von emotionalen Auswirkungen gesprochen wird und für das

Erwachsenenalter auch Hinweise auf eine unterstützende Wirkung körperlicher Aktivität vorliegen.

5.3 Die Facetten des Selbstkonzeptes unter bewegungstheoretischer Perspektive

Die Darstellungen des vorherigen Kapitels enthielten bereits Andeutungen hinsichtlich der der Bedeutung von Bewegung für das Selbstwertgefühl bzw. Selbstkonzept. An dieser Stelle soll nun dem Selbstkonzept im Kontext der kindlichen Entwicklung ein ganzes Kapitel gewidmet werden, da es sich um einen zentralen Punkt dieser Arbeit handelt.

Körperlicher Aktivität wird nicht nur, aber vor allem in psychomotorischen Theorien ein großer Einfluss auf die Entwicklung des Selbstkonzeptes im Kindesalter zugeschrieben. Dieser Einfluss soll auf der Basis von Bewegungs- und Wahrnehmungstätigkeit, Erleben und Kognition fußen (vgl. u.a. Schilling 1990; Fischer 2000; zusammenfassend Heim/Stucke 2003). Obwohl über die positiven Auswirkungen einer psychomotorischen Förderung wiederholt berichtet wird (vgl. Simons 2000), existieren doch nur spärlich wissenschaftlich fundierte empirische Studien, die einen Zusammenhang zwischen allgemeiner Bewegung (also nicht im Sinne einer psychomotorischen Förderung) und der Persönlichkeitsentwicklung, als Gesamtkontext des Selbstkonzeptes nachweisen. Conzelmann (2001; 2006) rekonstruiert skizzenhaft den Verlauf der Forschungsgeschichte:

Fragen nach einem Zusammenhang zwischen Sport und Persönlichkeit reichen weit zurück und lassen sich bereits bei Platon und Aristoteles und im alten Rom („Mens sana in corpore sano" als Maxime für eine ganzheitliche Persönlichkeit) finden. Besonders im Rahmen der pädagogischen Leibeserziehung finden sich im 18./19. Jahrhundert Stimmen von Rousseau, GuthsMuths, Jahn und Coubertin und im 20. Jahrhundert Überlegungen von Diem, Spranger und Nohl, die Theorien über die Wirkungsgefüge zwischen sportlicher Betätigung und Persönlichkeitsentwicklung anstellen. Conzelmann unterteilt die sportpsychologische Persönlichkeitsforschung in vier Phasen:

In der vor-empirischen Phase, die etwa bis in die Mitte der 1950er Jahre reicht, finden sich vor allem pädagogische Postulate zum (positiven) Zusammenhang zwischen Sport und Persönlichkeit (s.o.).

Die Phase der empirischen Einzeluntersuchungen, etwa ab Mitte der 1950er Jahre bis Ende der 1970er Jahre, wird auch als Blütezeit der sportwissenschaftlichen Persönlichkeitsforschung bezeichnet (vgl. auch Singer, R. 2000). In ihr finden sich vor allem Querschnittuntersuchungen, die sich mit Unterschieden und Gemeinsamkeiten hinsichtlich Persönlichkeitsmerkmalen zwischen Sportlern und Nicht-Sportlern, Persönlichkeitsportraits von Sportlern mit unterschiedlichem Leistungsniveau oder unterschiedlichen Sportarten beschäftigen. Trotz der Fülle an empirischen Untersuchungen kann jedoch kein neuer Erkenntnisstand verzeichnet werden. Singer und Haase (1975) werfen den bis zu diesem Zeitpunkt veröffentlichten Studien ein „wenig einheitliches, z.T. offen widersprüchliches Bild" (ebd., 25) vor, welches infolge der unterschiedlichen Zielsetzungen und theoretisch-methodischen Vorgehensweisen entstanden ist. In der folgenden Phase, Mitte 1970er Jahre bis Mitte 1980er Jahre, ging es in erster Linie um methodenkritische Interpretationen der bestehenden Forschungslage. Dies führte in erster Linie zu einer massiven Kritik an den bestehenden Arbeiten, deren Forschungsrichtung nach Sack (1984) in eine Sackgasse geraten war. Simons (H. 1984) fasst die neuen Forschungsforderungen zusammen und bilanziert, dass sich präzise Aussagen über den Zusammenhang zwischen Sport und Persönlichkeit nur machen lassen, wenn sie auf differenzierten psychologischen Forschungstheorien basieren und im Vorfeld theoretisch erarbeitet worden sind, welche psychischen Eigenschaften durch den Sport gefördert und im Sport gefordert werden. Die Erforschung des Zusammenhangs soll vor allem komplexer behandelt werden unter Einbeziehung äußerer Variablen wie dem Umfeld oder bestehenden sozialen Beziehungen.

Diese hohen Anforderungen führen in der nächsten Phase, etwa ab Mitte der 1980er Jahre zunächst zu einer „Lähmung der Forschungsaktivitäten" (Conzelmann 2006, 108) und zu einer Verlagerung der Fragestellungen auf Nebenschauplätze. So lassen sich zahlreiche Arbeiten zum Thema *Sport und Gesundheit* (vgl. Alfermann 1995) und in diesem Zusammenhang auch Arbeiten finden, die sich mit bestimmten Bereichen des Körper- und Selbstkonzeptes befassen (vgl. u.a. Mummendey/Mielke 1986; 1987; Mummendey 1995; Spiel 1994). Ebenso wird vermehrt der Sportler ins Zentrum des Interesses gerückt, indem nach Zusammenhängen zwischen Persönlichkeitsmerkmalen und sportlicher Höchstleistung, nach Bewältigungsstrategien und Sportkarrieren gefragt wird. Auch hier zeigen sich jedoch unterschiedliche Vorgehensweisen und theoretische Hintergründe, so dass eine einheitliche Beschreibung nicht möglich ist. Mitte und Ende der 90er Jahre finden sich im Rahmen der kognitiven Persönlichkeitsforschung wieder Arbeiten, die sich mit der Wirkung sportlicher Aktivitäten auf positiv einzuschätzende Persönlichkeitsmerkmale beschäftigen (z.B. Bahlke/Mielke 1995; Pilz 1995; Gabler/Mohr 1996). Eine solche Wirkung jedoch kann nicht bestätigt werden; die Ergebnisse deuten eher in die umgekehrte Richtung. Conzelmann (2001; 2006) spricht bilanzierend zwar von einer Vergrößerung des Detailwissens über Sport und Persönlichkeit, jedoch mit Blick auf eine Konstanz der theoretisch-methodischen Fragen von einem weitgehenden Stillstand der Erkenntnisgewinnung. Heutige, weitgehend gesicherte Erkenntnisse beziehen sich nach seinen Aussagen auf folgende Aspekte:

Die Existenz einer sog. besonderen Sportlerpersönlichkeit kann ebenso wenig konsistent nachgewiesen werden wie Unterschiede zwischen einzelnen Sportler-Subgruppen. Auch das pädagogische Postulat, dass Sport im positiven Sinne zur Persönlichkeitsbildung beiträgt, kann nicht vollständig bestätigt werden. Es zeigen sich im Gegenteil eher negative Effekte wie antisoziales und unfaires Verhalten innerhalb des Wettkampfsportes. Dagegen gilt als gesichert, dass Erfolge im Sport durch positive Stimmungen, positive Selbstwahrnehmungen und kognitive Strategien begünstigt werden. Zudem stellt Conzelmann heraus, dass kognitive Persönlichkeitsvariablen und Variablen des habituellen und aktuellen Wohlbefindens eher durch sportliche Aktivitäten beeinflussbar sind als relativ globale, zeitlich und situativ eher stabile Traits.

Zusammenfassend kann festgestellt werden, dass die bestehenden Ergebnisse, bezogen auf Erkenntnisse, die die gesamte Persönlichkeit zum Gegenstand haben, eher unbefriedigend sind.

Eine etwas breitere, neuere Forschungslage lässt sich hinsichtlich des Selbstkonzeptes finden, welches als Teilkonzept der Persönlichkeit zu verstehen ist. Neben den inzwischen zahlreicheren Arbeiten zum jugendlichen Selbstkonzept in Zusammenhang mit sportlicher Bewegung (vgl. u.a. Brettschneider 1999; Späth/Schlicht 2000; Burrmann 2004) bestehen mittlerweile auch Arbeiten, die sich auf das kindliche Selbstkonzept konzentrieren. Hierbei handelt es sich jedoch größtenteils um einzelne Aspekte des Selbstkonzeptes wie zum Beispiel das Selbstvertrauen und die Selbstsicherheit. Der kindlichen Selbstkonzeptforschung fehlt es bisher an einer systematischen Analyse auf der Basis eines mehrdimensionalen Selbstmodells, wie dies bisher zumindest in Ansätzen in der Jugendforschung geschehen ist (vgl. Heim 2002b; Heim/Brettschneider 2002; Burrmann 2005e). Auch die Ergebnisse von Ebbeck und Weiss (1989) weisen darauf hin, dass die Betrachtung eines mehrdimensionalen Selbstkonzeptmodells der eindimensionalen Betrachtung im Sinne eines einfachen Selbstwertgefühls überlegen ist. Anstelle von bisherigen Querschnittsuntersuchungen wie bei Stelter (1999) oder kurzfristigen Längsschnittuntersuchungen wie bei Zimmer (1981) bedarf es einer systematischen und über längere Zeitabschnitte angelegten Längsschnittuntersuchung, die die Zusammenhänge zwischen kindlicher Bewegungsaktivität und der Entwicklung eines Selbstkonzeptes untersucht (Heim/Stucke 2003).

Um das Konstrukt des Selbstkonzeptes besser ergründen zu können, erfolgt ein thematischer Bezugsrahmen.

5.3.1 Begrifflichkeit und Forschungsgeschichte des Selbstkonzeptes

Schon früh entwickeln Kinder Vorstellungen über sich selbst. Das eigene Bild ist entscheidend für sämtliche Entwicklungsverläufe und stellt einen wichtigen Bereich der Persönlichkeit dar. Dementsprechend gibt es in der wissenschaftlichen (psychologischen) Forschung mehrere Ansätze, die die Entwicklung des Selbstbewusstseins untersuchen. Neben dem Begriff des Selbstkonzeptes koexistieren im englischen Begriffen wie *self-regard* oder *self-esteem* im deutschen Bezeichnungen wie *Selbstwertgefühl, Selbsteinschätzung, Selbst, Ich* oder *Identität,* die zudem mit unterschiedlichen Auffassungen versehen sind (vgl. Baldering 1993). Tausch und Tausch (1977) legen eine erste allgemeine Definition des Selbstkonzeptes vor:

„Jede Person nimmt fortlaufend wahr, empfindet und macht Erfahrungen. Ein Teil dieser Wahrnehmungen und Erfahrungen betrifft die eigene Person, ihre Fähigkeiten und Eigenschaften. So erfährt sich die Person als leicht ermüdbar, als unternehmungslustig, als zu oft mutlos, als gut kontaktfähig zu anderen. Die fortlaufenden Erfahrungen mit und über die eigene Person verdichten sich zum ‚Ich‘, zum ‚Selbst‘, zum Konzept oder Schema der eigenen Person, zum Selbstkonzept. (...) Es ist gleichsam: ‚So sehe ich mich‘. Es ist die zusammengefasste, konzentrierte, aber veränderbare Summe der tausendfachen Erfahrungen eines Menschen mit sich selbst: Wie er ist, wie er lebt, was er kann und was er nicht kann.“ (Tausch/Tausch 1977, 57)

Filipp (1979) formuliert das Selbstkonzept als naive Theorie, welches die Gesamtheit der selbstbezogenen Kognitionen, Bewertungen und Handlungspläne in sich vereint.
Die wissenschaftliche Betrachtung des Selbstkonzeptkonstrukts orientiert sich an folgenden zentralen Fragestellungen: Durch welche Komponenten wird das eigene Selbstbild bestimmt? Geschieht es vermehrt sozial, d.h. durch die Bewertungen anderer, oder basiert es im Kern auf der persönlichen bewussten Auseinandersetzung mit sich selbst? Besteht das Selbstkonzept aus vielen bereichsspezifischen Selbstkonzepten oder kann von einem globalen Selbstkonzept ausgegangen werden? Unterliegt das Selbstkonzept Veränderungen über die Zeit oder ist es als relativ stabil zu betrachten?

Ausgehend von diesen Fragestellungen entwickelten sich in den letzten Jahren zahlreiche Theorien, die versuchen, diese Aspekte zu vereinigen. Das Ergebnis dieser Forschungsarbeiten ist eine Vielzahl unterschiedlicher Auffassungsmuster, die nachfolgend – in Auszügen – erörtert werden.

William James[26] gehört zu den ersten Forschern, die sich intensiv mit dem Konstrukt Selbstkonzept beschäftigt haben. Seine 1890 veröffentlichte Arbeit „The Principles of psychology" legt den Grundstein für eine systematische Erforschung des Selbst. Zur Charakterisierung des Selbstkonzeptes greift er auf die Bewusstseinspsychologie zurück und postuliert, dass sich der Mensch seiner Persönlichkeit bewusst ist und gleichzeitig über dieses Wissen seiner persönlichen Existenz reflektieren kann. Der ganze Mensch ist demnach, wie Müller-Dietiker (1999) es formuliert: „verdoppelt – ein Bewusstsein seiner persönlichen Existenz und ein Bewusstsein von diesem Bewusstsein" (Müller-Dietiker 1999, 38). James (1890) unterteilt auf Grundlage dieser Überlegung zwischen dem *I* einer Person, dem reinen Ich, dem Subjekt der Wahrnehmung, das den reflektierenden Teil der Person darstellt, und dem *Me* einer Person, der das empirische Ich und damit das Objekt der Wahrnehmung darstellt. Das *I* als Selbst des Subjekts „konstruiert das ‚Me' und sorgt für die Kontinuität der persönlichen Biographie" (Oerter 2002b, 213). Das *Me* gilt dem Selbst als Produkt der Wahrnehmungen einer Person. Das *Me* subsummiert alle Dinge, die ein Mensch besitzt. Darunter fallen neben Besitztümern sowohl der eigene Körper und psychische Kräfte als auch nahe stehende Personen wie Familienangehörige und Freunde. Gemeinsamkeit des *Me* ist die emotionale, konstante Gefühlsqualität wie Stolz und Freude oder Niedergeschlagenheit, die lediglich in ihrer Intensität variieren kann. James unterscheidet weiter das *Me* in das materielle, soziale und spirituelle Selbst. Das materielle Selbst kategorisiert den eigenen Körper, Kleidung, Produkte der eigenen Arbeit sowie enge Vertraute. Das soziale Selbst setzt sich aus den mannigfaltigen Eindrücken anderer Personen bezüglich des eigenen Selbst zusammen. Das spirituelle Selbst schließlich agiert auf der emotionalen Ebene und bezieht sich auf psychische Dispositionen, persönliche Eigenschaften, Einstellungen und Fertigkeiten. Für alle drei Kategorien unterscheidet James unterschiedliche Zentralitäten. So gibt es einen intimeren und einen zweitrangigen Bereich des betreffenden Selbst. Für das materielle Selbst stehen der eigene Körper sowie Kleidung und Produkte der eigenen Arbeit an zentraler Stelle. Das soziale Selbst bestimmt sich am ehesten durch die Eindrücke wichtiger, geliebter Personen, und bei dem spirituellen Geist sind vor allem aktive Bewusstseinszustände von zentraler Bedeutung. Zusätzlich geht James von einer gewissen Hierarchie der Selbstbereiche aus. Während das körperliche Selbst die niedrigste Stufe einnimmt und zugunsten des sozialen und spirituellen Selbst zurückgestellt werden kann, nimmt das geistige Selbst den höchsten Stellenwert ein.[27] Anstatt von variablen oder stabilen Inhalten des Selbstkonzeptes auszugehen, betont James das gemeinsame Prinzip der Identität. Ausgehend von

---

[26] William James (1842–1910).
[27] Diese Reihenfolge der Hierarchie wurde später u.a. von Damon und Hart (1982) in Frage gestellt und eingewandt, dass die hierarchische Struktur sowohl interindividuell als auch intraindividuell variieren kann.

den verschiedenen Bereichen des Selbst, deren Selbsteinschätzungen durchaus Wandlungen unterworfen sein können, geht er von einer Grundstimmung des Selbstwertgefühls als Summe seiner Elemente aus (vgl. zusammenfassend Baldering 1993, Sader 1996; Müller-Dietiker 1999).

Ausgehend von James' Arbeiten entwickelte sich eine Selbstkonzeptforschung, die sich sowohl auf Elemente der James'schen Forschung als auch auf Differenzierungen dessen stützen.

Mead (1968) greift auf James' Unterscheidung zwischen *I* und *Me* zurück und betont, u. a. angeregt durch die Arbeiten von Cooley (1902)[28] und seinen Begriff des *looking-glass self* verstärkt den sozialen Aspekt der Selbstkonzeptentwicklung. Als Vertreter des symbolischen Interaktionismus legt er den Schwerpunkt auf gesellschaftliche Einflüsse.

Das *Me* nach Mead umfasst die Haltungen gegenüber der eigenen Person, die von den Bezugspersonen übermittelt werden und das eigene Verhalten leiten, während das *I* auf diese Haltungen reagiert (vgl. zusammenfassend Baldering 1993). Das *I* entsteht demnach aus der Verinnerlichung dieser sozialer Prozesse. Das Selbstkonzept wird letztendlich durch die Einstellung anderer Personen und in Kommunikation mit diesen geformt. Das Individuum erfährt sich damit als Reaktion auf die Anschauung anderer Personen. Eine strikte Trennung zwischen *Me* und *I* ist im Ansatz von Mead nicht vorgesehen. Obwohl Mead Cooleys interaktionistisches Modell verbessert hat und nach Stelter (1996) erste „Ansätze eines sozial-konstruktivistischen Denkens im Sinne Gergens" (ebd., 27) an seinem Modell gewürdigt werden müssen, fehlen Entwicklungserklärungen. Parker (1989) verweist zusätzlich auf die fehlende Erklärung historischer Entwicklungsimpulse und wirft ihm damit vor, ahistorisch zu sein.

Mit der Theorie von Allport (1983) setzt eine humanistische Wende, die die Forschungen in eine mehr personen- selbstzentrierte Richtung lenkt. Allport rückt den eigenen Willen und das Streben nach Autonomie des Individuums in den Vordergrund. Er interessiert sich vor allem für die Vielschichtigkeit der individuellen Persönlichkeit. Allport (1983) unterscheidet unterschiedliche Funktionen des Selbstbegriffs, für den er den Begriff des *Propriums*[29] benutzt. Insgesamt stellen alle Funktionen die Struktur der Persönlichkeit dar, die nicht zu trennen ist. Die Persönlichkeit besteht aus einer einzigartigen und auf Dauer angelegten Ordnung. Allports Verdienst ist es, den Prozess zwischen Autonomiestreben einerseits und Einfügen in die Gesellschaft andererseits hervorgehoben zu haben.

Rogers (1976) verhilft der humanistischen Psychologie durch die Anwendung in der Psychotherapie zu Bedeutung und Einfluss. Seine klientenzentrierte Gesprächstherapie baut auf ein Verständnis des Selbst, das nicht das Verhalten des Individuums kontrolliert, sondern

---

[28] Cooley (1902) beschreibt mit dem Begriff des „looking-glass self" den Effekt der Selbstreflexion durch andere Personen, die wie ein Spiegelbild dazu dienen können, ein Bild von der eigenen Person zu entwickeln.
[29] „Das Proprium schließt alle Aspekte der Persönlichkeit ein, welche die innere Einheit herstellen." (Allport 1983, 44).

welches sich aus dem Erfahrungsschatz des Menschen konstruiert. Rogers geht davon aus, dass alle Wahrnehmungen und Bedeutungen sich in einem individuellen Wahrnehmungsfeld sammeln. Der Teil der Wahrnehmungen, der sich auf die eigene Person bezieht, formt das *Selbst* einer Person. Das Selbst ist zwar Wandlungen unterworfen, doch bleibt die Struktur des Selbstkonzeptes im Sinne einer organisierten und begrifflichen Gestalt von zusammengehörigen Wahrnehmungen als Konstante erhalten.

Thomae (1968) geht auf James' Unterteilung des *Selbst* ein, kritisiert jedoch, dass in den meisten folgenden Untersuchungen die Extension des Selbst-Bildes nicht berücksichtigt wird. Er nennt eine Reihe von Facetten des Selbstbildes, die über Fähigkeiten (physische und psychische), persönliche Eigenschaften (soziale, moralische Qualitäten), nahe stehenden Personen (Partner, Eltern, Familie etc) sowie Personen des Umfeldes (Vereinsmitglieder, Bekanntenkreis), über Besitztümer und Merkmale der Herkunft (Stadt, Volk, Kontinent) reichen. Thomae betont, dass die jeweilige Situation[30] den Umfang des phänomenalen Selbst bestimmt. Es erscheint ihm sinnvoll, die zeitliche, räumliche, soziale und ideelle Extension des Selbstbildes zu bestimmen (Thomae 1968). In einer Untersuchung von Dixon und Street (1975) konnte gezeigt werden, dass die Extension des Selbstbildes tatsächlich variiert. Sie fanden heraus, dass sich bei Kindern zwischen sechs und sechzehn Jahren die Selbstextension mit zunehmendem Alter vergrößert (vgl. zsfd. Baldering 1993).

Ein weiterer Aspekt, der nach der Arbeit von James oft diskutiert wird, ist der nach der Zentralität. Mit dem Begriff der *Ich-Beteiligung* wurde vielfach versucht, die Unterschiede in der Wichtigkeit personenbezogener Einstellungen zu beschreiben (vgl. Sherif/Cantril 1947; Newcomb 1959). Deusinger (1986) hat in jüngerer Zeit dieses Konzept aufgegriffen und beschreibt eine unterschiedliche Zentralität von Selbstkonzepten: Deusinger geht von einer Vielzahl von Selbstkonzepten aus, die interkorrelieren. Am Grad der Assoziation einzelner Selbstkonzepte drückt sich die Zentralität aus. Kann von einem Konzept durch eine hohe Korrelation auf die anderen differenzierten Selbstkonzepte bzw. auf das Gesamtkonzept geschlossen werden, so handelt es sich um ein zentrales Konzept innerhalb des Selbstkonzeptgefüges (ebd.).

Inzwischen sind sich die Forscher relativ einig, dass sich das Selbstkonzept durch einzelne Aspekte formiert und zu einem strukturierten Gesamtbild ordnet. Häufig findet man hierarchische Modelle, die zum einen der bereits angesprochenen Zentralität, der

---

[30] Filipp (2000) betont die Wichtigkeit der Situationsdebatte in den frühen 70er Jahren, die seitdem Abstand genommen hat von einem positiven vs. negativen „Selbstkonzept als invariantes, zeitlich stabiles und insofern statisch konzipiertes Persönlichkeitsmerkmal" (Filipp 2000, 9).

Situationsgebundenheit sowie der Frage nach einem globalen vs. spezifischen Selbstkonzept nachgehen und dieses zu vereinen versuchen. Zu den grundlegenden Modellen ist die Vorlage von Shavelson, Hubner und Stanton (1976) zu zählen, deren generalisiertes Selbstkonzept auf vier unteren Stufen basiert. Auf der obersten Stufe steht die allgemeine Unterscheidung zwischen akademischem und nicht-akademischem Selbstkonzept. Darunter befindet sich eine Differenzierung zwischen verschiedenen Subbereichen, die zum einen Leistungsfächer wie z.B. Englisch/Französisch, zum anderen körperbezogene Bereiche wie emotionale Zustände und physische Aspekte zum Thema haben. Auf der untersten Stufe sind soziale Faktoren wie die Verhaltenseinschätzung in spezifischen Situationen angeordnet.

Ein Modell, welches zur Konstruktion von Messinstrumenten gewinnbringend ist und demnach für solche Vorhaben auch als Vorlage dient, hat Herber (1979) vorgelegt (vgl. Abb.12):

Abbildung 12: Das Selbstkonzept als hierarchisches Modell von relativer Situationsungebundenheit zu immer stärkerer Situationsbindung (nach Herber 1979, 151)

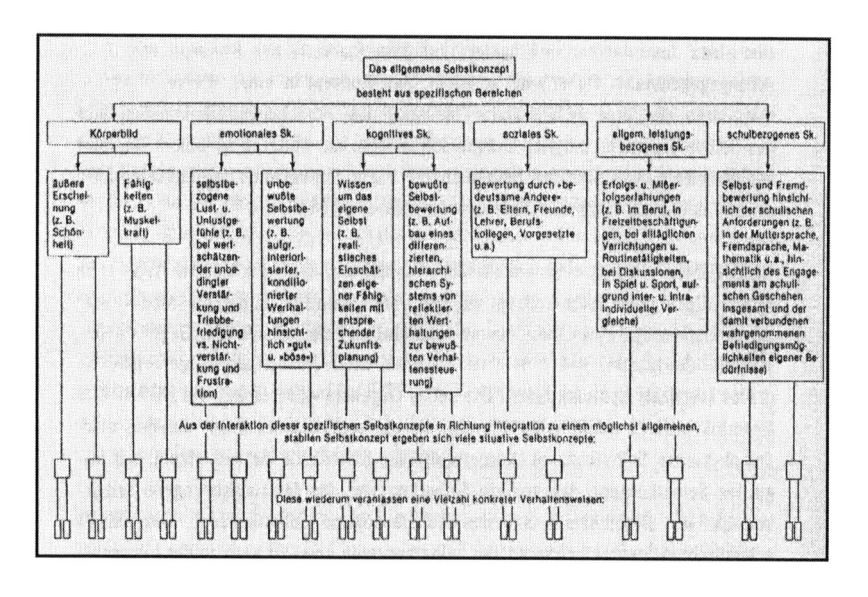

Herber gliedert das allgemeine Selbstkonzept in sechs horizontale Bereiche, die das physische, emotionale, kognitive, soziale, allgemein leistungsbezogene und das schulbezogene Selbstkonzept umfassen. Auf der vertikalen Ebene wird der unterschiedliche Allgemeinheitsgrad thematisiert: Seine Hierarchisierung beruht auf einer allgemeinen, spezifischen und situativen Ebene. Das allgemeine Selbstkonzept formiert sich demnach durch eine Vielfalt an Handlungsmöglichkeiten und die darin enthaltenen Erfahrungen, die von der allgemeinen zu immer spezifischeren Situationen führt. Durch das hierarchische Modell ist es möglich, die verschiedenen Facetten des Selbstkonzeptes gezielt zu erfassen.

Während bis in die 70er Jahre des vergangenen Jahrhunderts überwiegend ein motivationaler Tenor in der Selbstkonzeptforschung herrschte, wurde sie zunehmend von der Sozialpsychologie beeinflusst und in den 80er Jahren mit dem Paradigma der Informationsverarbeitung konfrontiert. Filipp (1979) verarbeitet diese Richtung in ihrem informations- und handlungstheoretischen Modell. Das Selbstkonzept formiert sich in ihrem Sinne über die Menge an Wissen über die eigene Person: „Die Grundannahme, dass der Mensch als informationsverarbeitendes System und als aktiver Konstrukteur seines Wissens zu betrachten ist, impliziert zunächst, dass interne Selbstmodelle und die sie konstituierenden Einheiten (…) zu verstehen sind als die jeweils zu einem Zeitpunkt gegebenen Endprodukte, die aus dem Prozess der Verarbeitung selbstbezogener Informationen resultieren" (Filipp 1979, 131). Filipp lehnt sich an die kognitive Psychologie an und ist der differentiellen Forschungsrichtung zuzuordnen.

Eine weitere Perspektive in der Selbstkonzeptforschung ist die Beschäftigung mit der Zeit und Lebensspanne (vgl. Röhr-Sendlmeier 1988). In Arbeiten von Lipka und Brinthaupt (1993) und Filipp (1996) findet eine Annäherung statt zwischen der Erforschung „des autobiographischen Gedächtnisses und der narrativen Rekonstruktion der eigenen Lebensgeschichte" (Filipp 2000,10) und der Selbstkonzeptforschung. Nach neuerer Auffassung befindet sich das Individuum in einem Spannungsfeld zwischen *Idealselbst* und *Realselbst*, zwischen Wissen und Wollen, Denken und Fühlen, zwischen räumlichen Extensionen und topographischer Struktur (ebd.). Greve (2000) hat den Versuch unternommen, die „Vielzahl aktuell und potentiell verfügbaren Wissens, Meinens, Glaubens und Hoffens einer Person über sich selbst systematisch zu ordnen" Greve 2000, 18) (vgl. Abb. 13):

Das Selbstbild erstreckt sich zunächst über die bereits angesprochene Lebensspanne: Es wird nicht nur das aktuelle Selbstbild (so bin ich) erfasst, sondern auch die Retrospektive (so war ich) und die Identitätsaussichten (so werde ich sein). Unterschieden wird weiter zwischen realem und möglichem Selbst.[31] Diese Ebene bezieht sich ebenfalls auf die drei Zeitebenen (so wäre ich gerne gewesen, so hätte ich heute sein können, so könnte ich morgen sein). Die dritte Dimension beinhaltet die evaluative Ebene, die sich mit den Bewertungen der eigenen Person beschäftigt. Hier wird sowohl auf der temporalen als auch auf der modalen Ebene operationalisiert (Ich bin nicht so, wie ich sein möchte, sollte, es andere erwarten, hätte sein wollen etc.).

---

[31] Vgl. dazu auch Markus und Nurius (1986) sowie Schütz (2000). Mummendey (2002) kritisiert ausführlich den neuen Gebrauch des „Selbst" als Substantiv, welchen er als Rückschritt betrachtet. In neueren Arbeiten wird dem Selbst eine zu große aktive Rolle zugeschrieben. Er plädiert dafür wieder von „auf die eigene Person bezogenen psychischen Funktionen, von allgemeinen und bereichsspezifischen Selbstkonzepten und ähnlichem zu sprechen" (ebd., 13).

Abbildung 13: Dreidimensionale Topographie des Selbst (nach Greve 2000, 20)

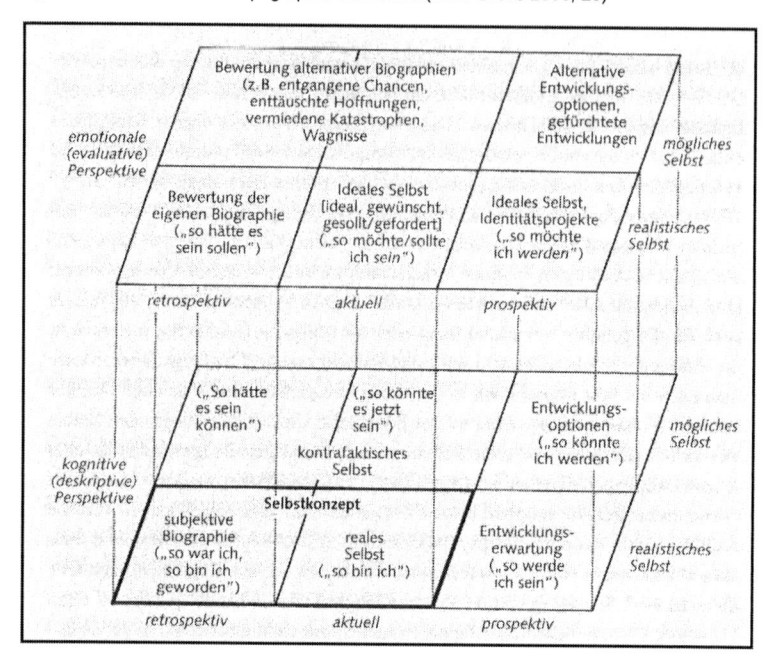

Gefüllt werden die einzelnen Zellen mit Inhalten der einzelnen Person, die in einer bestimmten Hierarchie und individueller Zentralität angeordnet werden. Diese Inhalte bilden, wie in den oben beschriebenen Entwürfen des Selbstkonzeptes bereits angedeutet wurde, eine vielfältige und verzweigte Struktur (vgl. Hannover 2000). Linville (1987) verweist darauf, dass bereits die Strukturen des Selbst durch ihre Vernetzung Auswirkungen auf die personalen Prozesse haben.[32] Hinzu kommt, dass die Inhalte der Strukturen regelmäßigen und unregelmäßigen Wandlungen unterworfen sind und dadurch eventuell nicht mehr in das vorhandene Schema passen. Um die Fragen des Inhalts zu klären, verweist Greve auf die Prozesse des Selbst. Er vermerkt, dass zwischen den Forschern zumindest Einigkeit darüber herrscht, dass „selbstrelevante Informationen nicht einfach übernommen und integriert, sondern systematisch *verarbeitet* werden" (Greve 2000, 21). Die selbst-stabilisierenden und -verteidigenden Mechanismen des Selbstkonzeptes bleiben jedoch unübersichtlich, und die vorgeschlagenen Ordnungsversuche sind nicht ausreichend. Eine Unterteilung der Prozesse des Selbst in die Bereiche *Aktivation* und *Funktion* bietet eine erste Annäherung (vgl. Abb. 11):

---

[32] Linville (1987) beschreibt, dass die Art der inhaltlichen Vernetzung sich unmittelbar auf die Befindlichkeit (Widerstandsfähigkeit/Verletzlichkeit) des Individuums auswirkt.

Tabelle 11: Selbst als Prozess: Funktion und Aktivation (nach Greve 2000, 23 mit Erweiterung)

AKTIVATION	FUNKTION	
	Handlungsfähigkeit ("Realitätsprinzip")	*Integrität und Positivität des Selbstbildes* ("Lustprinzip")
pro-aktiv ("offensiv")	z.b. self-assessment (accuracy) (selbstbezogene Überzeugungen werden an der Realität getestet)	z.B. impression management, symbolic self-completion (dienen dem Zweck der Bestätigung eines gewünschten Selbstbildes)
re-aktiv ("defensiv")	z.b. self-immunization (bedrohliche Informationen werden in das Selbstkonzept zwar möglichst konsistent aber im Grundatz realitätsakzeptierden integriert)	z.B. denial, self-serving bias (auf potentiell selbst-bedrohliche Informationen wird mit defensiver Reaktion reagiert)

Pro-aktive und re-aktive Prozesse (steuern die Verarbeitung von selbst-relevanten Informationen) dienen präventiv der Stabilität des Selbst und dienen den zwei Funktionen nach dem Realitätsprinzip und Lustprinzip (vgl u.a. Greve/Wentura 1999). Hier geht es um die Annäherung des eigenen Bildes an die Realität. Das Realitätsprinzip hat die Aufgabe, die Handlungsfähigkeit des Individuums zu verbessern oder zumindest zu erhalten, während das Lustprinzip ein „konsistentes, integriertes, differenziertes und dabei möglichst positives Selbstbild" (Greve 2000, 23) sichern soll. Die hellgelben Felder der Tabelle zeigen exemplarische Prozesse (siehe Text in Tabelle; vgl. Greve 2000).

Greves Modell lässt einen differenzierten Blick auf die Facetten des Selbstkonzeptes zu, welches Platz bietet für die Integration anderer Teilkonzepte. Es wird deutlich, dass das Verständnis des Selbstkonzeptes auf vielen verschiedenen Definitionen und Schwerpunkten basieren kann.

5.3.2 Strömungen in der Selbstkonzeptforschung

Krapp (1997) verweist auf zwei Hauptströmungen in der Selbstkonzeptforschung: die differentielle und die prozessorientierte Forschungsrichtung. Sie unterscheiden sich hinsichtlich ihrer metatheoretischen Prämissen, Forschungsziele und Methodik.

5.3.2.1 Der differentielle Forschungsansatz

Differentielle Forschungsarbeiten konzentrieren sich hauptsächlich auf interindividuelle Unterschiede. Das Forschungsanliegen besteht darin herauszufinden, hinsichtlich welcher Merkmale (des Selbstkonzeptes) sich Personen unterscheiden und wie bzw. durch welche Faktoren diese Unterschiede zustande kommen. Wie oben bereits deutlich wurde, ist es nach heutigen Kenntnissen sinnvoll, von mehreren *Sub-Konzepten* des Selbstkonzeptes auszugehen, die „situationsspezifisch aktivierbar und aus diesem Grunde methodisch erfassbar sind" (Neubauer 1976, 45). Individuelle Unterschiede können möglichst exakt erfasst werden. Das Selbstkonzept wird in der differentiellen Forschung als ein relativ stabiles Merkmal der Person begriffen (Krapp 1997). Es wird nach Jerusalem und Schwarzer (1991) bzw. Filipp (1979) als „geordnete Menge aller im Gedächtnis gespeicherten selbstbezogenen Informationen" (Jerusalem/Schwarzer 1991, 115) verstanden. Die Konzeption des Selbstkonzeptes basiert in der Regel auf hierarchisch angelegten mehrdimensionalen Modellen, deren Teile voneinander abgrenzbar sind und in ihrer Summe eine „hinreichend genaue individuelle Charakterisierung, d.h. differentielle Unterscheidung, erlauben" (Krapp 1997; 328).

Da die differentielle Forschung von einem weitgehend stabilen Selbstkonzept ausgeht, können Untersuchungen zur wechselseitigen Abhängigkeit von Faktoren nur auf längsschnittlicher Ebene geschehen. Krapp (1997) entwickelte ein Modell der idealtypischen Struktur am Beispiel der Schulleistung (vgl. Abb.14):

Durch die Überprüfung des Selbstkonzept- und in diesem Fall des Schulleistungsstatus zu verschiedenen Messzeitpunkten ist es möglich, die gegenseitige Beziehung dieser Faktoren unter Berücksichtigung möglicher weiterer Einflussvariablen (wie z.B. Schulklima, Lehrereinfluss) empirisch, z.B. anhand von Pfadanalysen, zu überprüfen.

Abbildung 14: Idealtypisches Design des differentiellen Forschungsansatzes (nach Krapp 1997, 45)

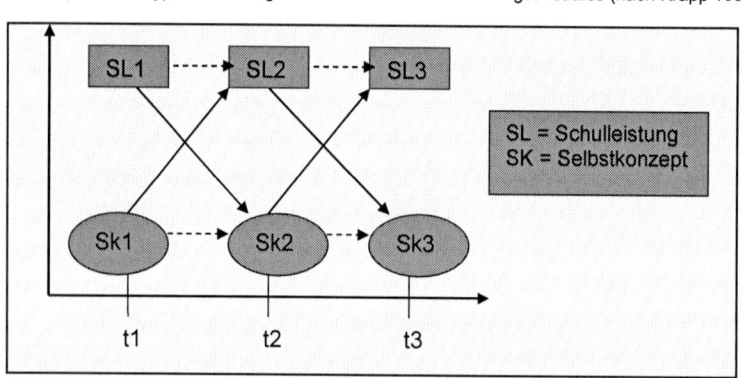

Diese Arbeit setzt die Kenntnis überhaupt bestehender signifikanter Beziehungen zwischen den beiden Komponenten voraus. Krapp bekennt zudem, dass es an hinreichend begründeten theoretischen Modellen fehlt, die für das *„unhinterfragte* Postulat (sprechen), dass die den individuellen Entwicklungsverlauf bestimmenden Einflussfaktoren über statistische Analysen von Merkmalsvarianzen in Populationen identifiziert und ihre kausale Erklärungskraft quantitativ geschätzt werden können" (Krapp 1997, 331). Dieses Problem betrifft die gesamte differentielle Forschung (vgl. Asendorpf 1990; 2004). Dabei muss beachtet werden, dass die aus differentieller Forschung resultierenden Ergebnisse in erster Linie aus Merkmalserhebungen bestehen. Sie sind auf den Vergleich von Personen innerhalb einer bestimmten Population ausgerichtet (Asendorpf 2004). Dies muss jedoch nicht zwangsläufig ein Nachteil sein, wenn man sich dessen bewusst ist. In vielen Fällen der pädagogischen Praxis ist es durchaus sinnvoll, Untersuchungen über mögliche Einflussvariablen gezielt auf eine spezifische Gruppe (z.B. Schulklassen) zu richten.

Obwohl der kognitive Ansatz der differentiellen Forschung darüber hinaus wenig emotional-evaluative Aspekte wie das Selbstwertgefühl oder die Selbstzufriedenheit berücksichtigt,[33] gesteht Asendorpf (2004) der differentiellen Forschung die Gestaltung von umfassenden Persönlichkeitsprofilen zu, sofern diese durch Persönlichkeitsskalen erhoben wurden, in denen direkt die Eigenschaften von Beurteilern eingeschätzt werden. Als Vertreter der differentiellen Forschungsrichtung sind u.a. Neubauer (1976); Filipp (1979), Shavelson und Bolus (1982), Pekrun (1983), Mummendey (1983), Deusinger (1986), Jerusalem und Schwarzer (1991), Helmke (1992) und Fend (1994) zu nennen.

5.3.2.2 Der prozessorientierter Forschungsansatz

Epstein (1973; 1979) sowie Markus und Wurf (1987) sind der prozessorientierten Forschungslinie zuzurechnen. Ihr zentrales Anliegen ist das Aufklären von Entwicklungen, Abläufen und Beziehungen funktionaler sowie kausaler Art. Im Zentrum steht die Analyse „genereller Prinzipien der Verhaltenssteuerung und der individuellen Entwicklung auf einer Mikroebene" (Krapp 1997, 331). Das Selbstkonzept formiert sich als ein aktives kognitives Steuerungssystem. Auch die prozessorientierte Forschung bedient sich solcher Modelle, in denen das System des Selbstkonzeptes in Teilkomponenten aufgegliedert ist. Im Gegensatz zu der differentiellen Forschungsrichtung liegt das Ziel der prozessorientierten Arbeit jedoch darin, die

---

[33] Diejenigen, die diese Aspekte berücksichtigen, konzentrieren sich hauptsächlich auch nur auf die Faktoren, die dem Individuum bewusst und damit erfragt werden können (Krapp 1997).

für das Wirken des dynamischen Systems verantwortlichen Komponenten und Funktionen möglichst genau darzustellen (Krapp 1997). Heckhausen (1989) formuliert es folgendermaßen: „Um für eine Unzahl von Situationen sensibel zu sein und um Verhalten sinngemäß flexibel zu steuern, muss das Konzept vom eigenen Selbst ein vielgestaltiges Gebilde sein, ja ein Konglomerat von Bildern, Schemata, Konzepten, Typen, Theorien oder Zielsetzungen" (ebd., 494). Entscheidend für die prozessorientierte Forschung ist, dass die Differenzierung zwischen „dem *Selbst als Agent* und dem *Selbst-Bild*, d.h. den im Gedächtnis gespeicherten Repräsentationen von diesem Selbst, aufgehoben wird" (Krapp 1997, 332).

Epstein (1973) gehört zu den ersten Autoren, die das Selbst als aktives Wissenssystem bezeichnet haben. Er geht von der Annahme aus, dass das Individuum in einer Rolle als wissenschaftlicher Laie täglich Hypothesen über sich und sein Leben aufstellt, diese im Alltagserleben prüft, speichert oder gegebenenfalls verändert. Seine Erfahrungen werden in einem Konstruktsystem organisiert. Epstein spricht in diesem Zusammenhang von einer „Theorie von der Wirklichkeit" (ebd., 15). Sie setzt sich zusammen aus der Selbsttheorie (working-theory, Theorie über die eigene Person), der Umwelttheorie (Theorie über die Außenwelt) und der Theorie der Wechselwirkung dieser beiden Theorien. Das Selbstkonzept besteht nach Epstein aus der Selbsttheorie, die die Menschen notgedrungen für die Lenkung ihres Lebens entwickeln müssen: „the need for the people to defend desperately certain concepts or values, no matter how unrealistic they are, can be comprehended readily once it is recognized that a self-theory is necessary in order to function, and that any theory is better than none" (Epstein 1973, 416).

Markus und Wurf (1987) vertreten eine ähnliche Auffassung und sprechen von einem „dynamischen Selbstkonzept": „The self-concept has been viewed as dynamic – as active, forceful, and capable of change. It interprets and organizes self-relevant actions and experiences, it has motivational consequences, providing the incentives, standards, plans, rules, and scripts for behavior; and it adjusts in response to challenges from the social environment" (Markus/Wurf 1987, 299 f.). Das Modell des dynamischen Selbstkonzepts gliedert sich in zwei Repräsentationsebenen, deren erste Ebene die im Langzeitgedächtnis gespeicherten Informationnen über ich-relevante Sachverhalte und die zweite Ebene durch das sog. *working self* gekennzeichnet ist, welches die Teilmenge der insgesamt verfügbaren selbstbezogenen Repräsentationen beinhaltet.

Gemeinsam bei Epstein und Markus und Wurf ist das Verständnis des Selbstkonzepts als ein aktives kognitives Steuerungssystem. Mit Blick auf den modernen Konstruktivismus wird dem Individuum eine aktive Stellung zugewiesen, indem das Selbst die eigene personale Entwicklung aktiv gestaltet. Dies geschieht durch die kritische Reflexion des aktuellen Entwicklungsstandes, durch das Erkennen künftiger Entwicklungsmöglichkeiten und durch die Integration wünschenswerter Eigenschaften und Fähigkeiten in das bestehende Selbstkonzept (vgl. Krapp 1997).

Die prozessorientierte Forschung hat ein breiteres Forschungsfeld als die differentielle Forschung. Sie ist der differentiellen Forschung überlegen, wenn es um den Differenziertheitsgrad der wissenschaftlichen Analysen und der damit in Zusammenhang stehenden Auflösbarkeit von Hypothesen geht. Ebenso ist sie bezüglich der Vielfalt der empirisch untersuchten Relationen im Vorteil. Wird jedoch die Befundlage im Bereich des Selbstkonzeptes näher betrachtet, so zeigen sich nur schwache Ergebnisse (ähnlich jedoch wie bei der differentiellen Forschung). Die Bearbeitung relativ isolierter Fragestellungen mit einziger Fokussierung auf das behandelte Thema deuten auf eine mangelnde Theoriebildung. Ein weiterer Kritikpunkt ist die von Cronbach bereits 1975 angesprochene mangelnde ökologische Validität. Dennoch sollte nach Krapp (1997) nicht auf die prozessorientierte Forschung verzichtet werden. Sie bildet eher den Anreiz für einen intensiveren Ausbau der Forschungsrichtung.

5.3.3 Entwicklung und Stabilität des Selbstkonzeptes

5.3.3.1 Entwicklungsprozesse im Säuglings- und Kleinkindalter

Fasst man die oben zusammengestellten Informationen zusammen, so kommt man zu dem Schluss, dass sich ein Selbstkonzept erst dann entwickeln kann, wenn das Individuum fähig ist, sich selbst als Objekt der eigenen Wahrnehmung zu betrachten. Diese Fähigkeit entwickelt sich erst allmählich; nach Aussagen u.a. von Piaget (1977) oder Mahler, Pine und Bergman (1980) ist das neugeborene Kind am Anfang seiner Entwicklung noch nicht in der Lage, zwischen sich und seiner Außenwelt zu unterscheiden. Stern (1992) vermutet, dass Menschen bereits von Geburt an, vielleicht sogar schon früher, über ein eigenes Selbstempfinden verfügen. Dieses Selbstempfinden ist das „organisierende Prinzip, aus dem heraus der Säugling sich selbst und die Welt erfährt und ordnet" (Fuhrer et al. 2000, 40). Es basiert auf vier zentralen Empfindungsfähigkeiten: der Urheberschaft (Ich bin Urheber eigener Handlungen), der Selbstkohärenz (Ich empfinde mich als körperliches Ganzes), der Selbstaffektivität (Differenzierungsprozess zwischen diskreten Affekten wie Wut, Trauer, Angst etc.) und der Selbstgeschichtlichkeit (Ich bleibe bei allen möglichen Veränderungen dieselbe Person). Diese vier Empfindungsniveaus bleiben als „simultane Bereiche der Selbsterfahrung" (ebd.) ein ganzes Leben aktiv und sind in das sog. *Kernselbstempfinden* integriert. Durch die Erfahrung eigener

Handlungsfähigkeit und durch die Erfahrung von Handlungseffekten trägt bereits der Säugling zum Bau eines globalen *Ich-Schemas* bei. Butterworth (1992) argumentiert ähnlich wie Stern und differenziert drei Aspekte des Selbst-Bewusstseins. Dabei handelt es sich um die Fähigkeit, sich selbst von anderen sowie der externalen Welt zu unterscheiden, dem Verständnis darüber, dass manche Dinge kontrolliert und manche nicht kontrolliert werden können, und schließlich der wahrgenommenen Kontinuität des eigenen Selbst über die Zeit. Butterworth kann durch verschiedene empirische Versuche Hinweise dafür geben, dass bereits Neugeborene über diese drei Fähigkeiten verfügen. Ebenso kann in einem Versuch von Meltzoff und Moore (1994) gezeigt werden, dass nur wenige Tage alte Babys schon Gesichtsmimiken imitieren können, was wiederum darauf hinweist, dass diese Fähigkeit und ein gewisses Selbst-Bewusstsein zur humanbiologischen Grundausstattung gehören.

Der Aufbau eines existentiellen Selbst, d.h. die Erfahrung des Individuums, dass es getrennt von anderen Personen existiert, bildet die Basis für die weitere Ausformung des Selbstkonzeptes. Haug-Schnabel und Bensel (2005) beschreiben die Formierung des existentiellen Selbst durch regelmäßige Interaktionen mit der Umwelt, aus denen Repräsentationen entstehen. Durch die Interaktionen mit seinen Bezugspersonen sammelt der Säugling Informationen über sich selbst und bildet eine Art Gedächtnisstruktur. Ab der Mitte des zweiten Lebensjahres sind Kinder in der Lage, ein kategoriales Selbst zu bilden. Darunter fallen spezifische *Selbstschematisierungen* (Fuhrer et al. 2000), die Lewin und Brooks-Gunn (1979) mittels Beobachtung untersuchten.[34] Sie kamen zu dem Ergebnis, dass Kinder bereits am Ende des ersten Lebensjahres ein Verständnis für die Kategorien *Alter*, *Geschlecht* und *Vertrautheit* haben. Diese Fähigkeiten entwickeln sich in den nächsten Lebensmonaten weiter. Zwischen dem 18. und 21. Lebensmonat sind die meisten Kinder fähig, sich selbst zu erkennen. Kritisch anzumerken ist an dieser Stelle die in der Fachwelt häufig anzutreffende Vereinfachung der Selbstkonzeptentwicklung durch das Erkennen des eigenen Spiegelbildes. Zwar ist dies ein wichtiger Schritt, doch darf nicht vergessen werden, dass die Entwicklung ein komplexer Prozess und die Beobachtung und Analyse kindlichen Verhaltens sehr interpretationsabhängig ist (vgl. Fuhrer et al. 2000; Pauen 2000). Mit der Entwicklung der Sprache zwischen dem 18. und 30. Lebensmonat öffnen sich dem Kind weitere Möglichkeiten, sein Ich zu entdecken und zu beschreiben. Bates (1990) beschreibt für diese Altersgruppe die Verwendung von Personalpronomina sowie des Eigennamens, dessen Konkretisierung Lewis (1994) als *Mich-Selbst* charakterisiert. Jetzt werden auch zunehmend die eigenen Grenzen erfahren, die sich dem Kind in seiner Umwelt durch elterliche Weisungen u.Ä.

---

[34] Lewin und Brooks-Gunn legten den Kindern verschiedene Fotografien vor, die zum Teil fremde, vertraute, gleichaltrige oder gleichgeschlechtliche Personen, zum Teil die eigene Person als Abbild hatten, und analysierten die Fixationsdauer der Kinder beim Betrachten dieser Bilder.

stellen. Das Kind erfährt so die Angemessenheit seines Verhaltens und kann sie prüfen. Ein weiterer Effekt der Sprachentwicklung zeichnet sich in der zunehmenden Fähigkeit ab, „die eigene Lebensgeschichte zu konstruieren und vermehrt das „Ich-Selbst" in seiner Kontinuität zu erfahren" (Fuhrer et al. 2000, 48). Nach Sterns (1992) Schema handelt es sich dabei um das *narrative Selbstempfinden*, welches beschreibt, wie Kinder ihre persönlichen Erlebnisse organisieren. Durch diese Fähigkeit, einen autobiographischen Zugang zum Selbst zu erhalten, kann sich das „Mich-Selbst" bis hin zum gewünschten Selbstbild weiter differenzieren (Stern 1992) (vgl. Abb. 15).

Abbildung 15: Entwicklung der Selbstwahrnehmung nach Largo (Haug-Schnabel 2005, 55)

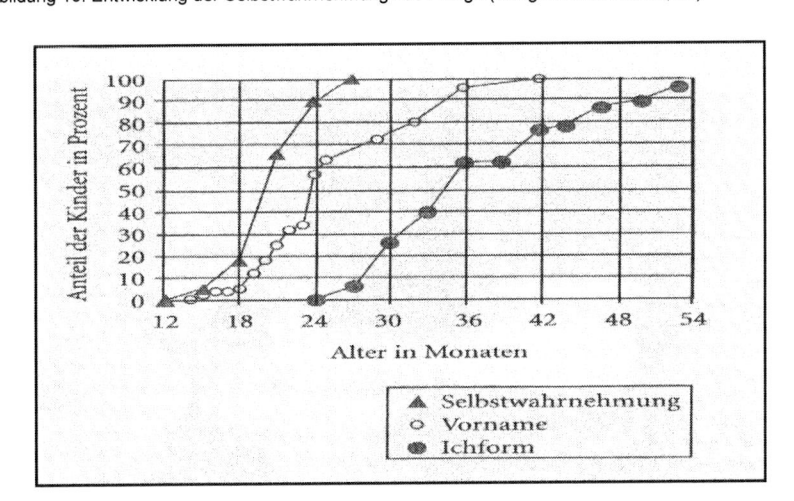

Die Benennung der eigenen Person in der Ichform kann als Prozess der Selbstobjektivierung betrachtet werden. Sie ist die Geburtstunde von Selbstkonzepten, die sich in den folgenden Jahren mit Wissen, Erfahrungen und Beurteilungen des Individuums herausbilden (Bischof-Köhler 1995).

5.3.3.2 Entwicklungsprozesse in der Kindheit und im Übergang zum Jugendalter

Ab ca. zweieinhalb Jahren beginnen Kinder ihr Selbst durch bestimmte Merkmale zu beschreiben. Diese Merkmale können sich auf körperliche Kennzeichen (Ich habe braune Haare), auf Aktivitäten (Ich fahre gerne Fahrrad), auf soziale Beziehungen (Ich habe einen Bruder) sowie auch auf psychologische Attribute (Ich bin lustig) beziehen. Für diese Merkmale bedarf es jedoch noch einer verbindenden Instanz, deren Herstellung in diesem kognitiven voroperatorischen Stadium Kindern noch nicht vollkommen gelingt (vgl. Fuhrer et al. 2000). Gegensätzliche Gefühle wie z.b. Angst und Freude können noch nicht miteinander vereinbart werden. Ebenso zeigt sich, dass Kinder sich in diesem Alter noch unrealistisch positiv einschätzen. Sie sind also nicht fähig, zwischen einem idealen und realen Selbstbild zu unterscheiden, aber sehr wohl in der Lage, sich bestimmten Kategorien zuzuordnen und auch typische Aktivitäten (Ich mache das Gleiche wie Mama) zuzuschreiben.

Ein weiteres Charakteristikum der frühen Selbstbildentwicklung ist die stetige Zunahme an Kompetenzen, für die sie eine positive Reaktion erwarten. Nach Higgins (1991) sowie Stipek, Recchia und McClintic (1992) werden sich Kinder im Alter zwischen zweieinhalb und fünf Jahren auch darüber bewusst, wie sich ihr Verhalten auf andere auswirkt. So sind Kinder im mittleren Kindesalter „bereits in der Lage, Reaktionen anderer zu antizipieren und die Rollen ihres eigenen Verhaltens zu internalisieren" (Fuhrer et al. 2000, 49). Durch diese Prozesse entwickeln sich erste persönliche Standards als Form der bewertenden Selbstregulation, die den Kindern hilft, durch Verhaltensweisen eine positive Selbstbewertung zu fördern.

Im Vorschul- und Grundschulalter gelingt es dem Kind allmählich, die bestehenden Merkmale der Selbstbeschreibung miteinander zu koordinieren und in hierarchische Strukturen zu integrieren (vgl. Fuhrer et al. 2000). Mit Hilfe von gegensätzlichen Begriffspaaren wie z.B. dick und dünn ist, es dem Kind möglich, sich zu beschreiben, ohne jedoch ein Verständnis innerer Dimensionen internalisiert zu haben, welches für konkrete Verhaltensweisen bereitsteht (vgl. Ruble/Dweck 1995). Es wird jedoch eine ausgewogene Betrachtung der eigenen Person möglich. Im Verlauf der weiteren mittleren und späten Kindheit (neun bis zwölf Jahre) ist das wachsende Gelingen, bestehende Selbstrepräsentationen zu organisieren, ein entscheidender Hauptfortschritt. Die Definition des Selbstbildes, welches zuvor stark von physischen Attributionen abhängig war, richtet sich nunmehr an eher psychische Eigenschaften (u.a. Friedlmeier 1993). Das Kind ist nun imstande, innere Dimensionen und Eigenschaften zu formulieren, die hinter den Verhaltensweisen stehen. Schwache Leistung wird z.B. als schlecht und als Persönlichkeitsmerkmal konzipiert (Oerter 2002b). Differenzierungen der eigenen Persönlichkeitsattribute je nach spezifischer Situation sind nun möglich (Ich bin mutig im Sport, aber ängstlich in der Schulklasse) und führen zu einem komplexeren Selbstbild. Auch können Emotionen unterschiedlich erfahren und eingeordnet werden. Case und Griffin (1990) bezeichnen diese Fähigkeit als bidimensionales Denken. Harter (1986) beschreibt für die Fähigkeit, Emotionen einzuordnen, ein fünfstufiges Entwicklungsmodell. Auf der fünften Stufe sind Kinder mit dem durchschnittlichen Alter von 11,34 Jahren in der Lage, ambivalente Gefühle in Bezug auf eine Angelegenheit zu äußern (Ich freue mich über die neue Wohnung, bin aber traurig darüber, dass sie nicht so groß ist, wie ich dachte).

Auf sozialer Ebene spielen nun vermehrt die Kontakte und die Rückmeldung durch andere eine Rolle. Der Vergleich mit Gleichaltrigen und die Zuweisung auf einen bestimmten Platz innerhalb der Gruppe bietet die Möglichkeit, ein komplexeres Selbstbild zu konstruieren. Der Vergleich beinhaltet einerseits die Chance, eine realistische Einschätzung von sich vorzunehmen, jedoch auch die Gefahr der Verletzbarkeit in allen gesellschaftlichen Bereichen. Insgesamt betrachtet wird das Selbstbild „differenzierter, realistischer und hierarchisch komplexer (Oerter 2002b, 215).

Mit dem Jugendalter, dessen Selbstkonzeptentwicklung hier im Einzelnen nicht weiter erörtert werden soll (vgl. Berk 2005), hat der Heranwachsende zusätzliche kognitive Kompetenzen, die es ihm erlauben, über sich und seine Wunschvorstellungen zu reflektieren. Das Bewusstsein über gegensätzliche Eigenschaften, die in ein Gesamtbild integriert werden müssen, wird präsent, und der Jugendliche steht vor der – nicht immer leichten – Aufgabe, ein kohärentes Bild zu schaffen, das zugleich situationsspezifisch sein kann. Mit steigendem Alter gelingt die Balance zwischen Differenzierung und Integration des Selbstbildes immer besser, indem es sich „immer stärker von der Umwelt löst und immer mehr Konstituenten aus der Umwelt integriert" (Fuhrer et al. 2000, 54). Die Gestaltung des Selbstbildes basiert nach diesen Vorstellungen auf der Interaktion zwischen Subjekt und Objekt, dessen Verhältnis immer wieder neu organisiert werden muss. Nach diesem Gedankengang stellt sich zwangsläufig die Frage der Stabilität von Selbstkonzepten, der im Folgenden nachgegangen werden soll.

5.3.3.3 Die Stabilität des Selbstkonzeptes

Wie in den vorherigen Kapiteln bereits beschrieben ist die Frage der Stabilität und Wandelbarkeit von Selbstkonzepten ein zentrales Thema. Während die traditionelle Forschungsrichtung von einem stabilen bzw. von einem auf einen Zielpunkt gerichteten Selbstkonzept ausgeht, erkennen heutige Theorien zum Teil auch Schwankungen und Änderungen des Selbstkonzeptes an.

Gergen (1993) ist in einer Reihe von experimentalen Untersuchungen der Frage nachgegangen, in welcher Weise die traditionelle Sichtweise einer Stabilität des Selbstkonzeptes aufrechtzuerhalten ist und welche Faktoren das eigene Selbstkonzept beeinflussen. Ebenso interessiert die Empfänglichkeit des Individuums für solche Faktoren. Er kommt zu dem Ergebnis, dass der Aufbau von Selbstkonzepten einer Reihe von Einflüssen unterliegt, die nicht nur in der Kindheit bedeutsam sind, sondern sich auch in späteren Jahren bemerkbar machen.

Als solche Einflussfaktoren sieht er neben dem Prozess der sozialen Bewertung, Selbstbeobachtung und des sozialen Vergleichs auch den der Rückerinnerung („memory scanning"). Das Individuum zieht Rückschlüsse auf seine charakteristischen Eigenschaften über Ereignisse, die in der Vergangenheit liegen. Persönliche Eigenschaftszuschreibungen können durch Erinnerungen kontrolliert werden. Da das Gedächtnis einen sehr großen Speicher bereithält, lassen sich sicherlich Beispiele sowohl für eine Bestätigung als auch für eine Negierung dieses Merkmales finden. Für die Gestaltung des Selbstkonzeptes ist es demnach von großer Bedeutung, in welcher Weise die Person die Inhalte ihres Gedächtnisses abruft. Gergen (1993) schlussfolgert weiter, dass die Umwelt einen großen Anteil an Stabilität vs. Varibilität des Selbstkonzepts innehält. Lebt ein Individuum über mehrere Jahre hinweg in einer relativ gleichbleibenden Situation (Familienstand, Arbeitsstätte etc.), so sei es Gergen zufolge auch wahrscheinlich, dass sich das Selbstkonzept des Individuums nicht gravierend ändert. Unterschiedliche Forschungsergebnisse zum Thema Stabilität sind nach Filipp (1978) u.a. auf unterschiedliche Operationalisierungen und auf Desiderate in diesem Forschungsgebiet zurückzuführen. Asendorpf (2002) verweist zudem auf die Schwierigkeit, Facetten der Persönlichkeit genau zu erfassen und zu messen. Gerade für Erhebungen mit Kindern bedarf es geeigneter Methoden, um dem Selbstkonzept näher zu kommen. Filipp (1978) orientiert sich an Bergler (1974) und regt eine Unterscheidung zwischen altersstabilen und altersvariablen Selbstkonzepten an. Für eine solche Unterscheidung sprächen die Ergebnisse von Bittmann (1980) sowie Marsh, Barnes, Cairns und Tidman (1984), die in ihren Untersuchungen unterschiedliche Verlaufsergebnisse einzelner Selbstkonzeptbereiche gefunden haben. Neuere Forschungen belegen jedoch einen kontinuierlichen Anstieg bzw. Stabilität der sozio-emotionalen Persönlichkeitsbereiche mit steigendem Alter: Van Aken und Asendorpf (vgl. Asendorpf 2004) untersuchten die Stabilität des gesamten Persönlichkeitsprofils von Kindern zwischen vier und zehn Jahren in einer Längsschittstudie mit Hilfe eines Q-Sort-Verfahrens. Ihre Ergebnisse weisen darauf hin, dass sich die Persönlichkeit mit wachsendem Alter stabilisiert (vgl. Tabelle 12). Beachtenswert ist hier die ähnlich hohe mittlere Stabilität der beiden Altersintervalle. Dies ist vor allem interessant, da die Beurteiler zwischen den Verfahren wechselten (im jüngeren Altersintervall beurteilten die Erzieherinnen im Kindergarten, im älteren Altersintervall übernahmen die Eltern mit dem gleichen Verfahren die Beurteilung). Ein weiteres Ergebnis zeigt sich in der Korrelation mit der Resilienz der Kinder.[35] Je höher die Resilienz, desto höher ist auch die Stabilität im nachfolgenden Altersintervall. Dies bedeutet,

---

[35] Als Resilienz wird das Konstrukt bezeichnet, welches dem ersten Faktor der Q-Faktorenanalyse des verwendeten Q-Sort-Verfahrens entspricht. Resiliente Kinder zeichnen sich besonders durch emotionale Stabilität, soziale und kognitive Kompetenz und weiteren sozial erwünschten Eigenschaften aus (vgl. Asendorpf 2004).

dass gerade die Kinder mit einem positiven Profil dies auch wahrscheinlicher konstant halten als die Kinder, die nicht über ein solches Profil verfügen.

Tabelle 12: Stabilitäten individueller Q-Sort-Profile im Kindergarten und Grundschulalter und ihre Korrelation mit Resilienz (nach Asendorpf 2004, 314)

Alterintervall	Profilstabilität				Korrelation mit Resilienz*
	N	Minimum	Mittelwert	Maximum	
4 - 6 Jahre	151	.44	.43	.88	.64
6 -10 Jahre	138	.39	.38	.85	.49

*Korrelation zwischen Resilienz im Alter von vier bzw. 10 Jahren und der Profilstabilität im nachfolgenden Altersintervall.

Während die Entwicklung des gesamten Persönlichkeitsprofils aufgrund der umfangreichen Erhebungssituation nur sehr selten wissenschaftlich untersucht wird, finden sich mehrere Arbeiten, die die Stabilität der einzelnen Persönlichkeitsmerkmale fokussiert. In einer Studie von Roberts und DelVecchio (2000) wurden die Daten von insgesamt 152 Längsschnittstudien analysiert und interpretiert. Roberts und DelVecchio kommen zu dem Schluss, dass sich die Stabilität in nahezu allen sozial-emotionalen Persönlichkeitsbereichen diskontinuirlich entwickelt und im Alter von durchschnittlich 50 Jahren ein sehr hohes Niveau erreicht. Sie benennen drei Stabilitätsschübe, die beim Übergang ins Kindergartenalter (ab ca. drei Jahre), beim Verlassen des Elternhauses (ab ca. achtzehn Jahre) und beim Verlassen des Elternhauses der eigenen Kinder (ab ca. fünfzig Jahre) stattfinden. Mit diesem Ergebnis bestätigen sie einerseits die vorherrschen Pubertätsstudien, die in dieser Altersklasse eine geringe persönliche Stabilität dokumentieren, andererseits widersprechen sie der früheren Vorstellung, dass die Persönlichkeit vor allem in der frühen Kindheit geformt werde. Nach ihren Daten zeigt sich eher, dass bis ins jüngere Erwachsenenalter deutliche Schwankungen der Persönlichkeitsstabilität vorliegen können.

Insgesamt betrachtet lässt sich festhalten, dass die Frage der Stabilität des Selbstkonzeptes nicht befriedigend beantwortet werden kann. Festzuhalten bleibt, dass das Selbstkonzept nicht mehr als starres Gebilde begriffen werden kann, welches sich über die Jahre hinweg nicht ändert. Denkbar ist eher eine stete Auseinandersetzung mit der Umwelt, die Akzente setzen kann. Ebenso sollte die Rolle des Individuums genauer betrachtet werden. So gibt es sicherlich Aspekte des Selbstkonzeptes, die als gut und bewahrenswert anzusehen sind, während andere der Weiterbildung bedürfen und die die Person auch als solche ansehen.

5.3.4   Einflussfaktoren auf das Selbstkonzept und ihr Zusammenhang mit sportlichen Aktivitäten

5.3.4.1 Grundlegende Einflussfaktoren auf das kindliche Selbstkonzept

Kleinkindforscher wie Case (1991) und Stern (1992), im Einfluss einer soziogenetischen Theorietradition[36] stehend, betonen die zentrale Rolle der Interaktion zwischen Kleinkind und Pflegeperson. In ihr liegt der „Schlüssel zum Verständnis kindlicher Selbstentwicklung" (Fuhrer et al. 2000, 40). Filipp (1979) sowie Neubauer (1976) sehen in erster Linie die zur Verfügung stehenden Informationsquellen, die einem Individuum als Basis für die Selbstkonzeptentwicklung verfügbar sind. Diese Informationsquellen lassen sich strukturieren in a) direkte und b) indirekte Prädikatenzuweisungen durch andere Personen sowie in c) komparative und d) reflexive Prädikaten-Selbstzuweisungen. Damit sind Vorgänge gemeint, in denen das Individuum

a)   durch Kommunikation direkt Merkmale durch andere zugeschrieben bekommt

b)   durch Interpretationen fremden Verhaltens Schlussfolgerungen bezüglich der eigenen Person anstellt

c)   durch Beobachtung und Schlussfolgerung des eigenen Wirkens auf andere Rückschlüsse zieht und

d)   durch Selbstbeobachtung über sich und seine Person ausmachenden Merkmale reflektiert (Das Ich als Akteur).

Aufgabe jeder einzelnen Person ist es, die vorhandenen Informationen als selbstbezogen zu kodieren, um sie dann in primär einfache und stark situationsabhängige Konzepte einfließen zu lassen. Durch die Erfahrung konsistenter Erfahrungen über die eigene Person bilden sich schließlich sekundär umfassendere kognitive Strukturen im Sinne eines internen Modells der eigenen Person (vgl. zusammenfassend Müller-Dietiker 1999).

Fend (1994) geht darauf aufbauend davon aus, dass das Selbstbild eines Menschen durch eine stetige Auseinandersetzung mit sich selbst und durch die Auseinandersetzung mit unmittelbaren Personen des Umkreises (Eltern, Freunde) an Gestalt gewinnt. Die Entwicklung des Selbstkonzeptes basiert zum einem auf Differenzierungsprozessen (Gliederung in bereichsspezifische Aspekte) und zum anderen auf Integrationsprozessen, die die gerade im Kindesalter bestehenden isolierten Selbstkonzeptbereiche zu einem Gesamtbild verbinden.

---

[36] Baldwin [1897], Mead [1934].

5.3.4.2 Theoretische Erklärungen hinsichtlich eines Zusammenhangs zwischen Bewegungsaktivität und Selbstkonzept

Theoretische Modelle, die einen Zusammenhang zwischen Bewegungsaktivität und der Entwicklung des Selbstkonzeptes beschreiben, basieren im Prinzip auf den oben genannten Faktoren, die in einen sportspezifischen Kontext gesetzt wurden.

Sonstroem und Morgan (zitiert nach Endrikat 2001) untersuchten mit Blick auf Kompetenzerfahrungen den Einfluss einer sportlichen Aktivität auf das globale Selbstkonzept. In ihrem Modell gehen sie von einem hierarchisch aufgebauten Selbstkonzept aus, an deren Spitze das globale Selbstkonzept steht (vgl. Abb. 16).

Abbildung 16: Modell zum Zusammenhang zwischen Selbstwertgefühl und Sportaktivität (Sonstroem/Morgan nach Endrikat 2001, 74)

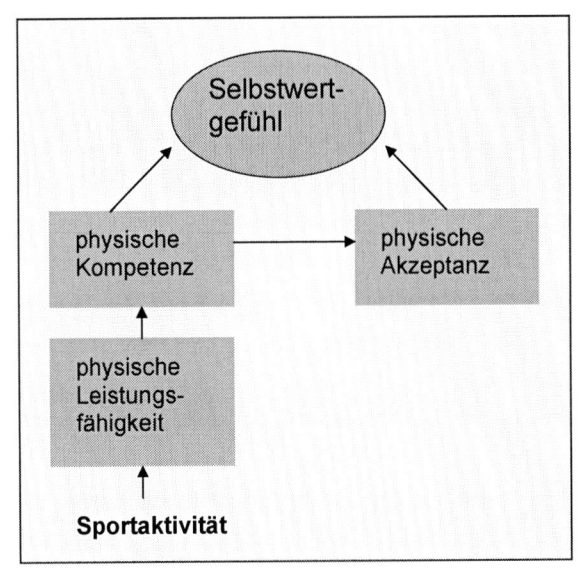

Das Modell basiert auf der Annahme, dass sich sportliche Aktivität über eine Kompetenzerfahrung positiv auf das eigene Körperempfinden auswirkt und dieses wiederum positiv das physische und schließlich das globale Selbstwertgefühl beeinflusst. Der Fokus dieses Einflusses liegt in der Verbesserung des körperlichen Selbstbildes und physischen Selbstvertrauens. Das heißt, wenn die Person ihre physische Leistungsfähigkeit wahrnimmt, kann sich dieses in physischer Kompetenz und physischer Akzeptanz ausdrücken. Eine Person, die eine solche Kompetenz und Akzeptanz hinsichtlich ihres Körpers erfährt, verfügt schließlich über ein positives Selbstwertgefühl.

Unter dieser Perspektive kann die Schlussfolgerung lauten, dass eine regelmäßige sportliche Aktivität, die sowohl die eigene Leistung als auch die körperliche Erscheinung positiv beeinflusst, sich ebenso – über das eigene Körperkonzept – positiv auf das generelle Selbstkonzept auswirkt. Dies kann jedoch nur funktionieren, wenn tatsächlich positive Folgen des sportlichen Trainings eintreten. Ein weiterer Risikopunkt ist die von Alfermann (1998) angesprochene Tendenz von körperzentrierten Sportlern zur übermäßigen Konzentration auf das äußere Erscheinungsbild, welches insbesondere Essstörungen hervorrufen kann. Unter diesem Blickwinkel kann Sport auch das Selbstkonzept schwächen: „Wenn nicht mehr Sport und positive Konsequenzen, sondern Diäten und Schlankheit die zentrale Zielsetzung sind, dann sind gesundheitsschädigende Einflüsse von Sport auf das Selbstkonzept eingetreten" (ebd., 220).

Allmer (1983) beleuchtet einen Zusammenhang zwischen Bewegung und Selbstkonzept unter einer ähnlichen handlungstheoretischen Perspektive. Eine mögliche Förderung basiert auf der Annahme, dass Erfahrungen über den individuellen Person-Umwelt- Bezug über das Handeln geliefert werden und dieser Bezug durch Handlungen auch weiter optimiert wird. Handlungen werden nach Allmer als „zielgerichtete Verhaltensweisen" (ebd., 110) verstanden. In einer Handlungssituation werden die Faktoren Person, Umwelt und Aufgabe aufeinander bezogen und miteinander verknüpft. Das heißt, dass der Person-Umwelt-Bezug durch die Handlung auch verändert wird. Durch objekt- oder subjektbezogene Erfahrungen lernt die agierende Person auch seine eigenen Fähigkeiten, die zusätzlich auch verbal oder nonverbal durch andere Personen vermittelt werden können. Dies soll anhand eines sportlichen Beispiels verdeutlicht werden: Fühlt sich ein Fußballspieler z.B. sicher im Umgang mit dem Ball, so wird sich diese Sicherheit noch dadurch verstärken, dass Mitspieler ihm diese Ballfertigkeit auch durch das Einbeziehen im Spielfeld oder verbal durch Lob bestätigen (vgl. u.a. Hänsel 2006). Durch diese Erfahrungen wird ein Situationsmodell entwickelt, welches sich auf den Situationstyp (z.B. das Fußballspiel) und die Handlungsmöglichkeiten konzentriert. Eine verbesserte Situationsbewältigung (Verkraften von Sieg oder Niederlage) wird in der Regel durch die stetige Wiederholung von und Auseinandersetzung mit bestimmten Situationen herbeigeführt. Die Bewältigung einer neuen Situation (Rolle des Kapitäns im Spiel) verursacht zunächst Unsicherheit und Angst. Je nach Bewältigung kann sich das Situationsmodell verbessern und das Handlungsrepertoire erweitern oder aber auch brüchig werden und als Kompetenzverlust erfahren werden (der Favorit zeigt schlechte Leistung). Die Wiederholungen bestimmter erfolgreicher Situationen begünstigt die Entwicklung von Handlungsroutinen (vgl. Kommer/Röhrle 1981), die eine weitere

Verbesserung der Handlungsplanung und Situationsanalyse nach sich ziehen (Allmer 1983). Als eines der wichtigsten Ergebnisse einer erfolgreichen Situationsbewältigung kann wohl die „Entwicklung von Bewältigungsgewissheit" (ebd., 113) genannt werden. Dazu zählt das Gefühl der Selbstsicherheit, das Gefühl, Situationen gewachsen zu sein. Genauso können aber auch Misserfolgserlebnisse eine Bewältigungsungewissheit erzeugen. Durch Trainer oder Vereinswechsel wird, um bei dem Fußballbeispiel zu bleiben, eine Situationsveränderung herbeigeführt. Eine solche Veränderung kann vom Spieler selbst herbeigeführt werden und demonstriert so die Handlungskompetenz des sportlich Agierenden. Der Aktive erhält z.B. durch den Verein oder Sportartenwechsel oder aber auch durch den Austritt aus der sportlichen Betätigung das Gefühl der Selbstbestimmtheit. Auch Rebel (1999) betont, dass durch die Wahrnehmung der selbständigen Handlungsfähigkeit und durch das Erkennen individueller Fortschritte eine Zufriedenheit mit dem eigenen Körper und eine Verbesserung des Selbstwertgefühles gefördert wird. Eine Situationsveränderung kann aber auch unfreiwillig erfolgen und die Handlungskapazität sowohl erweitern als auch einengen, was je nach individueller Bedürfnislage positiv oder negativ angesehen werden kann. Zusammenfassend lässt sich sagen, dass die individuelle Bewegungsentwicklung und Bewegungslernen aus handlungstheoretischer Sicht ein „Prozess der psychischen Entwicklung mit nahezu unendlich vielen Freiheitsgraden" (Schmidt 2002, 135) ist, der sich auf die gesamte Lebenszeit bezieht und auf der Übung sportartspezifischer Spezialisierung beruht.

Für Baumann (1998) stellt der Sport einen Bestandteil des Einflussfeldes der kindlichen Persönlichkeit dar. Im Sport setzen sich Kinder mit Gleichaltrigen auseinander, lernen Verhaltensregeln, entwickeln Fähigkeiten, bewerten und beurteilen sich selbst: „Sie setzen sich mit ihrer ganz persönlichen Umwelt in ein psychisches Gleichgewicht als Vorraussetzung und Baustein für eine stabile persönliche Identität" (ebd., 22). Baumann weist aber zu Recht darauf hin, dass sportliche Kinder nur dann ein positives Selbstkonzept bekommen können, wenn sie sich als Person akzeptiert und nicht nur als Leistungsträger geschätzt fühlen. Selbstbewusstsein und Selbstsicherheit entstehen nur dann, wenn Sieg oder Niederlage nicht die Gunst des Trainers bzw. der Bezugsperson beeinflussen. Das Kind sollte vielmehr auch Kind bleiben, spielen dürfen und auch freie Zeit für sich haben, Zuneigung erhalten, sich sicher und geborgen fühlen, Ängste und Sorgen aussprechen dürfen, dem Trainer Vertrauen entgegenbringen können, Leistungen altersgerecht erbringen dürfen, lösbare Aufgaben erhalten, reizvolle Ziele anstreben, in der Gruppe und selbstbewusst sein dürfen. Baumann zeichnet damit ein komplexes Bild, welches über den reinen sportlichen Einfluss hinausgeht. Mit der Einbeziehung externer Faktoren und Rahmenbedingungen wird deutlich, dass der Einfluss auf das kindliche Selbstkonzept vielfältigen und komplizierten Prozessen unterworfen ist.

Allen genannten Ansätzen ist gemein, dass sie sportspezifische Situationen nutzen, um die Prozesse des Selbstkonzepterwerbs unter bewegungstheoretischer Perspektive zu erklären. Festzuhalten bleibt, dass sich das kindliche Selbstkonzept in Situationen mit anderen Menschen formiert. Erfahrungen über eigenes Können manifestieren sich in einer Einstellung zur eigenen Person. Durch die Kommunikation mit Weggefährten fließen diese Einstellungen schließlich in ein Selbstkonzept.

Sportliche Betätigungen sind eine ideale Grundlage für solche Handlungssituationen. Das sporttreibende Kind lernt die eigenen Grenzen und Leistungsbereiche seines Körpers intensiv einzuschätzen und ist somit in der Lage ein möglichst realistisches Bild von sich abzugeben. Hinzu kommen die Rückmeldungen der involvierten Personen, die das eigene Bild mit beeinflussen. Neben dem körperlichen Verständnis bietet der Sport, sofern es sich um eine gemeinschaftliche Betätigung handelt, auch die Möglichkeit der eigenen sozialen und emotionalen Erfahrungen, die in das Selbstkonzept einfließen. Bewegung, und vor allem sportliche Betätigungen können nach diesen Skizzierungen also einen positiven Einfluss auf das kindliche Selbstkonzept haben. Zu erinnern ist an dieser Stelle aber erneut an Baumann (1998), der die Rahmenbedingungen des Sports näher betrachtet. Nicht allein die sportliche Betätigung, sondern auch das familiäre Umfeld, die Förderung durch die Eltern und die eigene Motivation am Sport spielen eine entscheidende Rolle für die positive Entwicklung des Selbstkonzeptes.

5.3.4.3 Interpretationsmöglichkeiten eines Zusammenhangs zwischen Bewegung und Aspekten der Persönlichkeit

Conzelmann (2001; 2006) beurteilt den Zusammenhang zwischen Persönlichkeit und sportlicher Betätigung als sehr komplex und verweist auf die Frage eines Kausalzusammenhanges zwischen den beiden Faktoren (vgl. Asendorpf 2004). Er nennt sieben Interpretationsmöglichkeiten, die im Folgenden tabellarisch dargestellt werden sollen. Der Übersichtlichkeit halber bezieht er nur eine Drittvariable mit ein, obwohl in der Praxis durchaus mehr als eine zusätzliche Variable denkbar ist (vgl. Tabelle 13):

Tabelle 13: Interpretationsmöglichkeiten für einen (statistischen) Zusammenhang zwischen den Variablen Sport (S) und Persönlichkeit (P) unter Beachtung einer (verborgenen) Drittvariablen (Z). (nach Conzelmann 2001, 28)

Formale Darstellung	Erläuterung
S ⟶ P	Sport beeinflusst Persönlichkeit (→**Sozialisationshypothese**)
S ⟵ P	Persönlichkeit beeinflusst Sport (→ **Selektionshypothese**)
S ⟷ P	Sport und Persönlichkeit beeinflussen sich gegenseitig (→ **Interaktionshypothese**)
S P ↖ ↗ Z	Sport und Persönlichkeit beeinflussen sich nicht, beide Variablen werden jedoch von einer Drittvariablen beeinflusst.
S ⟶ P ↖ ↗ Z	Sport beeinflusst Persönlichkeit, beide Variablen werden zusätzlich von einer Drittvariablen beeinflusst.
S ⟵ P ↖ ↗ Z	Persönlichkeit beeinflusst Sport, beide Variablen werden zusätzlich von einer Drittvariablen beeinflusst.
S ⟷ P ↖ ↗ Z	Sport und Persönlichkeit beeinflussen sich gegenseitig und werden zusätzlich von einer Drittvariablen beeinflusst.

Je nach Fragestellung und Zielsetzung der Forscher wird die Überprüfung der dargestellten Hypothesen bedeutsam. Die Sozialisationsthese gewinnt sicherlich an Relevanz, wenn es um die pädagogische Begründung sportlicher Tätigkeiten im Sinne eines positiven Erziehungsfaktors oder um die Rechtfertigung bestimmter Förder-/Therapiemaßnahmen geht. Auf der Suche nach sportlichen Talenten rückt eher die Selektionshypothese in den Vordergrund. Die Interaktionsthese schließlich ist eher aus methodisch/theoretischen Überlegungen entstanden. Sie ist in die oben genannte Phase der methodenkritischen Interpretation einzuordnen, während dieser z.B. Bachleitner (1985) eine differenzierte Diskussion der Hypothesen und „die forschungsanalytische Trennung von Sport als Prädiktor- oder Kriteriumsvariable" (ebd., 355) zugunsten einer Integration beider Absätze fordert. Die Hypothesen, die eine dritte Variable (z.B. Familiensituation) integrieren, sind hauptsächlich für modellbildende Untersuchungen von Bedeutung.

Burrmann (2004; 2005e) stellt heraus, dass für sportpraktische Implikationen besonders die Sozialisations- und Selektionshypothese von Bedeutung sind, die zunächst gleichermaßen plausibel erscheinen. Für beide Hypothesen sprechen die anthropologischen Annahmen, dass sportliche Aktivitäten im Sinne einer „komplexen Leistung" (Singer 1986, 147) immer die ganze

Person betreffen und dementsprechend auch Persönlichkeitsmerkmale eine mehr oder weniger entscheidende Rolle spielen.

Ebenso ist denkbar, „dass ein längeres intensives Sporttreiben und die mit ihm verbundene Konfrontation mit bestimmten sportmotorischen Anforderungen, mit Erfolgs- und Mißerfolgserlebnissen, mit sportspezifischen Rollen, Normen und Werten, die Einbindung in eine bestimmte soziale Gruppe und bestimmte soziale Interaktionen usw. nicht ohne Rückwirkung auf die betreffende Person bleiben werden" (Singer 1986, 147 f.).[37]

Eindeutige Aussagen über den Kausalzusammenhang zwischen sportlicher Aktivität und Selbstkonzept können zurzeit aufgrund einer uneinheitlichen und auf Querschnittanalysen basierenden Befundlage (noch) nicht getroffen werden (vgl. zusammenfassend Singer 1986; Heim/Brettschneider 2002; Brettschneider 2003; Burrmann 2004). Zwar können Alfermann, Stoll, Wagner und Wagner-Stoll (1995) sowie Burrmann (2005e) in längsschnittlich angelegten Studien für Teilbereiche des Selbstkonzeptes die Sozialisationsthese bestätigen, doch kann Fuchs (1990) mit demselben Recht konstatieren, dass das körperbezogene Selbstwertgefühl für die Vorhersage zukünftiger sportlicher Aktivität ein wichtiger Prädiktor ist. Weiter deuten die Ergebnisse von Burrmann (2005c), bezogen auf das generelle Selbstkonzept, eher auf eine Interaktion zwischen körperlicher Aktivität und Selbstkonzept hin.

5.3.4.4 Empirische Hinweise auf einen Zusammenhang zwischen Bewegung und Selbstkonzept

Nach der Darstellung in Kapitel 5.2. scheint es vertretbar zu behaupten, dass Bewegungsaktivitäten einen gewissen positiven Einfluss auf bestimmte Merkmale der Persönlichkeit haben. Hinsichtlich eines Zusammenhangs zwischen dem eigenen Verständnis dieser Merkmale und sportlicher Betätigung können noch keine klaren und stringenten, in Längsschnittanalysen überprüften Aussagen getroffen werden. Bestehende Arbeiten konzentrieren sich zu großen Teilen nicht auf das generelle Selbstkonzept, sondern bevorzugen die Betrachtung spezifischer Aspekte:

So kann für das Kindheitsalter u.a. aber bei Gruber (1986) sowie Tremblay, Inman und Willms (2000) eine förderliche Wirkung von Bewegung auf das Selbstvertrauen im Kindesalter gesprochen werden. Kritisch ist jedoch zu bemerken, dass die positiven Effekte nicht nur hinsichtlich ihrer Größenordnungen differieren, sondern auch hinsichtlich der Inhalte und Zielsetzungen der Studien. Ebenso dürfen die Ergebnisse von z.B. Zimmer (1981) oder Stelter (1999) nicht verschwiegen werden, die bei ähnlicher Fragestellung einen solchen Effekt nicht

---

[37] Vgl. zur „self enhancement hypothesis" und „skill development hypothesis" auch Sonstroem (1997).

finden können. Auch hier sei jedoch der Hinweis erlaubt, dass es sich teilweise um unterschiedliche Altersgruppen und Untersuchungsmethoden handelt. Stelter (1999), hier als Beispiel zu nennen, untersucht die Altersgruppe der 11-Jährigen hinsichtlich ihrer motorischer Fähigkeiten und ihres Selbstkonzeptes in Form einer Selbstwirksamkeit. Nach seiner Einschätzung ist die Körperwahrnehmung nicht an eine sportliche Aktivität gebunden, sondern kann auch durch nichtaktive Tätigkeiten (wie das Liegen in der Sonne) empfunden werden. Die Berechnung von Korrelationen zwischen der motorischen Fertigkeit und dem eigenen Selbstkonzept erweist sich als negativ. Es zeigt sich, dass auch motorisch ungeschickte Kinder über ein positives Selbstbild verfügen können. Die Ergebnisse tendieren in die Richtung, dass Sport und motorische Fertigkeit zwar einen Einfluss auf die Ausformung des Selbstkonzeptes haben können, dass aber je nach individueller Neigung des Kindes andere Faktoren (wie kreative Tätigkeiten) ebenso eine Rolle spielen. Kritisch anzumerken ist an Stelters Studie, dass die Stichprobe mit 77 Personen relativ klein und die Validität des Testinstrumentes nach eigenen Aussagen als zweifelhaft gelten kann. Gerade die Untersuchung an Kindern bedarf daher noch weiterer Anstrengungen, wie sie kürzlich von Röhr-Sendlmeier und Knopp (2007) unternommen wurden. In ihrer Studie mit acht bis dreizehn jährigen Kindern kommen sie zu dem Schluß, dass nicht allein die sportliche Betätigung, sondern auch die Trainingsbedingungen für die Entwicklung des Selbstkonzeptes von Bedeutung sind. So fanden sie heraus, dass unter anderen die Selbstwertschätzung der Kinder, die ohne Angst vor Verletzungen regelmäßig auf einem Rasenfeld trainierten hochsignifikant besser ausfiel als bei Kindern, die regelmäßig unter risikoreicheren Bedingungen (auf dem Ascheplatz) trainierten.

Erkenntnisse aus der querschnittlich erhobenen Jugendforschung geben detailreicher Auskunft und vor allem Aufschluss auf das Körperkonzept als Unterbereich des Selbstkonzeptes. So zeigt sich in den Studien u.a. von Mrazek (u.a. 1987), Brettschneider und Brandl-Bredenbeck (1997), Brinkhoff (1998), Späth und Schlicht (2000), Endrikat (2001), Burrmann, Krysmanski und Baur (2002), dass sich sportlich aktive Jugendliche sportlich kompetenter und leistungsfähiger beurteilen als sportlich nicht aktive Jugendliche. Geschlechtsspezifische Unterschiede hinsichtlich der körperlichen Einschätzungen zeigen sich bei Brettschneider und Kleine (2002). Nach deren Ergebnissen sind männlichen Vereinsmitgliedern die höchsten Werte hinsichtlich einer Selbsteinschätzung der körperlichen Leistungsfähigkeit und weiblichen Nicht-Vereinsmitgliedern die niedrigsten Werte zuzuordnen. Zu einer ähnlichen Einschätzung kommt auch Burrmann (2005e), die davon ausgeht, dass Jungen von einer vereinsorganisierten Sportaktivität stärker zu profitieren scheinen als Mädchen (vgl. auch Baur/Burrmann/Krysmanski 2002a). Die wenigen längsschnittlich gewonnenen Daten

(Brettschneider/Kleine 2002; Heim/Brettschneider 2002) können einen systematischen Einfluss sportlicher Aktivität auf das Körperkonzept jedoch nicht bestätigen.

Ergebnisse zum jugendlichen Selbstwertgefühl verweisen sowohl bei Mädchen als auch bei Jungen auf einen Zusammenhang mit dem Körperbild (vgl. u.a. Roth 2002). Während die Mädchen aber eher Wert auf das äußere Erscheinungsbild legen, schlägt sich bei den Jungen eher die körperliche Leistungsfähigkeit auf das Selbstwertgefühl nieder (vgl. auch Späth/Schlicht 2000). Ein weitgehend einheitlicher Befund querschnittlicher Analysen liegt sowohl national wie auch international hinsichtlich des Zusammenhanges zwischen Selbstwertgefühl und dem tatsächlichen Sportengagement vor. So kann unabhängig vom Geschlecht die Aussage getroffen werden, dass Jugendliche sich umso positiver selbst wahrnehmen, je aktiver sie ihrem Sport nachgehen (vgl. u.a. Sonstroem 1997; Fox 2000; Endrikat 2001). Auch im Längsschnitt zeigt sich – zumindest partiell – ein signifikanter Einfluss der sportlichen Aktivität auf die Entwicklung des Selbstwertgefühls (Brettschneider/Kleine 2002). Während Heim und Brettschneider (2002) kaum eine positive Wirkung sportlichen Engagements auf das Selbstwertgefühl finden können, haben sie doch die Entdeckung gemacht, dass gerade Mädchen mit leistungssportlichen Ambitionen von ihrer Aktivität profitieren. Anders als die oben genannten Ergebnisse von Burrmann (2005e) hinsichtlich des Körperkonzeptes sprechen hier Heim und Brettschneider von der sportlichen Aktivität als Unterstützungsmaßnahme und als Chance der Erfahrungserweiterung, die es den weiblichen Sportlern ermöglicht, ihre eigene Person, jenseits ungünstiger Geschlechtsstereotype, wahrzunehmen. Dass auch dieses Ergebnis nur ein Hinweis auf mögliche Effekte sein kann und dass die dahinterstehenden Wirkungsmechanismen noch einer genauen Analyse unterzogen werden müssen, wird von den genannten Autoren angeregt.

Aussagen zum generellen Selbstkonzept können bei Burrmann (2004, 2005e) gefunden werden, die speziell für männliche sportliche Jugendliche eine Steigerung des generellen Selbstkonzeptes im Längsschnitt beobachtet. Außereuropäische Studien können von leichten positiven Zusammenhängen des Selbstbildes mit der sportlichen Leistung amerikanischer Jugendlicher (vgl. Kay/Felker/Varoz 1972) sowie mit dem sportlichen Engagement australischer Schülerinnen (vgl. Foon 1989) berichten. Insgesamt betrachtet sieht man sich mit einer dünnen Forschungslage konfrontiert. Heim und Brettschneider (2002) ziehen bei der Analyse zweier Längsschnittstudien die Bilanz, dass das Selbstkonzept keine dramatischen Änderungen in der Jugendzeit erfährt. Die Autoren vermuten eine entscheidendere Phase in der Zeit der Kindheit bzw. in der Übergangsphase vom Kind zum Adoleszenten.

Hoffmann und Schlicht (2006) gehen mit Blick auf bestehende Studien davon aus, dass ein positiver Einfluss des Sports auf Selbst- und Körperkonzepte nur gegeben zu sein scheint, wenn die sportliche Aktivität mit hinreichender Häufigkeit, Intensität und Kontinuität betrieben wird. Eine positive Beeinflussung kann zusammenfassend nur dann entstehen, wenn die gemachten Erfahrungen auch positiver Natur sind. So zitieren sie eine Vielzahl von Studien, in denen unter diesen beschriebenen Bedingungen positive Effekte sowohl auf einzelne Verhaltensbereiche (z.B. Fairness und Kooperation) als auch auf die übergeordneten Konstrukte Körper- und Selbstkonzepte nachgewiesen werden können.

Hinsichtlich der zwar wachsenden, aber noch nicht hinreichend aufklärenden Forschungslage ist es wenig sinnvoll, eine abschließende Beuteilung hinsichtlich eines Zusammenhangs zwischen sportlicher Betätigung und Selbstkonzeptentwicklung abzugeben. Dies gilt insbesondere für die Kindheitsphase. Zwar haben sich mehr Untersuchungen mit den Zusammenhängen in der Jugendzeit mit ihren physischen und psychischen Veränderungen auseinandergesetzt, doch reicht auch hier die Befundlage nicht aus, um ein konsistentes Bild zu präsentieren. Brettscheider (2003) bilanziert, dass zumindest moderate Zusammenhänge zwischen Teilbereichen des Selbstkonzeptes und dem sportlichen Engagement bestehen. Für das Jugendalter bestehen diese Zusammenhänge besonders für das Selbstwertgefühl und das Körperkonzept, während Verbindungen zum emotionalen und zum sozialen Selbstkonzept eher inkonsistente Bilder ergeben. Es wird sich in zukünftigen längsschnittlich angelegten Analysen zeigen, ob bestehende Tendenzen bestätigt werden können.

5.3.5 Die Bedeutung des Selbstkonzeptes für die kindliche Entwicklung

Ausgehend von der Annahme, dass sich die Prägung des Selbstkonzeptes unmittelbar auf die eigene Wahrnehmung und das eigene Verhalten auswirkt, kommt dem Selbstkonzept eine große Bedeutung zu. Zimmer (2001) beschreibt diesen Prozess, indem sich das Kind auf seine eigene Art wahrnimmt, seine Handlungen und Leistungen bewertet, sich Attribute zuschreibt und dadurch die individuelle Handlungsfähigkeit und die Handlungsspielräume begrenzt. Nach Frey und Benning (1983) vertraut das Individuum sehr schnell seiner einmal getroffenen Selbstbewertung. Da diese Selbstkonzepte der Einordnung von neuen Erlebnissen und Stellungen in der Gesellschaft als Orientierungsmittel vonnöten sind, werden sie nicht in Frage gestellt und wie Tatsachen behandelt. Das sich bewertende und erfahrende Kind wird aus der eigenen Vorstellung Folgeerwartungen schließen, die das getroffene Bild bestätigen. Erfährt sich z.B. ein Kind durch einen Lehrer wiederholt als „dumm", so wird es von sich auch in anderen Situationen ein dummes Verhalten erwarten (vgl. auch Laskowski 2000). Neubauer (1976) und Filipp (1978) verweisen in diesem Zusammenhang auf die selektive Wirkung des

Selbstkonzeptes auf die Wahrnehmung. Mit der Bildung der Folgeerwartung wird diese zu einer Art Dauerorientierung auf zukünftige Erfahrungen. Informationen, die in das bestehende Konzept passen, werden demnach besonders beachtet, während unvereinbare Sachverhalte möglichst vermieden, ignoriert oder so uminterpretiert werden, dass sie sich integrieren lassen (vgl. u.a. Filipp 1988). Laskowski (2000) zieht die Verbindung zur Motivationspsychologie und beschreibt für Menschen die Neigung, „die Ursachen für ihre Handlungsergebnisse (Erfolge oder Misserfolge) konsistent zu ihrem Selbstwertgefühl zu suchen" (ebd., 23). So führen Menschen mit einem positiven Selbstwertgefühl einen Erfolg eher auf eigene Kompetenzen und Misserfolge auf eher ungünstige Umstände zurück, während Menschen mit einem negativen Selbstwertgefühl Erfolge eher auf günstige Bedingungen und Misserfolge auf mangelnde Kompetenzen beziehen.

Als eine der Folgen eines negativen Selbstwertgefühls kann die Sensibilisierung gegenüber Kritik genannt werden. So neigen Menschen mit einem negativen Selbstkonzept zu ungünstigen Generalisierungen von Kritik und beziehen den Inhalt mehr auf die eigene Person als auf den Sachverhalt. Dies kann zu einem ablehnenden Weltbild führen. Neubauer (1976) charakterisiert Menschen mit einem besonders niedrigen Selbstwertgefühl folgendermaßen: „Personen mit einer niederen Selbstwertschätzung halten sich eher für eine unwichtige und unbeliebte Person, die sich nur dann Anerkennung verschaffen kann, wenn sie sich mehr oder weniger selbst verleugnet und sich in einer bestimmten Rolle präsentiert (…) Bei einem Gefühl der seelischen Isolierung ist man eher Außenseiter, versucht sich anzupassen und macht mit halbem Herzen mit, da man innerlich nicht davon überzeugt ist. Im Ganzen herrscht eher eine pessimistische Zukunftserwartung vor, und man sucht Stabilität und Rückhalt in vertrauten Aufgaben und in einer verhältnismäßig routinemäßigen Ausführung" (ebd., 123).

Weiter kann über Menschen mit einem negativen Selbstkonzept gesagt werden, dass sie sich in sozialen Situationen unsicherer und angespannter, vorsichtiger und weniger aktiv verhalten und dass es dadurch zu einer Vermeidungshaltung kommt, die letztendlich auch die Vermeidung einer Kompetenzerweiterung durch Übung bedeutet (vgl. Schneidinger 1990). Gerade für Kinder wäre ein solcher Verlauf fatal, da sie sich auch entscheidend durch den Kontakt mit anderen entwickeln und eine Isolation seelische Schäden hervorbringen kann. Personen mit einem negativen Selbstkonzept schränken sich demnach selbst ein und reduzieren sich in ihren Möglichkeiten der Lebensführung.

Eine positive Ausrichtung des Selbstkonzeptes hingegen bewirkt eine innere Stärke hinsichtlich Situationsbewältigungen. Es herrscht eine positive Zukunftserwartung vor und Probleme werden als grundsätzlich lösbar betrachtet (Neubauer 1976). Durch ihre positive Erwartungshaltung sind sie meist erfolgreicher und weltoffener, sehen ihre Überzeugungen bestätigt (vgl. Zimmer 2001).

Kinder mit einem positiven Selbstkonzept fällt es demnach leichter, sich in ihre Umgebung einzufügen und Kontakt mit Gleichaltrigen zu knüpfen. Auf Basis dieser Überlegungen wird laut Alfermann (1998) dem Selbstkonzept gerade von sozial- und entwicklungspsychlogisch orientierten Forschern eine entscheidende Rolle bei der Erklärung von Verhaltens- und Erlebensweisen zugeschrieben. Gleichzeitig weist Alfermann auf den Einfluss des Selbstkonzeptes auf die Gesundheit, der sich sowohl stärkend als auch schwächend gelten machen lässt. So beschreibt sie für Personen mit einem hohen Selbstwertgefühl weniger Anzeichen für psychische Instabilität und psychosomatische Erkrankungen.

Zusammenfassend kann die Bedeutung des Selbstkonzeptes folgendermaßen dargestellt werden: Durch seine Eigenschaft der Wahrnehmungsstrukturierung und Verhaltenssteuerung bestimmt das Selbstkonzept auch mögliche Handlungsfelder, die zu einer Eingrenzung oder Erweiterung der Kompetenzen führen können. Nach Brettschneider (2003) stellt es ein „lebensgeschichtlich und kontextspezifisch relationales Konstrukt dar, das Plastizität, d.h. langfristige Variabilität im Entwicklungsgeschehen, ebenso impliziert wie die für die Identitätsbildung wichtige kurz- und mittelfristige Stabilität und Kontinuität" (ebd., 212).

Der Besitz eines positiven Selbstkonzeptes stellt demnach die Weichen für eine gesunde gegenwärtige und zukünftige Lebensführung und Lebensqualität.

5.3.6 Zusammenfassung

Zusammenhänge zwischen sportlicher Aktivität und der Entwicklung von Selbstkonzeptfacetten lassen sich mit höchst unterschiedlicher Ausprägung finden und bedürfen einer weiteren Untersuchung, wie sie im Folgenden geschehen soll. Zuvor erscheint es jedoch sinnvoll, das für diese Arbeit zugrunde liegende Verständnis vom Selbstkonzept zusammenfassend darzustellen:

In Anlehnung an Deusinger (2002), deren Selbstkonzeptskalen in dieser Arbeit auch Verwendung gefunden haben, wird das Selbstkonzept als Einstellung gegenüber der eigenen Person verstanden. Diese Einstellungen können sich auf verschiedene Bereiche des Selbst beziehen. Damit sind Selbstkonzepte multidimensional aufzufassen, deren Teilelemente nicht isoliert nebeneinander, sondern ein System von Einstellungen repräsentieren. Aufbauend auf dieser Vorstellung und in Anlehnung an Müller-Dietikers (1999) acht Thesen des Selbstkonzeptes wird folgendes Konzept vertreten:

Das Selbstkonzept stellt eine Gesamtheit interner, kognitiver Repräsentationen des Wissens über die eigene Person und die darin eingeschlossenen Überzeugungen, Beurteilungen und Erwartungen und ihrer Beziehungen zur Umwelt dar. Als Informationsquellen dienen reale und symbolische Erfahrungen, Rückmeldungen, verbale Zuschreibungen, interaktive Verhaltensweisen oder soziale Vergleichsprozesse. Informationen werden als selbstbezogen verarbeitet und in kognitive Repräsentanten umgewandelt, die wiederum in bestehende bzw., wenn nötig, in neue Selbstschemata bzw. Selbstkonzeptteile eingegliedert werden. Das Selbstkonzept ist somit vielschichtig und in einer zumindest leichten hierarchischen Anordnung zusammengesetzt. Je höher die Hierarchiestufe, der Generalisierungsgrad und die subjektive Bedeutung, desto wahrscheinlicher ist eine gewisse Stabilität der Selbstschemata. Sie sind aber potentiell wandel- und anpassbar. Selbstkonzepteile besitzen für das Individuum instrumentellen Wert, sie sind verhaltensrelevant, steuern die Informationsaufnahme, -verarbeitung und -speicherung und die gesamte Präsentation der Person gegenüber der Umwelt. Sie werden zur Bewältigung spezifischer Lebenssituationen aufgerufen und verarbeitet.

Verbindungen zur sportlichen Aktivität lassen sich vor allem in querschnittlich angelegten Studien nachweisen, obwohl auch neuere längsschnittliche Daten für Teilaspekte einen Zusammenhang beschreiben. Sportspezifische Situationen sind jedoch zweifelsohne eine ideale Situation für das Kennenlernen der eigenen körperlichen Kompetenz und für den sozialen Vergleich mit anderen. Kausalzusammenhänge lassen sich noch nicht restlos finden und bedürfen weiterer Nachforschungen. Empirische Untersuchungen geben jedoch zahlreiche Hinweise auf einen positiven Einfluss von Bewegungsaktivitäten auf spezifische Aspekte des Selbstkonzeptes, doch fokussieren die meisten Arbeiten die Phase des Jugendalters und vernachlässigen das kindliche Selbstkonzept in ihrer ganzen Komplexität, wie es im Folgenden in dieser Arbeit geschehen soll.

Teil II: Empirische Untersuchung

6. Konzeption, Durchführung und Methodik der Untersuchung

Die dargelegte Diskussion über Kindheit, motorische Fertigkeiten, Bewegung und ihren möglichen Einfluss auf das Selbstkonzept kann nur dann fruchtbar fortgeführt werden, wenn diese anhand empirischer Untersuchungen wissenschaftlich mit neuen Erkenntnissen fundiert wird. Die vorliegende Arbeit soll einen Beitrag leisten, die vorhandenen Forschungslücken weiter zu füllen und bestehende Aussagen zu überprüfen.

Nach der theoretischen Grundlegung des Themenkomplexes werden im Folgenden nun die zentralen Fragestellungen, der Untersuchungsplan und die Methodik dargelegt.

6.1 Zentrale Fragestellungen der Untersuchung

Ausgehend von der These über ein verändertes Bewegungs- und Alltagsverhalten der heutigen Kindergeneration – unabhängig davon, ob dieses als positiv oder negativ zu bewerten ist und unabhängig davon, in welchem Ausmaß sich diese Veränderungen vollzogen haben (vgl. Kap. 2) – bedarf es zunächst einer Deskription der tatsächlichen kindlichen Bewegungsaktivität und Bewegungsvorliebe sowie ihres motorischen Status, bevor nachfolgend Zusammenhänge mit Facetten des Selbstkonzeptes inferenzstatistisch analysiert werden können. Die erste Fragestellung beschäftigt sich daher mit dem Aktivitäts- und Freizeitverhalten der Kinder: Wie gestaltet sich heutiges Kinderleben und wie fit sind Kinder im Alter zwischen neun und elf Jahren tatsächlich? Zentrales Anliegen dieser Arbeit ist es weiter, auf dieser Basis einen Vergleich anzustellen zwischen Kindern, die sich sehr gerne bewegen, und Kindern, die sich eher nicht gerne bewegen. Hier soll vor allem der Aspekt des Selbstkonzeptes und der motorischen Fertigkeit herausgearbeitet werden. Der Sportverein gehört zu den sportlichen Institutionen, die Kinder am häufigsten zum organisierten Sporttreiben aufsuchen und Eltern als Mittel dient, ihre Kinder sportlich zu fördern. Daher gilt es in einem nächsten Schritt zu klären, wie sich Mitglieder eines Sportvereins, welcher nicht nur Förderung im motorischen, sondern auch im sozialen Bereich leistet, hinsichtlich der verschiedenen Selbstkonzeptfacetten von

Kindern unterscheiden, die keinen Sportverein besuchen. Um allerdings die Aussagekraft der Untersuchung zu vergrößern, soll nicht nur ein einfacher Vergleich verschiedener Gruppen im Querschnitt, sondern auch eine längsschnittliche Betrachtung erfolgen. Hier steht zum einen die Frage im Vordergrund, wie sich die Kinder in den verschiedenen Gruppen entwickeln, zum anderen, ob mögliche Zusammenhänge zwischen Bewegungsaktivität, Motorik und Selbstkonzept bestehen und diese Zusammenhänge eher auf die Sozialisations- oder auf die Selektionshypothese (vgl. Kap.5.3.4.3) schließen lassen.

Ziel der Arbeit ist es, die Bedeutung einer sportlichen Förderung besonders im Kindheitsalter unter Berücksichtigung des kindlichen Selbstkonzeptes und der kindlichen Motorik herauszustellen. Mit Nennung der Faktoren, die in der Kindheit mit einem gesunden Selbstkonzept in Verbindung stehen, sind schließlich die Weichen gestellt für eine Orientierung an einer ganzheitlich-sportlichen Erziehung.

6.1.1 Fragestellungen zum Freizeit- Sport- und Familienverhalten

Intention der einleitenden Fragestellung ist es, das Verhalten der Kinder in ihren Lebenskontext einordnen zu können. Nach den Darstellungen in Kapitel 2 lernen Kinder heute früh, ihren Tagesablauf eigenständig zu koordinieren, und erleben sich in einer Situation, in der viele Termine bereits die freie Zeit kontrollieren. Die Frage richtet sich also danach, in welcher Familienform Kinder leben, welche Aktivitäten ihnen wichtig erscheinen und zu ihrem Wohlgefühl beitragen. In Anlehnung an die in Kapitel 4.4 vorgestellten Thesen zum Bewegungserleben von Kindern ist es wichtig zu erfahren, wie sehr und in welcher Weise die Kinder sportlich aktiv sind. Damit sind hier die These der Versportlichung sowie die Diskussion zwischen formeller und erlebnisorientierter sportlicher Aktivität angesprochen. Es ist wichtig zu klären, welche Rolle neben alltäglichen Bewegungsspielen spezifische Sportsituationen wie das Training in einem Sportverein im Kinderleben spielen und welche Faktoren zu einem Eintritt in den Sportverein führen. Gibt es Kriterien, die einen Einritt im gegensätzlichen Sinne der Entstrukturierungsthese beeinflussen? Dabei soll auch das sportliche Engagement der Familie erhoben werden, jedoch nicht im Kontext der individuellen Sportpräferenzen, sondern im Familienkontext: Wie oft treibt die Familie zusammen Sport? Und wie sehr wird der Sport durch die Eltern gefördert? Die Ergebnisse bisheriger Forschungen zeigen, dass Kinder heute zum großen Teil sehr sportliche Eltern besitzen (vgl. Kap.4.4.4) und zum Teil auch zusammen sportlichen Aktivitäten nachgehen. Weiter hat sich bisher gezeigt, dass sportlich aktive Kinder mehrheitlich auf ein unterstützendes Elternhaus zählen können (vgl. Kap. 4.4.3). Es bleibt jedoch zu überprüfen, welche Unterschiede sich diesbezüglich zeigen werden.

Abgesehen von der sportlichen gemeinsamen Betätigung dürfen auch andere Familienaktivitäten nicht außer Acht gelassen werden. So ist es sinnvoll zu erfahren, wie eingebunden die Kinder in das Familienleben sind und auf welcher Basis die Beziehung zwischen Eltern und Kindern beruht. Dies kann hier jedoch nur exemplarisch und keinesfalls erschöpfend analysiert werden. Die Daten darüber sollen in erster Linie als Zusatzinformationen dienen und nicht als Hauptkomponenten betrachtet werden.

Von zentralem Interesse sind schließlich die motorischen Fertigkeiten der Kinder, welche durch ein geeignetes Testverfahren ermittelt werden: Welche motorischen Leistungen können vollbracht werden, wo liegen die Stärken und Schwächen der motorischen Gewandtheit im Kindesalter? Forschungsbefunde zu diesem Thema geben bisher ein uneinheitliches Bild (vgl. Kap.3.3); die Tendenz zeigt jedoch in Richtung einer Verschlechterung der motorischen Fitness. Gleichzeitig soll auch das allgemeine Selbstkonzept der Gesamtgruppe betrachtet werden.

Im Rahmen dieser Diskussion kommt das Thema der weiblichen Beteiligung im Freizeitsport immer wieder zur Sprache. Auch wenn Mädchen zunehmend in jungendominierten Sportarten zu finden sind (vgl. Kap.4.4.3) und die Unterschiede zwischen den Geschlechtern innerhalb des Kindersports geringer werden, so scheinen Mädchen trotz allem andere Bedingungen im Sportbereich vorzufinden als Jungen. Aus diesem Grund ist eine genaue Betrachtung solcher Daten ebenfalls sinnvoll und Erkenntnis bereichernd.

6.1.2   Fragestellungen zur Bewegungspräferenz und zum Selbstkonzept

Zentrales Anliegen dieser Arbeit ist es, die Auswirkungen sportlicher Förderungen im Kindheitsalter besonders mit Blick auf Selbstkonzept und Motorik genauer zu untersuchen. Ein Kind wird sportlich gefördert, wenn es die Möglichkeit erhält, sich in einem gewissen Rahmen sportlich zu betätigen. Dies kann sowohl auf informeller als auch auf formeller Art geschehen (vgl. Kap. 4).

Nach Aussagen mehrerer Studien sind Kinder, die regelmäßig in einen Sportverein gehen, auch in ihrer sonstigen Freizeit bewegungsfreudiger als Kinder, die in keinen Sportverein gehen. Trotzdem gilt zu überprüfen, ob die Gruppe der Sportvereinskinder als besonders bewegungsliebend und die Gruppe der Nichtsportvereinskinder als eher bewegungsmeidend charakterisiert werden kann und ob sich Unterschiede zwischen den beiden Gruppen bezüglich des Selbstkonzeptes nicht allein aufgrund ihrer Bewegungspräferenz ergeben.

In einem ersten Schritt soll daher ein Vergleich gezogen werden zwischen Kindern, die Bewegung in ihrer Freizeit bevorzugen, und Kindern, für die Bewegung nicht an erster Stelle steht. Der Vergleich dieser beiden Gruppen konzentriert sich hauptsächlich auf die Betrachtung der unterschiedlichen motorischen Leistungen und auf die Facetten des Selbstbildes, die bewegungspräferierende und weniger präferierende Kinder haben. Untersuchungen haben bisher ergeben, dass Kinder, die Bewegung präferieren, nicht präferierenden Kindern hinsichtlich spezifischer Facetten ihres Selbstkonzeptes überlegen sind und auch bessere motorische Leistungen erzielen (vgl. Kap. 5.3.4). Diese Ergebnisse lassen jedoch noch viele Fragen offen und beziehen sich zum größten Teil auf die Aussagen jugendlicher Testpersonen, die sich in der Phase der Adoleszenz befinden und in Bezug auf ihr Selbstkonzept gesondert betrachtet werden müssen. So erstaunt es auch nicht, dass gerade Ergebnisse hinsichtlich des Körperbildes, welches in der Pubertät von zentraler Bedeutung ist, positiv mit einer sportlichen Betätigung zusammenhängt. Kinder im mittleren Grundschulalter erleben zwar auch körperliche Veränderungen, doch sind sie in der Regel noch nicht auf ihren Körper fixiert, und so ist es wichtig zu fragen, welche Unterschiede im Selbsterleben zwischen Bewegung präferierenden und Bewegung weniger präferierenden Kindern in dieser Altersgruppe zu beobachten sind. Ebenso wichtig ist anzumerken, dass die bestehenden Erkenntnisse aus unterschiedlich operationalisierten Stichproben gewonnen wurden, die sowohl Vereinsmitglieder als auch ansonsten bewegungsreiche Probanden integriert.

Die Betrachtung der motorischen Fähigkeiten dient dem Zweck der Überprüfung, ob bewegungsreiche Aktionen tatsächlich auch die motorischen Fertigkeiten positiv beeinflussen und so der Schluss gezogen werden kann, dass Bewegung mit guten motorischen Fähigkeiten im Einklang steht.

6.1.3 Fragestellungen zur Vereinszugehörigkeit und zum Selbstkonzept

Als logische Konsequenz folgt schließlich die Frage nach der Determinante Sportverein.
Welche Unterschiede ergeben sich zwischen Kindern, die regelmäßig in einem Sportverein aktiv sind, und Kindern, die einer solchen Institution nicht angehören? Der Sportverein bietet neben der reinen sportlichen Aktivität zahlreiche soziale Faktoren, die sich positiv auf die kindliche Entwicklung, speziell auf das Selbstkonzept, auswirken können (vgl. Kap.4.5). Durch die stetige Rückmeldung und die Beziehung zum Trainer und den Kameraden im Team entstehen Situationen, die im freien Spiel so nicht immer gegeben sind. Der Sportverein bietet Eltern die Möglichkeit, ihr Kind gezielt sportlich zu fördern. Daher ist es wichtig, in Anlehnung an oben

genannte Fragestellungen zu überprüfen, ob die Kinder, die in einem Sportverein aktiv sind, über ein besseres Selbstverständnis und über bessere motorische Leistungen verfügen als Kinder, die diesen Bezug zum Sportverein nicht haben.

6.1.4 Fragestellungen zum Zusammenhang zwischen sportlicher Betätigung und Selbstkonzept

Als vierte Frage ist schließlich zu stellen, wie sich die Kinder innerhalb eines Jahres hinsichtlich ihres Selbstkonzeptes und ihrer motorischen Fertigkeiten entwickeln. Nur auf diesem Weg ist es möglich, zuverlässige Aussagen über einen möglichen Zusammenhang zwischen Bewegungstätigkeit, motorischem Status und Selbstkonzept zu treffen.

Einige Ergebnisse bestehender Arbeiten deuten darauf hin, dass sich Bewegungsaktivitäten positiv auf Dimensionen der kindlichen Entwicklung auswirken (vgl. Kap. 5.2). Zusammenhänge zwischen sportlicher/bewegungsreicher Aktivität und dem kindlichen Selbstkonzept sind jedoch noch nicht zufrieden stellend beantwortet. Ergebnisse aus der Jugendforschung lassen jedoch Zusammenhänge vermuten, die es zu überprüfen gilt (vgl. Kap. 5.3.4.4). Während bisher vornehmlich einzelne Selbstkonzeptbereiche fokussiert wurden, soll hier vor allem das generelle Selbstkonzept, welches sich aus verschiedenen Facetten zusammensetzt, von Interesse sein.

Gibt es einen Zusammenhang zwischen den Faktoren Bewegung und Selbstkonzept und wenn ja, wie ist er gerichtet? In Anlehnung an die Interpretationsmöglichkeiten zwischen Sport und Persönlichkeit (vgl. Kap. 5.3.4.3) gilt es zu überprüfen, ob sich die Bewegung positiv auf das Selbstkonzept (Sozialisationshypothese) oder aber sich das Selbstkonzept auf die Bewegung auswirkt, d.h., dass nur die Personen Sport treiben, die ohnehin schon über ein positives Selbstkonzept verfügen (Selektionshypothese). Anhand der längsschnittlichen Betrachtung sollte es möglich sein, diesbezüglich konkretere Aussagen zu treffen.

6.2 Rahmenbedingungen der Untersuchung

Die vorliegende Untersuchung ist als Teilprojekt der von Röhr-Sendlmeier geleitenden Studie zum Themenkomplex Psychomotorik an der Universität Bonn zu betrachten. Im Frühjahr 2003 ist damit begonnen worden, wissenschaftliche Erkenntnisse zum Zusammenhang zwischen sportlicher Betätigung, Risikowahrnehmung und Selbstkonzeptentwicklung bei Kindern und

Jugendlichen zu suchen und zu analysieren. Basierend auf der Ausgangshypothese, dass Kinder, die unter risikoarmen Bedingungen trainieren, bessere motorische Fertigkeiten entwickeln und über ein positiveres Selbstbild verfügen als Kinder, die konsequent unter risikoreichen Bedingungen trainieren (vgl. Röhr-Sendlmeier/Knopp 2007), wurde in Zusammenarbeit mit Knopp (2007) ein Untersuchungsdesign entwickelt, welches die Analyse der interessierenden Fragestellung möglich macht. Neben der Auswahl geeigneter Testinstrumente hinsichtlich der motorischen Fertigkeiten und der Operationalisierung des kindlichen Selbstkonzeptes wurde zusammen ein Fragebogen entwickelt, der sowohl Informationen über das Bewegungsverhalten auf unterschiedlichem Trainingsgrund, das eigene sportliche Verhalten und das Sportverständnis der Kinder Auskunft geben soll. Das Projekt fand schließlich im Sommer 2003 seinen Anfang und beinhaltet sowohl die wissenschaftliche Durchführung der Testinstrumente als auch die Betreuung der Sportler, die sich aus sechs Mannschaften eines Bonner Fußballvereins zusammensetzt.

In der Zusammenarbeit kristallisierte sich immer mehr heraus, dass die Einbeziehung der kindlichen Bewegungswelt mit ihren einzelnen Facetten und ihr Zusammenhang mit dem Selbstkonzept gleichermaßen wichtig sind und weiteres Potential an unbeantworteten Fragestellungen liefert. Aus diesem Grund ist daher dieser extensive Fokus als weiteres Teilprojekt gegründet worden.

Folgende Bedingungen sollen den Rahmen der Untersuchung bilden:

6.2.1 Untersuchungsgruppe

Angesichts der bestehenden Forschungslage ist es sinnvoll, die Gruppe der 9- bis 11-Jährigen näher zu betrachten. Obwohl in letzter Zeit auch Arbeiten zu dieser Altersgruppe bezüglich Sport und Selbstkonzept entstehen (vgl. Kap 5.3.4.4), so bleibt der bisherige Erkenntnisstand doch deutlich hinter dem der Jugendforschung zurück. Ein weiterer Grund für die Wahl dieser Altersgruppe hinsichtlich ihrer Abgrenzung zu noch jüngeren Kindern liegt in den kognitiven Kompetenzen, über die Kinder dieser Altersklasse bereits verfügen: Sie sind in der Lage, Fragebogen eigenständig und schriftlich zu beantworten. Mit Blick auf die sich wandelnde Forschungstradition, die Kinder als eigenständige Akteure ihrer Handlung und als eigenständige Mitglieder unserer Gesellschaft betrachtet (vgl. Kap. 1), ist es unabdingbar, die Kinder selbst nach ihren Erfahrungen und Interessen zu befragen. Nach Lipski (2000) gibt es auch keinen Grund gegen eine solche Entscheidung, da nach seiner Ansicht die Kinder im Vergleich zu

Erwachsenen keine unzuverlässigeren Informanten sind. Zusätzlich verweist er auf einen äußerst geringen Prozentsatz fehlender Daten bei Befragungen von Kindern.

Für die Teilnahme an der Untersuchung stellen sich neben der Altersvorgabe folgende Bedingungen:

- Die Eltern müssen mit der Erhebung einverstanden sein und eine entsprechende Erklärung unterschreiben.
- Die Kinder müssen der deutschen Sprache mächtig sein.
- Zum Zeitpunkt der Erhebung müssen die Kinder körperlich und psychisch gesund sein.

Diese Bedingungen basieren auf folgenden Überlegungen:

Das Einverständnis und damit das Vertrauen der Eltern dient in erster Linie zur rechtlichen Absicherung der Untersuchung, verpflichtet aber gleichzeitig den Untersuchenden, das untersuchte Kind nicht zu überfordern. Die Begrenzung auf die deutsche Sprache hat letztendlich nur eine praktische Begründung: Die Kinder müssen die Fragen im Fragebogen verstehen, um sie richtig beantworten zu können. Letztendlich ist es auch von großer Bedeutung, ob die Kinder zum Zeitpunkt der Erhebung gesund sind. Dies betrifft sowohl die psychische Gesundheit (Kinder, die emotional unter starkem Stress stehen oder ansonsten auffällig sind, können hinsichtlich ihres Selbstkonzeptes nicht mit anderen psychisch gesunden Kindern verglichen werden) als auch die physische Gesundheit (Kinder mit Behinderungen oder akuten Verletzungen können nicht die gleichen motorischen Leistungen erzielen wie körperlich gesunde Kinder).

6.2.2 Untersuchungsort

Durch die gerade dargestellten Bedingungen und die vorgegebene Altersstruktur bieten sich die Kinder der dritten und vierten Klasse von Grundschulen an. Die Grundschule ist der Ort, an dem unter ökonomischen Bedingungen eine Vielzahl an ähnlich alten Kindern gleichzeitig befragt werden kann. Für eine Untersuchung in der Grundschule sprechen nicht zuletzt die gegebenen Örtlichkeiten, die es unabhängig von der Jahreszeit durch die vorhandene Turnhalle und die Klassenzimmer möglich machen, schriftliche Befragungen und Erhebungen im motorischen Bereich unter gleichen Bedingungen durchzuführen. Ebenfalls ist auch die für die Kinder vertraute Umgebung nicht zu unterschätzen, die eine Befragung durch neutrale Untersucher erleichtert. Mit dem jeweiligen Klassenlehrer steht dem Untersuchenden auch eine Person zur Seite, die ihre Schüler kennt und persönlich einzuschätzen weiß.

Mit diesen Überlegungen wurde Kontakt zu zwei Grundschulleiterinnen in Bonn aufgenommen, die sich zu einem persönlichen Gespräch bereit erklärten und die Durchführung der Untersuchung an ihren Schulen schließlich unterstützten.

6.2.3 Messzeitpunkte

Die Beantwortung der Fragestellung sollte in zwei Erhebungswellen geschehen, um eine Entwicklung der Kinder verfolgen zu können.

Nach den Gesprächen mit den Schulleiterinnen und den Klassenlehrern wurden im Dezember 2003 in Schule A die Daten von 85 Kindern der Klassen drei und vier erhoben. Weitere 114 Kinder wurden im gleichen Monat sowie im Januar 2004 in Schule B befragt und motorisch getestet.

In einer zweiten Erhebungswelle sollten alle Kinder, die während des ersten Durchgangs die Klasse drei besuchten und nun der Klasse vier angehörten, erneut befragt werden. Diese Welle fand ein Jahr später im Januar und Februar 2005 statt. Zu diesem Zeitpunkt wurden allein die Kinder der Schule B in die Untersuchung mit einbezogen. Dies hatte folgende Gründe: Zu einem mussten in Schule A bereits bei der ersten Erhebungswelle gerade in Klasse drei viele Kinder herausgenommen werden, da sie die Stichprobenkriterien nicht erfüllten. Es verblieben zu wenig Probanden, als dass eine zweite Erhebungswelle hier ökonomisch gewesen wäre. Die Reduzierung der Stichprobe ergibt sich auch daraus, dass die Viertklässler der ersten Erhebungswelle zum zweiten Messzeitpunkt bereits die Grundschule verlassen hatten und ihre Schulkarriere an unterschiedlichen weiterführenden Schulen fortsetzten (vgl. Tabelle 14).

Tabelle 14: Messzeitpunkte und Kinderanzahl

	Messzeitpunkt	Schule und Klassen	Anzahl der Kinder
1. Erhebungswelle	Dezember 2003	Schule A Klasse 3 (a + b) Klasse 4 (a + b)	 45 Kinder 40 Kinder
	Dezember 2003/ Januar 2004	Schule B Klasse 3 (a + b + c) Klasse 4 (a + b + c)	 56 Kinder 58 Kinder
		Gesamtzahl:	199 Kinder
		Gesamtzahl des kriterienentsprechenden Datensatzes:	**173 Kinder**
2. Erhebungswelle	Januar/Februar 2005	Schule B Klasse 4 (a + b + c)	 56 Kinder
		Gesamtzahl des kriterienentsprechenden Datensatzes:	**45 Kinder**

6.3 Instrumentarium und Methodenkritik

Um sowohl die Einstellung eines Kindes, seine Freizeitvorlieben, sein persönliches Selbstkonzept sowie dessen motorischen Status zu erfassen, bedarf es einer multimodalen Zugangsweise.

Die Vorlieben und Gewohnheiten eines Kindes können sowohl auf mündlichem Weg in Form eines Interviews oder durch schriftliche Befragung durch einen Fragebogen (sofern es bereits der Schriftsprache mächtig ist) erfasst werden. Ebenso ist es denkbar, nicht das Kind, sondern eine nahe Bezugsperson über das Verhalten des Kindes zu befragen. Ein Interview hat den Vorteil, dass Kindern der Prozess des Lesens und Schreibens beim Beantworten der Fragen erspart bleibt. Ebenso können etwaige Unklarheiten sofort besprochen werden, und es besteht nicht die Gefahr, dass Fragen übersehen werden. Gerade für jüngere Kinder bietet sich daher eine solche Form der Befragung an. Wird jedoch eine größere Anzahl an Kindern befragt, stehen die Vorteile einer mündlichen Befragung nicht in Relation zum zeitlichen Aufwand. Es bietet sich daher an, ein Instrumentarium zu entwerfen, welches Kinder eigenständig und zeitgleich bearbeiten können. Ein Fragebogen, der auf dem schriftlichen Weg beantwortet werden soll, erscheint in einem solchen Fall sinnvoll.

Für die Erhebung des kindlichen Selbstkonzeptes bieten sich verschiedene standardisierte Testinstrumente an, die zu großen Teilen ebenfalls auf schriftlichem Weg durchzuführen sind. Eine schriftliche Erfassung des Selbstkonzeptes ermöglicht es dem Kind, offen über seine Empfindungen zu berichten, ohne dabei seine Intimsphäre durch das Gespräch mit einer fremden Person verletzen zu müssen. Auch Bortz und Döring (1995) betonen, dass sich die anonyme Situation der schriftlichen Befragung „günstig auf die Bereitschaft zu ehrlichen Angaben und gründlicher Auseinandersetzung mit der erfragten Problematik auswirken kann" (ebd., 216). Es erweist sich daher als folgerichtig, auf bereits bestehende Testinstrumente zurückzugreifen und die schriftliche Befragung für die Erhebung des Selbstkonzeptes einzusetzen (vgl. auch Mummendey/Mielke 1989).

Motorische Fertigkeiten kann man letztendlich nur durch das Bewältigen von motorischen Aufgaben demonstrieren, und so steht es außer Frage, auch in diesem Fall auf ein bereits bewährtes Testinstrument zurückzugreifen.

Um eine spätere mögliche Zusammenführung der erhobenen Daten mit den anfangs erwähnten Daten der Psychomotorikreihe gewährleisten zu können, wurde auf die dort bereits eingesetzten Testinstrumente bezüglich Selbstkonzept und Motorik zurückgegriffen und der bereits konzipierte Fragebogen hinsichtlich der veränderten und differenzierten Fragestellung gekürzt und ergänzt. In dieser Vorgehensweise liegt der Vorteil, dass der Umgang mit den Instrumenten bereits erprobt und routiniert durchgeführt werden sowie Verständigungsprobleme bereits bereinigt werden konnten. Als Erhebungsinstrument dienen somit zwei schriftliche Befragungen (Fragebogen zum Freizeitverhalten; Selbstkonzeptskalen) und ein motorischer Test. Während die zwei standardisierten Instrumente zum Selbstkonzept und zur motorischer Fertigkeit keinen Pretest erforderten, wurde der selbst konzipierte Fragebogen durch Kinder einer Fußballmannschaft und einer Hausaufgabengruppe (N = 20) vor dem Einsatz in die eigentliche Untersuchung getestet, um unklare Frageformulierungen eruieren zu können.

6.3.1 Die schriftliche Befragung

Mit der Wahl von zwei schriftlichen Erhebungsinstrumenten stellt sich zugleich die Diskussion nach der Durchführungsart. Zu einem ist es denkbar, die Fragebogen zunächst zu erklären und sie eigenständig als Hausaufgabe durchführen zu lassen. Dieses Vorgehen würde den Verlust von Unterrichtszeit verhindern, und die Kinder hätten genügend Zeit und könnten ohne Unterbrechung durch ihre Mitschüler den Fragebogen ausfüllen. Allerdings bedeutet ein solches Vorgehen auch den Verlust der Kontrolle der Bearbeitung. Schließlich ist es denkbar, dass ältere Geschwister oder andere Bezugspersonen beim Ausfüllen helfen und womöglich, wenn auch unbewusst, beeinflussen. Ebenso zeigt die Erfahrung, dass Kinder in diesem Alter nicht immer alle Fragen auf Anhieb verstehen und gerne bei der untersuchenden Person nachfragen, da sie Angst vor Fehlern haben und auch ungern Fragen überspringen. Die Anwesenheit einer direkten und neutralen Ansprechperson während der Zeit des Ausfüllens erscheint in diesem Fall ein sinnvolleres Vorgehen und wurde auch als solches gewählt.

In Absprache mit den Klassenlehrern wurden zunächst die Fragebögen zum Freizeitverhalten im Klassenverband verteilt. Die Fragebögen zum Erfassen des Selbstkonzeptes wurden der jeweiligen Klassenlehrerin anvertraut. Die Kinder sollten nicht durch zwei hintereinander folgende Befragungen überfordert werden. Da die Skalen zur Selbstkonzeptmessung einem ähnlich einfachen System wie aus dem Freizeitbogen folgen, welches darüber hinaus auch kein Wissen über die durchgeführte Studie abverlangte, war es unbedenklich, die Bögen den Klassenlehrern zu überlassen, die dafür die geeignete Zeit zum Ausfüllen im Klassenraum wählten. Die Bögen wurden schließlich zu einem späteren Zeitpunkt wieder durch persönlichen Kontakt, der Raum ließ für Nachfragen und Kommentare, zurückgegeben.

Um einen reibungslosen Ablauf der Erhebung gewährleisten zu können, wurde vor der Erhebungssituation eine Gruppe von Forschungspraktikanten mit sämtlichen Erhebungsfragen und Testaufgaben vertraut gemacht und geschult. Um die Kinder jedoch nicht zu überfordern, waren zum Zeitpunkt der schriftlichen Erhebung nur zwei Erhebungspersonen[38] präsent. Der Kontakt zu den Kindern erfolgte in der Regel bereits vor dem Beginn der Erhebungssituation. Durch ein frühes Eintreffen in der Schule war es möglich, auf dem Pausenhof oder vor dem Klassenraum bereits Gespräche mit den Kindern zu führen. Auf diesem Weg entstand eine entspannte Atmosphäre, die die Anfangsphase im Klassenzimmer erleichterte.

Nach einer Einführungsphase, in der sich zwei Erhebungspersonen vorstellten und das System der Fragebögen erklärten, wurden die Fragen eigenständig und möglichst ohne Hilfe des Sitznachbarns beantwortet. In Anlehnung an Mummendeys (1983) Impression-Management-Theorie (vgl. auch Mummendey/Mielke 1998), die beinhaltet, dass sportliche Probanden, die in einem sportbezogenen Kontext untersucht werden, auch ein rollenadäquates, in diesem Sinne sportliches Image von sich produzieren werden, wurde im Vorfeld darauf verzichtet, die Rolle der sportlichen Betätigung besonders hervorzuheben, und stattdessen das Thema Freizeit von Grundschulkindern besonders betont. Sicherlich wird der Fokus im Fragebogen auch auf sportspezifische Items gerichtet sein, doch trägt der zeitliche Abstand zwischen der Bearbeitung des Fragebogens und der Erhebung des Selbstkonzeptfragebogens zu einer Minderung eines solchen Effekts bei.

6.3.1.1 Der Kinderfreizeitbogen

Der Kinderfreizeitbogen soll Informationen zur kindlichen Lebenssituation innerhalb der Familie, des Freundeskreises und Freizeiteinrichtungen ermitteln.

Dieses Vorhaben erfordert eine geeignete Operationalisierung dieser Inhalte in Fragestellungen, die dem Alter des Kindes angemessen sind und trotzdem das Forschungsinteresse befriedigen. Neben der Länge des Fragebogens ist auch auf die geeignete Formulierung und Verständlichkeit der Fragen zu achten. Aufgrund der umfangreichen Fragestellung und des damit in Zusammenhang stehenden Ausmaßes an interessierenden Informationen erweist es sich als schwierig, eine bestimmte Grenze des Fragebogenumfangs zu setzen. Letztlich wurden 29 Fragen aufgenommen; bei dieser Anzahl ist von einer mittleren Belastung auf Seiten der Kinder auszugehen; sie werden demnach weder über- noch unterfordert. Nach den Darstellungen von Wilk und Bacher (1994) sind Kinder der dritten und vierten Klasse bereits in der Lage, standardisierte Verfahren und quantifizierende Skalen zu bearbeiten. Neben der Verwendung

---

[38] Sämtliche Erhebungen in der Grundschule wurden durch die Verfasserin der vorliegenden Arbeit selbst durchgeführt und durch die Hilfestellungen der Praktikanten ergänzt.

von geschlossenen Fragen und der Vorgabe von Alternativ- oder Mehrfachantworten fanden daher auch Likert-Skalen und andere ordinale fünfstufige Skalen Verwendung.

Zunächst wurde die Bearbeitung solcher Skalen jedoch ausführlich erklärt. Dies geschah durch das Aufschreiben eines Items mit der dazugehörigen Skala auf der Tafel (z.B. *Ich lese gerne*). Jede einzelne Antwortmöglichkeit wurde an der Tafel eingetragen und die verschiedenen Aussagen, die mit den unterschiedlichen Antworten getroffen wurden, durchgesprochen. Anschließend wurde eine Gegenprobe gemacht, um sicherzugehen, dass die Kinder das Antwortsystem verstanden hatten. Eine verbale Antwort wurde vorgegeben (z.B. *Ich stimme eher nicht zu, dass meine Eltern wissen, was ich in meiner Freizeit mache*) und die Kinder sollten angeben, welcher Nummer auf der Skala dieser Antwort entsprach. Erst wenn der Eindruck entstand, dass alle Kinder das System verstanden hatten, wurde mit dem Ausfüllen begonnen.

Der Fragebogen umfasste im Detail personenbezogene Merkmale, Angaben zu einer möglichen Sportvereinsmitgliedschaft und sonstigem sportlichen oder bewegungsreichen Engagement, Angaben zu Familienaktionen und zum Familienverhältnis, Aussagen über Dinge, die häufig und gerne gemacht werden und die zum Wohlfühlen beitragen, Aussagen über das Verhältnis zu Freunden und Aktivitäten, die mit ihnen gemacht werden, und schließlich Aussagen über institutionelle Gruppen, denen das Kind angehört.

Diese Auswahl beruht auf den Überlegungen, dass für die Gewinnung von spezifischen Informationen über ein Kind immer auch die Randbedingungen mit untersucht werden müssen.

Im Pretest erwiesen sich die verwendeten Skalen als gut. Kleinere Änderungen wurden hinsichtlich der Formulierung einzelner Fragestellungen und im Design des Fragebogens vorgenommen. Dieser Eindruck konnte auch nach der Hauptuntersuchung grundlegend beibehalten werden. Die Erhebung der Daten erfolgte ohne Schwierigkeiten.

Die Verwendung von standardisierten Fragen und einem möglichst standardisierten Ablauf der Befragung gilt als ein Aspekt, der für eine gute Objektivität des Fragebogens spricht. So konnten unabhängig vom Anwender anhand eines Codierplanes und Codeblattes die Daten eingegeben werden und anschließend personenunabhängig interpretiert werden. Zudem wurden Eingabefehler bei der Datentransformation durch die Überprüfung einer weiteren Person und auf die Verteilung der Eingabezeit auf mehrere Tage vermieden.

Obwohl die Analyse der skalierten Fragen der ersten Erhebungswelle zeigt, dass manche der benutzen Items keine optimale Besetzungsstärke über alle Ausprägungsgrade aufweisen, wurden sie dennoch als Variablen für die nachfolgende Faktorenanalyse zugelassen. Diese Entscheidung basiert auf folgenden Überlegungen: Erstens wird den inhaltlichen Faktoren in den besagten Fällen eine höhere Stellung zugesprochen, als dass sie aus methodischen Gründen zu eliminieren wären. Gerade die ungleiche Verteilung bietet z.B. Aufschluss über das sportliche Verhalten in der Familie. So wird z.B. allein mit der Mutter in den meisten Fällen nur selten Sport getrieben. Dieses Ergebnis ist wichtig für die weitere Diskussion, entspricht auch den bestehenden Erkenntnissen zu diesem Thema und lässt auf keine grundsätzliche Verzerrung durch Tendenzen zu extremen Urteilen schließen. Lediglich das Item *Ich fühle mich in meiner Familie wohl*, welches mit 91% stark bejaht wurde, war aufgrund seiner allgemeinen Zustimmung wenig aussagekräftig, eignete sich nicht zur Differenzierung und wurde somit von der Aufnahme in die Faktorenanalyse ausgeschlossen. Dennoch handelt es sich um ein Ergebnis, welches im Hintergrund zu beachten ist. Zweitens spricht für die Existenzsicherung der Items, dass es bei dieser Arbeit nicht um die Prüfung des Instrumentes als zukünftig einsetzbares Verfahren, sondern um die Beantwortung der Fragestellung geht. Da die wenigen hier angesprochenen Items auch nur knapp die optimale Verteilung verfehlen, ist eine Verwendung gerechtfertigt und für das weitere Auswertungsverfahren unproblematisch. Weiter ist anzumerken, dass die Bearbeitung der Items fast lückenlos erfolgte, also nur wenige fehlende Angaben existieren. Dieser Umstand ist nach Käser (2005) ebenfalls als ein Kriterium zu nennen, welches für die Konzeption des Fragebogens spricht.

Eine methodische Überprüfung von 40 ausgewählten Items[39] zu den Dimensionen Bewegungsaktivität, spezieller sportlicher Aktivität und Familiensport/ Sportförderung sowie Familiensituation ergaben gute bis mäßige Ergebnisse. Der Bartlett-Test auf Sphärizität für eine konfirmatorische Faktorenanalyse nach der Hauptkomponentenanalyse fällt hochsignifikant aus (χ^2 (741) = 1690,459; p < .001). Für den gesamten Datensatz liegt ein Kaiser-Mayer-Olkin-Maß als zusammenfassendes Maß für die Eignung der Itemsammlungen für eine Faktorenanalyse von KMO = 0,698 vor. Der Wert des KMO kann zwischen 0 und 1 liegen, wobei sich die Eignung mit Annäherung an die eins verbessert. Ein Wert über 0,8 gilt nach Kaiser (1974) als recht gut bis fabelhaft, ein Wert unter 0,5 als inakzeptabel. Mit dem vorliegenden Wert liegt ein mäßiger (mediocre) bis mittelguter (middling) Wert vor, der als solcher akzeptiert wird.

Nach dem Ergebnis der Hauptkomponentenanalyse mit Varimaxrotation in der Faktorenanalyse werden fünf Faktoren mit einer Varianzaufklärung von 41% extrahiert. Aufgrund inhaltlicher und statistischer Überlegungen (Faktor fünf umfasst nur zwei Items) erscheint es jedoch sinnvoller, von einer Faktorenzahl von vier auszugehen. Da der fünfte Faktor einen Anfangswert

---

[39] Die Analyse der Items erfolgte auf Datenbasis der ersten Erhebungswelle. Die Faktoren wurden anschließend auch für die Daten der zweiten Erhebungswelle angewendet.

unterhalb von zwei aufweist, ist dieses Vorgehen auch statistisch sinnvoller. Tabelle 15 zeigt die Eigenwerte und Varianzaufklärungen für die einzelnen Faktoren.

Tabelle 15: Eigenwerte und Varianzaufklärung für die Faktorenanalyse der Dimensionen des kindlichen Freizeitverhaltens nach der Rotation

Faktor	Eigenwert	Prozentsatz aufgeklärter Varianz	kumulierter Prozentsatz
Faktor 1	3,651	9,12	9,12
Faktor 2	3,560	8,90	18,02
Faktor 3	3,402	8,50	26,53
Faktor 4	2,903	7,25	33,79
Faktor 5	2,887	7,21	41,00

Inhaltlich formieren sich die vier Faktoren nach folgendem Muster:

Faktor 1 kann mit dem Titel *allgemeine Bewegungspräferenz* belegt werden. Es finden sich darin 14 Items, die Angaben machen über die allgemeine Bewegungsfreude (z.B. *Ich renne gerne um die Wette*; *Ich klettere gern auf hohe Bäume*; Toben als Ausdruck des Wohlfühlens), über den Sozialkontakt (häufiges Treffen mit den Freunden, Freunde und Familie als Wohlfühlfaktor) sowie über die bevorzugten und häufig betriebenen, eher informellen und individuell auszuführenden Sportarten (Fahrradfahren, Skaten und Schwimmen). Hohe Werte innerhalb dieses Faktors und ein hoher Gesamtwert des Faktors sprechen für eine große Bewegungspräferenz außerhalb eines organisierten Vereinssports und für gute soziale Beziehungen.

Faktor 2 umfasst fünf Items der *spezifischen sportlichen Aktivität*. Er beinhaltet die Häufigkeitsskalen bezüglich der Ausübung der spezifischen Sportarten wie Fußball, Basketball, Tennis und Tischtennis, die nicht individuell, sondern gemeinsam mit anderen ausgeübt werden. Als zusätzliches Item wird Sport als Ausdruck des Wohlgefühls erfasst. Hohe Werte in diesem Faktor sprechen für eine hohe sportliche Aktivität und für eine Einstellung zum Sport, die Wohlgefühl verspricht.

Faktor 3 thematisiert den *Familiensport und Sportförderung*. Hier werden neun Items zusammengefasst, die die Häufigkeit der Sportaktivität mit den einzelnen Familienmitgliedern und im Familienverband angeben. Weiter ist die Einstellung der Eltern zum Sport (*Meine Eltern fordern mich auf, Sport zu machen*) und die Einstellung zum Fernsehen integriert. Hohe Werte in diesem Faktor sprechen für eine hohe Sportbeteiligung und Sportförderung in der Familie und eine niedrige Präferenz des Fernsehens.

Faktor 4 beinhaltet zehn Angaben über das *interne Familienzusammenleben*. Hier finden sich Items, die sowohl das Engagement der Eltern (*Meine Eltern wissen, was ich in meiner Freizeit mache*; *In unserer Familie wird viel gemeinsam gemacht*) als auch die Häufigkeit von gemeinsamen Aktivitäten (Ausflüge, Spiele etc.) erfassen. Hohe Werte operationalisieren ein gutes gemeinschaftliches Miteinander, mit vielen gemeinsamen Gesprächen und Unternehmungen.

Insgesamt betrachtet bilden die vier Faktoren eine ideale inhaltliche Basis für die Analyse der vorgestellten Fragestellungen.

Die Ergebnisse der Reliabilitätsanalyse sprechen für eine Verwendbarkeit der Faktoren. Für alle vier Faktoren ergeben sich Reliabilitätskoeffizienten (α-Cronbach) zwischen $\alpha = 0,668$ und $\alpha = 0,757$. Geht man davon aus, dass für die Messung von Attributen ein α-Cronbach von etwa 70% empfohlen wird (vgl. u.a. Käser 2005), so zeigt sich die Eignung des Fragebogens, die vier Dimensionen über die jeweiligen Faktoren reliabel zu operationalisieren.

Schließlich spricht auch die erwiesene Trennschärfe für das Befragungsinstrument. Der korrigierte Trennschärfekoeffizient, d.h. der Korrelationskoeffizient, der das aktuelle Item unberücksichtigt lässt (vgl. Bortz/Döring 2002), liegt zwischen $r = 0,580$ und $r = 0,936$. Alle Korrelationen sind hochsignifikant ($p = .001$).

Insgesamt zeigt sich für den Kinderfreizeitbogen eine gute Objektivität, Reliabilität und Validität.

6.3.1.2 Die Selbstkonzeptskalen

Zur Erhebung des kindlichen Selbstkonzeptes wurde im Vorfeld das bisher unveröffentlichte Frankfurter Kinder-Selbstkonzeptinventar (FKSI) von Deusinger (2003) herangezogen, welches mit freundlicher Genehmigung zur Verfügung gestellt wurde. Das Inventar ist für die Befragung von 3- bis ca. 13-jährigen Kindern geeignet, wobei für die Durchführung bei den jüngeren Kindern die Form eines Fragespiels, bei den älteren Kindern die Form einer schriftlichen Befragung empfohlen wird. Der Vorteil des Instrumentes liegt in der differenzierten Erfassung von elf Selbstkonzepten, die sich in ein generelles Selbstkonzept summieren lassen. Damit ist es möglich, sowohl spezifische Aussagen zu treffen, gleichzeitig aber auch die Dimension eines generellen Selbstkonzeptes zu erfassen und vergleichen zu können.

Die Gesamtversion des FKSI setzt sich aus 90 Items zusammen, die in unterschiedlichem Maße interkorrelieren, und elf empirisch ermittelten Selbstkonzepten (körperliche Erscheinung, Gesundheit/körperliches Befinden, körperliche Effizienz, emotionale Gestimmtheit, Selbstsicherheit, Angsterleben, Moralorientierung, allgemeine kognitive Leistungsfähigkeit, Selbstbehauptungs- und Durchsetzungsfähigkeit, Wertschätzung durch andere, Kontakt- und

Umgangsfähigkeit) zugeordnet werden, die sich schließlich in fünf a priori definierte Bereiche des individuellen Selbst (Körper, Emotion/Gestimmtheit/Selbstsicherheit, Moral/Selbstwertschätzung, kognitive Leistung, psychosoziale Interaktion mit der Umwelt) gliedern lassen.

Die Items werden anhand einer dreistufigen Skala bewertet, welche die Antwortvorgaben *trifft zu*, *trifft etwas zu* und *trifft nicht zu* zulässt. Diese Dreiteilung soll im Fragebogen gleichzeitig symbolisch in Form von Minus- und Pluszeichen unterstrichen werden (++; +; --). Für die Auswertung ist eine Gewichtung der Antworten zwischen einem und drei Punkten vorgesehen. Je positiver sich das Kind einschätzt, desto höher fallen die Punkte aus. Auf diesem Weg ist es möglich, sowohl einen Summenscore für jede einzelne Skala als auch einen Gesamtsummenscore zu errechnen, welche nach einer bestimmten Verschlüsselung dem Kind positive, neutrale und negative Selbstkonzepte zuweisen.

Für Kinder der zweiten bis vierten Klasse wird eine interne Konsistenz (Cronbachs α) von $\alpha = 0{,}890$ und ein Trennschärfekoeffizient (Rangkorrelationskoeffizient nach Spearman) von $r = 0{,}73$ angegeben, welches dem Testinstrument eine gute Eignung zuspricht. Ebenfalls wird der Erfolg in Validierungsstudien angegeben.

In den ersten Erhebungen der Psychomotorikreihe (vgl. Kap.6.2) zeichnete sich bereits ab, dass einige Items nur bedingt für die Befragung von Kindern geeignet sind. So wurde beispielsweise das Item *Ich bin sauber* von den Kindern missverstanden. Anstatt von einer rein körperlich-hygienischen Frage auszugehen, interpretierten manche Kinder die Aussage im Sinne eines strafrechtlichen, bzw. umgangssprachlichen „Sauberseins". Ebenfalls löste das Item *Manchmal wünsche ich mir, ich wäre tot* Diskussionen aus, welches weniger von den Kindern direkt, aber von den betreuenden Erwachsenen und von den Eltern nachträglich kritisiert wurde. Mit dem Ziel, sich an dem von Deusinger angegebenen Auswertungsverfahren orientieren zu können, wurden die Items jedoch im Testverfahren belassen und im ersten genannten Fall vorher eine Erklärung gegeben.

Da es sich bei dem Aspekt des Selbstkonzeptes aber um eine zentrale Fragestellung der Arbeit handelt, wurden in der Analyse strengere Auswertungskriterien angesetzt. Nachdem bei einer ersten Häufigkeitszählung ersichtlich wurde, dass die Werte von einer Normalverteilung abweichen, wurde zunächst eine Itemanalyse durchgeführt. Alle Items mit weniger als 15% Mindestbesetzung und einer nicht gegebenen Trennschärfe wurden von den anschließenden Analysen ausgeschlossen. Dieses Vorgehen hatte die Konsequenz, dass lediglich 32 Items in eine darauf folgende Faktorenanalyse eingehen konnten. Der anschließend durchgeführte Bartlett-Test auf Sphärizität fällt hochsignifikant aus (χ^2 (528) = 1748,795; p < 0,001). Weiter liegt für den gesamten Datensatz ein KMO von 0,800 vor. Damit handelt es sich nach Kaiser (1974) um einen recht guten Wert, und die Itemsammlung kann als geeignet für eine Faktorenanalyse angesehen werden.

Die Faktorenanalyse (Hauptkomponentenanalyse mit Varimaxrotation) berechnet vier Faktoren mit einer Varianzaufklärung von 39,69%. (vgl. Tabelle 16).

Tabelle 16: Eigenwerte und Varianzaufklärung für die Faktorenanalyse der Dimensionen des Selbstkonzeptes nach der Rotation

Faktor	Eigenwert	Prozentsatz aufgeklärter Varianz	kumulierter Prozentsatz
Faktor 1	4,235	12,83	12,84
Faktor 2	3,118	9,44	22,28
Faktor 3	2,974	9,01	31,29
Faktor 4	2,771	8,39	39,69

Aus nachstehender Tabelle wird ersichtlich, dass in die Faktoren alle Selbstkonzeptskalen mit Ausnahme der Skala *Emotionale Gestimmtheit* eingehen. Anstatt jedoch von den ursprünglichen Bereichen auszugehen, zeichnen sich nun die Dimensionen *psychisches und physisches Wohlbefinden, Selbstsicherheit und Durchsetzungsvermögen, allgemeine kognitive Leistungsfähigkeit* sowie *Moral und Wertschätzung* ab. Obwohl diese Dimensionen aus unterschiedlichen Skalen bestehen, sind die Items doch inhaltlich so ähnlich, dass sie die Thematik gut erfassen können. Tabelle 17 gibt einen Überblick über die Skalenverteilung auf die vier Faktoren.

Mit einer annähernd gleichen Verteilung von sieben bis neun Items je Faktor hat das Testinstrument im Vergleich zur ursprünglichen Fassung zwar an Umfang verloren, die guten Ergebnisse hinsichtlich der Reliabilität und Validität sprechen jedoch eindeutig für diese Vorgehensweise und die Komprimierung der Tests:

Für den Gesamttest ergibt sich ein Reliabilitätskoeffizient (α-Cronbach) von $\alpha = 0,882$, welcher die gute Eignung des Instruments bestätigt. Für die einzelnen Faktoren liegen Werte zwischen $\alpha = 0,705$ und $\alpha = 0,824$ vor. Die korrigierten Trennschärfekoeffizienten (r nach Spearman) liegen alle im hochsignifikanten Bereich ($p < .001$) und haben einen Wert zwischen $r = 0,756$ und $r = 0,867$.

Durch die Vorgehensweise bei der Durchführung und Dateneingabe, wie in Kap.6.3.1.1, beschrieben, kann auch hier von einer guten Objektivität ausgegangen werden.

Tabelle 17: Verteilung der Selbstkonzeptskalen auf die vier Faktoren

Faktor	Selbstkonzept nach Deusinger	N	Beispielitem
1.Psychisches und physisches Wohlbefinden	Angsterleben	4	„Wenn ich nachts aufwache habe ich Angst""
	Gesundheit, körperliches Befinden	3	„Mir tut öfter etwas weh"
	Kontakt- und Umgangsfähigkeit	1	„Ich bin lieber mit Erwachsenen zusammen als mit Kindem"
2. Selbstsicherheit und Durchsetzungsvermögen	Selbstsicherheit	4	„Ich habe Angst Fehler zu machen"
	Selbstbehauptungs- und Durchsetzungsfähigkeit	3	„Ich weine, wenn andere mir etwas wegnehmen"
	Kontakt- und Umgangsfähigkeit	1	„Ich sollte höflicher zu Anderen sein"
	Angsterleben	1	„Manche Tiere machen mir Angst"
3. allgemeine kognitive Leistungsfähigkeit	allgemeine kognitive Leistungsfähigkeit	5	„Oft vertehe ich Dinge nicht"
	körperliche Effizienz	1	„Ich bin oft müde"
	Kontakt- und Umgangsfähigkeit	1	„Am liebsten werde ich nicht beachtet"
4. Moral und Wertschätzung	Moralorientierung	3	„Manchmal tue ich etwas, das verboten ist"
	Kontakt- und Umgangsfähigkeit	1	„Ich wechsle oft meine Freunde"
	Wertschätzung durch Andere	1	„Meine Eltern haben mich nicht so sehr lieb"
	Selbstsicherheit	1	„Ich traue mich oft nicht jemanden etwas zu fragen"
	Körperliche Erscheinung	1	Ich würde gerne „anders aussehen"

6.3.2 Die motorische Erhebung

Fremde Personen in einer Sportstunde von Dritt- und Viertklässlern bedeuten zunächst ein kunterbuntes und lautstarkes Durcheinander von quirligen 9- und 10-Jährigen, die alle aufgeregt sind und möglichst viel über die neuen Personen erfahren möchten. Gilt es, zuverlässige und standardisierte Werte über den Motorikstand dieser Kinder zu gewinnen, bedarf es eines Systems mit genügend Zeit.

Ähnlich wie bei einer schriftlichen Befragung gibt es auch hier zwei Erhebungswege: Der eine Weg plädiert für eine individuelle Erhebung jedes einzelnen Kindes mit einem Untersuchungsleiter. Die Vorteile eines solchen Vorgehens liegen zunächst klar auf der Hand. Der Untersuchungsleiter kann sich vollständig auf das betreffende Kind einstellen und dieses durch die Aufgaben leiten. Das Kind steht nicht unter Beobachtungsdruck seiner Mitschüler und hat genügend Zeit, um sich auf die Aufgaben einzustellen. Mit dem Ziel, eine Gruppe von annähernd 200 Kindern zu testen, die für den Durchlauf des Tests ungefähr 30 Minuten benötigen, ist diese Vorgehensweise jedoch nicht realisierbar. Es bot sich eher an, den anderen Weg zu gehen und, nach Rücksprache mit den Konstrukteuren des Tests, eine Gruppenerhebung durchzuführen. Ein möglicher Nachteil kann so auch ausgeräumt werden: Die eben beschriebene persönliche Erhebungssituation könnte je nach Temperament des Kindes auch hemmend auf die motorische Fertigkeit wirken, weil die Unterstützung von vertrauten Mitschülern und Freunden fehlt. Um die Bewältigung der acht Aufgaben des motorischen Instrumentes im zeitlichen Rahmen einer doppelten Sportstunde gewährleisten zu können, wurde ein geschultes Team von mindestens vier Personen für die jeweilige Erhebung rekrutiert. Noch vor der Sportstunde wurden die erforderlichen Vorkehrungen in der Turnhalle getroffen und die Testinstrumente aufgebaut.

Mit Beginn der Sportstunde, die meist nach der schriftlichen Erhebung erfolgte, sammelte sich die Klasse und teilte sich, nach dem Vorstellen der Testleiter, in vier ungefähr gleich große Gruppen auf, die jeweils einem Untersuchungsleiter zugewiesen wurden. Diese Gruppen trafen sich zunächst in unterschiedlichen Ecken der Turnhalle und wurden mit dem Ablauf der Erhebung vertraut gemacht. Um die Kinder zu motivieren und die Erhebung zu erleichtern, wurden den Kindern die Aufgaben im Sinne eines Parcours beschrieben. Jedes Kind erhielt einen Laufbogen, in dem an jeder einzelnen Aufgabenstation die Werte eingetragen werden sollten. Die Kinder begannen mit den Aufgaben ihres ersten Teamleiters und wurden mit Beendigung der Aufgaben an die nächste Station weitergeschickt. Kam es an einer Aufgabe zu einem Stau, erfüllten die anwesenden Sportlehrer hilfreich ihre ihnen angestammte Rolle und dirigierten in Zusammenarbeit mit den Teamleitern die Kinder an entsprechend weniger besuchte Stellen. Durch dieses Prinzip konnte eine lückenlose und zügige Erhebung erfolgen, die den Kindern Spaß bereitete. An Stellen, an denen sich lange Wartezeiten nicht vermeiden ließen, wurden die Kinder aufgefordert, den Fragebogen kreativ mit Hilfe von Filzstiften optisch zu verschönern. Dies wurde gerne in Anspruch genommen und vermied Rangeleien vor den Teststationen. Vor jeder Station wurden dem Kind die Aufgabe genau erklärt und Probedurchläufe gewährt. Zum Abschluss der motorischen Erhebung wurde ein gemeinsames Spiel je nach Wunsch der Kinder[40] durchgeführt, um einen gemeinsamen Abschluss zu finden.

---

[40] Es handelte sich dabei meist um Völkerball oder ähnliche Sportspiele.

6.3.2.1 Die Movement Assessment Battery for children

Zur Erhebung der motorischen Fertigkeiten wurde auf das Instrument von Henderson und Sugden (1992) zurückgegriffen, welches zunächst für den englischen Raum normiert und konzipiert wurde.[41] Bei der Movement Assessment Battery for Children (M-ABC) handelt es sich um einen Individualtest zur Erfassung des kindlichen Leistungsvermögens im motorischen Bereich, welcher aufgrund seines Entwicklungskonzeptes, das die enge Verbindung zwischen motorischen Beeinträchtigungen und intellektuellen sowie psychischen Entwicklungsdimensionen betont, bevorzugt in der psychomotorischen Anwendung und Forschung Gebrauch findet. Nach Suchodoletz (2005) ist es wohl das weltweit am häufigsten eingesetzte motometrische Testverfahren.

Inhaltlich wird, zugeschnitten auf vier Altersstufen (4–6; 7–8; 9–10, 11–12 Jahre)[42], mit drei Items die Handgeschicklichkeit, mit zwei Items die Gewandtheit im Umgang mit dem Ball und mit drei Items die kindliche Fähigkeit zur Balance getestet. Durch die Anwendbarkeit auf verschiedene Altersgruppen[43] und aufgrund der breiten Vielfalt der motorischen Aufgaben wurde die M-ABC als Erhebungsinstrument ausgewählt. Neben der quantitativen Erfassung der Daten ist nach dem Manual auch eine quantitative Erhebung zur Erstellung eines individuellen Profils möglich, welches in dieser Studie außer Acht gelassen wurde.

Im Zentrum der vorliegenden Arbeit liegen die Aufgaben des AGE BAND 3, welche im Folgenden näher betrachtet werden sollen. Age band 3 richtet sich an die Fähigkeiten von 9- und 10-jährigen Kindern[44], die in folgenden Aufgaben getestet werden sollen (vgl. Tabelle 18).

Für die Notierung der Daten und für die Auswertung steht dem Nutzer ein Testbogen zur Verfügung. Der Bogen beginnt mit der Erhebung persönlicher Daten, die den Namen, das Alter und Geschlecht, die Klasse und Schule, das Testdatum und den Testleiter sowie die Angabe über die bevorzugte Hand erfassen. Zusätzlich enthält der Bogen Platz für zusätzliche Informationen: Nach einer Seite, die für die Gesamtauswertung des Tests vorgesehen ist, folgt eine Seite der individuellen und qualitativen Betrachtung des Kindes, die von den Testleitern in der vorliegenden Untersuchung nur bei besonderen Auffälligkeiten des Kindes notiert wurde und nur für die qualitative Fallanalyse vorgesehen ist.

---

[41] Eine deutsche Version des Testmanuals ist zurzeit in Vorbereitung und noch nicht veröffentlicht.
[42] Eine Erweiterung der Altersstufen auf Jugendliche ist zurzeit von Henderson und Sugden in Bearbeitung.
[43] Dieser Aspekt war besonders für die Psychomotorikstudie von Bedeutung (vgl. Kap. 6.2).
[44] Die 8- und 11-jährigen Kinder, die sich in der Stichprobe befanden, wurden mit dem Manual getestet, wenn die Differenz zwischen dem tatsächlichen Alter und der Altersvorgabe des Tests höchstens sechs Monate betrug. Die verbleibenden Kinder wurden zwar mit erhoben, um sie nicht auszugrenzen, doch wurden die Daten anschließend nicht in die Analyse mit einbezogen.

Tabelle 18: Bereiche und Aufgaben des M-ABC ageband 3

Bereich	Aufgabe	Material	Kurzbeschreibung
Manual Dexterity	Shifting pegs by row	12 Steckstifte, die in drei Reihen in ein Holzbrett gesteckt werden. Eine erste Reihe soll dabei frei bleiben.	Die Stifte sollen mit jeweils einer Hand so schnell wie möglich in der Reihe nach oben versetzt werden. Gemessen wird die Zeit.
	Threading Nuts on Bolt	Eine Schraubenmutter mit drei losen Schrauben	Die Schrauben sollen so schnell wie möglich auf die Mutter gedreht werden. Gemessen wird die Zeit.
	Flower Trail	Eine Vorlage mit drei doppelwändigen Blumenumrissen	Mit einem dünnen Stift soll die Blume zwischen zwei Linien in einem Zug nachgezeichnet werden. Gemessen wird die Anzahl der Fehler (übergezeichnete Linien).
Ball Skills	Two-hand catch	Ball und Wand, Klebeband zum Markieren des Abstandes	Der Ball soll mit einem Abstand von 2 Metern an die Wand geworfen und anschließend mit beiden Händen wieder gefangen werden. Gemessen wird die Anzahl der gelungenen Fänge von 10.
	Throwing Bean Bag into box	Box, Wurfsäckchen, Klebeband zum Markieren des Abstandes	Das Säckchen soll mit einem Abstand von 2,5 Metern in eine Box geworfen werden. Gemessen wird die Anzahl der gelungenen Würfe von 10.
Static and Dynamic Balance	One board Balance	Balancierbrett	Mit einem Fuß soll auf dem Brett die Balance gehalten werden. Gemessen wird die Zeit.
	Hopping in Squares	6 Kästchen, die mit Klebeband auf den Boden markiert werden.	Auf einem Fuß soll hintereinander in die Kästchen gehüpft werden. Gemessen wird die Anzahl der korrekten Sprünge.
	Ball Balance	Quadratisches Brett, Ball	Den Ball auf einem Brett balancierend soll eine Strecke von 2,5 Metern hin und zurück transportiert werden. Gemessen wird die Anzahl der Fälle, bei denen der Ball auf den Boden fiel (höchstens zehn).

Die Auswertung erfolgt durch die Vergabe von Itemscores, die für jede Aufgabe einen Wert zwischen null und fünf aufweisen können. Die Verteilung der Scores erfolgt je nach Aufgabenstellung unter Berücksichtigung der rechten und linken Hand sowie des Alters. Die einzelnen Scores werden schließlich zu einem Bereichsscore und zu einem Gesamtscore zusammengerechnet. Die Autoren empfehlen eine Dreiteilung hinsichtlich der motorischen Beurteilung. Werte unter der 5%-Perzentile der englischen und amerikanischen Normstichprobe werden als Hinweis für eine benötigte motorische Förderung angesehen. Werte zwischen der 5%-Perzentile und der 15%-Perzentile gelten für mittlere bis mäßige motorische Fertigkeiten, während die Perzentile darüber eine gute motorische Fertigkeit bescheinigen. Je niedriger der

Gesamtscorewert des Tests, desto besser ist die motorische Leistung. Henderson und Sudgen (1992) weisen in ihrem Manual darauf hin, dass die einzelnen Skalensummen aufgrund ihrer geringen Itemzahl mit Vorsicht singulär zu interpretieren sind. Ein zuverlässiges Bild über den motorischen Stand des Kindes kann nur über den Gesamtscore erfolgen. Ebenso wird deutlich gemacht, dass ein geringer Gesamtwert keinen Aufschluss über die kindliche Gesundheit geben kann und lediglich als ein Hinweis auf motorische Schwierigkeiten dienlich ist.

Für die englische Originalversion wird eine interne Konsistenz für die Altersgruppe der 7- bis 12-Jährigen ein Cronbach α von $\alpha = 0,910$ angegeben. Korrelationen der Retest-Reliabilität haben einen Wert zwischen $r = 0,77$ und $r = 0,98$. Die M-ABC stellt nach diesen Daten ein gutes Testinstrument dar und bedarf keiner Veränderung.

6.3.3 Auswertungsverfahren

Die Prüfung der erhobenen Daten basiert sowohl auf univariaten als auch auf multivariaten Analysemethoden.

Eine erste, durch deskriptive Methoden gewonnene Analyse der kindlichen Lebenssituation soll zunächst als Grundlage für weitere Berechnungen und Vergleiche dienen. Neben der Charakterisierung der Stichprobe anhand der Auszählung von Häufigkeiten wird die Homogenität der Varianzen in den Teilstichproben durch Levene-Tests der Varianzgleichheit durchgeführt. Bei einem signifikanten Ergebnis des Levene-Tests wird das Signifikanzniveau der zu testenden Variablen auf $p < .001$ heruntergesetzt. Um mögliche Unterschiede zwischen den Teilstichproben statistisch belegen zu können, werden die Mittelwerte der Variablen anhand von t-Tests für unabhängige Stichproben auf Heterogenität überprüft. Da es sich bei diesem Test um ein relativ robustes Auswertungsverfahren handelt, wird es trotz fehlenden Intervallskalenniveaus angewandt. Diese Entscheidung beruht auf der Tatsache, dass sich die verwendeten ordinal skalierten Skalen durch gleichmäßige Intervalle auszeichnen und somit mit dem Niveau einer Intervallskala vergleichbar sind. Zusammenhänge zwischen nominal skalierten Variablen wurden mittels des Chi-Quadrattests nach Pearson berechnet.

Um mehrere Variablen in den Vergleich der Teilstichproben einfließen zu lassen, wurden neben den t-Tests auch zweifaktorielle Varianzanalysen berechnet. Längsschnittliche Zusammenhänge sollen anhand des Cross-Lagged-Panel-Modells untersucht werden, die zuvor Korrelationsberechnungen nach Pearson verlangen. Anhand der vorhandenen Skalen wurde auf den Rangkorrelationskoeffizienten nach Spearman zurückgegriffen.

Das Signifikanzniveau wird bei allen Berechnungen auf p (α) = .05 angesetzt. Im Text werden sowohl signifikante als auch nicht signifikante Ergebnisse dargestellt. Erfüllt ein Verfahren nicht die Durchführungsbedingungen, so wird dies im einzelnen Fall mitgeteilt.

7. Ergebnisse der empirischen Untersuchung

Analog zu den in Kap. 6.1 dargestellten Fragestellungen gilt es hier nun Daten zu präsentieren, die der Beantwortung dieser Fragen dienlich sind. Nach der deskriptiven Darstellung einiger Facetten aus der kindlichen Lebenswelt und ersten Vergleichen zwischen den beiden Geschlechtern folgt die Darstellung weiterer Ergebnisse aus inferenzstatistischen Analysen, die sowohl Aufschluss geben über mögliche Unterschiede zwischen bewegungsreichen und eher bewegungsarmen Kindern als auch Zusammenhänge zwischen den Parametern zu verdeutlichen versuchen.

7.1 (Bewegungs-) Welt von Jungen und Mädchen

Unabhängig von den Ergebnissen der bereits vorgestellten Faktorenanalyse soll hier zunächst ein detaillierter Blick auf die Lebensumstände der befragten Jungen und Mädchen erfolgen. Um die Daten aller Kinder zu erfassen, erscheint eine Konzentration auf die Gesamtstichprobe der ersten Erhebungswelle sinnvoll.

7.1.1 Sozibiographische Merkmale

7.1.1.1 Alter und Geschlecht

Wie in Kap. 6.3 bereits dargestellt, besteht die Stichprobe aus insgesamt 173 Kindern. 45 von ihnen wurden zu einem zweiten Zeitpunkt erneut befragt.

Die Kinder setzen sich aus zwei Klassenstufen aus zwei Bonner Grundschulen zusammen, die von der Wohngegend vergleichbare Einzugsklientel aufweisen und daher im Folgenden nicht getrennt analysiert werden. Die Kinder sind zwischen acht und elf Jahren alt, wobei sich die Altersklassen unterschiedlich auf die Klassenstufen auswirken. Diese ungleiche Verteilung lässt sich u.a. auf unterschiedliche Einschulungsalter und auf den Tatbestand von Klassenwiederholern zurückführen. Im Durchschnitt sind die Kinder 9,27 Jahre alt. Das Durchschnittsalter 71 Kinder der Klassen drei beträgt 8,87 Jahre, das der 102 Kinder der Klassen vier 9,54 Jahre. Zu der Stichprobe zählen 101 Jungen und 72 Mädchen (vgl. Abb. 17).

Abbildung 17: Altersstruktur und Geschlechtsverteilung N = 173

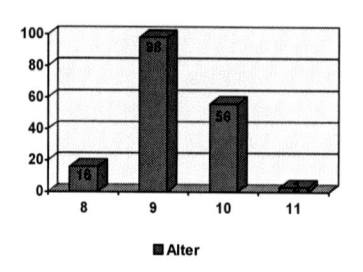 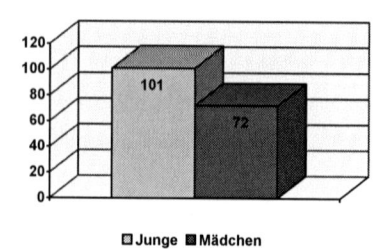

7.1.1.2 Familiensituation

Fragen nach dem soziökonomischen Status erwiesen sich in der Erhebungssituation als sehr schwierig. Da Kinder in dieser Altersklasse selten in der Lage sind, die berufliche Stellung ihrer Eltern und die damit verbundene finanzielle Vergütung einzuschätzen, wurden die Kinder lediglich nach dem Beruf und der Arbeitszeit ihrer Eltern befragt. Diese Berufe wurden nachträglich kategorisiert und sind daher mit Vorsicht zu interpretieren. Da jedoch über 70% der Eltern der gesellschaftlichen Mittelschicht zugerechnet werden können, bedarf es keiner weiteren Differenzierung hinsichtlich dieses Punktes.

Mehrheitlich gehen die Väter einer ganztägigen außerhäuslichen Beschäftigung nach (72,7%). 15,7% sind teilzeitbeschäftigt, 5,8% arbeiten zu Hause und weitere 5,8% sind nicht berufstätig. Die Mütter hingegen sind zu 45,7 % teilzeitbeschäftigt und zu 39,3% nicht berufstätig. 7,5% gehen jeweils einer ganztägigen außerhäuslichen Beschäftigung und einer Arbeit von zu Hause aus nach.

Die überwiegende Mehrheit der Kinder wächst mit beiden Elternteilen gemeinsam in einem Haushalt auf. Lediglich 25 Kinder wohnen allein mit der Mutter und drei mit dem Vater. 73,4% geben an, in ihrem direkten Wohnumfeld (eigener Garten oder allgemeine Wiese vor dem Haus) eine Grünfläche zum Spielen zur Verfügung zu haben. 83,8% stimmen teilweise oder ganz zu, in ihrer Wohngegend viele Möglichkeiten zum Spielen zu haben. Mit mindestens einem Geschwister wachsen 138 Kinder (79,8%) der Stichprobe auf (vgl. Abb. 18). Von diesen Kindern geben 76,08% an, dass die Geschwister unwesentlich älter oder jünger sind.[45]

---

[45] Ein unwesentlicher Altersunterschied wurde auf die Distanz von höchstens vier Jahren festgelegt. Kinder, die einen Bruder oder eine Schwester mit diesem maximalen Altersunterschied haben, haben in ihren Geschwistern auch eher einen Spielpartner, als wenn der Altersunterschied zu groß wäre.

Abbildung 18: Wohnsituation der Kinder N = 173

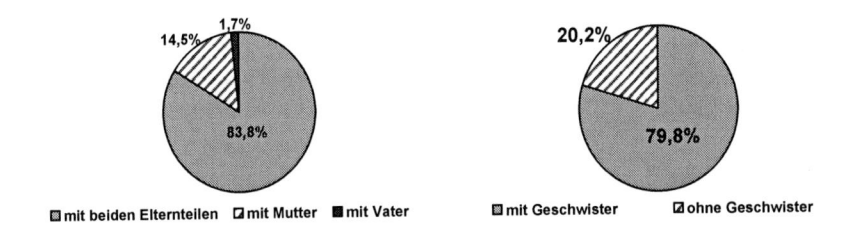

7.1.2 **Allgemeine Freizeitgestaltung**

7.1.2.1 Soziale Beziehungen und Gruppenaktivitäten

Nach den Freundschaftsbeziehungen der Kinder gefragt geben 4,6% der Kinder an, meistens alleine zu sein. Die anderen nennen eine Gruppe von Freunden[46] (57,2%) sowie ein oder zwei gute Freunde (66%). Treffen mit den Freunden nach der Schule fallen zu 4% nie, zu 20,8% selten, zu 31,2% manchmal, zu 19,7% öfter, und zu 24,3% häufig aus. Auf der fünfstufigen Skala von 1 (nie) bis 5 (häufig) ergibt das einen Mittelwert von M = 3,39. Bei der näheren Betrachtung der Geschlechtsverhältnisse wird deutlich, dass Jungen und Mädchen zwar ähnlich verteilt sind, was die Freundschaftsbeziehungen angeht (χ^2(3) = 2,831 p = .418), dass sie sich jedoch hinsichtlich ihrer Treffgewohnheiten unterscheiden. Jungen treffen sich signifikant häufiger mit ihren Freunden als Mädchen (t-test: M_1 = 3,63 SD_1 = 1,247; M_2 = 3,06 SD_2 = 0,991; T (168,909) = 3,392 p = .001).

Die Kinder, die sich mit anderen Kindern nach der Schule treffen (96%), nennen als gemeinsame Aktivität am häufigsten Spiele im Innenbereich (59,6%). An zweiter Stelle stehen *Sport* (42,2%), gefolgt von *Hausaufgaben* (39,2%) und *Bewegungsspiele* (36,1%). Die Liste endet mit der Aktivität *fernsehen* (24,7%) (vgl. Abb. 19).

---

[46] Unter die Definition „Gruppe von Freunden" fallen Angaben, die sowohl eine einzige große Freundesgruppe nennen, als auch Angaben, die sich auf mehrere kleine Freundesgruppen beziehen.

Abbildung 19: Aktivitäten mit Freunden nach der Schule N = 173 (Mehrfachantworten möglich)

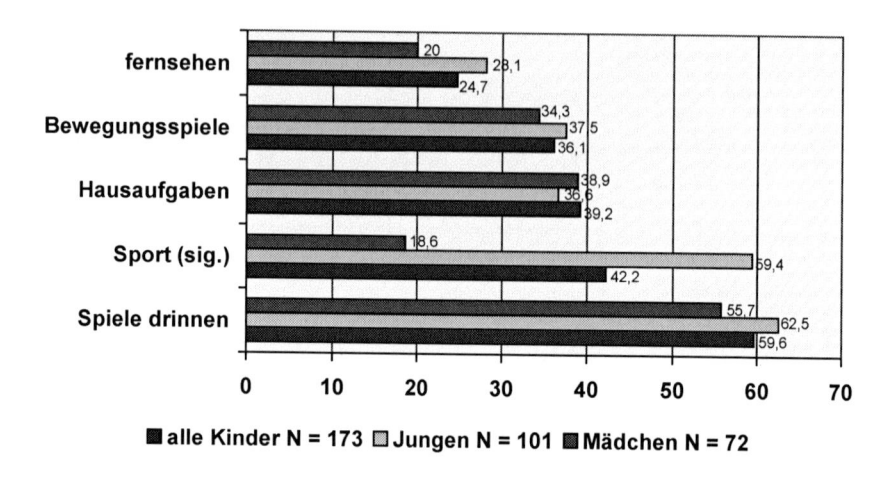

■ **alle Kinder N = 173** ☐ **Jungen N = 101** ■ **Mädchen N = 72**

Mädchen und Jungen unterscheiden sich lediglich bei der Nennung von Sport signifikant voneinander. So geben nur 18,6% der Mädchen an, gemeinsam mit ihren Freunden Sport zu machen, während dies 59,4% der Jungen am häufigsten tun ($\chi^2(1) = 27{,}638$ p = .001). Da sie sich in den anderen Bereichen nicht signifikant unterscheiden, ist davon auszugehen, dass Jungen den Sport zusätzlich zu ihren anderen Aktionen nennen. Dass Jungen grundsätzlich eine größere Bandbreite an Aktivitäten nennen als Mädchen, bestätigt auch der χ^2-test nach Pearson ($\chi^2(4) = 12{,}371$ p = .015). Jungen geben durchschnittlich 2,26 Angaben an, Mädchen dagegen nur 1,68.

79,2% der befragten Jungen und Mädchen gehen nachmittags in mindestens eine organisierte Gruppe[47]. Am häufigsten wird *eine* Gruppe besucht (53,2%), zu zwei Gruppenterminen gehen 21,4%, und Mitglied in drei Gruppen sind 2,3%. Vier, fünf oder sechs Gruppen werden nur vereinzelt in Anspruch genommen (insgesamt vier Kinder).

Am häufigsten wird innerhalb der Stichprobe der Kinder, die mindestens eine Gruppe besuchen, die Sportgruppe besucht (75,2%). Die Anzahl der Kinder deckt sich mit den Kindern, die angeben, in einen Sportverein zu gehen; die Mitglieder der hier genannten Gruppe sind demnach nicht Mitglieder in schulischen oder außerschulischen AGs, sondern in einem Sportverein. An zweiter Stelle wird die Gruppenstruktur im Hort (14,6%) und an dritter Stelle die Musikgruppe und die klassische Jugend-/Kindergruppe (je 13,1%) genannt. Weitere Nennungen betreffen die Hausaufgabengruppe (9,5%), Theatergruppe (5,1%) und spezielle Schulgruppen (1,5%). In eine spezielle motorische Fördergruppe gehen 4,4%.

---

[47] Die Gruppe wird laut Fragestellung mindestens einmal innerhalb von zwei Wochen besucht. Da die meistgenannten Gruppen aber in der Regel einmal oder öfter in der Woche stattfinden, kann davon ausgegangen werden, dass der Gruppenbesuch häufiger als alle zwei Wochen stattfindet.

Hinsichtlich ihrer Gruppenaktivität unterscheiden sich Jungen (82,2%) und Mädchen (75,0%) nicht signifikant. Ebenso besuchen sie im Durchschnitt gleich viele Gruppen. Lediglich bezüglich der Sportgruppe zeigt sich, dass Jungen diese häufiger angeben als Mädchen ($\chi^2(1)$ = 7,133 p = .008).

Neben den Gruppenaktivitäten wurden auch weitere Termine in Form von Einzelveranstaltungen/Förderunterricht erfragt. 24,3% der befragten Kinder nehmen einen solchen Termin wahr. Darunter fallen Einzelsituationen in Form von Musikunterricht (9,8% der Gesamtstichprobe), Hausaufgabenhilfe (8,7%), Sprachförderung (5,8%), Bewegungstraining (4,0%) und Fördermaßnahmen in der Schule (2,3%). Zwischen Jungen und Mädchen zeigen sich keine signifikanten Unterschiede.

7.1.2.2 Häufigste und wichtigste Freizeitaktivitäten

Um einen Überblick über die Dinge zu erhalten, die Kinder oft und gerne tun, wurde ihnen eine Liste mit 14 Aktivitäten vorgelegt. In einer ersten Aufgabe sollten sie daraus fünf Tätigkeiten wählen, die sie häufig tun. Anschließend sollten sie zwei Dinge daraus markieren, die ihnen am wichtigsten sind. (vgl. Abbildung 20).

Als häufigste Aktivität wird *Freunde treffen* (79,2%) angegeben. Sie führt gleichzeitig auch die Liste der wichtigsten Tätigkeiten an (47,4%)

Die Abbildung zeigt, dass lediglich die am häufigsten gewählte Aktivität *Freunde treffen* auch in der Rangfolge der wichtigsten Aktivitäten ganz oben steht. Obwohl *toben* und *fernsehen* die nächst häufigsten Aktivitäten sind folgen in der Wichtigkeitsskala *Sport* sowie *mit Eltern etwas unternehmen*.

Hinsichtlich ihrer häufigsten Aktivitäten unterscheiden sich Jungen und Mädchen bei den Tätigkeiten *basteln*, *lesen* und *Sport*. Während die befragten Mädchen signifikant öfter *basteln* ($\chi^2(1)$ = 9,269 p = .002) und *lesen* ($\chi^2(1)$ = 4,658, p = .031) angeben, dominieren die Jungenangaben in der Disziplin des *Sports* ($\chi^2(1)$ = 10,914, p = .001). Der Unterschied bei der sportlichen Tätigkeit spielt auch bei der Wichtigkeit der Aktivitäten eine große Rolle. So geben signifikant öfter Jungen an, dass der Sport wichtig für sie sei, als Mädchen ($\chi^2(1)$ = 7,269 p = .007). Eine weitere Differenz zeigt sich bei der Einschätzung der *Aktivität zusammen mit den Eltern*. So wählten die Mädchen diese signifikant häufiger als wichtigste Aktivität als Jungen ($\chi^2(1)$ = 5,309 p = .021).

Abbildung 20: Häufigste und wichtigste Freizeitaktivitäten N = 173

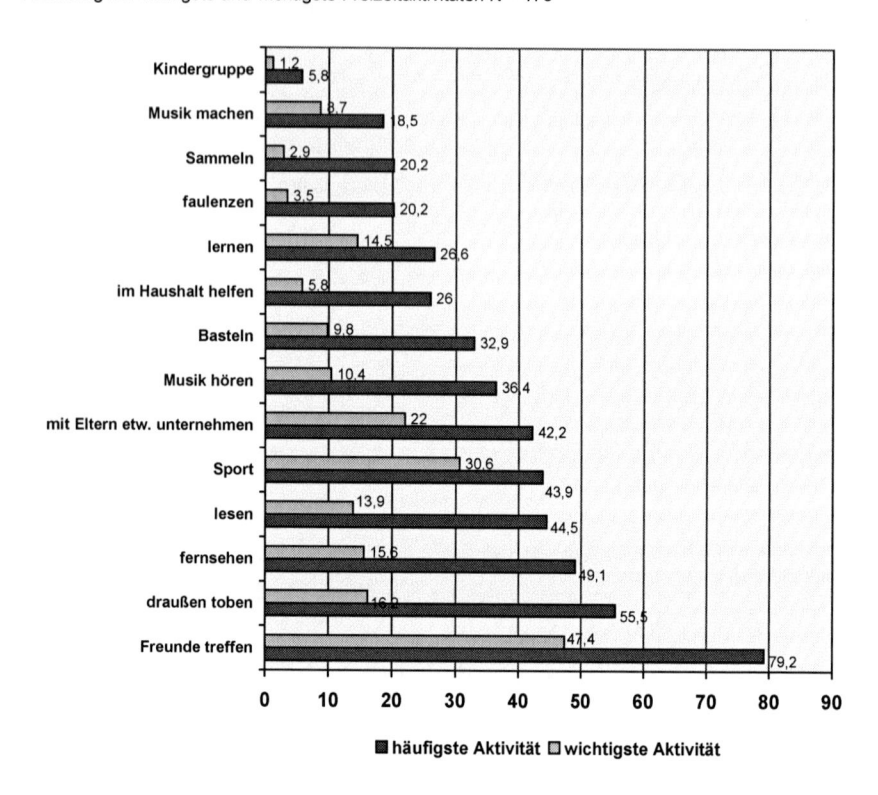

■ häufigste Aktivität ☐ wichtigste Aktivität

7.1.2.3 Bewegungspräferenzen und Freizeitsportarten

Anhand fünfstufiger Skalen konnten die Freizeitvorlieben der befragten Kinder eingestuft werden. Ein niedriger Wert steht für Ablehnung, ein hoher Wert für Zustimmung des vorgegebenen Statements.

Die meisten Kinder stimmen zu, sich auf den Sportunterricht in der Schule zu freuen. Der Mittelwert beträgt M = 4,50. Über die weitere Verteilung der Bewegungspräferenzen und der geschlechtsspezifischen Unterschiede informiert Tabelle 19.

Tabelle 19: Mittelwerte der Bewegungspräferenzen

Bewegungsstatement	alle Kinder N = 173	Jungen N = 101	Mädchen N = 72
Ich freue mich auf den Sportunterricht in der Schule	4,50	4,62	4,32
Ich kletter gern auf hohe Bäume	3,52	3,55	3,47
Ich renne gerne um die Wette	3,46	3,58	3,28
Nach der Schule bin ich am liebsten in der Wohnung	3,41	$3,21^{1}$	3,69
Ich verbringe mehr Zeit draußen als im Haus	3,13	$3,42^{2}$	2,74
Statt Bahn oder Bus nehme ich lieber das Fahrrad	3,03	3,23	2,76
Draußen spiele ich lieber ruhigere Spiele	2,57	$2,38^{3}$	2,85
Ich komme oft mit Schürfwunden nach Hause	2,39	$2,60^{4}$	2,10

1 (t-Test: SD_1= 1,519, SD_2= 1,430; T (171) = -2,127, p =.035).
2 (t-Test: SD_1= 1,372, SD_2= 1,501; T (171) = 2,970, p =.003).
3 (t-Test: SD_1= 1,448, SD_2= 1,440; T (171) = -2,113, p =.038).
4 (t-Test: SD_1= 1,350, SD_2= 1,235; T (171) = 2, 521, p =.013).

Die Mittelwerte drücken insgesamt eine hohe Zustimmung der gefragten Statements aus.

Ähnliche Resultate ergeben die Skalen zum allgemeinen Wohlgefühl der Kinder: Es wurde der Frage nachgegangen, wie häufig sie bestimmte Dinge tun, um sich wohl zu fühlen. Die Häufigkeit konnte auf einer fünfstufigen Skale (1 = nie, 5 = häufig) eingeschätzt werden. Um sich wohl zu fühlen, wurde die Aktivität *Freunde treffen* am stärksten hoch bewertet (M = 3,98). Eine Übersicht bietet Tabelle 20.

Tabelle 20: Mittelwerte der Wohlfühlfaktoren

Wohlfühlfaktoren	alle Kinder N = 173	Jungen N = 101	Mädchen N = 72
Freunde treffen	3,98	$4,15^{1}$	3,74
Sport	3,76	$4,11^{2}$	3,28
Zeit mit Familie verbringen	3,59	3,58	3,60
fernsehen	3,53	3,56	3,47
Draußen toben	3,40	$3,64^{3}$	3,06
Musik / Hörspiel hören	3,28	$3,09^{4}$	3,56
Hobbys nachgehen	3,26	3,20	3,35
Im Haus toben	2,88	$3,07^{5}$	2,61
Im Zimmer entspannen	2,72	2,57	2,92

1 (t-Test: SD_1= 1,108, SD_2= 1,175; T (171) = 2,353 p =.020).
2 (t-Test: SD_1= 1,318, SD_2= 1,416; T (171) = 3,962 p <.001).
3 (t-Test: SD_1= 1,230, SD_2= 1,383; T (171) = 2,943 p =.004).
4 (t-Test: SD_1= 1,394, SD_2= 1,320; T (171) = -2,218 p =.028).
5 (t-Test: SD_1= 1,402, SD_2= 1,420; T (171) = 2, 108 p =.036).

Auch hier zeigt sich, dass die befragten Kinder – bis auf den Zeitvertreib *fernsehen* -sich in der Tendenz eher bewegungsreich verhalten. Ebenfalls wird bestätigt, dass eher die Jungen im Vergleich zu den Mädchen aktiv sind.

Eine Übersicht der Ausübung von Freizeitsportarten veranschaulicht diesen Unterschied ebenfalls an drei Beispielen (vgl. Tabelle 21).

Tabelle 21: Mittelwerte der Häufigkeit der Ausübung von Freizeitsportarten

Bewegungsarten	alle Kinder N = 173	Jungen N = 101	Mädchen N = 72
Fahrrad fahren	3,72	3,78	3,63
Schwimmen	3,22	3,13	3,35
Fußball	3,18	4,00[1]	2,03
Skaten	2,59	2,54	2,65
Basketball	2,16	2,39[2]	1,83
Tischtennis	2,07	2,32[3]	1,72
Tennis	2,06	2,19	1,88

1 (t-Test: $SD_1 = 1{,}364$, $SD_2 = 1{,}256$; $T(171) = 9{,}687$ $p = .000$).
2 (t-Test: $SD_1 = 1{,}311$, $SD_2 = 1{,}256$; $T(171) = 2{,}781$ $p = .006$).
3 (t-Test: $SD_1 = 1{,}349$, $SD_2 = 1{,}010$; $T(170{,}554) = 3{,}315$ $p < .001$).

Die vorgegebenen Sportarten werden von den Kindern im Mittel durchschnittlich oft betrieben. Die Mädchen gaben abgesehen von den Disziplinen Schwimmen und Skaten durchweg niedrigere Häufigkeitswerte an als Jungen.

7.1.3 Facetten des Sportvereins

7.1.3.1 Anzahl und Dauer von Vereinsmitgliedschaften

59,5% der befragten Kinder sind in einem Sportverein angemeldet. Dazu zählen 69 von 101 Jungen und 34 von 72 Mädchen. Diese Verteilung belegt, dass Jungen signifikant häufiger in Sportvereinen zu finden sind als Mädchen ($\chi^2(1) = 7{,}764$ $p = .005$).

80,6% der Sportvereinsmitglieder haben sich auf eine Sportart spezialisiert, während die übrigen zwei oder mehrere vereinsorganisierte Sportarten ausüben. 41,7% sind seit mehr als zwei Jahren in dem Verein, 25,2% seit ca. zwei Jahren, 21,4% seit ca. einem Jahr und 11,7% seit ein paar Monaten. Mädchen sind häufiger (32,4%) in mehreren Vereinen zu finden als Jungen (13,0%) ($\chi^2(1) = 5{,}427$ $p = .020$).

7.1.3.2 Gründe für und gegen eine Vereinsmitgliedschaft

Die Mehrheit der Sportvereinsmitglieder ist auf Wunsch der Eltern und aufgrund eigener Ambitionen in den Sportverein eingetreten. Freunde, Geschwister und Lehrer spielten nur eine untergeordnete Rolle (vgl. Abb. 21).

Abbildung 21: Prozentuale Darstellung der Personen, die für den Eintritt in den Sportverein verantwortlich gemacht werden N = 173 (Mehrfachnennung möglich).

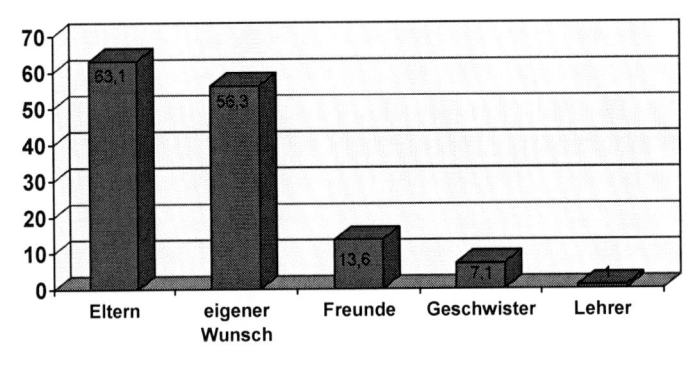

Diejenigen Kinder, die in keinem Sportverein aktiv sind, geben zu 30% (N = 21)[48] an, dass sie gerne in einen Sportverein gehen möchten. Gründe, die sie von einem Eintritt abhalten, sind zu 33,3% die fehlende Nähe eines Vereins, zu 19,0% die fehlende Erlaubnis der Eltern, zu 14,3% die daraus entstehende finanzielle Belastung und zu 9,5% die Nichtmitgliedschaft von Freunden.

Die Kinder, die nicht in einen Sportverein aktiv sind und auch in keinen eintreten möchten (N = 48), geben zu 81,3% fehlende Lust an. Weitere Gründe formulieren sich über die fehlende Mitgliedschaft der Freunde (10,4%), über den Wunsch, lieber alleine zu sein (10,4%), über die finanzielle Belastung (6,3%) und über eine fehlende Erlaubnis der Eltern (2,1%).

Jungen und Mädchen unterscheiden sich in der Gruppe der Kinder, die gerne in einen Verein gehen möchten: So nennen 42,9% der Jungen und 7,1% der Mädchen als Grund für die fehlende Mitgliedschaft die nicht vorhandene Erlaubnis der Eltern ($\chi^2(1) = 3,860$, p = .049).[49]

7.1.3.3 Sportartenvielfalt

Fußball führt die Riege der Sportvereinsvielfalt mit 42,7% an. Mit beträchtlichem Abstand folgen Judo, Ballett, und Schwimmen (zwischen 14,6 und 9,7%). Etwas weniger genannt werden Turnen, flexible Sportarten[50], Leichtathletik, Hockey, Handball, Tischtennis, Badminton und

---

[48] Ein Kind gab an, gerne in einen Musikverein gehen zu wollen.
[49] Dieses Ergebnis muss jedoch aufgrund der geringen Stichprobengröße und der fehlenden Mindestvorausetzung des chi-quadrat tests (2 Zellen haben eine erwartete Häufigkeit kleiner als 5) mit Vorsicht interpretiert werden.
[50] Unter flexible Sportarten werden die Nennungen gefasst, die einen Sportverein beschreiben, der mehrere verschiedene Sportarten anbietet und den das Kind je nach Saison wechselt.

Reiten (zwischen 4,9 und 0,6%). Einen Überblick über die gesamte Stichprobe und auch über die geschlechtsspezifische Verteilung gibt Tabelle 22.

Tabelle 22: Sportvereinsmitgliedschaften in Prozent

Alle Sportvereinsmitglieder N = 103		Jungen N = 69		Mädchen N = 34	
1. Fußball	42,7%	1. Fußball	60,9%	1. Ballett	38,2%
2. Judo	14,6%	2. Judo	15,9%	2. Turnen	14,7%
3. Ballett	12,6%	3. Schwimmen	8,7%	3. Schwimmen	11,8%
4. Schwimmen	9,7%	4. Hockey	4,3%	4. Judo	11,8%
5. Turnen	4,9%	5. Handball	2,9%	5. flexible Sportarten	8,8%
6. flexible Sportarten	4,9%	6. flexible Sportarten	2,9%	6. Fußball	5,9%
7. Hockey	2,9%	7. Tischtennis	1,4%	7. Leichtathletik	5,9%
8. Leichtathletik	2,9%	8. Leichtathletik	1,4%	8. Reiten	2,9%
9. Handball	1,9%	9. Badminton	1,4%	9.	
10. Badminton	0,6%	10.		10.	
11. Tischtennis	0,6%	11.		11.	
12. Reiten	0,6%	12.		12.	

Kinder, die noch in einem zweiten Verein Mitglied sind, nennen zu den oben bereits genannten Sportarten Tennis und Karate als Vereinssport.

Jungen und Mädchen unterscheiden sich deutlich hinsichtlich ihrer Sportwahl. Während Fußball bei den Jungen mit 60,9% eine dominante Stellung einnimmt, so setzen sich die ersten 60-70% bei den Mädchen aus mehreren Sportarten, wie Ballett, Turnen und Schwimmen zusammen.

7.1.4 Familiäre Rahmenbedingungen

7.1.4.1 Aktivitäten mit der Familie

Auf einer Ratingskala von eins bis fünf, wobei der Wert 1 für *nie*, der Wert 5 für *häufig* steht, belegten die Kinder mit einem Mittelwert von M = 3,58 aus einer Liste von Freizeitaktivitäten, die zusammen mit der Familie ausgeübt werden, die gemeinsam verbrachte Zeit vor dem Fernseher mit der höchsten Häufigkeit. An zweiter Stelle folgen gemeinsame Spiele (M = 3,21),

Einkäufe (M = 3,17), Ausflüge in die Natur (M = 2,85), Restaurantbesuche (M = 2,80), Kino und Theaterbesuche (M = 2,32) sowie an letzter Stelle der gemeinsame Sport (M = 2,29). Gemeinsame Sportaktivitäten finden zu 38,2% nie, zu 22,5% selten und zu 39,3% manchmal bis häufig statt. Zwischen Jungen und Mädchen lassen sich keine signifikanten Unterschiede finden.

.
Differenziert nach der Sportbeteiligung der einzelnen Familienmitglieder befragt zeigt sich, dass Kinder auf der gleichen Ratingskala den Sport mit Geschwistern am häufigsten ausüben (M = 2,95). Etwas seltener wird gemeinsam mit dem Vater Sport getrieben (M = 2,17), danach folgt der Sport mit der Mutter (M = 1,77), mit allen Familienmitgliedern (M = 1,76) und mit beiden Elternteilen (M = 1,73).

Hier unterscheiden sich Jungen und Mädchen deutlich hinsichtlich der Sportaktivität mit dem Vater. Jungen treiben nach den Mittelwerten häufiger gemeinsam mit dem Vater Sport als Mädchen (t-Test: M_1=2,36 SD_1=1,339; M_2=1,92 SD_2=1,184; T(171) = 2,233, p = .027).

7.1.4.2 Familiensituation

Ebenfalls auf einer Ratingskala von eins bis fünf wird das gemeinsame Familienleben bewertet. Wert 1 belegt eine völlige Ablehnung des vorangehenden Statements (*stimme gar nicht zu*), Wert 5 steht für eine völlige Zustimmung (*stimme voll zu*).

91,9% der befragten Kinder fühlen sich in ihrer Familie wohl (M = 4,88). Die meisten Eltern sind für die Kinder immer da (M = 4,59), wissen, was ihre Kinder in der Freizeit machen (M = 4,05), und merken sofort, wenn etwas nicht stimmt (M = 3,78). Ebenfalls sind sie für viele Kinder Hilfe bei den Hausaufgaben (M = 3,60). Das Familienleben zeichnet sich weiter aus durch gemeinsame Aktivitäten (M = 3,51) und ein gemeinsames Abendessen (M = 4,04).

Dem Item *Meine Eltern fordern mich auf, Sport zu machen* wird im Durchschnitt nicht bzw. nur teilweise zugestimmt. Der Mittelwert beträgt M = 2,40.

Zwischen Jungen und Mädchen zeigen sich hier keine signifikanten Unterschiede.

7.1.5 Motorische Kompetenzen

Wie bereits in Kap. 6.3.2.1 beschrieben, wurden die motorischen Kompetenzen der Kinder durch die acht Aufgaben des M-ABC erfasst, die in drei Skalenscores zusammengefasst wurden. Ein niedriger Wert spricht für eine besonders gute Leistung, ein hoher Wert für eine schlechte

Leistung (je Aufgabe können null bis fünf Punkte vergeben werden). Für die einzelnen Skalenscores wurden keine Beurteilungsperzentile genannt, so dass eine Charakterisierung des Kindes nur auf dem Gesamtergebnis aller drei Bereichsskalen erfolgen kann. Um einen differenzierteren Blick über die motorischen Fertigkeiten der Kinder zu gewinnen, sollen an folgender Stelle jedoch auch die einzelnen Bereiche dargestellt werden (vgl. Abbildung 22).

Abbildung 22: Mittelwerte der motorischen Skalen im Vergleich (höhere Werte zeigen eine geringe Leistung an).

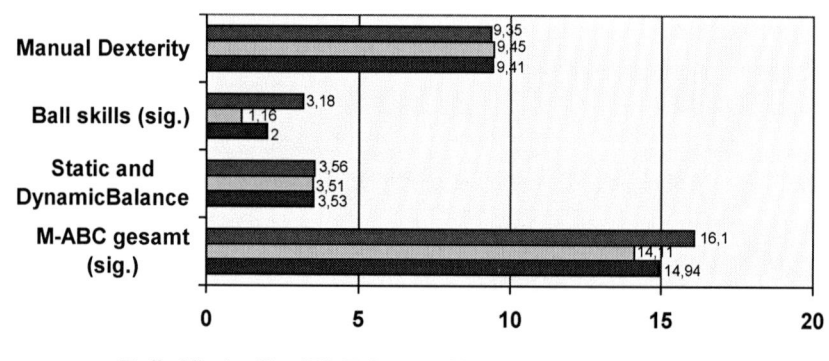

Der durchschnittliche Summenscore der Skala *Manual Dexterity* beträgt bei einer möglichen Punktzahl von null bis fünfzehn M = 9,41. Obwohl sich Jungen und Mädchen in einer Aufgabe signifikant unterscheiden (Flower trail t-Test: M_1=2,941 SD_1=1,929; M_2=2,11 SD_2=2,032; T(171) = 2,629, p = .009), schlägt sich dieser Unterschied nicht auf den Gesamtwert der Skala nieder.

Hinsichtlich der Ballfertigkeit *Ball skills* liegt der Gesamtmittelwert über die zwei Aufgaben bei M = 2,00 (mögliche Punktzahl null bis zehn). Hier zeigen sich auch deutliche geschlechtsspezifische Unterschiede. In beiden Aufgaben sind die Jungen den Mädchen deutlich überlegen (Two hand catch: t-Test: M_1 = 0,34 SD_1 = 0,962; M_2 = 1,63 SD_2 = 1,648; T(105,268) = -5,950 p < .001; Throwing Bean bag: t-Test: M_1 = 0,81 SD_1 = 1,309; M_2 = 1,56 SD_2 = 1,791; T(122,747) = -2,998, p = .003). Dementsprechend fällt auch der Unterschiedstest bezogen auf die Gesamtskala signifikant aus (t-Test: M_1 = 1,16 SD_1 = 1,713; M_2 = 3,18 SD_2 = 2,754; T(109,636) = -5,515, p < .001).

Die Übungen zum Gleichgewichtssinn (*static and dynamic Balance*) summieren sich zu einem durchschnittlichen Wert von M = 3,53 (mögliche Punktzahl null bis fünfzehn). Die Leistungen der Jungen und Mädchen unterscheiden sich in keiner der Aufgaben signifikant.

Die durchschnittliche Gesamtscore des *M-ABC* für die Gesamtstichprobe der ersten Erhebung beträgt M = 14,94. Der Vergleich zwischen Jungen und Mädchen bringt den Vorteil der Jungen hinsichtlich ihrer motorischen Fertigkeiten zum Vorschein. Für die Jungenstichprobe ergibt sich ein Mittelwert von M =14,11, für die Mädchenstichprobe ein Wert von M = 16,10. Die Ermittlung eines Unterschieds zwischen dem männlichen und weiblichen Mittelwert ergibt ein signifikantes Ergebnis (t-Test: M_1 = 14,114 SD_1 = 4,8212; M_2 = 16,104 SD_2 = 6,2037; T(128,401) = -2,276, p = .024).

7.1.6 Facetten des Selbstkonzeptes

Die Daten der Selbstkonzeptfacetten liegen in allen Bereichen über dem Skalenmittelwert von zwei. Die Mittelwerte befinden sich zwischen M = 2,20 (Selbstsicherheit und Durchsetzungsvermögen) und M = 2,46 (Moral und Wertschätzung) (vgl. Abb. 23). Bis auf die Facette *Selbstsicherheit und Durchsetzungsvermögen* (t-Test: M_1 = 2,30 SD_1 = 0,37854; M_2 = 2,08 SD_2 = 0,45344; T(171) = 3,487, p = .001) gibt es keine signifikanten Unterschiede zwischen den Mittelwerten der Jungen und der Mädchen. Die befragten Jungen schätzen sich sicherer ein als die befragten Mädchen (vgl. Abb. 23).

Abbildung 23: Durchschnittliche Werte der Facetten des Selbstkonzeptes

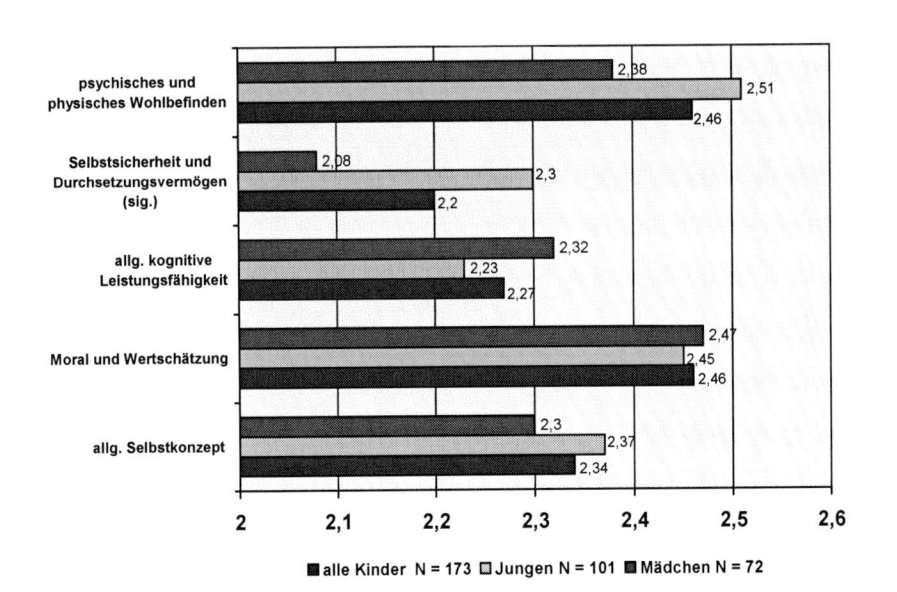

7.1.7 Zusammenfassung

Die befragten Kinder dieser Untersuchung wachsen mehrheitlich mit Mutter, Vater und mindestens einem Geschwister in einer Wohneinheit auf, wobei der Vater in der Regel ganztags berufstätig ist und die Mutter entweder einer Halbtagsbeschäftigung oder keiner beruflichen Tätigkeit nachgeht. Im Mittel handelt es sich um durchschnittlich verdienende Familien, die in einem Umfeld mit ausreichender Fläche zum Spielen wohnen. In der Regel verfügen die Kinder über ein oder zwei Freunde oder über eine Gruppe von Freunden. Für die meisten Kinder ist der Zeitvertreib mit anderen Kindern von größter Bedeutung. Das Treffen mit Freunden wird sowohl als häufigste und wichtigste Freizeitaktivität als auch als häufigste Unternehmung genannt, wenn es darum geht, sich wohl zu fühlen. Die Rangliste der gemeinsamen Unternehmungen führen die Spiele im Innenbereich an.

Bezüglich des Bewegungsverhaltens lässt sich festhalten, dass Kinder heute zahlreichen bewegungsreichen Aktivitäten nachgehen, die sowohl formell als auch informell ausgeübt werden. Die Möglichkeit zum Ausüben sportlicher Aktivitäten wird von Jungen stärker in Anspruch genommen als von Mädchen, und es zeigt sich in der Tendenz, dass finanzielle Rahmenbedingungen durchaus eine Rolle spielen. Sportliche Aktivitäten finden auch in der Familie statt, sie nehmen jedoch keine herausragende Stelle ein. Sie zeigen sich zudem eher im Zusammenspiel mit Jungen als mit Mädchen. Der elterliche Aufforderungscharakter zum Sport ist auf der einen Seite zwar eher gering, doch gehören die Eltern zu den am häufigsten genannten Personen, wenn es um den Eintritt in einen Sportverein geht. Neben den sportlichen Aktivitäten spielen aber auch andere Beschäftigungen im Innenraum eine Rolle, denen vor allem Mädchen, aber auch die Jungen, als Zusatz zu ihren sportlichen Aktivitäten, gerne nachgehen. So wird dem Zusammensein mit den Eltern und Freunden, das als Ausgleich zwischen Sport und ruhigeren Tätigkeiten dient, eine große Bedeutung beigemessen. Bezüglich der motorischen Fähigkeiten zeigt sich eine Überlegenheit der getesteten Jungen gegenüber den getesteten Mädchen. Hinsichtlich der erfragten Facetten des Selbstkonzeptes schätzen sich die Kinder im höheren Drittel der Skala ein. Am besten wird das eigene psychische und physische Wohlbefinden, am schwächsten die eigene allgemeine kognitive Leistungsfähigkeit eingeschätzt. Die Facette Selbstsicherheit und Durchsetzungsvermögen offenbart geschlechtsspezifische Unterschiede. Jungen bewerten sich sicherer als Mädchen.

7.2 Bewegungspräferenz, Motorik und Facetten des Selbstkonzeptes

7.2.1 Definition der Variable Bewegungspräferenz

Mit dem Begriff Bewegungspräferenz wird die Dimension beschrieben, die sich mit der Bevorzugung kindlicher Aktivität beschäftigt. Der durch die Faktorenanalyse gewonnene Faktor (vgl. Kap. 6.3.1.1) operationalisiert den Umstand, in welchem Ausmaß Kinder allgemeine Bewegung präferieren. Eine Kategorisierung kann, neben anderen Möglichkeiten, sowohl durch die Orientierung an der Skalenbildung als auch durch die Berechnung von Quartilen erfolgen. Mit Blick auf die fünfstufige Skala, die für einen niedrigen Wert wenig Bewegungspräferenz und für einen hohen Wert hohe Bewegungspräferenz festlegt, bietet sich eine erste Kategorie zwischen den Werten eins bis drei, welche die Beschreibungen *nie*, *selten* und *manchmal* zusammenfasst und eine zweite Kategorie ab dem Wert vier, welche die Bewegungshäufigkeit mit den Beschreibungen *öfter* und *häufig* bündelt, an. Mit dieser Einteilung wäre die Kategorisierung nicht völlig stichprobenabhängig. Die Analyse der Häufigkeitsdarstellung und die Anzeige der Perzentile sprechen ebenfalls für dieses Vorgehen, da sie genau in diesen Bereichen liegen (vgl. Tabelle 23).

Tabelle 23: Mittelwert und Perzentile für den Faktor Bewegungspräferenz

N	Gültig	173
N	Fehlend	0
Mittelwert		3,479
Perzentile	25	3,0714
	50	3,5714
	75	3,9286

Nach dieser Verteilung werden alle Werte $\leq 3,00$ der ersten Kategorie und alle Werte $\geq 4,00$ der zweiten Kategorie zugeordnet.

7.2.2 Eigenschaften der Teilstichprobe

Jede Kategorie umfasst 42 Kinder, die sich hinsichtlich ihres Alters nicht signifikant voneinander unterscheiden. In der Gruppe der eher bewegungspräferierenden Kinder befinden sich 29 Jungen und 13 Mädchen, in der Gruppe der eher nicht bewegungspräferierenden Kinder 17 Jungen und

25 Mädchen. Der durchgeführte Chi-Quadrat-Test bestätigt einen signifikanten Unterschied bezüglich der Geschlechtsverteilung. Kinder, die sich eher bewegungsreich verhalten, unterscheiden sich von den eher bewegungsarmen Kindern weiter hochsignifikant in den Rahmenkategorien *spezifische sportliche Aktivität, Familiensport und Sportförderung* sowie im *internen Familienzusammenleben.* Es zeigt sich, dass bewegungspräferierende Kinder höhere Werte in den genannten Kategorien aufweisen (vgl. Tabelle 24).

Tabelle 24: Teilstichprobenbeschreibung Bewegungspräferenz[51]

Kategorie	bewegungspräferierende Kinder N = 42	Nicht bewegungspräferierende Kinder N = 42
Geschlecht sig. Alter (M)	13 Mädchen 29 Jungen[1] 9,36	25 Mädchen 17 Jungen 9,21
spezifische sportliche Aktivität (M) sig.	3,08[2]	1,95
Familiensport und Sportförderung (M) sig.	2,44[3]	1,76
internes Familienzusammenleben (M) sig.	3,69[4]	3,16

1 $\chi^2 (1) = 6, 920\ p = .009$).
2 (t-Test: $SD_1 = 0,93302$, $SD_2 = 0,81155$; T (82)= -5,915 p = .001).
3 (t-Test: $SD_1 = 0,83216$, $SD_2 = 0,65373$; T (82)= -4,169 p = .001).
4 (t-Test: $SD_1 = 0,53837$, $SD_2 = 0,62527$; T (82)= -5,915 p = .001).

Die Ergebnisse zweifaktorieller Varianzanalysen bescheinigen für den Faktor *spezifische sportliche Aktivität* zusätzlich zum Bewegungseinfluss einen geschlechtsspezifischen Einfluss. So weisen Kinder mit niedriger Bewegungspräferenz und Mädchen beider Bewegungskategorien deutlich niedrigere Mittelwerte auf als die Durchschnitte der befragten Jungen (vgl. Tabelle 25 und 26).

---

[51] Zur Erinnerung: Die Werte basieren auf einer Skala von eins bis fünf, wobei der Wert eins eine niedrige Ausprägung und der Wert fünf eine hohe Ausprägung operationalisiert.

Tabelle 25: Deskriptive Statistik der Variable *spezifische sportliche* Aktivität differenziert nach Bewegungspräferenz und Geschlecht

Geschlecht	Bewegungspräferenz	Mittelwert	Standardabweichung	N
Junge	niedrige Bewegungspräferenz	2,2941	0,95425	17
	hohe Bewegungspräferenz	3,3517	0.79759	29
	Gesamt	2,9609	0,99297	46
Mädchen	niedrige Bewegungspräferenz	1,7280	0,61882	25
	hohe Bewegungspräferenz	2,4923	0,96821	13
	Gesamt	1,9895	0,82913	38
Gesamt	niedrige Bewegungspräferenz	1,9571	0,81155	42
	hohe Bewegungspräferenz	3,0857	0,93302	42
	Gesamt	2,5214	1,03808	84

Tabelle 26: Test auf Zwischensubjekteffekte: *spezifische sportliche Aktivität*, Bewegungspräferenz und Geschlecht

Variable	df	F	p
Geschlecht	1	14,640	.000
Bewegungspräferenz	1	23,913	.000
Geschlecht*Bewegungspräfernz	1	0,620	.433

Weniger auf das Geschlecht, sondern vielmehr auf die tatsächliche Bewegungspräferenz ist das Ergebnis der zweifaktoriellen Varianzanalyse hinsichtlich des Familiensports zurückzuführen. Kinder mit einer hohen Bewegungspräferenz treiben, in Übereinstimmung mit dem Ergebnis des oben angeführten t-Tests, auch häufiger Sport mit ihren Familienmitgliedern als Kinder mit einer niedrigen Bewegungspräferenz (vgl. Tabelle 27 und 28):

Tabelle 27: Deskriptive Statistik der Variable *Familiensport und Sportförderung* differenziert nach Bewegungspräferenz und Geschlecht

Geschlecht	Bewegungspräferenz	Mittelwert	Standardabweichung	N
Junge	niedrige Bewegungspräferenz	1,5746	0,73628	17
	hohe Bewegungspräferenz	2,5117	0,78435	29
	Gesamt	2,1654	0,88583	46
Mädchen	niedrige Bewegungspräferenz	1,8879	0,57209	25
	hohe Bewegungspräferenz	2,2857	0,94463	13
	Gesamt	2,0240	0,73368	38
Gesamt	niedrige Bewegungspräferenz	1,7611	0,65373	42
	hohe Bewegungspräferenz	2,4418	0,83216	42
	Gesamt	2,1014	0,81879	84

Tabelle 28: Test auf Zwischensubjekteffekte: *Familiensport und Sportförderung*, Bewegungspräferenz und Geschlecht

Variable	df	F	p
Geschlecht	1	0,65	.799
Bewegungspräferenz	1	15,253	.000
Geschlecht*Bewegungspräfernz	1	2,489	.119

Betreffend den Faktor *internes Familienzusammenleben* wird eine Interaktion zwischen Geschlecht und Bewegungsreichtum angezeigt: Jungen unterscheiden sich deutlicher bezüglich ihrer Bewegungspräferenz als die Gesamtgruppe, insbesondere als Mädchen, die unabhängig von der Bewegungspräferenz einen ungefähr gleich hohen Mittelwert aufweisen. So rangiert die Qualität des internen Familienzusammenlebens bei den Jungen mit einer niedrigen Bewegungspräferenz bei M = 2,85, bei den Jungen mit einer hohen Bewegungspräferenz bei M = 3,48, während Mädchen beider Bewegungsgruppen einen Mittelwert um M = 3,40 aufweisen (vgl. Tabelle 29 und 30).

Tabelle 29: Deskriptive Statistik der Variable *internes Familienzusammenleben* differenziert nach Bewegungspräferenz und Geschlecht

Geschlecht	Bewegungspräferenz	Mittelwert	Standardabweichung	N
Junge	niedrige Bewegungspräferenz	2,8562	0,48713	17
	hohe Bewegungspräferenz	3,8544	0,31018	29
	Gesamt	3,4855	0,61769	46
Mädchen	niedrige Bewegungspräferenz	3,3689	0,63158	25
	hohe Bewegungspräferenz	3,3504	0,75882	13
	Gesamt	3,3626	0,66751	38
Gesamt	niedrige Bewegungspräferenz	3,1614	0,62527	42
	hohe Bewegungspräferenz	3,6984	0,53837	42
	Gesamt	3,4299	0,63975	84

Tabelle 30: Test auf Zwischensubjekteffekt: *internes Familienzusammenleben*, Bewegungspräferenz und Geschlecht

Variable	df	F	p
Geschlecht	1	0,001	.972
Bewegungspräferenz	1	15,900	.000
Geschlecht * Bewegungspräferenz	1	17,120	.000

7.2.3 Bewegungspräferenz und motorische Kompetenzen

Kinder mit einer hohen Bewegungspräferenz unterscheiden sich hinsichtlich ihrer motorischen Kompetenzen signifikant von Kindern mit einer niedrigen Bewegungspräferenz in den Disziplinen *Ball skills*, *Static and Dynamic Balance* sowie im Gesamtwert des *M-ABC*. Kinder, die Bewegung präferieren, schneiden mit Ausnahme des Bereichs *Manual Dexterity* besser ab als Kinder, die Bewegung wenig präferieren. (vgl. Abb. 24).

Abbildung 24: Mittelwerte der Kinder, die Bewegung präferieren und nicht präferieren hinsichtlich ihrer motorischen Kompetenzen (höhere Werte zeigen eine geringere Leistung an)

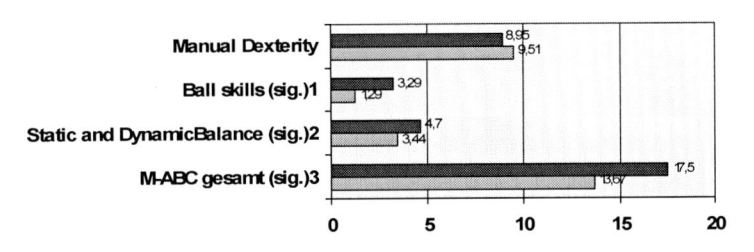

■ Kinder mit niedriger Bewegungspräferenz N = 42
▫ Kinder mit hoher Bewegungspräferenz N = 42

[1] (t-Test: M_1 = 1,29 SD_1 = 2,075; M_2 = 3,29 SD_2 = 2,680; T (82) = 3,824 p < .001).
[2] (t-Test: M_1 = 3,44 SD_1 = 2,628; M_2 = 4,70 SD_2 = 2,535; T (82) = 2,240 p = .028).
[3] (t-Test: M_1 = 13,69 SD_1 = 5,086; M_2 = 17,50 SD_2 = 5,629; T (82) = 3,264 p = .002).

7.2.3.1 Bewegungspräferenz und feinmotorische Kompetenzen

Die Mittelwerte der *Manual Dexterity* zeichnen sich durch höhere Punktwerte aus als die anderen Disziplinen. Dies ist unabhängig von Bewegungspräferenzen und Geschlecht. Die Werte der Jungen sind zwar besser als die der Mädchen, und so erzielen auch die Mädchen mit einer hohen Bewegungspräferenz bessere Leistungen als ihre gleichgeschlechtlichen nicht bewegungspräferierenden Mitschüler, doch sind diese Ergebnisse nicht signifikant und damit aussageirrelevant (vgl. Tabelle 31).

Tabelle 31: Deskriptive Statistik der unabhängigen Variable *Manual Dexterity* differenziert nach Bewegungspräferenz und Geschlecht

Geschlecht	Bewegungspräferenz	Mittelwert	Standardabweichung	N
Junge	niedrige Bewegungspräferenz	8,941	2,6861	17
	hohe Bewegungspräferenz	8,983	3,4056	29
	Gesamt	8,967	3,1277	46
Mädchen	niedrige Bewegungspräferenz	9,900	3,2564	25
	hohe Bewegungspräferenz	8,885	3,6467	13
	Gesamt	9,553	3,3808	38
Gesamt	niedrige Bewegungspräferenz	9,512	3,0414	42
	hohe Bewegungspräferenz	8,952	3,4373	42
	Gesamt	9,232	3,2380	84

7.2.3.2 Bewegungspräferenz und der Umgang mit dem Ball

Eine Überprüfung auf geschlechtsspezifische Einflüsse zeigt, dass die Skala *Ball skills* von der Variable Geschlecht beeinflusst wird. Mädchen beider Bewegungsgruppen weisen niedrigere Mittelwerte auf als die getesteten Jungen. Es zeigt sich ebenfalls ein Unterschied zwischen den bewegungspräferierenden und nicht präferierenden Kindern, der durch die Signifikanz des Levene-Tests auf Gleichheit der Fehlervarianzen ($F(3, 80) = 8,814$ $p < .001$) jedoch nicht ausreichend signifikant ist (vgl. Tabelle 32 und 33).

Tabelle 32: Deskriptive Statistik der unabhängigen Variable *Ball skills* differenziert Bewegungspräferenz und Geschlecht

Geschlecht	Bewegungspräferenz	Mittelwert	Standardabweichung	N
Junge	niedrige Bewegungspräferenz	1,76	1,393	17
	hohe Bewegungspräferenz	0,66	1,289	29
	Gesamt	1,07	1,421	46
Mädchen	niedrige Bewegungspräferenz	4,32	2,868	25
	hohe Bewegungspräferenz	2,69	2,780	13
	Gesamt	3,76	2,908	38
Gesamt	niedrige Bewegungspräferenz	3,29	2,680	42
	hohe Bewegungspräferenz	1,29	2,075	42
	Gesamt	2,29	2,586	84

Tabelle 33: Test auf Zwischensubjekteffekte: *Ball skills*, Bewegungspräferenz und Geschlecht

Variable	df	F	p
Geschlecht	1	21,820	.000
Bewegungspräferenz	1	7,751	.007
Geschlecht * Bewegungspräferenz	1	0,278	.600

7.2.3.3 Bewegungspräferenz und Balancefertigkeiten

Der Bereich *Static and Dynamic Balance* scheint entgegen der Ergebnisse der t-Tests weder durch das Geschlecht noch durch die Bewegungspräferenz beeinflusst.

Zwar ist durch die deskriptive Statistik ersichtlich, dass bewegungspräferierende Kinder bessere Werte erzielen als nicht bewegungspräferierende Kinder und dass innerhalb der Jungengruppe ein größerer Unterschied der Mittelwerte besteht als in der Mädchengruppe, deren Mittelwerte fast gleich sind (vgl. Tabelle 34), doch fällt der Test auf Zwischensubjekteffekte nicht signifikant aus.

Tabelle 34: Deskriptive Statistik der Variable *static and dynamic Balance* differenziert nach Bewegungspräferenz und Geschlecht

Geschlecht	Bewegungspräferenz	Mittelwert	Standardabweichung	N
Junge	niedrige Bewegungspräferenz	4,62	2,133	17
	hohe Bewegungspräferenz	2,95	2,677	29
	Gesamt	3,57	2,596	46
Mädchen	niedrige Bewegungspräferenz	4,76	2,818	25
	hohe Bewegungspräferenz	4,54	2,231	13
	Gesamt	4,68	2,603	38
Gesamt	niedrige Bewegungspräferenz	4,70	2,535	42
	hohe Bewegungspräferenz	3,44	2,628	42
	Gesamt	4,07	2,644	84

7.2.3.4 Bewegungspräferenz und der *Gesamtscore des M-ABC*

Der *Gesamtscore des M-ABC* ist sowohl vom Geschlecht als auch vom Grad der Bewegungspräferenz abhängig. Jungen mit einer hohen Bewegungspräferenz erzielen bessere Werte als Mädchen mit einer hohen Bewegungspräferenz. Ebenso zeigt sich ein deutlicher Unterschied zwischen Kindern mit hoher und niedriger Bewegungspräferenz. Diese in der deskriptiven Darstellung bereits offensichtliche Verteilung wird auch im Test der Zwischensubjekteffekte signifikant (vgl. Tabelle 35 und 36).

Tabelle 35: Deskriptive Statistik der Variable *Gesamtscore M-ABC* differenziert nach Bewegungspräferenz und Geschlecht

Geschlecht	Bewegungspräferenz	Mittelwert	Standardabweichung	N
Junge	niedrige Bewegungspräferenz	15,324	4,5137	17
	hohe Bewegungspräferenz	12,586	4,3590	29
	Gesamt	13,598	4,5663	46
Mädchen	niedrige Bewegungspräferenz	18,980	5,9099	25
	hohe Bewegungspräferenz	16,115	5,8955	13
	Gesamt	18,000	5,9853	38
Gesamt	niedrige Bewegungspräferenz	17,500	5,6289	42
	hohe Bewegungspräferenz	13,679	5,0868	42
	Gesamt	15,589	5,6686	84

Tabelle 36: Test auf Zwischensubjekteffekte: *Gesamtscore M-ABC*, Bewegungspräferenz und Geschlecht

Variable	df	F	p
Geschlecht	1	9,297	.003
Bewegungspräferenz	1	5,651	.020
Geschlecht * Bewegungspräferenz	1	0,003	.957

7.2.4 Bewegungspräferenz und Facetten des Selbstkonzeptes

Kinder mit einer hohen Bewegungspräferenz unterscheiden sich in der Überprüfung durch t-Tests nicht signifikant hinsichtlich ihres Selbstbildes von Kindern, die Bewegung nicht präferieren. Die durchschnittlichen Werte der einzelnen Facetten befinden sich alle im oberen Drittel der Skala. Auch innerhalb der Mädchengruppe zeigen sich keine durch T-tests ermittelten signifikanten Unterschiede zwischen bewegungspräferierenden und nicht präferierenden Kindern hinsichtlich ihres Selbstkonzeptes. Bis auf den Faktor Selbstbehauptung und Durchsetzungsvermögen hingegen können bewegungspräferierende Jungen (N = 29) in allen Selbstkonzeptfacetten bessere Werte erreichen als Jungen, die Bewegung nicht präferieren (N = 17) (vgl. Abbildung 25).

Abbildung 25: Durchschnittliche Werte der Facetten des Selbstkonzeptes

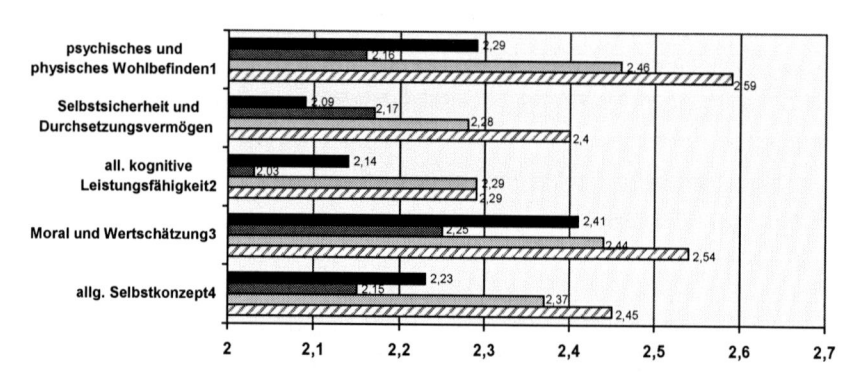

☑ Jungen mit hoher Bewegungspräferenz N = 29   ☐ Kinder mit hoher Bewegungspräferenz N = 42
■ Jungen mit niedriger Bewegungspräferenz N = 17   ■ Kinder mit niedriger Bewegungspräferenz N = 42

1 (t-Test: Jungen m. niedriger/hoher Bewegungspräf.: SD1 = 0,60235, SD2 = 0,47115, T (44) -2,685, p = .010
2 (t-Test: Jungen m. niedriger/hoher Bewegungspräf.: SD1 = 0,34165, SD2 = 0,42029, T (44) -2,133, p = .039
3 (t-Test: Jungen m. niedriger/hoher Bewegungspräf.: SD1 = 0,49107, SD2 = 0,27632, T (44) -2,570, p = .014
4 (t-Test: Jungen m. niedriger/hoher Bewegungspräf.: SD1 = 0,34642, SD2 = 0,30631, T (44) -3,057, p = .004

7.2.4.1 Bewegungspräferenz und der Faktor *Psychisches und physisches Wohlbefinden*

Wie in Kap. 6.3.1.2 beschrieben, handelt es sich bei diesem Faktor um die Operationalisierung gesundheitlicher Ressourcen. Während der t-Test kein signifikantes Ergebnis präsentiert, enthüllt die spezifische Analyse eine Wechselwirkung zwischen Geschlecht und Bewegungspräferenz. Die höchsten Mittelwerte erzielen Jungen mit einer hohen Bewegungspräferenz. Sie sind den

Jungen mit wenig Bewegungspräferenz überlegen. In der Gruppe der Mädchen hingegen unterscheiden sich die beiden Gruppen nur geringfügig (vgl. Tabelle 37 und 38).

Tabelle 37: Deskriptive Statistik der Variable *Psychisches und physisches Wohlbefinden* differenziert nach Bewegungspräferenz und Geschlecht

Geschlecht	Bewegungspräferenz	Mittelwert	Standardabweichung	N
Junge	niedrige Bewegungspräferenz	2,1618	0,60235	17
	hohe Bewegungspräferenz	2,5905	0,47115	29
	Gesamt	2.4321	0,55759	46
Mädchen	niedrige Bewegungspräferenz	2,3800	0,40098	25
	hohe Bewegungspräferenz	2,1827	0,69525	13
	Gesamt	2,3125	0,51967	38
Gesamt	niedrige Bewegungspräferenz	2,2917	0,49745	42
	hohe Bewegungspräferenz	2,4643	0,57401	42
	Gesamt	2,3780	0,54087	84

Tabelle 38: Test auf Zwischensubjekteffekte bei der Variable *Psychisches und physisches Wohlbefinden*, Bewegungspräferenz und Geschlecht

Variable	df	F	p
Geschlecht	1	0,631	.429
Bewegungspräferenz	1	0,940	.335
Geschlecht * Bewegungspräferenz	1	6,880	.010

7.2.4.2 Bewegungspräferenz und der Faktor *Selbstsicherheit und Durchsetzungsvermögen*

Die getesteten Kinder mit unterschiedlicher Bewegungspräferenz unterscheiden sich in ihrer sozialen Kompetenz zunächst nicht signifikant. Durch die zweifaktorielle Varianzanalyse werden jedoch geschlechtsspezifische Einflüsse sichtbar. Jungen beider Bewegungsgruppen weisen im Mittel einen höheren Wert als die befragten Mädchen auf (vgl. Tabelle 39 und 40).

Tabelle 39: Deskriptive Statistik der Variable *Selbstsicherheit und Durchsetzungsvermögen* differenziert nach Bewegungspräferenz und Geschlecht

Geschlecht	Bewegungspräferenz	Mittelwert	Standardabweichung	N
Junge	niedrige Bewegungspräferenz	2,1765	0,35802	17
	hohe Bewegungspräferenz	2,4023	0,41085	29
	Gesamt	2,3188	0,40342	46
Mädchen	niedrige Bewegungspräferenz	2,0444	0,44444	25
	hohe Bewegungspräferenz	2,0171	0,53450	13
	Gesamt	2,0351	0,47006	38
Gesamt	niedrige Bewegungspräferenz	2,0979	0,41225	42
	hohe Bewegungspräferenz	2,2831	0,48102	42
	Gesamt	2,1905	0,45489	84

Tabelle 40: Test auf Zwischensubjekteffekte: *Selbstsicherheit* und *Durchsetzungsvermögen*, Bewegungspräferenz und Geschlecht

Variable	df	F	p
Geschlecht	1	1,273	.011
Bewegungspräferenz	1	0,187	.320
Geschlecht * Bewegungspräferenz	1	0,305	.205

7.2.4.3 Bewegungspräferenz und der Faktor *allgemeine kognitive Leistungsfähigkeit*

Kinder mit unterschiedlichen Bewegungsgraden schätzen ihre kognitive Effizienz ungefähr gleich gut ein. Die Werte befinden sich zwischen M = 2,0 und M = 2,29. Weder geschlechtsspezifische Einflüsse noch bewegungsbedingte Überlegenheiten lassen sich signifikant nachweisen (vgl. Tabelle 41).

Tabelle 41: Deskriptive Statistik der Variable *allgemeine kognitive Leistungsfähigkeit* differenziert nach Bewegungspräferenz und Geschlecht

Geschlecht	Bewegungspräferenz	Mittelwert	Standardabweichung	N
Junge	niedrige Bewegungspräferenz	2,0368	0,34165	17
	hohe Bewegungspräferenz	2,2931	0,42029	29
	Gesamt	2,1984	0,40874	46
Mädchen	niedrige Bewegungspräferenz	2,2250	0,43601	25
	hohe Bewegungspräferenz	2,2981	0,58081	13
	Gesamt	2,2500	0,48369	38
Gesamt	niedrige Bewegungspräferenz	2,1488	0,40691	42
	hohe Bewegungspräferenz	2,2946	0,46838	42
	Gesamt	2,2217	0,44220	84

7.2.4.4 Bewegungspräferenz und der Faktor *Moral und Wertschätzung*

Moralische Kompetenzen sind zunächst nicht singulär abhängig von Geschlecht oder Bewegungspräferenz. Es zeigt sich jedoch eine Interaktion zwischen diesen beiden Faktoren. Mädchen mit einer niedrigen Bewegungspräferenz haben einen ähnlich hohen Wert wie Jungen mit einer hohen Bewegungspräferenz. Der Mittelwert der Mädchengruppe mit einer hohen Bewegungspräferenz wiederum entspricht in etwa dem durchschnittlichen Wert der Jungengruppe mit einer niedrigen Bewegungspräferenz. Demnach haben sowohl Mädchen und Jungen insgesamt einen ungefähr gleich hohen durchschnittlichen Wert als auch insgesamt die bewegungspräferierenden und nicht präferierenden Kinder (vgl. Tabelle 42 und 43).

Tabelle 42: Deskriptive Statistik der abhängigen Variable *Moral und Wertschätzung* differenziert nach Bewegungspräferenz und Geschlecht

Geschlecht	Bewegungspräferenz	Mittelwert	Standardabweichung	N
Junge	niedrige Bewegungspräferenz	2,2521	0,49107	17
	hohe Bewegungspräferenz	2,5419	0,27632	29
	Gesamt	2,4348	0,39147	46
Mädchen	niedrige Bewegungspräferenz	2,5200	0,37769	25
	hohe Bewegungspräferenz	2,2418	0,57553	13
	Gesamt	2,4248	0,46675	38
Gesamt	niedrige Bewegungspräferenz	2,4116	0,44195	42
	hohe Bewegungspräferenz	2,4490	0,41087	42
	Gesamt	2,4303	0,42453	84

Tabelle 43: Test auf Zwischensubjekteffekte: *Moral und Wertschätzung*, Bewegungspräferenz und Geschlecht

Variable	df	F	p
Geschlecht	1	0,029	.864
Bewegungspräferenz	1	0,004	.951
Geschlecht * Bewegungspräferenz	1	9,166	.003

7.2.4.5 Bewegungspräferenz und das *allgemeine Selbstkonzept*

Die Mittelwerte des *allgemeinen Selbstkonzeptes*, welches sich aus der Querschnittsumme der Faktoren *Psychisches und physisches Wohlbefinden, Selbstsicherheit und Durchsetzungsvermögen, kognitive Leistungsfähigkeit* und *Moral und Wertschätzung* zusammensetzt, bieten keinen Hinweis auf geschlechtsspezifische oder bewegungsspezifische Einflüsse. Zwar deutet sich eine Wechselwirkung zwischen Geschlecht und Bewegungspräferenz an (vgl. Tabelle 44), doch reicht das Signifikanzniveau (p = 0,013) durch das ebenfalls signifikante Ergebnis des Levene-Tests auf Gleichheit der Fehlervarianzen (F(3,80) = 3,343; p = 0,023) nicht aus, um eine zuverlässige Aussage über das Verhältnis treffen zu können (vgl. Tabelle 45).

Tabelle 44: Deskriptive Statistik der Variable *allgemeines Selbstkonzept* differenziert nach Bewegungspräferenz und Geschlecht

Geschlecht	Bewegungspräferenz	Mittelwert	Standardabweichung	N
Junge	niedrige Bewegungspräferenz	2,1568	0,34642	17
	hohe Bewegungspräferenz	2,4569	0,30631	29
	Gesamt	2,3460	0,35001	46
Mädchen	niedrige Bewegungspräferenz	2,2924	0,30468	25
	hohe Bewegungspräferenz	2,1849	0,50480	13
	Gesamt	2,2556	0,38148	38
Gesamt	niedrige Bewegungspräferenz	2,2375	0,32513	42
	hohe Bewegungspräferenz	2,3727	0,39352	42
	Gesamt	2,3051	0,36516	84

Tabelle 45: Test auf Zwischensubjekteffekte: *allgemeines Selbstkonzept*, Bewegungspräferenz und Geschlecht

Variable	df	F	p
Geschlecht	1	0,721	0,498
Bewegungspräferenz	1	1,437	0,234
Geschlecht * Bewegungspräferenz	1	6,430	0,013

7.2.5 Zusammenfassung

Die Teilstichprobe der 42 Kinder, die sich in besonders bewegungspräferierende und eher nicht bewegungspräferierende Gruppen gliedern, weist eine geschlechtsspezifische Verteilung auf, die durch die bereits deskriptiv beschriebenen Unterschiede hinsichtlich des Bewegungsverhaltens von Jungen und Mädchen zu erwarten war. Auch in dieser Teilstichprobe zeigt sich, dass überzufällig oft Jungen der Gruppe der bewegungspräferierenden Kinder zuzuordnen sind.

Erste signifikante Unterschiede zwischen den beiden Gruppen zeigen sich bereits in den erhobenen Rahmenbedingungen, die die *spezifische sportliche Aktivität*, den gemeinsamen *Familiensport und die Sportförderung* sowie das *interne Familienzusammenleben* betreffen. Bewegungspräferierende Kinder treiben nach den Ergebnissen mehr spezifischen Sport mit anderen und mit Familienmitgliedern und zeichnen sich durch eine gute Familiengemeinschaft aus. Auch hier werden geschlechtsspezifische Besonderheiten sichtbar. So unterliegt der Faktor *spezifische sportliche Aktivität* neben dem bewegungspräferierenden Faktor auch einem geschlechtsspezifischen Einfluss. Ebenso zeigt sich, dass Jungen mit einer hohen Bewegungspräferenz deutlich öfter von einem guten und aktiven Familienleben berichten als Jungen mit wenig Bewegungspräferenz; während Mädchen beider Bewegungsgruppen einen ähnlich hohen Wert angeben und sich nicht unterscheiden.

In allen Disziplinen des motorischen Tests zeigt sich, dass bewegungspräferierende Kinder bessere motorische Werte erhalten als Kinder, die Bewegung nicht präferieren. Dieser Unterschied ist in allen Fällen zwar deskriptiv deutlich, aber nicht immer statistisch signifikant. Für den Gesamtwert des M-ABC zeigt sich diese Tendenz jedoch auch statistisch signifikant. Geschlechtsbezogene Unterschiede zeigen sich vor allem in der Kategorie *Ball skills*. Die getesteten Jungen verfügen über deutlich bessere Fertigkeiten als die getesteten Mädchen. Für den Gesamtwert des M-ABC zeigt sich dieser geschlechtsspezifische Zusammenhang auch in den zweifaktoriellen Varianzanalysen.

Bewegungspräferierende Kinder machen in jedem Bereich der Selbsteinschätzung deskriptiv durch höhere Werte und damit auch durch ein insgesamt höheres Selbstkonzept auf sich aufmerksam, doch werden diese Unterschiede in durchgeführten T-tests nicht signifikant. Die seperate Betrachtung der Mädchen- und Jungenstichprobe zeigt keine Unterschiede des Selbstkonzepts in der Mädchengruppe; in der Jungengruppe zeigen sich deutliche Unterschiede zwischen den Bewegungspräferenzen, die bis auf die Facette *Selbstsicherheit und Durchsetzungsvermögen* alle Facetten des Selbstkonzeptes betrifft. Berichtet werden kann daher von Interaktionen zwischen Geschlecht und Bewegungspräferenz sowie von alleinigen geschlechtsspezifischen Zusammenhängen:

Jungen, die Bewegung präferieren, haben weniger Beschwerden und fühlen sich nicht so ängstlich wie Jungen, die Bewegung nicht präferieren. Unabhängig von der Bewegungspräferenz schätzen Jungen ihre Selbstsicherheit und ihr Durchsetzungsvermögen signifikant höher ein als Mädchen der gleichen Altersgruppe. Aspekte der *allgemeinen kognitiven Leistungsfähigkeit* bleiben sowohl vom Geschlecht als auch von der Bewegungspräferenz unberührt. Dagegen zeigt sich jedoch, dass Jungen mit einer hohen Bewegungspräferenz Fragen der Moral ähnlich hoch einschätzen wie Mädchen mit niedriger Bewegungspräferenz und höher als Jungen mit niedriger und Mädchen mit hoher Bewegungspräferenz.

Für das allgemeine Selbstkonzept gilt: Weder die Bewegungspräferenz noch das Geschlecht der Kinder sind allein ausschlaggebend für ein gesundes Selbstkonzept. Zwar zeigen sich Interaktionen und auch geschlechtsspezifische Einflüsse, doch sind diese nicht ausreichend valide, um sich auch auf das allgemeine Selbstkonzept auszuwirken.

7.3   Sportvereinszugehörigkeit, Motorik und Facetten des Selbstkonzeptes

7.3.1   Eigenschaften der Stichprobe

Die Stichprobe der Schüler und Schülerinnen gliedert sich in 103 Kinder, davon 69 Jungen und 34 Mädchen, die Mitglied in einem Sportverein sind, und 70 Kinder, davon 32 Jungen und 38 Mädchen, die keinen Sportverein besuchen. Der geschlechtsspezifische Unterschied wird im Chi-Quadrat-Test signifikant $(\chi^2 (1) = 7,764, p = .005)$. Hinsichtlich des Alters ergeben sich weder in Bezug auf Vereinszugehörigkeit noch in Bezug auf das Geschlecht signifikanten Unterschiede. Die Überprüfung signifikanter Unterschiede in den Rahmenkategorien *Bewegungspräferenz*, *spezifische sportliche Aktivität* und *Familiensport und Sportförderung* zeigt ein Ungleichgewicht zwischen den Gruppen. Kinder, die in einem Sportverein tätig sind, erzielen in allen drei Skalen höhere Werte als Kinder, die keinem Sportverein angehören. Der Faktor *internes Familienzusammenleben* hingegen bleibt autark gegenüber der Sportvereinszugehörigkeit (vgl. Tabelle 46).

Tabelle 46: Stichprobenbeschreibung Vereinszugehörigkeit

Kategorie	Sportvereinskinder N = 103	Kinder ohne Sportverein N = 70
Geschlecht sig.	34 Mädchen 69 Jungen[1]	38 Mädchen 32 Jungen
Alter (M)	9,11	9,29
Bewegungspräferenz (M) sig.	3,61[2]	3,28
spezifische sportliche Aktivität (M) sig.	2,99[3]	2,13
Familiensport und Sportförderung (M) sig.	2,36[4]	1,90
internes Familienzusammenleben (M)	3,52	3,36

1 $(\chi^2 (1) = 7,764, p = .005)$
2 (t-Test: $SD_1 = 0,57533$, $SD_2 = 0,72569$; $T (125,08) = 3,139$ $p = .002$).
3 (t-Test: $SD_1 = 0,82765$, $SD_2 = 0,88893$; $T (171) = 6,458$ $p < .001$).
4 (t-Test: $SD_1 = 0,74438$, $SD_2 = 0,71754$; $T (171) = 3,999$ $p < .001$).

Die univariate Varianzanalyse bezüglich der Variable *Bewegungspräferenz* zeigt sowohl einen vereinsabhängigen als auch geschlechtsabhängigen Zusammenhang, doch reicht das Signifikanzniveau von $p = .009$ und $p = .047$ aufgrund des signifikanten Ergebnisses des Levene Tests $(F (3, 169) = 3,575$ $p = .015)$ nicht aus, um eine klare Aussage darüber treffen zu können (vgl. Tabelle 47 und 48).

Tabelle 47: Deskriptive Statistik der Variable *Bewegungspräferenz* differenziert nach Vereinszugehörigkeit und Geschlecht

Geschlecht	Sportvereinszugehörigkeit	Mittelwert	Standardabweichung	N
Junge	Vereinsmitglied	3,7184	0,56667	69
	kein Vereinsmitglied	3,3281	0,76132	32
	Gesamt	3,5948	0,65676	101
Mädchen	Vereinsmitglied	3,3929	0,53690	34
	kein Vereinsmitglied	3,2500	0,70256	38
	Gesamt	3,3175	0,62957	72
Gesamt	Vereinsmitglied	3,6110	0,57533	103
	kein Vereinsmitglied	3,2857	0,72569	70
	Gesamt	3,4794	0,65817	173

Tabelle 48: Test auf Zwischensubjekteffekte: *Bewegungspräferenz*, Vereinszugehörigkeit und Geschlecht

Variable	df	F	p
Geschlecht	1	4,016	.047
Vereinszugehörigkeit	1	7,006	.009
Geschlecht*Vereinszugehörigkeit	1	1,509	.221

Für den Faktor *spezifische sportliche Aktivität* zeigt sich sowohl ein geschlechtsspezifischer als auch vereinsspezifischer Zusammenhang, der trotz des signifikanten Levene-Tests ($F_{(3,169)}$ = 3,119 p = .028) ausreichend signifikant ist. Es zeigt sich sowohl, dass Jungen mehr spezifischen sportlichen Tätigkeiten nachgehen als Mädchen, als auch, dass Vereinsmitglieder öfter dieser Beschäftigung nachgehen als Nichtvereinsmitglieder (vgl. Tabelle 49 und 50).

Tabelle 49: Deskriptive Statistik der Variable *spezifische sportliche Aktivität* differenziert nach Vereinszugehörigkeit und Geschlecht

Geschlecht	Sportvereinszugehörigkeit	Mittelwert	Standardabweichung	N
Junge	Vereinsmitglied	3,2812	0,73670	69
	kein Vereinsmitglied	2,3938	0,98699	32
	Gesamt	3,0000	0,91826	101
Mädchen	Vereinsmitglied	2,4000	0,68046	34
	kein Vereinsmitglied	1,9211	0,74332	38
	Gesamt	2,1472	0,74908	72
Gesamt	Vereinsmitglied	2,9903	0,82765	103
	kein Vereinsmitglied	2,1371	0,88893	70
	Gesamt	2,6451	0,94846	173

Tabelle 50: Test auf Zwischensubjekteffekte: *spezifische sportliche Aktivität*, Vereinszugehörigkeit und Geschlecht

Variable	df	F	p
Geschlecht	1	29,688	.000
Vereinszugehörigkeit	1	30,239	.000
Geschlecht*Vereinszugehörigkeit	1	2,702	.102

Für die Skala *Familiensport und Sportförderung* kann ein rein vereinsspezifischer Zusammenhang gezeigt werden. Männliche und weibliche Vereinsmitglieder treiben öfter mit Familienmitgliedern Sport als Kinder ohne Sportvereinsbindung (vgl. Tabelle 51 und 52).

Tabelle 51: Deskriptive Statistik der Variable *Familiensport und Sportförderung* differenziert nach Vereinszugehörigkeit und Geschlecht

Geschlecht	Sportvereinszugehörigkeit	Mittelwert	Standardabweichung	N
Junge	Vereinsmitglied	2,4293	0,73482	69
	kein Vereinsmitglied	1,8292	0,78415	32
	Gesamt	2,2392	0,79783	101
Mädchen	Vereinsmitglied	2,2243	0,75564	34
	kein Vereinsmitglied	1,9727	0,65976	38
	Gesamt	2,0915	0,71289	72
Gesamt	Vereinsmitglied	2,3617	0,74438	103
	kein Vereinsmitglied	1,9071	0,71754	70
	Gesamt	2,1777	0,76498	173

Tabelle 52: Test auf Zwischensubjekteffekte: *Familiensport und Sportförderung*, Vereinszugehörigkeit und Geschlecht

Variable	df	F	p
Geschlecht	1	0,070	.792
Vereinszugehörigkeit	1	13,314	.000
Geschlecht*Vereinszugehörigkeit	1	2,231	.137

Die Untersuchung auf geschlechtsspezifische und vereinsspezifische Zusammenhänge bezüglich des Faktors *internes Familienzusammenleben* zeigt eine Interaktion zwischen Geschlecht und Vereinszugehörigkeit. Es zeigt sich, dass gerade Jungen mit einer Sportvereinszugehörigkeit ein besseres Familienleben beschreiben als Jungen ohne Sportvereinszugehörigkeit, während in der Gruppe der Mädchen sowie in der Gesamtgruppe dieser Unterschied nicht so groß ausfällt (vgl. Tabelle 53 und 54).

Tabelle 53: Deskriptive Statistik der Variable *internes Familienzusammenleben* differenziert nach Vereinszugehörigkeit und Geschlecht

Geschlecht	Sportvereinszugehörigkeit	Mittelwert	Standardabweichung	N
Junge	Vereinsmitglied	3,5942	0,54991	69
	kein Vereinsmitglied	3,1701	0,76772	32
	Gesamt	3,4598	0,65396	101
Mädchen	Vereinsmitglied	3,3856	0,57653	34
	kein Vereinsmitglied	3,5322	0,59424	38
	Gesamt	3,4630	0,58646	72
Gesamt	Vereinsmitglied	3,5254	0,56467	103
	kein Vereinsmitglied	3,3667	0,69796	70
	Gesamt	3,4611	0,62499	173

Tabelle 54: Test auf Zwischensubjekteffekte: *internes Familienleben*, Vereinszugehörigkeit und Geschlecht

Variable	df	F	p
Geschlecht	1	0,624	.431
Vereinszugehörigkeit	1	2,040	.155
Geschlecht * Vereinszugehörigkeit	1	8,625	.004

7.3.2 Sportvereinszugehörigkeit und motorische Kompetenzen

Kinder, die in einem Sportverein aktiv sind, schneiden bis auf den Bereich *Manual Dexterity* in allen Kategorien des *M-ABC* signifikant besser ab als Kinder, die keinem Sportverein angehören (vgl. Abb. 26).

Abbildung 26: Durchschnittliche Werte der motorischen Kompetenzen von sportvereinaktiven und sportvereininaktiven Kindern im Vergleich (höhere Werte zeigen eine geringere Leistung an)

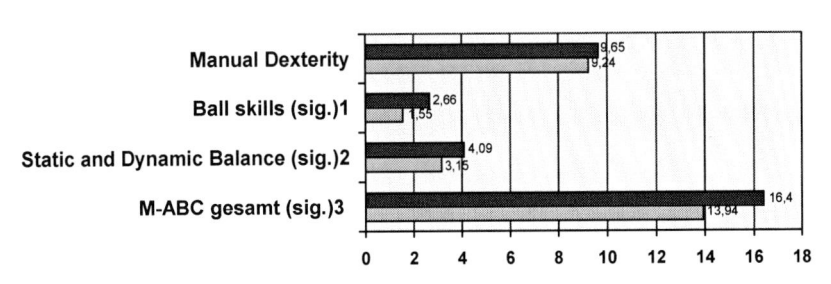

1 (t-Test: SD_1= 3,3069, SD_2= 2,9360; T (171) = -3,018 p = .003).
2 (t-Test: SD_1= 2,6010, SD_2= 2,5700; T (171) = -2,350 p = .020).
3 (t-Test: SD_1= 5,1292, SD_2= 5,7580; T (171) = -2,946 p = .004).

7.3.2.1 Sportvereinszugehörigkeit und feinmotorische Kompetenzen

Die Überprüfung der Einflussgrößen Geschlecht und Vereinszugehörigkeit durch eine zweifaktorielle Varianzananalyse ergibt hier kein signifikantes Ergebnis. Kinder der Sportvereinsgruppe verfügen zwar über bessere Mittelwerte als Kinder ohne Sportvereinszugehörigkeit und so schneiden auch die Mädchen besser ab als die Jungen, doch sind diese rein deskriptiven Beobachtungen nicht signifikant (vgl. Tabelle 55).

Tabelle 55: Deskriptive Statistik der Variable *Manual Dexterity* differenziert nach Vereinszugehörigkeit und Geschlecht

Geschlecht	Sportvereinszugehörigkeit	Mittelwert	Standardabweichung	N
Junge	Mitglied in Sportverein	9,478	3,2454	69
	nicht Mitglied in Sportverein	9,391	2,3784	32
	Gesamt	9,450	2,9862	101
Mädchen	Mitglied in Sportverein	8,765	3,4272	34
	nicht Mitglied in Sportverein	9,882	3,3499	38
	Gesamt	9,354	3,4092	72
Gesamt	Mitglied in Sportverein	9,243	3,3069	103
	nicht Mitglied in Sportverein	9,657	2,9360	70
	Gesamt	9,410	3,1599	173

7.3.2.2 Sportvereinszugehörigkeit und der Umgang mit dem Ball

Das Ergebnis der zweifaktoriellen Varianzanalyse bestätigt für die Variable *Ball skills* einen geschlechtsspezifischen Einfluss. Jungen verfügen signifikant über bessere ballmotorische Fähigkeiten als Mädchen. Obwohl der Levene-Test auf Gleichheit der Fehlervarianzen signifikant ausfällt ($F_{(3,169)} = 14{,}711$, $p < .001$), ist dieser Zusammenhang durch das hohe Signifikanzniveau aussagekräftig. Ein Zusammenhang zwischen der Vereinszugehörigkeit und der Ballfertigkeit kann dagegen nicht bestätigt werden (vgl. Tabelle 56 und 57.

Tabelle 56: Deskriptive Statistik der Variable *Ball skills* differenziert nach Vereinszugehörigkeit und Geschlecht

Geschlecht	Sportvereinszugehörigkeit	Mittelwert	Standardabweichung	N
Junge	Mitglied in Sportverein	0,81	1,287	69
	nicht Mitglied in Sportverein	1,91	2,234	32
	Gesamt	1,16	1,713	101
Mädchen	Mitglied in Sportverein	3,06	2,849	34
	nicht Mitglied in Sportverein	3,29	2,700	38
	Gesamt	3,18	2,754	72
Gesamt	Mitglied in Sportverein	1,55	2,204	103
	nicht Mitglied in Sportverein	2,66	2,576	70
	Gesamt	2,00	2,416	173

Tabelle 57: Test auf Zwischensubjekteffekte: *Ball skills* Vereinszugehörigkeit und Geschlecht

Variable	df	F	p
Geschlecht	1	27,270	.000
Sportvereinszugehörigkeit	1	3,634	.058
Geschlecht * Sportvereinszugehörigkeit	1	1,545	.216

7.3.2.3 Sportvereinszugehörigkeit und Balancefähigkeiten

Die sportliche Kompetenz zur Haltung der Körperbalance steht in erster Linie im Zusammenhang mit der Sportvereinszugehörigkeit. Die univariate Varinazanalyse bestätigt diese bereits durch t-Test ermittelte Verbindung. Kinder, die einem Sportverein aktiv angehören, können die Aufgaben der Balanceüberprüfung signifikant besser meistern als Kinder, die keinem Sportverein angehören. Die Überprüfung geschlechtsspezifischer Zusammenhänge erweist sich als negativ (vgl. Tabelle 58 und 59).

Tabelle 58: Deskriptive Statistik der Variable *static and dynamic Balance* differenziert nach Vereinszugehörigkeit und Geschlecht

Geschlecht	Sportvereinszugehörigkeit	Mittelwert	Standardabweichung	N
Junge	Mitglied in Sportverein	3,41	2,500	69
	nicht Mitglied in Sportverein	3,73	2,744	32
	Gesamt	3,51	2,570	101
Mädchen	Mitglied in Sportverein	2,62	2,755	34
	nicht Mitglied in Sportverein	4,39	2,408	38
	Gesamt	3,56	2,711	72
Gesamt	Mitglied in Sportverein	3,15	2,601	103
	nicht Mitglied in Sportverein	4,09	2,570	70
	Gesamt	3,53	2,622	173

188   *Ergebnisse der empirischen Untersuchung*

Tabelle 59: Test auf Zwischensubjekteffekte: *static and dynamic balance*, Vereinszugehörigkeit und Geschlecht

Variable	df	F	p
Geschlecht	1	0,027	.870
Sportvereinszugehörigkeit	1	6,527	.012
Geschlecht * Sportvereinszugehörigkeit	1	3,141	.078

7.3.2.4 Sportvereinszugehörigkeit und der *Gesamtscore des M-ABC*

Der *Gesamtscore des M-ABC* lässt ausschließlich Interpretationen in Richtung der Sportvereinszugehörigkeit zu. Es zeigen sich zwar auch geschlechtsspezifische Tendenzen, die das Signifikanzniveau knapp verfehlen und für bessere Werte der Jungen stehen, doch schlägt in der zweifaktoriellen Varianzanalyse einzig die Sportvereinszugehörigkeit signifikant durch. Kinder, die einem Sportverein angehören, verfügen über bessere motorische Fertigkeiten als gleichaltrige Mitschüler, die in keinem Sportverein tätig sind (vgl. Tabelle 60 und 61).

Tabelle 60: Deskriptive Statistik der Variable *Gesamtscore des M-ABC* differenziert nach Vereinszugehörigkeit und Geschlecht

Geschlecht	Sportvereinszugehörigkeit	Mittelwert	Standardabweichung	N
Junge	Mitglied in Sportverein	13,688	4,5367	69
	nicht Mitglied in Sportverein	15,031	5,3445	32
	Gesamt	14,114	4,8212	101
Mädchen	Mitglied in Sportverein	14,471	6,2035	34
	nicht Mitglied in Sportverein	17,566	5,9060	38
	Gesamt	16,104	6,2037	72
Gesamt	Mitglied in Sportverein	13,947	5,1292	103
	nicht Mitglied in Sportverein	16,407	5,7580	70
	Gesamt	14,942	5,5108	173

Tabelle 61: Test auf Zwischensubjekteffekte: *Gesamtscore des M-ABC*, Vereinszugehörigkeit und Geschlecht

Variable	df	F	p
Geschlecht	1	3,781	.053
Sportvereinszugehörigkeit	1	6,770	.010
Geschlecht * Sportvereinszugehörigkeit	1	1,055	.306

7.3.3 Sportvereinszugehörigkeit und Facetten des Selbstkonzeptes

Kinder, die in einem Sportverein aktiv sind, profitieren in den Selbstkonzeptfacetten *psychisches und psychisches Wohlbefinden, Selbstsicherheit und Durchsetzungsvermögen, allgemeine kognitive Leistungsfähigkeit* und zusammenfassend im *allgemeinen Selbstkonzept*. Damit ist bis auf den Faktor *Moral und Wertschätzung* in jedem Selbstkonzeptbereich eine Überlegenheit gegenüber Kindern, die keinem Sportverein angehören, vorhanden. Innerhalb der Mädchengruppe zeigen sich ebenfalls diese signifikanten Unterschiede: Mädchen mit Sportvereinszugehörigkeit (N = 34) schätzen sich positiver ein als Mädchen ohne Vereinszugehörigkeit (N = 38). Für die Jungengruppe hingegen gilt: Hinsichtlich der einzelnen Selbstkonzeptfacetten zeigen sich keine signifikanten Unterschiede zwischen vereinsaktiven Jungen und Jungen ohne Sportvereinhintergrund (vgl. Abb. 27).

Abbildung 27: Durchschnittliche Werte der Facetten des Selbstkonzeptes von sportaktiven und sportinaktiven Kindern im Vergleich

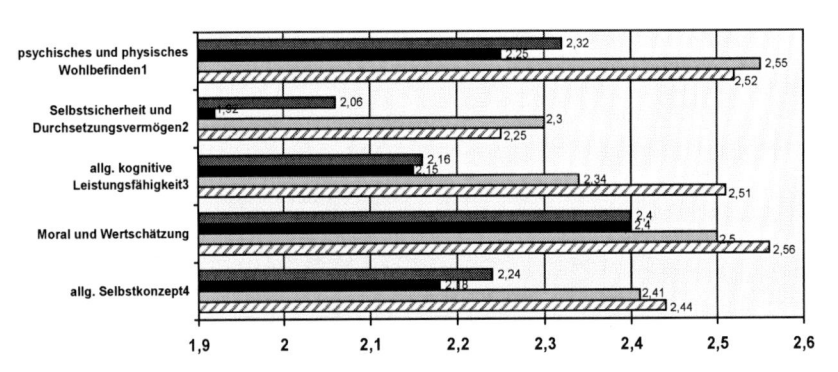

☑ Mädchen mit Sportvereinszugehörigkeit N = 34   ☐ alle Kinder mit Sportvereinszugehörigkeit N = 103
■ Mädchen ohne Sportvereinszugehörigkeit N = 38   ■ alle Kinder ohne Sportvereinszugehörigkeit N = 70

1 (t-Test Verein/n. Verein:	SD_1 = 0,40624, SD_2 = 0,54776; T (118,981) = 3,015 p = .003).
(t-Test: Mädchen Verein /n. Verein:	SD_1 = 0,44494, SD_2 = 0,48364; T (70) = 2,481 p = .015).
2 (t-Test Verein/n. Verein:	SD_1 = 0,38331, SD_2 = 0,44572; T (171) = 3,693 p < .001).
(t-Test: Mädchen Verein /n. Verein:	SD_1 = 0,37258, SD_2 = 0,46650, T (70) = 3,300 p = .002
3 (t-Test: Verein/n. Verein:	SD_1 = 0,41212, SD_2 = 0,44685; T (171) = 2,622 p = .010).
(t-Test: Mädchen Verein /n. Verein:	SD_1 = 0,35554, SD_2 = 0,45991, T (70) = 3,649 p = .001
4 (t-Test: Verein/n. Verein	SD_1 = 0,29066, SD_2 = 0,35976; T (171) 3,553 = p < .001).
(t-Test: Mädchen Verein /n. Verein:	SD_1 = 0,29811, SD_2 = 0,36226, T (70) = 3,289 p = .002

7.3.3.1 Sportvereinszugehörigkeit und der Faktor *Psychisches und physisches Wohlbefinden*

Der Zusammenhang zwischen Sportvereinszugehörigkeit und gesundheitlichen Aspekten bestätigt sich auch unter Berücksichtigung des Geschlechts in einer zweifaktoriellen Varianzanalyse. Obwohl das Signifikanzniveau mit $p = .004$ sehr hoch ist, ist allerdings die Verwertbarkeit dieses Ergebnisses, welches den Sportvereinskindern höhere Werte bestätigt als den Nichtvereinsmitgliedern, durch den signifikanten Levene-Test auf Gleichheit der Fehlervarianzen ($F_{(3,169)} = 3,296$, $p = .022$) zumindest eingeschränkt. Geschlechtsspezifische Einflüsse zeigen sich nicht (vgl. Tabelle 62 und 63).

Tabelle 62: Deskriptive Statistik der Variable *Psychisches und physisches Wohlbefinden* differenziert nach Vereinszugehörigkeit und Geschlecht

Geschlecht	Sportvereinszugehörigkeit	Mittelwert	Standardabweichung	N
Junge	Mitglied in Sportverein	2,5670	0,38859	69
	nicht Mitglied in Sportverein	2,4023	0,61380	32
	Gesamt	2,5149	0,47477	101
Mädchen	Mitglied in Sportverein	2,5294	0,44494	34
	nicht Mitglied in Sportverein	2,2566	0,48364	38
	Gesamt	2,3854	0,48242	72
Gesamt	Mitglied in Sportverein	2,5546	0,40624	103
	nicht Mitglied in Sportverein	2,3232	0,54776	70
	Gesamt	2,4610	0,48084	173

Tabelle 63: Test auf Zwischensubjekteffekte: *Psychisches und physisches Wohlbefinden*, Vereinszugehörigkeit und Geschlecht

Variable	df	F	p
Geschlecht	1	1,508	.221
Sportvereinszugehörigkeit	1	8,585	.004
Geschlecht * Sportvereinszugehörigkeit	1	0,525	.470

7.3.3.2 Sportvereinszugehörigkeit und der Faktor *Selbstsicherheit und Durchsetzungsvermögen*

Neben dem Zusammenhang zwischen Sportvereinszugehörigkeit und Facetten der Selbstsicherheit kommt in der zweifaktoriellen Varianzanalyse auch der Geschlechtszugehörigkeit eine Bedeutung zu. Es zeigt sich, dass sowohl Jungen als auch Mädchen im Sportverein ihren gleichgeschlechtlichen Altersgenossen ohne Sportvereinszugehörigkeit überlegen sind. Gleichzeitig weisen aber auch die Jungen im Sportverein bessere Werte auf als Mädchen, die ebenfalls im Sportverein aktiv sind. Eine

Interaktion deutet sich an, erreicht jedoch nicht das gültige Signifikanzniveau (vgl. Tabelle 64 und 65).

Tabelle 64: Deskriptive Statistik der Variable *Selbstsicherheit und Durchsetzungsvermögen* differenziert nach Vereinszugehörigkeit und Geschlecht

Geschlecht	Sportvereinszugehörigkeit	Mittelwert	Standardabweichung	N
Junge	Mitglied in Sportverein	2,3285	0,38886	69
	nicht Mitglied in Sportverein	2,2431	0,35412	32
	Gesamt	2,3014	0,37854	101
Mädchen	Mitglied in Sportverein	2,2549	0,37258	34
	nicht Mitglied in Sportverein	1,9240	0,46650	38
	Gesamt	2,0802	0,45344	72
Gesamt	Mitglied in Sportverein	2,3042	0,38331	103
	nicht Mitglied in Sportverein	2,0698	0,44572	70
	Gesamt	2,2094	0,42443	173

Tabelle 65: Test auf Zwischensubjekteffekte: *Selbstsicherheit und Durchsetzungsvermögen* differenziert nach Vereinszugehörigkeit und Geschlecht

Variable	df	F	p
Geschlecht	1	9,582	.002
Sportvereinszugehörigkeit	1	10,773	.001
Geschlecht * Sportvereinszugehörigkeit	1	3,745	.055

7.3.3.3 Sportvereinszugehörigkeit und der Faktor *allgemeine kognitive Leistungsfähigkeit*

Auch in der zweifaktoriellen Varianzanalyse wird ein signifikanter Unterschied zwischen Vereinszugehörigkeit und der Selbstzuschreibung von kognitiver Leistungsfähigkeit bestätigt. Die Sportvereinskinder schätzen sich besser ein als die Vergleichsgruppe. Weiter zeigt sich aber auch eine Interaktion zwischen Vereinszugehörigkeit und Geschlecht: In der Gruppe der Mädchen fällt der Unterschied zwischen Sportvereinskindern und Kindern ohne Sportverein größer aus als in der Jungengruppe oder der Gesamtgruppe (vgl. Tabelle 66 und 67).

Tabelle 66: Deskriptive Statistik der Variable allgemeine *kognitive Leistungsfähigkeit* differenziert nach Vereinszugehörigkeit und Geschlecht

Geschlecht	Sportvereinszugehörigkeit	Mittelwert	Standardabweichung	N
Junge	Mitglied in Sportverein	2,2572	0,41451	69
	nicht Mitglied in Sportverein	2,1836	0,43763	32
	Gesamt	2,2339	0,42118	101
Mädchen	Mitglied in Sportverein	2,5112	0,35554	34
	nicht Mitglied in Sportverein	2,1546	0,45991	38
	Gesamt	2,3230	0,44846	72
Gesamt	Mitglied in Sportverein	2,3411	0,41212	103
	nicht Mitglied in Sportverein	2,1679	0,44685	70
	Gesamt	2,2710	0,43370	173

Tabelle 67: Test der Zwischensubjekteffekte: *allgemeine kognitive Leistungsfähigkeit*, Vereinszugehörigkeit und Geschlecht

Variable	df	F	p
Geschlecht	1	2,845	.093
Sportvereinszugehörigkeit	1	10,408	.002
Geschlecht * Sportvereinszugehörigkeit	1	4,501	.035

7.3.3.4 Sportvereinszugehörigkeit und der Faktor *Moral und Wertschätzung*

Kinder mit Sportvereinshintergrund schätzen ihre moralische Urteilsfähigkeit und ihre Wertschätzung durch andere ähnlich ein wie Kinder ohne Sportvereinshintergrund. Auch zeigen sich keine signifikanten Unterschiede zwischen Jungen und Mädchen. (vgl. Tabelle 68).

Tabelle 68: Deskriptive Statistik der Variable *Moral und Wertschätzung* differenziert nach Vereinszugehörigkeit und Geschlecht

Geschlecht	Sportvereinszugehörigkeit	Mittelwert	Standardabweichung	N
Junge	Mitglied in Sportverein	2,4700	0,39588	69
	nicht Mitglied in Sportverein	2,4107	0,47415	32
	Gesamt	2,5637	0,42075	101
Mädchen	Mitglied in Sportverein	2,5637	0,43684	34
	nicht Mitglied in Sportverein	2,4023	0,42515	38
	Gesamt	2,4785	0,43529	72
Gesamt	Mitglied in Sportverein	2,5009	0,41010	103
	nicht Mitglied in Sportverein	2,4061	0,44492	70
	Gesamt	2,4626	0,42582	173

7.3.3.5 Sportvereinszugehörigkeit und das *allgemeine Selbstkonzept*

In der Summe ergibt sich aus den einzelnen Selbstkonzeptfacetten ein eindeutiger Zusammenhang zwischen Selbstzuschreibungen und der Mitgliedschaft in einem Sportverein. Kinder, die Mitglied in einem Sportverein sind, schätzen sich positiver ein als Kinder, die in keinem Sportverein aktiv sind.

Die zweifaktorielle Varianzanalyse bestätigt einen signifikanten Einfluss. Geschlechtsspezifische Unterschiede oder Interaktionen zwischen dem Geschlecht und der Vereinszugehörigkeit werden nicht angezeigt (vgl. Tabelle 69 und 70).

Tabelle 69: Deskriptive Statistik der Variable *allgemeines Selbstkonzept* differenziert nach Vereinszugehörigkeit und Geschlecht

Geschlecht	Sportvereinszugehörigkeit	Mittelwert	Standardabweichung	N
Junge	Mitglied in Sportverein	2,4057	0,28830	69
	nicht Mitglied in Sportverein	2,3099	0,35015	32
	Gesamt	2,3753	0,31070	101
Mädchen	Mitglied in Sportverein	2,4433	0,29811	34
	nicht Mitglied in Sportverein	2,1844	0,36226	38
	Gesamt	2,3066	0,35587	72
Gesamt	Mitglied in Sportverein	2,4181	0,29066	103
	nicht Mitglied in Sportverein	2,2418	0,35976	70
	Gesamt	2,3467	0,33099	173

Tabelle 70: Test auf Zwischensubjekteffekte: *allgemeines Selbstkonzept*, Vereinszugehörigkeit und Geschlecht

Variable	df	F	p
Geschlecht	1	0,747	.389
Sportvereinszugehörigkeit	1	12,152	.001
Geschlecht * Sportvereinszugehörigkeit	1	2,574	.111

7.3.4 Zusammenfassung

Der Vergleich zwischen Kindern, die in einem Sportverein tätig sind, und Kindern, die keinem Sportverein angehören, offenbart, dass Sportvereinskinder auch außerhalb des Trainings im Verein eher Bewegung präferieren als Kinder, die keinem Verein angehören. Dies bezieht sich sowohl auf die *allgemeine Bewegungspräferenz, die spezifische sportliche Aktivität* als auch auf den Sport mit den Familienmitgliedern. Bezüglich des *internen Familienzusammenlebens* zeigen sich Besonderheiten vor allem in der Jungengruppe. Jungen, die in einem Sportverein aktiv sind, werden höhere Werte zugeschrieben als Jungen ohne Verein und Mädchen.

Auf der motorischen Ebene zeigt sich, dass intensiv Sport treibende Kinder über bessere motorische Fertigkeiten verfügen als Kinder, die keinem Sportverein angehören. Dies zeigt sich bis auf den Bereich *Manual Dexterity*, der eher feinmotorische Fertigkeiten testet, in allen erhobenen motorischen Dimensionen. Die Einbeziehung der Kovariate Geschlecht verdeutlicht im Ballmanagement einen eindeutigen Zusammenhang zwischen der Geschlechtszugehörigkeit und der Ballfertigkeit. Jungen sind den Mädchen in dieser Disziplin eindeutig überlegen.

Der Blick auf die einzelnen getesteten Bereiche des Selbstkonzeptes lässt einen Zusammenhang zwischen gezielter sportlicher Bewegung im Verein und eigener Selbstbewertung erkennen. Bis auf die Facette *Moral und Wertschätzung* bewerten sich Sportvereinskinder signifikant höher als Kinder, die keinem Sportverein angehören. Dies muss vor allem in Bezug auf die Mädchengruppe betont werden: So zeigt sich, dass bis auf die Komponente der *Moral und Wertschätzung* vereinsaktive Mädchen ihren Mitschülerinnen ohne Sportvereinszugehörigkeit deutlich in ihrer Selbstkonzepteinschätzung überlegen sind. In der Jungengruppe finden sich diese Unterschiede nicht.

Der Zusammenhang unabhängig vom Geschlecht wird auch in den zweifaktoriellen Varianzanalysen bestätigt, wobei in der Facette *Selbstsicherheit und Durchsetzungsvermögen* zusätzlich geschlechtsspezifische Zusammenhänge erkannt werden. Die befragten Jungen schätzen sich in diesem Punkt kompetenter ein als die befragten Mädchen.

7.4 Längsschnittliche Zusammenhänge zwischen motorischer Präferenz, motorischer Kompetenz und Selbstkonzept in Abhängigkeit von der Sportvereinszugehörigkeit

Im Folgenden sollen die bereits beschriebenen Facetten des Freizeitverhaltens, der Motorik und der Selbstkonzeptbereiche über den Zeitraum von ca. einem Jahr betrachtet werden. Hier rückt vor allem der Vergleich zwischen Sportvereinskindern und Kindern ohne Sportverein in den Vordergrund, deren Daten von beiden Erhebungszeitpunkten zur Verfügung stehen. Im Anschluss erfolgt eine Zusammenhangsberechnung zwischen der kindlichen Bewegungspräferenz und dem allgemeinen Selbstkonzept.

7.4.1 Eigenschaften der Teilstichprobe

45 Kinder konnten zu einem zweiten Zeitpunkt, 13 Monate nach dem ersten Erhebungsdurchlauf, erneut befragt werden. Zum ersten Messzeitpunkt besuchten die Kinder die dritte Grundschulklasse und waren im Durchschnitt 9,04 Jahre alt.

Die Gruppe gliedert sich in 23 Jungen, davon 17 Vereinssportler, und 22 Mädchen, von denen 12 in einem Verein angemeldet sind. Es liegt keine geschlechtsspezifische Verteilung hinsichtlich des Alters und der Vereinsmitgliedschaft vor.

Vereinsmitglieder und Kinder, die keinem Verein angehören, unterscheiden sich zum ersten Messzeitpunkt bezüglich der Rahmenbedingungen signifikant in den Faktoren *spezifische sportliche Aktivität* und *Familiensport und Sportförderung*. In beiden Kategorien weisen die Vereinssportler höhere Werte auf als die Jungen und Mädchen ohne Sportvereinsbindung (vgl. Tabelle 71).

Tabelle 71: Stichprobenbeschreibung Vereinszugehörigkeit erster Messzeitpunkt in der längsschnittlichen Betrachtung

Kategorie	Sportvereinskinder N = 29	Kinder ohne Sportverein N = 16
Geschlecht	12 Mädchen 17 Jungen	10 Mädchen 6 Jungen
Alter (M)	9,07	9,00
Bewegungspräferenz (M)	3,27	3,04
spezifische sportliche Aktivität (M) sig.	$2,37^1$	1,90
Familiensport und Sportförderung (M) sig.	$2,11^2$	1,62
internes Familienzusammenleben (M)	3,38	3,20

1 (t-Test: SD_1= 0,70375, SD_2= 0,85790; T (43) = 2,022 p = .049).
2 (t-Test: SD_1= 0,73204, SD_2= 0,56109; T (43) = 2,333 p = .024).

Zum zweiten Messzeitpunkt verlieren sich die schwachen Unterschiede hinsichtlich der spezifischen sportlichen Aktivität, es zeigen sich jedoch nun Differenzen bezüglich der Faktoren *Bewegungspräferenz, Familiensport und Sportförderung* sowie *internes Familienzusammenleben*. Auch zum zweiten Erhebungszeitpunkt liegen die durchschnittlichen Mittelwerte der Vereinskinder über den Werten der Nichtmitglieder (vgl. Tabelle 72).

Tabelle 72: Stichprobenbeschreibung Vereinszugehörigkeit zweiter Messzeitpunkt in der längsschnittlichen Betrachtung

Kategorie	Sportvereinskinder N = 29	Kinder ohne Sportverein N = 16
Geschlecht	12 Mädchen 17 Jungen	10 Mädchen 6 Jungen
Alter (M)	9,62	9,75
Bewegungspräferenz (M)	$3,47^1$	3,11
spezifische sportliche Aktivität (M) sig.	2,56	2,28
Familiensport und Sportförderung (M) sig.	$2,43^2$	1,91
internes Familienzusammenleben (M)	$3,62^3$	3,18

1 (t-Test: SD_1= 0,49446, SD_2= 0,41484; T (43) 2,434 p(α) = .019).
2 (t-Test: SD_1= 0,77660, SD_2= 0,61251; T (43) 2,297 p(α) = .027).
3 (t-Test: SD_1= 0,59652, SD_2= 0,58192; T (43) 2,352 p(α) = .023).

Die Verteilung des Faktors *Bewegungspräferenz* spricht für eine leicht stärkere Besetzung der Sportvereinskinder, die zum zweiten Messzeitpunkt auch in zweifaktoriellen Varianzanalysen signifikant wird (vgl. Tabelle 73 und 74).

Tabelle 73: Deskriptive Statistik der Variable *Bewegungspräferenz* differenziert nach Vereinszugehörigkeit und Geschlecht im LS

Geschlecht	Sportvereinszugehörigkeit	M t1	M t2	SD t1	SD t2	N
Junge	Mitglied in Sportverein	3,1765	3,4017	0,71834	0,53462	17
	nicht Mitglied in Sportverein	3,0238	3,1355	0,46438	0,49836	6
	Gesamt	3,1366	3,3323	0,65498	0,52783	23
Mädchen	Mitglied in Sportverein	3,4107	3,5774	0,68993	0,43230	12
	nicht Mitglied in Sportverein	3,0571	3,1099	0,68330	0,38545	10
	Gesamt	3,2500	3,3649	0,69419	0,46726	22
Gesamt	Mitglied in Sportverein	3,2734	3,4744	0,70403	0,49446	29
	nicht Mitglied in Sportverein	3,0446	3,1195	0,59355	0,41484	16
	Gesamt	3,1921	3,3482	0,66916	0,49374	45

Tabelle 74: Test auf Zwischensubjekteffekte: *Bewegungspräferenz*, Vereinszugehörigkeit und Geschlecht im LS

Variable	df	F t1	F t2	P t1	P t2
Geschlecht	1	0,382	0,245	.540	.623
Sportvereinszugehörigkeit	1	1,369	5,863	.249	.020
Geschlecht * Sportvereinszugehörigkeit	1	0,216	0,441	.645	.510

Die Betrachtung der Veränderung über die Zeit mittels des allgemeinen linearen Modells ergibt kein signifikantes Ergebnis (F (1, 43) = 2,091 p = .155). Auch gibt es keine Interaktion zwischen der Zeit und der Vereinsmitgliedschaft (F (1, 43) = 0,437 p = .512).

Der Faktor *spezifische sportliche Aktivität* zeigt zu beiden Erhebungszeitpunkten keine vereinsspezifischen oder geschlechtsspezifischen Zusammenhänge. Zwar zeigt sich deskriptiv eine Überlegenheit der Jungen und der Vereinsmitglieder gegenüber den Mädchen und den Kindern ohne Sportvereinszugehörigkeit, doch schlagen sich diese Unterschiede nicht in signifikanten Ergebnissen nieder (vgl. Tabelle 75).

Tabelle 75: Deskriptive Statistik der Variable *spezifische sportliche Aktivität* differenziert nach Vereinszugehörigkeit und Geschlecht im LS

Geschlecht	Sportvereinszugehörigkeit	M t1	M t2	SD t1	SD t2	N
Junge	Mitglied in Sportverein	2,5176	2,7529	0,67475	0,77630	17
	nicht Mitglied in Sportverein	2,2333	2,4333	1,01522	0,49666	6
	Gesamt	2,4435	2,6696	0,76267	0,71759	23
Mädchen	Mitglied in Sportverein	2,1833	2,3000	0,72593	0,47098	12
	nicht Mitglied in Sportverein	1,7000	2,1950	0,73182	0,99344	10
	Gesamt	1,9636	2,2523	0,75249	0,73622	22
Gesamt	Mitglied in Sportverein	2,3793	2,5655	0,70375	0,69502	29
	nicht Mitglied in Sportverein	1,9000	2,2844	0,85790	0,82980	16
	Gesamt	2,2089	2,4656	0,78735	0,74877	45

Veränderung über die Zeit (F (1, 43) = 3,887 p = .055) oder eine Interaktion zwischen Zeit und Vereinsmitgliedschaft (F (1, 43) = 0,469 p = .479) mittels des allgemeinen linearen Modells sind nicht zu beobachten.

Bezüglich des *gemeinsamen Familiensports und Sportförderung* zeigt sich, wie bereits durch den t-Test ermittelt und dargestellt, ein vereinsspezifischer Zusammenhang (vgl. Tabelle 76 und 77).

Tabelle 76: Deskriptive Statistik der Variable *Familiensport und Sportförderung* differenziert nach Vereinszugehörigkeit und Geschlecht im LS

Geschlecht	Sportvereinszugehörigkeit	M t1	M t2	SD t1	SD t2	N
Junge	Mitglied in Sportverein	2,1639	2,1450	0,76714	0,75167	17
	nicht Mitglied in Sportverein	1,3958	1,5833	0,45012	0,50415	6
	Gesamt	1,9635	1,9984	0,77003	0,72956	23
Mädchen	Mitglied in Sportverein	2,0402	2,8512	0,70588	0,62800	12
	nicht Mitglied in Sportverein	1,7554	2,1214	0,59857	0,60286	10
	Gesamt	1,9107	2,5195	0,66001	0,70758	22
Gesamt	Mitglied in Sportverein	2,1127	2,4372	0,73204	0,77660	29
	nicht Mitglied in Sportverein	1,6205	1,9196	0,56109	0,61251	16
	Gesamt	1,9377	2,2532	0,71070	0,75793	45

Tabelle 77: Test auf Zwischensubjekteffekte: *Familiensport und Sportförderung,* Vereinszugehörigkeit und Geschlecht im LS

Variable	df	F t1	F t2	p t1	p t2
Geschlecht	1	0,292	8,665	.592	.005
Sportvereinszugehörigkeit	1	5,810	9,333	.021	.004
Geschlecht * Sportvereinszugehörigkeit	1	1,224	0,158	.275	.693

Es zeigt sich eine signifikante Veränderung über die Zeit in beiden Gruppen (F (1, 43) 5,060 p = .030). Sowohl Kinder mit Vereinshintergrund als auch Kinder ohne Vereinshintergrund verstärken ihre sportliche Aktivität mit Familienmitgliedern. Eine Interaktion zwischen Geschlecht und Vereinszugehörigkeit ist nicht vorhanden (F (1, 43) 0,008 p = .927).

In der letzten Kategorie der Rahmenbedingungen, *dem internen Familienzusammenleben* bestätigen sich zum zweiten Erhebungszeitpunkt vereinsspezifische Zusammenhänge. Kinder mit Vereinshintergrund schätzen ihr Familienleben positiver ein als Kinder ohne Vereinserfahrung (vgl. Tabelle 78 und 79).

Tabelle 78: Deskriptive Statistik der Variable *internes Familienzusammenleben* differenziert nach Vereinszugehörigkeit und Geschlecht im LS

Geschlecht	Sportvereinszugehörigkeit	M t1	M t2	SD t1	SD t2	N
Junge	Mitglied in Sportverein	3,3922	3,5229	0,60746	0,66524	17
	nicht Mitglied in Sportverein	3,0000	3,0000	0,69921	0,57521	6
	Gesamt	3,2899	3,3865	0,64069	0,67242	23
Mädchen	Mitglied in Sportverein	3,3796	3,7593	0,63645	0,47575	12
	nicht Mitglied in Sportverein	3,3222	3,3000	0,62952	0,58572	10
	Gesamt	3,3535	3,5505	0,61877	0,56602	22
Gesamt	Mitglied in Sportverein	3,3870	3,6207	0,60831	0,59652	29
	nicht Mitglied in Sportverein	3,2014	3,1875	0,65322	0,58192	16
	Gesamt	3,3210	3,4667	0,62371	0,62118	45

Tabelle 79: Test auf Zwischensubjekteffekte: *internes Familienleben,* Vereinszugehörigkeit und Geschlecht im LS

Variable	df	F t1	F t2	P t1	P t2
Geschlecht	1	0,588	2,016	.448	.163
Sportvereinszugehörigkeit	1	1,238	6,759	.272	.013
Geschlecht * Sportvereinszugehörigkeit	1	0,686	0,028	.412	.867

Eine Veränderung über die Zeit (F (1, 43) = 1,436 p = .237) oder eine Interaktion zwischen Zeit und Vereinszugehörigkeit (F (1, 43) = 1,822 p = .184) ist nicht zu beobachten.

7.4.2 Motorische Kompetenzen und Facetten des Selbstkonzeptes

Durch Berechnung der jeweiligen Differenz zwischen dem ersten und dem zweiten Erhebungszeitpunkt kann ein allgemeines lineares Modell gerechnet werden, welches sowohl die motorische Kompetenz, das Selbstkonzept als auch die Bewegungspräferenz unter Berücksichtigung des Geschlechts analysiert. Die Ergebnisse fallen für alle drei Dimensionen negativ aus. Es kann von keinem Zusammenhang zwischen der Vereinszugehörigkeit und den motorischen bzw. psychologischen Variablen im Gesamtkontext und mit Berücksichtigung des Geschlechts gesprochen werden (Vereinsmitgliedschaft $F_{(3, 39)} = 0{,}773$ p $= .519$; Geschlecht $F_{(3, 39)} = .283$ p $= .837$; Interaktion Vereinszugehörigkeit/Geschlecht $F_{(3, 39)}$ $0{,}132$ p $= .941$) (vgl. Tabelle 80).

Tabelle 80: Zugewinn an motorischer Kompetenz, Selbstkonzeptstärke und Bewegungspräferenz im Vergleich

Zugewinn von t1 zu t2	Sportvereinszugehörigkeit	M	SD	N
Gesamtwert M-ABC	Mitglied in Sportverein	0,6379	5,6834	29
	nicht Mitglied in Sportverein	-0,1250	7,22380	16
	Gesamt	0,3667	6,20337	45
allgemeines Selbstkonzept	Mitglied in Sportverein	0,4027	0,33694	29
	nicht Mitglied in Sportverein	0,2994	0,45681	16
	Gesamt	0,3660	0,38195	45
Bewegungspräferenz	Mitglied in Sportverein	-0,2010	0,58233	29
	nicht Mitglied in Sportverein	-0,0749	0,66546	16
	Gesamt	-0,1562	0,60868	45

Zu beobachten ist, dass Vereinsmitglieder sowohl in ihrer motorischen Kompetenz als auch in ihrem Selbstempfinden einen Zugewinn verzeichnen. Kinder ohne Sportvereinserfahrung verfügen über etwas schlechtere motorische Leistungen im Vergleich zum ersten Erhebungszeitpunkt und schätzen ihr Selbstkonzept, ähnlich wie die Vereinskinder, etwas besser ein als vorher. Die Bewegungspräferenz hingegen nimmt bei beiden Kindergruppen in der Tendenz ab.

Es bietet sich an, die Veränderungen der einzelnen Gruppen über die Zeit im Detail zu betrachten.

7.4.2.1 Sportvereinszugehörigkeit und motorische Kompetenzen

Sportvereinskinder verfügen in jeder Kategorie und über beide Erhebungszeitpunkte hinweg über bessere motorische Werte als Kinder ohne Sportvereinszugehörigkeit. Signifikant werden diese Unterschiede zum ersten Erhebungszeitpunkt in den Bereichen *static and dynamic Balance* und *Gesamtwert M-ABC*, zum zweiten Erhebungszeitpunkt zusätzlich in der Disziplin *Ball skills* (vgl. Abb. 28).

Abbildung 28: Durchschnittliche Werte der motorischen Kompetenzen von sportvereinaktiven und sportvereininaktiven Kindern im Vergleich (höhere Werte zeigen eine geringere Leistung)

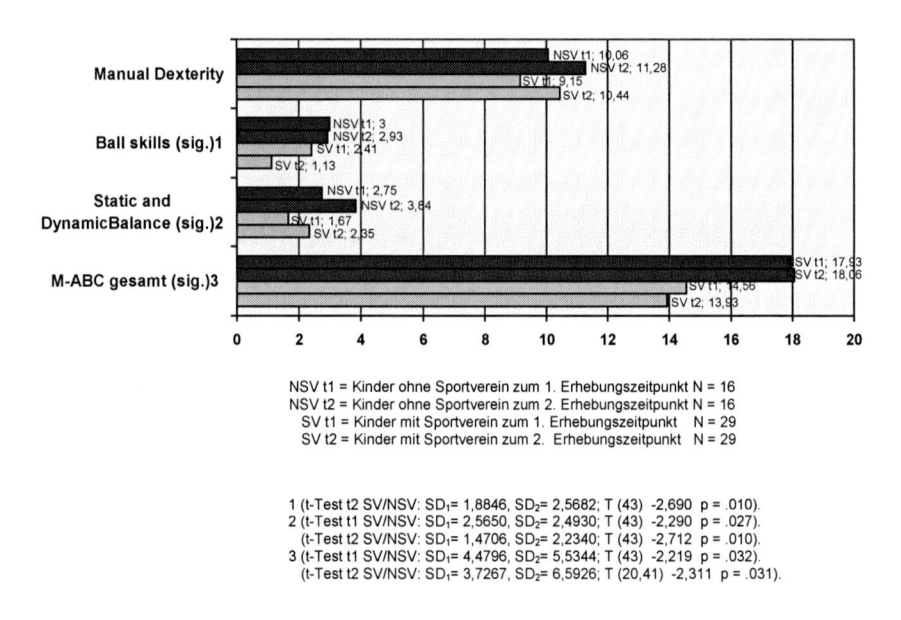

NSV t1 = Kinder ohne Sportverein zum 1. Erhebungszeitpunkt N = 16
NSV t2 = Kinder ohne Sportverein zum 2. Erhebungszeitpunkt N = 16
SV t1 = Kinder mit Sportverein zum 1. Erhebungszeitpunkt N = 29
SV t2 = Kinder mit Sportverein zum 2. Erhebungszeitpunkt N = 29

1 (t-Test t2 SV/NSV: SD_1= 1,8846, SD_2= 2,5682; T (43) -2,690 p = .010).
2 (t-Test t1 SV/NSV: SD_1= 2,5650, SD_2= 2,4930; T (43) -2,290 p = .027).
  (t-Test t2 SV/NSV: SD_1= 1,4706, SD_2= 2,2340; T (43) -2,712 p = .010).
3 (t-Test t1 SV/NSV: SD_1= 4,4796, SD_2= 5,5344; T (43) -2,219 p = .032).
  (t-Test t2 SV/NSV: SD_1= 3,7267, SD_2= 6,5926; T (20,41) -2,311 p = .031).

Die Einbeziehung des Geschlechts in zweifaktoriellen Varianzanalysen deckt eine Interaktion zwischen dem Geschlecht und der Vereinsmitgliedschaft in der Gesamtsumme von *Manual Dexterity* zum ersten Erhebungszeitpunkt auf. Innerhalb der Mädchengruppe sind die Unterschiede der feinmotorischen Kompetenz zwischen Vereinskindern und Nichtvereinskindern deutlicher als innerhalb der Jungengruppe: Mädchen mit Vereinserfahrung schneiden besser ab als Mädchen ohne Vereinserfahrung und als Jungen mit beiderlei Erfahrung. Weiter zeigt sich in der Gruppe der Jungen, dass Jungen mit Vereinsmitgliedschaft über schlechtere motorische Werte verfügen als ihre Mitschüler ohne eine Vereinsmitgliedschaft (vgl. Tabelle 81). Dieses Verhältnis zeigt sich auch weiterhin zum zweiten Erhebungszeitpunkt, hier wird die Interaktion jedoch nicht mehr signifikant (vgl. Tabelle 82).

Tabelle 81: Deskriptive Statistik der Variable *Manual Dexterity* differenziert nach Vereinszugehörigkeit und Geschlecht im LS

Geschlecht	Sportvereinszugehörigkeit	M t1	M t2	SD t1	SD t2	N
Junge	Mitglied in Sportverein	9,842	11,059	2,5857	2,5180	17
	nicht Mitglied in Sportverein	8,750	10,500	1,6047	3,5496	6
	Gesamt	9,543	10,913	2,3832	2,7455	23
Mädchen	Mitglied in Sportverein	8,208	9,583	2,7341	2,1302	12
	nicht Mitglied in Sportverein	10,850	11,750	3,0736	3,5843	10
	Gesamt	9,409	10,568	3,1268	3,0170	22
Gesamt	Mitglied in Sportverein	9,155	10,448	2,7226	2,4398	29
	nicht Mitglied in Sportverein	10,063	11,281	2,7621	3,5070	16
	Gesamt	9,478	10,744	2,7406	2,8537	45

Tabelle 82: Test auf Zwischensubjekteffekte: *Manual Dexterity*, Vereinszugehörigkeit und Geschlecht im LS

Variable	df	F t1	F t2	P t1	P t2
Geschlecht	1	0,082	0,015	.776	.902
Sportvereinszugehörigkeit	1	0,859	0,786	.359	.381
Geschlecht * Sportvereinszugehörigkeit	1	4,821	2,258	.034	.141

Das allgemeine lineare Modell beschreibt für Kinder mit und Kinder ohne Sportvereinsbindung sowie für Jungen und Mädchen als Zwischensubjektfaktoren eine ähnlich negative Entwicklung mit einer signifikanten Veränderung über die Zeit ($F_{(1, 41)}$ = 6,308 p = .016). Wechselwirkungen zwischen Zeit und Vereinszugehörigkeit ($F_{(1, 41)}$ < .001 p = 0,985), Zeit und Geschlecht ($F_{(1, 41)}$ = 0,115 p = .738) und zwischen allen drei Faktoren ($F_{(1, 41)}$ = 0,223 p = .639) werden nicht angezeigt.

Die Ergebnisse zur Gesamtsumme der Skala Ball skills tendieren eher in Richtung eines geschlechtsspezifischen als eines vereinsspezifischen Zusammenhangs. Zum ersten Erhebungszeitpunkt reicht die Signifikanz von p = .006 aufgrund des positiven Levene-Tests auf Gleichheit der Fehlervarianzen ($F_{(3, 41)}$ = 3,148 p = .035) nicht aus, um einen Zusammenhang signifikant zu bestätigen. Zum zweiten Erhebungszeitpunkt fällt der Levene-Test ebenfalls signifikant aus ($F_{(3, 41)}$ = 8,171 p = .001), doch reicht das Signifikanzniveau von p (α) = 0,001 diesmal aus, um die Verbindung signifikant herauszuheben. Die Vereinsmitgliedschaft mit einem Signifikanzniveau von p = .033 ist hingegen nicht hoch genug, um ihr eine größere Bedeutung zuschreiben zu können (vgl. Tabelle 83 und 84).

Tabelle 83: Deskriptive Statistik der Variable *Ball skills* differenziert nach Vereinszugehörigkeit und Geschlecht im LS

Geschlecht	Sportvereinszugehörigkeit	M t1	M t2	SD t1	SD t2	N
Junge	Mitglied in Sportverein	1,47	0,235	1,231	0,5623	17
	nicht Mitglied in Sportverein	1,83	1,500	1,835	1,7607	6
	Gesamt	1,57	0,565	1,376	1,1211	23
Mädchen	Mitglied in Sportverein	3,75	2,417	2,800	2,3533	12
	nicht Mitglied in Sportverein	3,70	3,800	2,869	2,6583	10
	Gesamt	3,37	3,045	2,763	2,5350	22
Gesamt	Mitglied in Sportverein	2,41	1,138	2,292	1,8846	29
	nicht Mitglied in Sportverein	3,00	2,938	2,633	2,5682	16
	Gesamt	2,62	1,778	2,405	2,2951	45

Tabelle 84: Test auf Zwischensubjekteffekte: *Ball skills*, Vereinszugehörigkeit und Geschlecht im LS

Variable	df	F t1	F t2	p t1	p t2
Geschlecht	1	8,559	13,883	0,006	0,001
Sportvereinszugehörigkeit	1	0,049	4,847	0,826	0,033
Geschlecht * Sportvereinszugehörigkeit	1	0,085	0,010	0,772	0,922

Signifikante Veränderungen über die Zeit sind nicht zu beobachten ($F_{(1, 41)} = 2{,}140$ p = .151). Die Überprüfung eines längsschnittlichen Zusammenhangs zwischen Verein und Zeit ($F_{(1, 41)} = 1{,}486$ p = .230), Geschlecht und Zeit ($F_{(1, 41)} = 0{,}031$ p = .862) sowie deren Wechselwirkungen ($F_{(1, 41)} = 0{,}077$ p = .783) durch das allgemeine lineare Modell fällt negativ aus.

Die Daten der Gesamtwerte des Bereiches *static and dynamic Balance* belegen zu beiden Erhebungszeitpunkten durch zweifaktorielle Varianzanalysen einen vereinsspezifischen Zusammenhang. Mädchen und Jungen, die einem Sportverein angehören, weisen deskriptiv bessere Balancefähigkeiten auf als ihre Altersgenossen. Die besten Werte erlangen, besonders deutlich zum ersten Erhebungszeitpunkt, die befragten Mädchen aus Sportvereinen (vgl. Tabelle 85 und 86).

Tabelle 85: Deskriptive Statistik der Variable *static and dynamic Balance* differenziert nach Vereinszugehörigkeit und Geschlecht im LS

Geschlecht	Sportvereinszugehörigkeit	M t1	M t2	SD t1	SD t2	N
Junge	Mitglied in Sportverein	3,71	2,41	2,687	1,4057	17
	nicht Mitglied in Sportverein	5,25	3,66	2,945	2,8925	6
	Gesamt	4,11	2,73	2,776	1,9121	23
Mädchen	Mitglied in Sportverein	1,69	2,25	2,072	1,6167	12
	nicht Mitglied in Sportverein	4,65	3,95	2,322	1,9069	10
	Gesamt	3,18	3,02	2,538	1,9178	22
Gesamt	Mitglied in Sportverein	2,98	2,345	2,565	1,4706	29
	nicht Mitglied in Sportverein	4,88	3,844	2,493	2,2340	16
	Gesamt	3,66	2,878	2,673	1,8984	45

Tabelle 86: Test auf Zwischensubjekteffekte: *static and dynamic Balance*, Vereinszugehörigkeit und Geschlecht im LS

Variable	df	F t1	F t2	P t1	P t2
Geschlecht	1	2,170	0,011	0,148	0,917
Sportvereinszugehörigkeit	1	7,066	6,490	0,011	0,015
Geschlecht * Sportvereinszugehörigkeit	1	0,519	0,147	0,476	0,703

Die Überprüfung einer Veränderung über die Zeit über das allgemeine lineare Modell zeigt eine solche nicht an ($F_{(1, 41)}$ 3,115 p = .085). Ebenso zeigen sich keine Interaktionen zwischen Zeit und Vereinszugehörigkeit ($F_{(1, 41)}$ = .473 p = .495), Zeit und Geschlecht ($F_{(1, 41)}$ = 1,759 p = .192) und zwischen allen drei genannten Faktoren ($F_{(1, 41)}$ = .142 p = .708).

Der *Gesamtscore der M-ABC* steht zu beiden Erhebungszeitpunkten in Zusammenhang mit der Vereinszugehörigkeit. Die signifikant ausfallenden zweifaktoriellen Varianzanalysen bestätigen diese Verbindung. Mädchen und Jungen aus Sportvereinen verfügen über einen ungefähr gleich hohen durchschnittlichen Wert, während die Mädchen ohne Sportvereinszugehörigkeit deutlich schlechter abschneiden als ihre gegengeschlechtlichen Altersgenossen ohne Sportvereinsbindung (vgl. Tabelle 87 und 88).

Tabelle 87: Deskriptive Statistik der Variable *Gesamtscore* *M-ABC* differenziert nach Vereinszugehörigkeit und Geschlecht im LS

Geschlecht	Sportvereinszugehörigkeit	M t1	M t2	SD t1	SD t2	N
Junge	Mitglied in Sportverein	14,941	13,706	3,7951	3,3404	17
	nicht Mitglied in Sportverein	15,833	15,667	5,4467	6,9041	6
	Gesamt	15,174	14,217	4,1686	3,4411	23
Mädchen	Mitglied in Sportverein	14,042	14,250	5,4417	4,3511	12
	nicht Mitglied in Sportverein	19,200	19,500	5,4630	6,3114	10
	Gesamt	16,386	16,636	5,9340	5,8436	22
Gesamt	Mitglied in Sportverein	14,569	13,931	4,4796	3,7267	29
	nicht Mitglied in Sportverein	17,938	18,063	5,5344	6,5926	16
	Gesamt	15,767	15,400	5,0863	5,2588	45

Tabelle 88: Test auf Zwischensubjekteffekte: *Gesamtscore* *M-ABC,* differenziert nach Vereinszugehörigkeit und Geschlecht im LS

Variable	df	F t1	F t2	P t1	P t2
Geschlecht	1	0,627	1,954	0,433	0,170
Sportvereinszugehörigkeit	1	3,773	5,301	0,050	0,026
Geschlecht * Sportvereinszugehörigkeit	1	1,876	1,103	0,178	0,300

Die Überprüfung eines vereinsspezifischen und geschlechtsspezifischen Zusammenhangs über die Zeit durch das allgemeine lineare Modell ergibt keine signifikanten Ergebnisse. Es lassen sich weder signifikante Veränderungen über die Zeit ($F_{(1, 41)} = 0{,}048$ p = .828) noch Interaktionen zwischen den Faktoren (Zeit/Verein: $F_{(1, 41)} = .081$ p = .778; Zeit/Geschlecht: $F_{(1, 41)} = 0{,}219$ p = .642); Zeit/Geschlecht/Verein: $F_{(1, 41)} .057$ p = .812) herausheben.

7.4.2.2 Sportvereinszugehörigkeit und Facetten des Selbstkonzeptes

Zum ersten Erhebungszeitpunkt liegen die Werte der Selbstkonzeptfaktoren alle auf ungefähr gleicher Höhe. Sowohl Kinder mit Sportvereinshintergrund als auch Kinder ohne eine solche Erfahrung bewerten sich durchschnittlich über dem Skalenmittelpunkt von 2,0. Die Werte des zweiten Erhebungszeitpunktes liegen alle über den Werten der ersten Selbsteinschätzung, und rein deskriptiv zeigen sich nun, zumindest für vier der fünf Bereiche, Unterschiede zwischen den Vereinskindern und den Kindern ohne sportliche Bindung. Signifikant wird dieser Unterschied im Faktor Selbstsicherheit und Durchsetzungsvermögen. Die Mittelwerte der Sportvereinskinder liegen deutlich über dem durchschnittlichen Wert der Kinder ohne Sportvereinsbindung (vgl. Abbildung 29).

Abbildung 29: Durchschnittliche Werte der Facetten des Selbstkonzeptes von sportvereinaktiven und sportvereininaktiven Kindern im Vergleich.

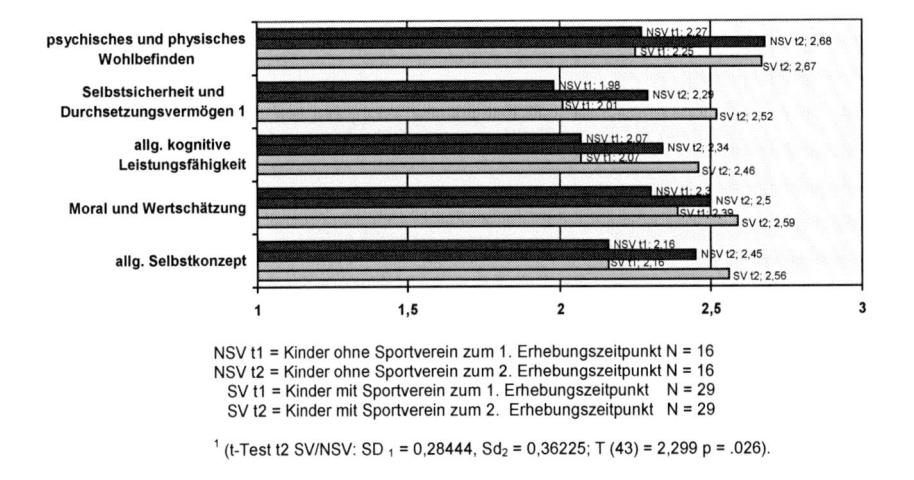

NSV t1 = Kinder ohne Sportverein zum 1. Erhebungszeitpunkt N = 16
NSV t2 = Kinder ohne Sportverein zum 2. Erhebungszeitpunkt N = 16
SV t1 = Kinder mit Sportverein zum 1. Erhebungszeitpunkt N = 29
SV t2 = Kinder mit Sportverein zum 2. Erhebungszeitpunkt N = 29

[1] (t-Test t2 SV/NSV: SD_1 = 0,28444, Sd_2 = 0,36225; T (43) = 2,299 p = .026).

Bezüglich des *psychischen und physischen Wohlbefindens* finden sich kaum Unterschiede zwischen Mädchen und Jungen und zwischen Vereinskindern und Kindern ohne Sportverein über die zwei Erhebungszeitpunkte hinweg. Jede Gruppe schätzt sich zum ersten Zeitpunkt um einen ungefähren Mittelwert von M = 2,25 ein und steigert seine diesbezügliche Einschätzung innerhalb eines Jahres gleichmäßig auf einen ungefähren Mittelwert von M = 2,70 (vgl. Tabelle 89).

Tabelle 89: Deskriptive Statistik der Variable *Psychisches und physisches Wohlbefinden* differenziert nach Vereinszugehörigkeit und Geschlecht im LS

Geschlecht	Sportvereinszugehörigkeit	M t1	M t2	SD t1	SD t2	N
Junge	Mitglied in Sportverein	2,2794	2,6518	0,52390	0,20318	17
	nicht Mitglied in Sportverein	2,1250	2,6667	0,85878	0,35940	6
	Gesamt	2,2391	2,6557	0,60995	0,24377	23
Mädchen	Mitglied in Sportverein	2,2188	2,7138	0,66385	0,22368	12
	nicht Mitglied in Sportverein	2,3625	2,7000	0,58467	0,30162	10
	Gesamt	2,2841	2,7075	0,61864	0,25543	22
Gesamt	Mitglied in Sportverein	2,2543	2,6774	0,57524	0,21026	29
	nicht Mitglied in Sportverein	2,2734	2,6875	0,68194	0,31292	16
	Gesamt	2,2611	2,6810	0,60761	0,24807	45

Die Veränderung über die Zeit ist signifikant (F (1, 41) = 18,650 p < .001). Interaktionen zwischen den Faktoren sind nicht zu beobachten (Zeit/Verein: F (1, 41) = 0,001 p = .977; Zeit/Geschlecht: F (1, 41) = 0,041 p = .977); Zeit/Geschlecht/Verein: F (1, 41) = 0,653 p = .424).

Am Faktor *Selbstsicherheit und Durchsetzungsvermögen* lassen sich Zusammenhänge finden, die für die beiden Erhebungszeitpunkte unterschiedlich ausfallen. Zum ersten Messzeitpunkt wird ein geschlechtsspezifischer Zusammenhang deutlich. Jungen mit und ohne Vereinsbindung verfügen über höhere durchschnittliche Werte als Mädchen. Zum zweiten Messzeitpunkt hingegen zeigt sich ein vereinspezifischer Zusammenhang. Kinder mit einer Vereinsbindung verfügen über signifikant höhere Werte als Kinder ohne Vereinsbindung (vgl. Tabelle 90 und 91).

Tabelle 90: Deskriptive Statistik der Variable *Selbstsicherheit und Durchsetzungsvermögen* differenziert nach Vereinszugehörigkeit und Geschlecht im LS

Geschlecht	Sportvereinszugehörigkeit	M t1	M t2	SD t1	SD t2	N
Junge	Mitglied in Sportverein	2,0915	2,4910	0,31486	0,30903	17
	nicht Mitglied in Sportverein	2,2222	2,3704	0,42164	0,34187	6
	Gesamt	2,1256	2,4596	0,34050	0,31457	23
Mädchen	Mitglied in Sportverein	1,9074	2,5688	0,28361	0,25133	12
	nicht Mitglied in Sportverein	1,8444	2,2556	0,53723	0,38508	10
	Gesamt	1,8788	2,4264	0,40848	0,34946	22
Gesamt	Mitglied in Sportverein	2,0153	2,5232	0,31106	0,28444	29
	nicht Mitglied in Sportverein	1,9861	2,2986	0,51779	0,36225	16
	Gesamt	2,0049	2,434	0,39137	0,32870	45

Tabelle 91: Test auf Zwischensubjekteffekte: *Selbstsicherheit und Durchsetzungsvermögen*, Vereinszugehörigkeit und Geschlecht im LS

Variable	df	F t1	F t2	p t1	p t2
Geschlecht	1	5,315	0,033	.026	.856
Sportvereinszugehörigkeit	1	0,077	4,559	.782	.039
Geschlecht * Sportvereinszugehörigkeit	1	0,632	0,898	.431	.349

Die Veränderung über die Zeit ist signifikant ($F_{(1, 41)} = 31,702$ p < .001). Interaktionen zwischen den Faktoren über die Zeit sind nicht zu nennen (Zeit/Verein: $F_{(1, 41)} = 3,039$ p = .089; Zeit/Geschlecht: $F_{(1, 41)} = 3,326$ p = .075; Zeit/Geschlecht/Verein: $F_{(1, 41)} = 0,000$ p = .997).

Bezüglich der Einschätzung der eigenen *allgemeinen kognitiven Leistungsfähigkeit* werden zum zweiten Erhebungszeitpunkt geschlechtsspezifische Zusammenhänge sichtbar: Mädchen schätzen ihre kognitiven Fähigkeiten deutlich besser ein als Jungen. Dieses Verhältnis zeigt sich in der Tendenz auch bereits zum ersten Erhebungszeitpunkt, erreicht aber dort keine Signifikanz (vgl. Tabelle 92 und 93).

Tabelle 92: Deskriptive Statistik der Variable *allgemeine kognitive Leistungsfähigkeit* differenziert nach Vereinszugehörigkeit und Geschlecht im LS

Geschlecht	Sportvereinszugehörigkeit	M t1	M t2	SD t1	SD t2	N
Junge	Mitglied in Sportverein	1,9632	2,3529	0,32102	0,43579	17
	nicht Mitglied in Sportverein	2,1667	2,1875	0,53424	0,36012	6
	Gesamt	2,0163	2,3098	0,38492	0,41607	23
Mädchen	Mitglied in Sportverein	2,2400	2,6146	0,43518	0,21623	12
	nicht Mitglied in Sportverein	2,0250	2,4375	0,47799	0,25173	10
	Gesamt	2,1423	2,5341	0,45730	0,24453	22
Gesamt	Mitglied in Sportverein	2,0778	2,4612	0,39055	0,37959	29
	nicht Mitglied in Sportverein	2,0781	2,3438	0,48707	0,31125	16
	Gesamt	2,0779	2,4194	0,42183	0,35770	45

Tabelle 93: Test auf Zwischensubjekteffekte: *allgemeine kognitive Leistungsfähigkeit*, Vereinszugehörigkeit und Geschlecht im LS

Variable	df	F t1	F t2	p t1	p t2
Geschlecht	1	0,254	5,502	0,617	.024
Sportvereinszugehörigkeit	1	0,002	2,466	0,966	.124
Geschlecht * Sportvereinszugehörigkeit	1	2,434	0,003	0,126	.958

Auch in dieser Selbstkonzeptfacette ist eine signifikante Veränderung über die Zeit zu verzeichnen $(F (1, 41) = 15,418$ p < 0,001). Beziehungen zwischen Vereinszugehörigkeit und der zeitlichen Veränderung sowie Zusammenhänge und Interaktionen bezüglich des Geschlechts treten nicht auf (Zeit/Verein: F (1, 41) = 1,777 p = .284; Zeit/Geschlecht: F (1, 41) = 1,524 p = .224); Zeit/Geschlecht/Verein: F (1, 41) = 1,779 p = .190).

Eigene Einschätzungen zu *Moral und Wertschätzung* werden von den befragten Kindern in ähnlicher Weise gemacht. Zwar verfügen Jungen mit Sportvereinserfahrung über eine höhere Selbsteinschätzung als Jungen ohne Sportvereinserfahrung, doch ist dieser Unterschied nicht signifikant (vgl. Tabelle 94 und 95).

Tabelle 94: Deskriptive Statistik der Variable *Moral und Wertschätzung* differenziert nach Vereinszugehörigkeit und Geschlecht im LS

Geschlecht	Sportvereinszugehörigkeit	M t1	M t2	SD t1	SD t2	N
Junge	Mitglied in Sportverein	2,4118	2,5789	0,42822	0,30917	17
	nicht Mitglied in Sportverein	2,0476	2,4524	0,75952	0,40825	6
	Gesamt	2,3168	2,5466	0,53963	0,33267	23
Mädchen	Mitglied in Sportverein	2,3829	2,6071	0,58389	0,26639	12
	nicht Mitglied in Sportverein	2,4571	2,5429	0,55859	0,29199	10
	Gesamt	2,4166	2,5779	0,56012	0,27347	22
Gesamt	Mitglied in Sportverein	2,3998	2,5911	0,48880	0,28756	29
	nicht Mitglied in Sportverein	2,3036	2,5089	0,64918	0,32979	16
	Gesamt	2,3656	2,5619	0,54579	0,30213	45

Tabelle 95: Test auf Zwischensubjekteffekte: *Moral und Wertschätzung,* Vereinszugehörigkeit und Geschlecht im LS

Variable	df	F t1	F t2	p t1	p t2
Geschlecht	1	1,174	0,356	.285	.554
Sportvereinszugehörigkeit	1	0,681	0,943	.414	.337
Geschlecht * Sportvereinszugehörigkeit	1	1,558	0,102	.219	.751

Die Veränderung über die Zeit ist signifikant ($F_{(1,\ 41)}$ = 5,045 p < .030). Die Vereinszugehörigkeit oder das Geschlecht stehen mit dieser Veränderung nicht in Zusammenhang oder Interaktion (Zeit/Verein: $F_{(1,\ 41)}$ = 0,062 p = .804; Zeit/Geschlecht: $F_{(1,\ 41)}$ = 0,447 p = .507); Zeit/Geschlecht/Verein: $F_{(1,\ 41)}$ = .912 p = .345).

Das aus diesen einzelnen Faktoren sich summierende *allgemeine Selbstkonzept* zeigt wenig vereinsspezifische oder geschlechtsspezifische Differenzen. Gerade zum ersten Erhebungszeitpunkt sind die Unterschiede sehr gering. Zum zweiten Messzeitpunkt zeigt sich zwar deskripiv (vgl. Tabelle 96) eine größere Steigerung des Selbstkonzeptes bei den Sportvereinskindern; das Signifikanzniveau von p = .071 reicht jedoch nicht aus, um sich von der Steigerung der Nichtvereinskinder signifikant zu unterscheiden.

Tabelle 96: Deskriptive Statistik der Variable *allgemeines Selbstkonzept* differenziert nach Vereinszugehörigkeit und Geschlecht im LS

Geschlecht	Sportvereinszugehörigkeit	M t1	M t2	SD t1	SD t2	N
Junge	Mitglied in Sportverein	2,1863	2,5206	0,27604	0,20616	17
	nicht Mitglied in Sportverein	2,1404	2,4192	0,49439	0,23048	6
	Gesamt	2,1743	2,4941	0,33376	0,21226	23
Mädchen	Mitglied in Sportverein	2,1263	2,6261	0,30773	0,15521	12
	nicht Mitglied in Sportverein	2,1723	2,4840	0,42459	0,23947	10
	Gesamt	2,1472	2,5615	0,35695	0,20601	22
Gesamt	Mitglied in Sportverein	2,1615	2,5642	0,28574	0,19117	29
	nicht Mitglied in Sportverein	2,1603	2,4597	0,43577	0,23057	16
	Gesamt	2,1611	2,5271	0,34161	0,20962	45

Die Steigerung des Selbstkonzeptwertes über die Zeit ist signifikant ($F_{(1,\ 41)}$ 33,296 p (α) < 0,001). Zusammenhänge mit der Vereinszugehörigkeit oder dem Geschlecht über die Zeit sind nicht vorhanden (Zeit/Verein: $F_{(1,\ 41)}$ = 0,972 p = .330; Zeit/Geschlecht: $F_{(1,\ 41)}$ = 0,645 p = .426); Zeit/Geschlecht/Verein: $F_{(1,\ 41)}$ = 0,289 p = .594).

7.4.3 Überprüfung der Sozialisations- vs. Selektionshypothese

Zur Überprüfung der Wirkungsrichtung zwischen Facetten des Selbstkonzeptes und eigener Bewegungspräferenz wird das Cross-Lagged-Panel-Modell eingesetzt. Mit Hilfe dieses Modells ist es möglich, Aussagen über mögliche Kausalzusammenhänge zwischen Bewegungsfaktoren und Facetten des Selbskonzeptes zu treffen (vgl. Reinders 2006). Zur Charakterisierung des Bewegungsfaktors wird die allgemeine *Bewegungspräferenz* herangezogen, da, wie in Kap. 7.3.1 auch statistisch belegt wird, davon auszugehen ist, dass sich Kinder, die sich gerne bewegen, auch tatsächlich öfter bewegen als Kinder, die Bewegung eher nicht in ihrer Freizeit präferieren.

Für das allgemeine Selbstkonzept kann eine stärkere Korrelation zwischen der *Bewegungspräferenz* zum ersten Zeitpunkt und dem *allgemeinen Selbstkonzept* zum zweiten Zeitpunkt als zwischen der *Bewegungspräferenz* zum zweiten Zeitpunkt und dem *allgemeinen Selbstkonzept* zum ersten Zeitpunkt ermittelt werden. Das Cross-lagged-Panel-Modell ist signifikant (vgl. Abbildung 30).

Abbildung 30: Das Cross-lagged-Panel- Modell für das *allgemeine Selbstkonzept*

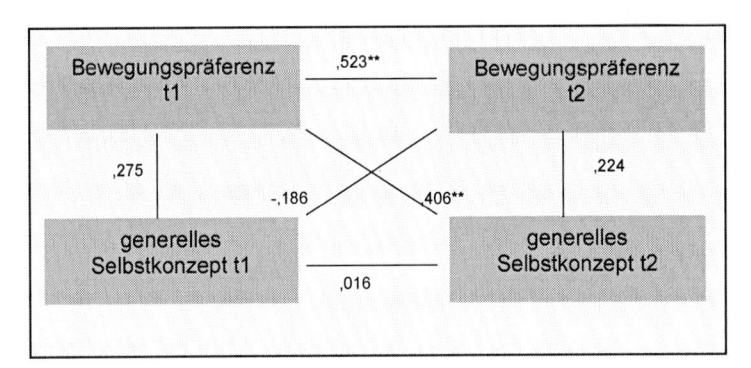

** p(α) < .001
(Konstante k = 0,17347372; Z (Kreuzkorrelation) = 3,29111298 p = .0001; Z (Synchronkorrelation) = 0,27190292 p = .785)

Für die Korrelationen zwischen Bewegungspräferenz und der einzelnen Selbstkonzeptfacette *allgemeine kognitive Leistungsfähigkeit* fällt das Cross-lagged-Panel-Modell ebenfalls signifikant aus Die signifikante Korrelation zwischen *Bewegungspräferenz* zum ersten Zeitpunkt und der eingeschätzten *allgemeinen kognitiven Leistungsfähigkeit* zum zweiten Zeitpunkt ist höher als die nicht signifikante Korrelation zwischen Bewegungspräferenzstatus der zweiten

Erhebungswelle und der eingeschätzten kognitiven Leistungsfähigkeit der ersten Erhebungswelle. (vgl. Abbildung 31).

Abbildung 31: Das Cross-lagged-Panel- Modell für die *allgemeine kognitive Leistungsfähigkeit*

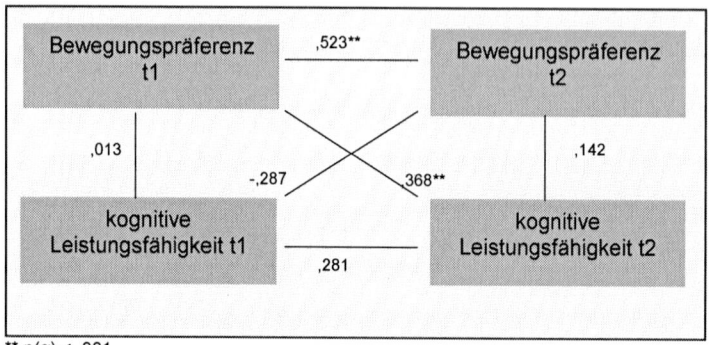

** $p(\alpha) < .001$
* $p(\alpha) = .050$

(Konstante k = 0,26859549; Z (Kreuzkorrelation) = 3,82301100 p = 0,0001; Z (Synchronkorrelation) = -0,6654348 p = 0,5057).

Auch das Modell bezüglich der *Selbstsicherheit und des Durchsetzungsvermögens* erweist sich als signifikant. Hier ist allerdings die Bedingung der Quasi-Stationarität verletzt[52] (k = 0,05152463; Z (Kreuzkorrelation) = 2,01164597 p = .044 Z (Synchronkorrelation) = -3,2808334 p = .001; r_1 = 0,329 p = 0,05 r_2 = -0,066) (vgl. Abbildung 32).

Abbildung 32: Das Cross-lagged-Panel-Modell für *Selbstsicherheit und Durchsetzungsfähigkeit*

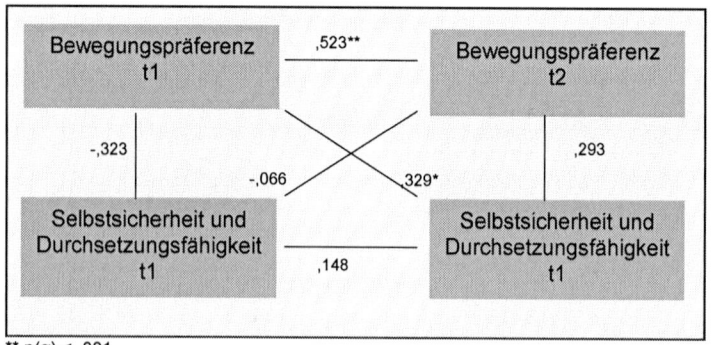

** $p(\alpha) < .001$
* $p(\alpha) = .050$
(Konstante k = 0,05152463; Z (Kreuzkorrelation) = 2,01164597 p = 0,044; Z (Synchronkorrelation) = -3,2808334 p = 0,001).

---

[52] Eine Verletzung der Quasistationarität liegt vor, wenn p (Z) (Synchronkorrelation) <.25.

Für die Zusammenhänge zwischen *Bewegungspräferenz* und *Moral und Wertschätzung* sowie zwischen *Bewegungspräfernz* und *psychischem und physischem Wohlbefinden* liegen keine signifikanten Korrelationen vor.

7.4.4 Zusammenfassung

Über die zwei Erhebungszeitpunkte zeigt sich, dass Kinder mit einem vereinssportlichen Hintergrund höhere Werte in allen genannten Rahmenkategorien erzielen und dass dieser Unterschied zum zweiten Erhebungszeitpunkt noch an Deutlichkeit gewinnt. Mit Ausnahme der Kategorie *spezifische sportliche Aktivität* zeigen sich zum zweiten Messzeitpunkt signifikante Unterschiede bezüglich der *Bewegungspräferenz*, des *Familiensports und Sportförderung* sowie des *internen Familienzusammenlebens*. Zusätzlich zum vereinsspezifischen Zusammenhang wird in der Kategorie *Familiensport und Sportförderung* ein geschlechtsspezifischer Zusammenhang sichtbar: Während Mädchen und Jungen zum ersten Befragungszeitpunkt ungefähr gleich oft mit ihren Familienmitgliedern sportlichen Aktivitäten nachgehen, werden zum zweiten Messzeitpunkt signifikante Unterschiede in der Richtung deutlich, die Mädchen eine größere sportliche Aktivität mit der Familie zuspricht als Jungen. Motorische Fertigkeiten können von Kindern mit Sportvereinsbindung innerhalb eines Jahres leicht gesteigert werden, während die Leistungen der Kinder ohne Sportverein minimal schlechter werden. Es zeigt sich zu beiden Messzeitpunkten ein vereinsspezifischer Zusammenhang, doch keine signifikanten Veränderungen oder Interaktionen mit der Zeit. Für die einzelnen Facetten des *M-ABC* können für die feinmotorischen Aufgaben zum ersten Erhebungszeitpunkt eine Interaktion zwischen Geschlecht und Vereinszugehörigkeit sowie für die Ballfertigkeit zum zweiten Messzeitpunkt ein geschlechtsspezifischer Zusammenhang skizziert werden.[53] Aufgaben zur Überprüfung der Balancefertigkeiten werden zu beiden Messzeitpunkten signifikant durch die Sportvereinszugehörigkeit mitbestimmt.

Das *allgemeine Selbstkonzept* der befragten Kinder unterliegt in jeder Dimension einem signifikanten zeitlichen Wandel, der unabhängig von Sportvereinszugehörigkeit oder Geschlecht vonstatten geht. Zwar machen Sportvereinskinder, gerade zum zweiten Erhebungszeitpunkt, deskriptiv durch höhere Werte auf sich aufmerksam als Kinder ohne Sportvereinszugehörigkeit, doch sind diese Unterschiede nicht signifikant. Sportvereins- und geschlechtsspezifische Zusammenhänge zeigen sich in der Dimension *Psychisches und physisches Wohlbefinden*. Zum

---

[53] Sieht man von dem signifikanten Ergebnis des Levene-Tests ab, so kann auch zum ersten Messzeitpunkt ein geschlechtsspezifischer Zusammenhang und zum zweiten Messzeitpunkt zusätzlich ein vereinsspezifischer Zusammenhang genannt werden.

ersten Messzeitpunkt zeigen sich geschlechtsspezifische Besonderheiten – die befragten Jungen bewerten sich besser als die befragten Mädchen – zum zweiten Messzeitpunkt zeigt sich, dass sich Vereinsmitglieder, unabhängig von Geschlecht, positiver bewerten als die befragten Kinder ohne Sportvereinszugehörigkeit. Die Überprüfung einer möglichen Kausalbeziehung zwischen Facetten des Selbstkonzepts und der allgemeinen *Bewegungspräferenz* erzielt für das *allgemeine Selbstkonzept* und für die Facette *allgemeine kognitive Leistungsfähigkeit* ein signifikantes Ergebnis. Ebenfalls (etwas eingeschränkt durch die nicht gegebene Quasi-Stationarität) zeigen sich signifikante Korrelationen zwischen *Bewegungspräferenz* und der Facette *Selbstsicherheit- und Durchsetzungsvermögen*.

8. Zusammenfassung und Diskussion

Der Aktualität des Themas Kindheit und der erst langsam sich füllenden Forschungslücke bezüglich Kindheit, Sport und Selbstkonzept Rechnung tragend zielte die vorliegende Untersuchung darauf ab, heutiges Kinderleben, auch mit Blick auf weibliche und männliche Gewohnheiten, darzustellen und mögliche Zusammenhänge zwischen einer sportlichen Förderung im Kindesalter und Facetten des Selbstkonzeptes sowie der motorischen Fertigkeit zu analysieren. Der Begriff sportliche Förderung wird sehr offen und weit gefasst und beinhaltet die uneingeschränkte Möglichkeit des Kindes, sich sportlich zu betätigen, wobei der formellen sportlichen Betätigung im Sportverein besondere Bedeutung zugesprochen wird. Insgesamt konnten 173 Kinder, davon 101 Jungen und 72 Mädchen aus zwei Grundschulen im Alter zwischen acht und elf Jahren in die Studie eingeschlossen werden. 45 dieser Kinder konnten ein Jahr nach der ersten Erhebung erneut befragt werden. Dazu zählten 22 Mädchen und 23 Jungen mit einem durchschnittlichen Alter von 9,04 Jahren.

Kindheit bedeutet – den erhobenen Daten zufolge – heute immer noch das Aufwachsen in vornehmlich traditionellen Familienkonstellationen mit beiden Elternteilen und mindestens einem Geschwisterkind, wie sie auch im zwölften Kinder- und Jugendbericht (2005) als häufigste Lebenssituation von Kindern angesprochenen werden (vgl. Kap. 2.2.1).
Die befragten Kinder verfügen weiter über ein gutes soziales Netz, welches als sehr wichtig angesehen wird. Der Kontakt mit anderen Kindern steht an erster Stelle, wenn es um wichtige und häufige Aktivitäten in der Freizeit geht. Gemeinsam wird in erster Linie gespielt und Sport getrieben. Die Popularität der im Innenraum ausgeführten Spiele hängt sicherlich auch mit dem Erhebungszeitpunkt im Winter zusammen, der durch die frühe Dunkelheit und die nasskalte Witterung kindliche Betätigungen mehr in den häuslichen Raum verlagert als in den Sommermonaten.
Die Teilnahme an mindestens einer Freizeitgruppe, deren Thematik in Kap. 2.2 beschrieben wurde, gehört auch bei den hier befragten Kindern mehrheitlich zum Wochenablauf. Dabei bleibt jedoch der Anteil der Kinder, die mehrere Gruppen aufsuchen gering. Auch der Anteil an Kindern, die zusätzlich individuelle Termine z.B. in Form von Förderveranstaltungen in Anspruch nehmen, ist nicht übermäßig hoch, liegt jedoch immerhin bei 24,3%. Die vielfach beschriebene Überfrachtung von außerschulisch organisierten Freizeitterminen, wie sie z.B. von Fuhs (2002) oder Schmidt (2002) diskutiert wird (vgl. Kap. 2.2), kann für diese Stichprobe

dennoch nicht beschrieben werden. Es zeigt sich vielmehr, dass die Kinder eine Kombination aus organisierter Gruppe und eigenständigen Treffen mit den Freunden wählen. Gemeinsam mit den Freunden bietet die unmittelbare Wohnumgebung genügend Raum für Spiele und sportliche Betätigungen. Diese Darstellung ist im Einklang mit der von Zeiher (2005) oder Fuhrer (2005) beschriebenen kombinierten Raumaneignung von Kindern zu sehen. Dies wird umso deutlicher, wenn Bewegung in Zusammenhang mit anderen kindlichen Freizeitaktivitäten betrachtet wird:

Bewegung nimmt einen großen Stellenwert innerhalb des kindlichen Lebensstils ein. Sport, unabhängig von einer Vereinstätigkeit, wird im Mittel als zweithäufigste Unternehmung mit Freunden genannt. Ebenso sind Bewegungsspiele von Bedeutung. In der Kategorie häufigste und wichtigste Freizeitaktivität befindet sich *draußen toben* unter den zahlreichsten Nennungen. Die Einstellung zur Bewegung ist durchweg im eher positiven Bereich anzusiedeln. Das heißt, dass sich die meisten Kinder gerne bewegen und die Zeit im Freien verbringen. Sport und Aktivitäten im Freien gehören auch zu den Faktoren, die bei den Kindern am stärksten Wohlgefühl auslösen. Typische Freizeitsportarten wie *Fahrrad fahren*, *Schwimmen* und *Fußball spielen* werden von den Kindern eher häufig als selten ausgeübt. Neben den sportlichen Aktivitäten gehören auch Tätigkeiten wie *lesen* oder *Musik machen* zu den häufigsten und wichtigsten Beschäftigungen. Viele Kinder sind z.B. nach der Schule erst einmal am liebsten zu Hause und schaffen sich so Ruhezonen. Auch gehört der Umgang mit dem Medium Fernseher alleine und gemeinsam mit der ganzen Familie zum alltäglichen Kinderleben. Damit werden auch Studien u.a. von Schmidt (2002) oder des BMFSJ (2005) bestätigt, die dem Fernsehgerät eine begleitende Stellung im kindlichen Alltag zuschreiben (vgl. Kap. 2.2.4). Diese Ergebnisse sind ähnlich der von Hasenberg und Zinnecker (1998) vorgestellten kindlichen Freizeitkultur. So führen auch in dieser Liste sportbezogene Tätigkeiten die Liste der kindlichen Aktivitäten an und werden mit anderen ruhigeren Beschäftigungen kombiniert (vgl. Kap.4.4.1).

Über die Hälfte der befragten Kinder sind Mitglieder in mindestens *einem* Sportverein. Der Prozentsatz aktueller Mitglieder von knapp 60% liegt etwas höher als der von Schmidt (u.a. 2003b) angegebene Anteil von etwas über 50% und bestätigt die stetig ansteigende Zahl von kindlichen Vereinsmitgliedern auch in dieser Stichprobe. Es zeigt sich, dass in der Regel nur einer Sportart nachgegangen wird. Die Anzahl derjenigen, die Mitglied in mehreren Vereinen sind, ist verhältnismäßig gering. Auch wird aus der Eintrittszeit ersichtlich, dass eine große Anzahl der Kinder bereits sehr früh (mindestens vor dem achten Lebensjahr) in einen Sportverein eingetreten ist. So befindet sich über ein Drittel der Kinder bereits seit mehr als zwei Jahren in einem Sportverein. Daher kann auch hier bestätigt werden, dass Kinder immer früher einer vereinsgebundenen sportlichen Tätigkeit nachgehen (vgl. u.a. Schmidt 2003a). Die Liste der ausgeübten Vereinssportarten im Kindheitsalter wird, wie auch in den Darstellungen von Kurz et al. (1996), des DSB (2000) oder von Schmidt (2003b) von der klassischen Sportart Fußball angeführt (vgl. Kap. 4.4.2). Mit Ballett, Schwimmen und Turnen befinden sich ebenfalls klassische Disziplinen unter den ersten fünf häufigsten Erstsportarten. Als einen Grund für den ungewöhnlich hohen Anteil an Judo ausübenden Kindern (14,6%; in den oben genannten Studien rangiert der Anteil um die 4%) ist wohl die Stichprobenverteilung heranzuziehen. Da die Sportarten oft zusammen mit Freunden ausgeübt werden, die in diesem Alter meist auch in einer Klasse sind, ist es nicht verwunderlich, wenn Mitglieder einer Vereinssportart Freunde mit in diese Sportart integrieren. Da die Erhebungen auf Klassenbasis stattgefunden haben, können solche Verschiebungen erklärt werden.

Mit Blick auf diese Zahlen können die in Kap. 4.4.1 beschriebenen Thesen hinsichtlich einer Versportlichung des Kindesalters in der Tendenz bestätigt werden. Sportliche Tätigkeiten haben einen großen Stellenwert in der kindlichen Lebensführung und werden von den befragten Kindern gerne und häufig sowohl auf informeller als auch auf formeller Ebene ausgeübt. Es kann aber nicht von einer totalen Dominanz der sportlichen Aktivitäten ausgegangen werden. So finden die Kinder eine Balance zwischen aktiver Bewegung im Außenraum und ruhiger Beschäftigung im Innenraum.

Die These, dass sich Kinder immer mehr in außervereinlichen Sportsituationen engagieren, kann nicht bestätigt werden (vgl Kap. 4.4.2). In dieser Altersgruppe spielt der Verein als erste sportliche Adresse eine besondere Rolle. Als Antrieb für den Eintritt in einen Sportverein sind vor allem die Aufforderungen der Eltern und die eigenen Wünsche zu nennen. Die Verteilung dieser sozialbezogenen Gründe macht deutlich, wie wichtig die Unterstützung der Eltern ist. Die Kinder, die gerne in einen Verein gehen möchten, dies jedoch nicht tun, geben zwar aus einer Liste von möglichen Gründen in erster Linie die weite Entfernung eines Vereins (etwas über 30%) an, doch folgen mit 19% die fehlende Erlaubnis der Eltern und zu etwa 14% die mangelnden finanziellen Mittel.[54] Wird davon ausgegangen, dass einer der Gründe für eine fehlende Erlaubnis der Eltern auch mit den finanziellen Ressourcen in Zusammenhang steht, gewinnt dieser Punkt beträchtlich an Bedeutung und widerspricht der These der Entstrukturierung im Sinne der sozialen Differenzierung. Zwar erlauben die gewonnenen Daten keine ausführliche Analyse über die Zusammenhänge von Bildungsniveau, materiellem Status und Sportvereinszugehörigkeit, doch sollte dies als ein Punkt gelten, der in Zukunft näher zu betrachten ist (vgl. Kap. 4.4.3).

---

[54] Mehrfachantworten waren möglich.

Das Zusammensein mit der Familie ist den befragten Kindern sehr wichtig. Nach den wichtigsten Aktivitäten und nach den Faktoren gefragt, die zum Wohlgefühl beitragen stehen familiäre Faktoren an dritter Stelle hinter *Freunde treffen* und *Sport treiben*. Das Zusammensein mit der Familie gehört demnach zu den primären Bedürfnissen. Von der Leyen (2005) kann demnach zugestimmt werden, wenn sie von der Familie als Oase der Innerlichkeit und des Rückzuges spricht.

Sportliche Aktivitäten mit den Eltern oder der ganzen Familie zeigen sich als vorhandene, aber im Gegensatz zu den von Brinkhoff und Sack (1999) sowie Hasenberg und Zinnecker (1998; 1999) dokumentierten Zahlen eher periphere Handlungssituationen. Vielmehr stehen gemeinsame Fernsehabende oder Spiele im Mittelpunkt des Geschehens. Der elterliche Aufforderungscharakter zur sportlichen Betätigung ist mit einer Prozentrate von etwa 40% von einer sehr hohen Anforderung an die Kinder entfernt. Dies muss jedoch nicht bedeuten, dass die Eltern den Sport ihrer Kinder nicht unterstützen. Es ist allerdings ein Zeichen dafür, dass dem Sport zwar eine wichtige, aber keine überdimensionale Bedeutung zugeschrieben wird und somit auch zu keinem Druckfaktor werden kann. Die Befürchtungen hinsichtlich einer Überforderung der Kinder durch zu hohe Erwartungshaltungen (vgl. u.a. Rolff/Zimmermann 2001) können zumindest für den sportlichen Aspekt in dieser Stichprobe nicht verifiziert werden (vgl. dazu Kap.2.2.2).

Ein erster Vergleich zwischen Jungen und Mädchen zeigt, dass durchaus Unterschiede zwischen den Geschlechtern bezüglich Freizeit- und Bewegungserleben verzeichnet werden können. Diese Unterschiede liegen vor allem im aktiven Bereich. Neben der Tatsache, dass sich Jungen häufiger mit ihren Freunden treffen als Mädchen, sticht vor allem ins Auge, dass Jungen in allen erfragten Kategorien dem Sport und der Bewegung mehr Bedeutung zuschreiben als Mädchen: Sie treiben mit den Freunden zusätzlich zu anderen Aktivitäten mehr Sport, besuchen häufiger eine Sportgruppe bzw. einen Sportverein, nennen Sport eher als häufigste und wichtigste Aktivität, bewegen sich mehr im Freien als im Haus und spielen öfter Fußball, Basketball und Tischtennis. Um sich wohl zu fühlen, treffen sie häufiger ihre Freunde, treiben Sport oder toben sich aus. Diese Ergebnisse sind kongruent mit den Ergebnissen verschiedener empirischer Studien (vgl. u.a. Rauschenbach 1990; Hurrelmann/Bründel 2003), die Jungen eine größere Aktivität und Umwelteroberung zuschreiben als Mädchen. Wie in Kapitel 2.3.1 bereits dargestellt, gehen manche Autoren (vgl. u.a. Rendtorff 2006) davon aus, dass sich diese Unterschiede auf elterliche Restriktionen zurückführen lassen, die Mädchen aufgrund vielfältiger Gefahren im eher behüteten Raum sehen möchten. Diese Begründung beachtet jedoch nicht die unterschiedlichen Interessen der Mädchen, wie sie oben im Unterschied zu den Jungen dargestellt werden. Die Konzentration auf elterliche Restriktionen greift zu kurz, wenn sie nicht auch auf diese Wünsche eingeht. Unabhängig davon, ob die Einschränkungen der Eltern heute tatsächlich noch in diesem Umfang bestehen (Eltern sind heute vielmehr aufgeschlossener gegenüber den außerhäuslichen Aktivitäten ihrer Mädchen), so ist es kaum vorstellbar, dass sich die Mehrheit der Mädchen mit einem großen Aktionsradius dem Freizeitstil der Jungen nahtlos angleichen würde. Vielmehr sollte der Blick, wie in Kap. 2.3 geschehen, differenziert auf die Rollenzuweisungen von Mädchen und Jungen gelenkt werden. In dieser Stichprobe entsprechen die Merkmalszuschreibungen dem gender system, welches durch die Akteure bestätigt wird (vgl. Kap. 2.3.2). Es ist jedoch nicht auszuschließen, dass sich dieses System ändert und Rollen neu definiert werden. Die folgenden Beschreibungen geschlechtsspezifischer Unterschiede sind daher nicht als statische Muster zu verstehen, wie Jungen und Mädchen von Natur aus sind, sondern sie geben eher ein gesellschaftliches Bild, wie sich Jungen und Mädchen heute verhalten.

Bei der Wahl des Sportvereins konzentrieren sich Jungen in der Regel auf einen Sportverein, der sich in erster Linie dem Fußball widmet. Mit dieser Bevorzugung knüpft das Verhalten der Jungen dieser Stichprobe an die Erkenntnisse aus anderen Studien nahtlos an. Fußball ist nach wie vor die dominante Vereinssportart, der mehrheitlich Jungen nachgehen. Die ungebrochene Fokussierung auf den Fußballsport ist in erster Linie wohl mit der allgemeinen Popularität und Medienwirksamkeit dieses Sportes zu erklären (vgl. Kap. 4.4.2).

Der unterschiedliche Bewegungsreichtum der Geschlechter zeigt sich auch in der Familienaktivität. So geben Jungen an, öfter gemeinsam mit ihrem Vater Sport zu treiben als Mädchen. Die sportliche Aktivität mit dem Vater fand auch in den Studien von Georg et al. (1998) Beachtung (vgl. Kap. 4.4.4). So treiben Jungen in der Regel öfter Sport mit dem Vater als mit der Mutter, während Mädchen mit beiden Elternteilen gleich häufig sportlichen Aktivitäten nachgehen. Das Gespann Vater/Sohn findet hier in der sportlichen Situation eine Verbundenheit, während die Mädchen mit ihren Müttern anderen unterschiedlichen Interessen nachgehen.

Die Gruppe der Mädchen hingegen schreibt den sportlichen Aktivitäten eine geringere Rolle zu. Sie besuchen weniger eine Sportgruppe oder treiben zusammen mit den Freunden Sport, sie basteln und lesen häufiger und halten gemeinsame Aktivitäten mit den Eltern für wichtiger. Sie sind nach der Schule lieber zu Hause und verbringen mehr Zeit im Innen- als im Außenraum, verhalten sich draußen auch ruhiger als ihre gegengeschlechtlichen Altersgenossen. Um sich wohl zu fühlen, nennen die Mädchen häufiger Musik oder Hörspiel hören. Diese Vorlieben können auch in den Studien von Nissen (1993), Strzoda und Zinnecker (1998) oder Cornelißen und Blanke (2004) nachgelesen werden (vgl. Kap.2.3.1.1). Noch immer verteilen sich die

Geschlechter in eine weibliche, als eher musisch-künstlerische, und eine eher männliche, als vorwiegend sportliche Fraktion.

Sportlich aktive Mädchen sind häufiger in mehreren Vereinen angemeldet und suchen sich ihre Sportart aus einer größeren Bandbreite an Sportarten aus als sportaktive Jungen. Dies können unter anderen auch Hagemann-White (1984), Nissen (1993; 1998), Hasenberg und Zinnecker (1998) oder Schmidt (2003b) für ihre Stichproben beschreiben. Damit sind Mädchen sowohl organisierter und stärker festgelegt, was den individuellen Wochenablauf mit formeller Sportbeteiligung und informellen Freizeitbeschäftigungen angeht, als auch offener gegenüber unterschiedlichen sportlichen Angeboten. Darauf, dass die unterschiedliche Mitgliederzahl in Sportvereinen nicht unbedingt auch eine geringere sportliche Aktivität im formellen Rahmen bedeuten muss, verweist u.a. Schmidt (2003c). So hebt er hervor, dass Mädchen typische Sportarten wie Reiten oder Tanzen oft in kommerziellen Einrichtungen ausüben, die nicht zum Vereinswesen gehören (vgl. Kap. 4.4.3). Gerade das Reiten wird von vielen Mädchen auch nicht direkt als Sport, sondern eher als Liebe zum Pferd definiert, so dass vermutet werden kann, dass zu der tatsächlichen Zahl von Vereinsmitgliedschaften noch weitere sportliche Engagements der Mädchen gezählt werden können, die in einem ähnlichen formellen Rahmen stattfinden. Mädchen fehlt auch weniger die Erlaubnis der Eltern für den Eintritt in einen Verein als Jungen. Auch wenn dieses Ergebnis nicht frei von statistischen Zweifeln ist, so ist es dennoch bemerkenswert. Eltern scheinen nach diesem Ergebnis den Wunsch der Mädchen, sich sportlich zu betätigen, eher entgegenzukommen als Jungen. Dieses Verhältnis lässt sich mit der von Georg et al. (1998) aufgestellten These (vgl. Kap. 4.4.4) erklären, nach der eine weibliche Sportausbildung zur allgemeinen guten Erziehung dazugehört und dass ein vorhandener Wunsch demnach auch sofort erfüllt wird. Da Jungen in vielfältigen Kontexten sportlichen Betätigungen nachzugehen scheinen, bedarf es hier keiner uneingeschränkten Erlaubnis für ein weiteres sportliches Engagement von Seiten der Eltern. Eine Aufforderung seitens der Eltern, Sport zu machen, wird jedoch an Jungen und Mädchen ungefähr gleich oft, mit einer leichten Tendenz in Richtung der Jungen, gestellt.

Trotz der genannten Unterschiede zwischen Jungen und Mädchen sollten die Gemeinsamkeiten nicht unterschätzt werden. Sie besuchen im Schnitt gleich viele außervereinliche Gruppenaktivitäten und gehen bis auf die oben genannten Ausnahmen auch den gleichen Unternehmungen nach. So ist es für beide gleich wichtig, Freunde zu treffen, sie freuen sich gleichermaßen auf den Sportunterricht, klettern auf Bäume oder rennen um die Wette. Auch benutzen sie entgegen der Darstellung von Flade et al. (2003) gleich oft das Fahrrad und üben Trendsportarten wie Skaten aus. Damit findet eine Annäherung der Mädchen an das sportliche Betätigungsfeld, wie sie auch schon von Zinnecker (1989) beschrieben wird, statt. Prozentual sind Mädchen zwar den Jungen hinsichtlich ihrer Mitgliedschaft unterlegen, doch ist immerhin jedes zweite befragte Mädchen in einem Sportverein registriert. Sie nennen auch die gleichen sozialbezogenen Gründe für den Eintritt in den Sportverein. Weiterhin ist zu bemerken, dass Jungen und Mädchen annähernd gleiche Familiensituationen erleben. Sie gehen gemeinsam den gleichen Aktivitäten nach und haben gleichermaßen das Gefühl, von ihren Eltern unterstützt zu werden und sich bei ihnen aufgehoben zu fühlen.

Bezüglich dieser Rahmenbedingungen wurden im zweiten Schritt Kategorien gebildet und jeweils in Verbindung mit der individuellen sportlichen Aktivität gesetzt. Dabei zeigt sich, dass die Gruppe der Kinder der Gesamtstichprobe die Bewegung präferieren, und die Gruppe der Kinder, die in einem Sportverein tätig sind, höhere Werte bezüglich der Faktoren *spezifische sportliche Aktivität* und *Familiensport und Sportförderung* angeben als die Kinder der Vergleichsgruppe. Sportliche Kinder betätigen sich demnach in mehreren Betätigungsfeldern aktiver als Kinder ohne eine gewisse Bewegungspräferenz und Sportvereinszugehörigkeit, so dass bei den beiden Gruppen immer von Kindern ausgegangen werden kann, die sich nicht nur durch die Neigung zu Bewegung oder eine rein formale Zugehörigkeit zum Sportverein auszeichnen, sondern tatsächlich auch ihre Freizeit sportlich aktiv und zusammen mit anderen gestalten.

Zusätzlich zeigen sich die oben bereits beschriebenen geschlechtsspezifischen Indikatoren: So fließen bei der Ausprägung der *spezifischen sportlichen Aktivität* neben der Sportvariablen auch geschlechtsspezifische Faktoren mit ein, die den Jungen eine höhere *spezifische sportliche Aktivität* zuspricht als den Mädchen. Dies steht im Einklang mit den oben beschriebenen Besonderheiten des weiblichen und männlichen sportlichen Betätigungsfeldes.

Bezüglich des *internen Familienzusammenlebens* zeichnet sich eine Interaktion zwischen den Aktivitätsfaktoren (Bewegungspräferenz und Sportvereinszugehörigkeit) und dem Geschlecht ab. Jungen mit einer hohen Bewegungspräferenz und Jungen mit einer Sportvereinszugehörigkeit beschreiben ihr internes Familienleben positiver als Jungen der Vergleichsgruppen. Dies lässt zwei Interpretationsmöglichkeiten zu:

Auf der einen Seite ist zu vermuten, dass ein gesundes Familienklima Raum schafft für die Exploration des Kindes in verschiedene Freizeitgebiete. Gemeinsame Aktivitäten sowie Bewegungsfreiheit können sich positiv auf den Zusammenhalt und das Vertrauen in der Familie auswirken und dadurch das Kind fördern. Ein Elternhaus, welches Wert legt auf eine gesunde Balance zwischen bewegungsreichen und ruhigen Aktivitäten und das gemeinsame Zusammensein nicht auf die Zeit vor dem Fernseher beschränkt, sondern zahlreiche unterschiedliche Unternehmungen anbietet und Interesse am Kind zeigt, fördert demnach das gesunde und bindungssichere Verhalten des Kindes und damit die Neigung, sich auch in der sonstigen Zeit gesellig und bewegungsreich zu verhalten. Es ist ebenso denkbar, dass sich Kinder, die regelmäßig die Gelegenheit haben, sich im Haus und draußen auszutoben, die gerne Freunde treffen, mit ihnen um die Wette rennen und auf Bäume klettern, die Fahrrad fahren und sonstigen bewegungsreichen Tätigkeiten gerne nachgehen, sich ausgeglichen und dadurch in der Familie geborgen fühlen. Ein Kind, welches sich ausgelastet und gefördert fühlt, trägt damit zu einem gesunden Familienklima bei. Diese beschriebenen Aspekte gelten sowohl für Mädchen als auch für Jungen. Für die Jungengruppe kommt als Spezifikum hinzu, dass Bewegungsliebe und tatsächliche sportliche Aktivitäten zu dem geschlechtsspezifischen Rollenbild gehören, welches in der Gesellschaft nach wie vor gezeichnet wird. In Familien, in denen der Sohn diesem geschlechtstypischen Charakterbild entspricht, besteht somit weniger Reibungsfläche zwischen den Generationen, was sich wiederum positiv auf das gesamte Familienzusammenleben auswirkt. Für Mädchen muss dieser Zusammenhang nicht gelten, da sie die sportlichen Aktivitäten eher als Zusatz zu ihren anderen Aktivitäten betrachten und demnach nicht das volle Augenmerk in der Familie auf den Sport der Mädchen gelenkt wird. Eine zusätzliche Interpretationsmöglichkeit speziell für die Sportvereinskinder lassen die Situationen zu, die der jungentypische Vereinssport bietet. Mit der Wahl für den Fußballsport ergeben sich für die Eltern zahlreiche Möglichkeiten der Kooperation und Interaktion: Durch die zeitintensive Begleitung zu häufig stattfindenden Turnieren (im Gegensatz zu den eher selteneren Wettkämpfen in den bevorzugten Mädchensportarten) und der Pflege der Vereinskleidung, die bei Fußballkindern besonders intensiv ist, ergibt sich ein reger Austausch zwischen Eltern und Kindern, der sich positiv auf das Familienleben auswirken kann. Sportliche Aktivitäten gehören schlussfolgernd zu den zentralen Betätigungen in der Jungengruppe und wirken sich demnach auch stärker auf das Familienleben aus als in der Mädchengruppe.

Die motorische Kompetenz der Kinder entspricht nach der Perzentil-Normen-Tabelle von Henderson und Sudgen (1992) durchschnittlich dem 5. Perzentil. Die Autoren der *M-ABC* gehen davon aus, dass erbrachte Scores zwischen dem 5. und 15. Perzentil einem Grenzbereich zuzuordnen sind, der Hinweise auf motorische Schwierigkeiten liefert und Interventionsmaßnahmen in manchen Fällen empfehlenswert macht.

Diese rein rechnerische Betrachtung bedarf jedoch einiger Überlegungen: Zu einem muss bedacht werden, dass die Normen englischen und amerikanischen Stichproben aus dem Jahr 1992 entstammen und so kulturspezifische Besonderheiten in der motorischen Förderung im Kindheitsalter und auch Veränderungen über die Zeit nicht ausgeschlossen werden können. Ebenso ist die Tatsache nicht zu unterschätzen, dass die Daten der Normstichprobe durch

Einzeltestungen gewonnen wurden. Auch wenn die Gruppenerhebung in Absprache mit den Autoren durchgeführt wurde, können die Ergebnisse als Indiz dafür gelten, dass die Daten schlechter ausfallen als die, die in individuellen Testsituationen erhoben wurden. Für diese Argumentation sprechen auch die Daten von Stelter (1999), der ebenfalls schlechtere Werte für dänische Kinder in Gruppendurchführungen erhält. Bestätigung findet diese Begründung weiterhin in den im Rahmen der bereits angesprochenen Psychomotorikreihe von Röhr-Sendlmeier zeitgleich gewonnenen motorischen Daten, die einen ähnlich schlechten motorischen Index aufweisen (vgl. u.a. Tuchscherer 2004; Franken 2005; Knopp 2007). Diese Daten, in mehreren verschiedenen Kontexten und immer durch Gruppenerhebungen gewonnen, belegen, dass es sich bei den motorischen Werten um keine Besonderheit dieser Stichprobe, sondern um ein in deutschen Stichproben häufig vorkommendes Phänomen handelt. Nach Angabe von Henderson befindet sich die Entwicklung von deutschen Standards noch im Arbeitsprozess, so dass diese noch nicht angewendet werden können. Mit Blick auf die Vergleichsdaten wird hier davon ausgegangen, dass die Mehrheit der getesteten Kinder nicht über motorische Defizite, sondern über normal entwickelte motorische Kompetenzen verfügt. Dennoch sollte nicht ausgeschlossen werden, dass sich die motorischen Leistungen der Kinder in den letzten Jahren verschlechtert haben. Diese Interpretation korreliert mit den Ergebnissen der WIAD-AOK-DSB-Studien (DSB 2003) und der Analyse von Bös (2003), die für die letzten Jahrzehnte eine Tendenz der kontinuierlichen Verschlechterung der motorischen Leistungen in einzelnen Bereichen verzeichnen können (vgl. Kap.3.3).

Wichtig für die vorliegende Untersuchung ist aber weniger die Gegenüberstellung der kulturspezifischen und zeitspezifischen motorischen Leistungen, sondern vielmehr die Betrachtung von Gruppen, die alle denselben Erhebungsbedingungen ausgesetzt waren und damit direkt vergleichbar sind. Die Ergebnisse des *M-ABC* sollen daher mit Blick auf die oben angesprochenen Facetten in erster Linie nicht als differenziertes Maß für gute oder schlechte motorische Leistung, sondern vielmehr als Messinstrument zur Dokumentation von Unterschieden, Verschlechterungen oder Verbesserungen innerhalb und zwischen den untersuchten Gruppen dienen.

In der erhobenen Stichprobe wird deutlich, dass Kinder, die Bewegung präferieren, und Kinder, die in einem Sportverein aktiv sind, bessere motorische Werte erzielen als die Vergleichsgruppen ohne diese Neigung und ohne Vereinsmitgliedschaft. Die Überlegenheit zeigt sich sowohl in der Querschnittbetrachtung der Gesamtstichprobe als auch in der Betrachtung der Teilstichprobe über beide Erhebungszeitpunkte.

Dieses Ergebnis entspricht auch der Darstellung von Wolff (2000), die in der Vorschul- und Grundschulzeit bereits motorische Unterschiede zwischen trainierten und untrainierten Kindern heraushebt (vgl. Kap. 3.2.2). Von diesem Ergebnis ausgenommen ist lediglich der Bereich der Feinmotorik. Weder sportbegeisterte noch bewegungsmeidende Kinder können hier gute Werte erzielen. Eine mögliche Begründung liegt darin, dass in bewegungsreichen Aktionen im Außenraum eher grobmotorische Fähigkeiten gefördert werden als feinmotorische Fertigkeiten, wie sie zum Beispiel eher durch Basteln, Puzzeln und Schreiben erworben werden. Da diese Art von Freizeitaktivitäten aber nicht zwangsläufig stärker von bewegungsmeidenen Kindern als von bewegungspräferierenden Kindern ausgeübt werden, sind die ähnlichen Ergebnisse in diesem Bereich nicht weiter verwunderlich. In der Längsschnittstichprobe kommen jedoch zum ersten Erhebungszeitpunkt Interaktionen zum Vorschein, die weiblichen Vereinsmitgliedern bessere feinmotorische Fertigkeiten bestätigen als weiblichen Nichtvereinsmitgliedern und Jungen. Dieses Ergebnis lässt vermuten, dass Mädchen in ihren Sportvereinen eher auch feinmotorisch gefördert werden als die Jungen. Eine mögliche Begründung liegt in der Varianz der Sportvereine, die für die Mädchen dieser Teilstichprobe von Schwimmen bis Ballett reicht und auch eher detaillierte Bewegungen erfordert als bei den Jungen, die sich hauptsächlich auf den Fußballverein und damit weitgehend auf Beinkoordinationen konzentrieren. Dieses Teilergebnis sollte jedoch nicht überinterpretiert werden, da es lediglich in der kleinen Teilstichprobe zu einem Erhebungszeitpunkt in Erscheinung tritt.

Weiter werden geschlechtsspezifische Besonderheiten in der Kategorie *Ball skills* sichtbar: In jeder Teilstichprobe, sei es im Vergleich zwischen bewegungspräferierenden und nicht präferierenden Kindern, im Vergleich zwischen Sportvereinskindern und nicht Sportvereinskindern, in der Gesamtstichprobe im Vergleich zwischen Mädchen und Jungen, oder im Vergleich zwischen den zwei Erhebungszeitpunkten,[55] zeigt sich signifikant, dass Jungen über bessere Ballfertigkeiten verfügen als Mädchen. Trotz dieser Überlegenheit zeigt sich aber bei allen hier genannten Vergleichen (mit Ausnahme des allgemeinen Geschlechtsvergleichs) die Tendenz, dass die sportliche Variable (Bewegungspräferenz oder Sportverein) zusätzlich eine Rolle spielt. Einzig die signifikanten Ergebnisse des Levene-Tests schränken die Bedeutung dieser Variablen ein.

Diese Dominanz der männlichen ballspezifischen Kompetenzen dürfte kaum erstaunen, wird es doch auch in Arbeiten zur motorischen Entwicklung (vgl. u.a. Wolff 2000; Gabbard 2004) offenkundig dargelegt und anhand der körperlichen Haltung beschrieben.[56] Zusätzlich ist darauf

---

[55] Zum ersten Erhebungszeitpunkt ist die Aussagekraft aufgrund des signifikanten Ergebnisses des Levene-Tests eingeschränkt.

[56] Die Phrase „Werfen wie ein Mädchen", soll nur als ein Beispiel dienen, welches schlechte Ballfertigkeiten in der Regel beschreibt.

zu verweisen, dass Jungen sich vermehrt Ballsportarten widmen, während die Mädchen sich vielseitiger sportlich beschäftigen und so ihre ballspezifischen Kompetenzen schlichtweg weniger trainiert werden. Dieser geschlechtsspezifische Unterschied wirkt sich im einfachen Vergleich zwischen Jungen und Mädchen und im Vergleich zwischen bewegungspräferierenden und nicht bewegungspräferierenden Kindern auch auf den *Gesamtwert des M-ABC* aus.[57]

Demnach sollte die Überlegenheit der Jungen in ihrem motorischen Gesamtwert nicht überinterpretiert werden. Sie sollten eher als Spezialisten angesehen werden, die sich durch die erhobenen Testaufgaben positiv präsentieren können. Gabbard (2004) betont, dass Mädchen ihre motorischen Unterlegenheiten schrittweise mindern und durch Bewegungstraining ihre Leistungen verbessern können. Dies spricht auch für die hier gewonnenen Ergebnisse, die einerseits Mädchen mit einer hohen Bewegungsneigung und Mädchen mit Vereinsbindung bessere motorische Werte zuschreiben als Mädchen mit einer niedrigen Bewegungspräferenz und Mädchen ohne Sportvereinszugehörigkeit und andererseits die Werte der Mädchen nicht in allen motorischen Disziplinen einen signifikanten Unterschied zu den Werten der Jungen aufweisen: Es zeigt sich, dass sich in der Variable *static and dynamic Balance* nur sportvereinsspezifische Unterschiede sowohl in der Querschnittbetrachtung als auch in der Analyse über beide Erhebungszeitpunkte finden lassen. Balancefertigkeiten lassen sich demnach besonders im Sportverein gezielt fördern. Es ist zu vermuten, dass gerade die vielseitigen Bewegungsaufgaben, die Kinder im Sportverein gezielt und mit einer gewissen Regelmäßigkeit absolvieren, zu dieser Kompetenz beitragen.

Die befragten Kinder schätzen die gewählten Facetten des Selbstkonzeptes in der Regel positiv ein. Der Grad der Ausprägung wird zum Teil durch das Geschlecht und das Aktivitätsniveau mitbestimmt. Während sich Sportvereinskinder bis auf die Facette *Moral und Wertschätzung* (in der Querschnittstichprobe; N = 173) signifikant durch höhere Selbstkonzeptwerte von ihren vereinslosen Mitschülern unterscheiden, reicht die bloße Bewegungspräferenz nicht für einen solchen Unterschied aus. Allerdings finden sich in beiden Gruppen Interaktionen und geschlechtsspezifische Konnotationen: Bezüglich des *psychischen und physischen Wohlbefindens* zeigt sich im Vergleich zwischen bewegungspräferierenden und nicht präferierenden Kindern eine Interaktion: Gerade für Jungen scheint die Bewegungspräferenz entscheidend für das Empfinden der eigenen Gesundheit und für das Angsterleben zu sein.

---

[57] Im Vergleich zwischen Vereinssportlern und Nicht-Vereinssportlern wird das Signifikanzniveau nur knapp verpasst (p = .053).

Jungen, die sich gerne bewegen, haben weniger Beschwerden und fühlen sich nicht so ängstlich wie Jungen, die sich nicht gerne bewegen. Bei den Mädchen zeigt sich dieser Effekt nicht. Dies bestätigt erneut die wichtige Bedeutung der Bewegung, die Jungen ihr zuschreiben. Wie bereits ausgeführt, definieren sich die befragten Jungen stark über Bewegungserfahrungen, während sich Mädchen über andere Erfahrungsbereiche definieren.. Es ist denkbar, dass gerade Jungen, die sich gesund und selbstsicher fühlen, gerne das Medium der Bewegung wählen, um ihrer Stimmung gerecht zu werden. Sehr wahrscheinlich ist aber auch, dass positive Erfahrungen im sportlichen Kontext sich auf ihren Körper und auf ihre psychische Verfassung übertragen. Nach den vorgestellten Theorien der Einflussnahme von Bewegung auf verschiedene Aspekte der kindlichen Entwicklung ist diese Richtung des Zusammenhangs am wahrscheinlichsten (vgl. Kap. 5.2.2). An dieser Stelle ist erneut u.a. auf Biddle (1993) oder Heim und Stucke (2003) zu verweisen, die ebenfalls von einer Reduzierung der Zustandsangst in Zusammenhang von Bewegung und Sport sprechen. Innerhalb der Vereinsgruppe zeigen sich zusätzlich zum sportspezifischen Einfluss keine geschlechtsspezifischen Besonderheiten. Dies mag damit in Zusammenhang stehen, dass Mädchen, die in einem Sportverein sind, dem Sport ebenfalls eine hohe Bedeutung zuschreiben und dementsprechend auch ein Zusammenhang besteht zwischen den Erfahrungen im Sport und der psychischen Verfassung. Diese Aussage muss insofern eingeschränkt werden, als dass sich in der Betrachtung über zwei Erhebungszeitpunkte dieser Effekt nicht zeigt. Für eine größere Stichprobe mit längsschnittlicher Betrachtung muss dies nicht gelten und sollte in zukünftigen Studien näher betrachtet werden.

Anhand der nächsten Kategorie *Selbstsicherheit und Durchsetzungsvermögen* lässt sich eine weitere geschlechtsspezifische Besonderheit beschreiben. Mädchen sind sowohl in der Vergleichsgruppe der bewegungspräferierenden/ nicht präferierenden Kinder als auch in der Vergleichsgruppe der Vereins/Nicht-Vereinskinder den männlichen Selbsteinschätzungen unterlegen. In der Vereinsgruppe zeigt sich jedoch nicht nur dieser geschlechtsspezifische Aspekt sondern auch ein vereinsspezifischer Zusammenhang. Demnach kann zwar eine Vereinsmitgliedschaft nicht die Lücke zwischen männlichem und weiblichem Selbstbewusstsein schließen; dennoch führt die Vereinsmitgliedschaft auch bei den Mädchen zu einer Steigerung ihrer Selbstbehauptungs- und Durchsetzungskraft. Für beide angesprochenen Facetten gilt, dass der Eintritt in einen Sportverein neben der rein körperlichen Bewegungssteigerung auch eine psychische Komponente enthält. Die Mädchen bzw. die Kinder, die in ihrer Freizeit den Besuch eines Sportvereins über andere Tätigkeiten stellen, identifizieren sich demnach auch mehr mit der sportlichen Handlung, als dies Kinder tun, die sich aus reiner Bewegungsfreude spielerisch bewegen. Hinzu kommen die Begleitkomponenten des Sportvereins, die u.a. ein konstantes Leistungsfeedback und ein Gemeinschaftsgefühl zwischen den Spielern fördert (vgl. Kap. 4.5).

Bestätigt werden kann dieses Ergebnis auch in der längschnittlichen Analyse, die für den ersten Messzeitpunkt einen geschlechtsspezifischen Zusammenhang, für den zweiten Messzeitpunkt, aber einen vereinsspezifischen Zusammenhang bezüglich der Variable *Selbstsicherheit und Durchsetzungsvermögen* offenbart. Die tendenzielle Überlegenheit der Jungen widerspricht der These von Beuster (2006), die befürchtet, dass Jungen in ihren Verhaltensmustern immer unsicherer werden. Zwar kann auch nicht herausgestellt werden, dass sie stetig an Sicherheit und Durchsetzungsvermögen gewinnen, doch sind sie den Mädchen, zumindest für den ersten Zeitpunkt der Erhebung, deutlich überlegen und entsprechen damit den gängigen Kategorien, in welchen männliche und weibliche Attributionen formuliert werden (vgl. Kap.2.3.1).

Hinsichtlich der *allgemeinen kognitiven Leistungsfähigkeit* zeigen sich für die Gruppe der bewegungspräferierenden und nicht präferienden Kinder keine Besonderheiten; in der Gruppe der Vereins- und Nichtvereinskinder kommt eine vereinsspezifische Besonderheit und eine Interaktion zwischen Geschlecht und Vereinszugehörigkeit zum Vorschein. Kinder mit Sportvereinsbindung schätzen sich kognitiv leistungsfähiger ein als Kinder ohne eine Sportvereinszugehörigkeit. Zudem machen Mädchen mit einer Sportvereinszugehörigkeit durch höhere Werte auf sich aufmerksam als die verbleibenden Mädchen und Jungen. Die Betrachtung über zwei Erhebungszeitpunkte offenbart zum zweiten Messzeitpunkt einen geschlechtsspezifischen Zusammenhang. All diese Ergebnisse deuten auf eine weibliche Überlegenheit und – zumindest partiell – auf eine Bedeutung der sportlichen Betätigung im Verein hin. Die positiven Verbindungen zwischen sportlicher Aktivität und kognitiver Entwicklung (vgl. Kap. 5.2.1), wie sie u.a. von Buchner (1997) oder Dickreiter (1999) herausgestellt wurden, können daher hier für die Sportvereinskinder und vor allem für die weiblichen Sportvereinskinder bestätigt werden. An dieser Stelle ist auch auf Singer (2002; 2003) und Kunze (2003) zu verweisen, die auf die neurologischen Zusammenhänge zwischen Körper/ körperlichen Training und Gehirn, jedoch auf keine geschlechtsspezifischen Besonderheiten verweisen. Als mögliche weitere Erklärung für die weibliche Selbsteinschätzung bezüglich ihren kognitiven Kompetenzen sind u.a. auch die Ergebnisse von Röhr-Sendlmeier (2006) heranzuziehen, die für Mädchen ein höheres Leseverstehen beschreiben als für Jungen. Mädchen, die durch ihre hohe Lesemotivation ohnehin schon teilweise den Jungen kognitiv überlegen sind (auch in dieser Stichprobe zeigt sich, dass Mädchen häufiger lesen als Jungen), haben demnach durch ihr sportliches Engagement einen doppelten Vorteil: Sie ziehen in der Balance aus ihren intellektuellen und ihren bewegungsreichen Aktivitäten die Essenz, die sie ihre *allgemeine kognitive Leistungsfähigkeit* positiver einschätzen lässt. Da sich dieser Zusammenhang nicht in der Gruppe zeigt, die Bewegung präferieren, scheint es auch hier so zu sein, dass informelle Bewegungstätigkeiten ebenfalls einer gewissen Struktur und eines geregelten Zusammenkommens bedürfen, um sich positiv auf die Einschätzung der *allgemeinen kognitiven Leistungsfähigkeit* auszuwirken. Einschränkend ist jedoch zu bemerken, dass sich die Teilstichprobe der bewegungspräferierenden und nicht präferierenden Kinder rein numerisch deutlich, durch die Selektion von Extremgruppen von der Anzahl der Gesamtstichprobe unterscheidet und auch dadurch fehlende Signifikanzen zu erklären sind.

Eine weitere Interaktion, diesmal bezüglich Bewegungspräferenz und Geschlecht, zeigt sich in der Selbstkonzeptfacette *Moral und Wertschätzung*. Während sich in der Vereinsgruppe keine Besonderheiten, weder im Querschnitt noch im Längsschnitt, zeigen, kann für die bewegungspräferierenden Jungen ein Zusammenhang mit einem hohen moralischen Empfinden hervorgehoben werden, während für die Mädchen eher ein bewegungsmeidendes Verhalten zu einer solchen Einschätzung führt. Die Zusammenhänge zwischen sportlicher Betätigung und der Einschätzung moralischer Fragen sind in der wissenschaftlichen Erforschung zunächst noch widersprüchlich und weitgehend unklar (vgl. Kap 5.2.3). Diese geschlechts- und bewegungsspezifische Besonderheit führt wieder zurück auf die unterschiedliche Prioritätensetzung bei Jungen und Mädchen. Jungen konzentrieren ihre Aktivitäten bevorzugt auf den Sport und erleben ihn als wichtigstes Handlungsfeld, welches moralische Kompetenzen abverlangt, während die Mädchen bevorzugt kommunizieren und in außersportlichen Aktivitäten Beziehungen wachsen lassen, die für die Entwicklung sozialer Kompetenz von Bedeutung sind. Diese Interpretation erklärt auch, warum sich der geschlechtsspezifische Unterschied nicht in der Vereins/ Nicht- Vereinsgruppe findet. Mädchen mit Vereinshintergrund haben ein hohes sportliches Identifikationspotential und machen ähnliche Aussagen über Moral und Wertschätzung wie die männlichen Vereinsmitglieder. Ebenso ergänzen sich die Aussagen der Mädchen und Jungen ohne Vereinsbindung, deren Werte zwar etwas unter den Werten der Vereinskinder liegen, jedoch keine signifikanten Unterschiede zeigen.

Für das *allgemeine Selbstkonzept* zeigt sich – zusammenfassend für die genannten Facetten – zwischen bewegungspräferierenden und nicht präferierenden Kindern kein signifikanter Unterschied. Es deutet sich lediglich eine Interaktion zwischen Geschlecht und Bewegungspräferenz an, deren Aussagekraft durch den signifikanten Levene-Test jedoch stark eingeschränkt werden muss. Die Tendenz zeigt aber, dass gerade bewegungspräferierende Jungen ihr Selbstkonzept höher einschätzen als Jungen, die Bewegung nicht präferieren, und höher als Mädchen dieser Teilstichprobe. Mit Blick auf die Ergebnisse der reinen Jungenstichprobe kann dieses Ergebnis ohne Einschränkung bestätigt werden, ebenso die oben formulierten Interpretationen für eine jungenspezifische Überlegenheit. In der Vereins/ nicht-Vereinsgruppe wird deutlich, dass die Vereinszugehörigkeit ein ausschlaggebender Faktor für die Höhe des eigenen Selbstkonzeptes ist. Damit zeigt sich im Querschnitt ein Zusammenhang zwischen regelmäßiger sportlicher Betätigung in einem Sportverein und der eigenen Einschätzung des Selbstkonzeptes. Mit Blick auf die seperate Analyse der Mädchengruppe wird deutlich, dass gerade Mädchen mit einer Sportvereinsmitgliedschaft signifikant höhere Werte aufweisen als Mädchen ohne eine solche Mitgliedschaft. Zwar sind sie den Jungen nur in einer Facette des Selbstkonzeptes überlegen, doch zeigt die Analyse, dass Sportvereinsmädchen innerhalb ihrer Gruppe stark an Selbstvertrauen gewinnen, sich am sportlichen Wertesystem orientieren und in ihrer ganzen Wirkungsbreite das sportliche Engagement positiv zu nutzen wissen.

Die längsschnittliche Analyse offenbart eine Steigerung des *allgemeinen Selbstkonzeptes* in allen Bereichen über die zwei Erhebungszeitpunkte für alle Gruppen. Die Vereinskinder machen zwar deskriptiv in fast jeder Selbstkonzeptfacette mit einem höheren Selbstkonzeptwert auf sich aufmerksam, und es deutet sich auch an, dass sich die Vereinskinder stärker innerhalb eines Jahres gesteigert haben als die Kinder ohne Sportvereinsbindung, doch erreichen diese Unterschiede nicht das Signifikanzniveau.

Die Analyse des Cross-lagged-Panel-Modells verweist jedoch auf Korrelationen zwischen der Bewegungspräferenz und dem *allgemeinen Selbstkonzept*, welche für die Befürwortung der Sozialisationsthese sprechen. Ebenso zeigen sich diese Korrelationen in der Facette *allgemeine kognitive Leistungsfähigkeit* und (begrenzt durch die fehlende Quasi-Stationarität) in der Facette *Selbstsicherheit und Durchsetzungsvermögen*. Über den Zeitraum von ca. einem Jahr finden sich durchaus Verbindungen, die eine positive Beeinflussung des Selbstkonzeptes durch Bewegung bestätigen.

Bilanzierend lässt sich mit Blick auf die zugrunde liegende Theorie, die leitenden Fragestellungen und die Ergebnisse dieser Arbeit festhalten, dass Kinder in unserer Gesellschaft eine aktive Rolle innehaben und ihren Alltag selbständig mit sportlichen und ruhigeren Aktivitäten organisieren. Bei der Bewältigung dieser Aufgaben sind vor allem die Familie und der Freundeskreis große Stützen, die das Kind begleiten.

Bereits in den Rahmenbedingungen des kindlichen Alltags wird deutlich, dass der Grad der sportlichen Aktivität und die Zugehörigkeit zu einem Geschlecht unterschiedliche Betätigungsfelder eröffnen und demnach unterschiedliche Konsequenzen für das kindliche Leben darstellen. Es wird ebenso deutlich, dass Jungen sich konzentrierter dem sportlichen Handlungsraum widmen und ihm eine große personelle Bedeutung zuschreiben. Mädchen hingegen engagieren sich vielfältiger und verfügen so auch im Detail über schlechtere motorische Werte als die getesteten Jungen.

Dass sich regelmäßige sportliche Betätigung, sei es durch die individuell und informelle sportliche Gestaltung des Alltags, sei es durch die formelle Teilnahme an einem Sportverein, positiv auf die motorische Entwicklung auswirkt, bestätigen die vorliegenden Ergebnisse; sie können zugleich als Anregung dienen, Kindern Raum für sportliche Betätigungen zu überlassen. Die Verbindungen einer solchen sportlichen Förderung, die in konzentrierter Form im Engagement in einem Sportverein gesehen werden soll, zeigen sich in der Darstellung der Selbstkonzeptfacetten. Während sich Kinder, die sich gerne bewegen, hinsichtlich mancher Selbstkonzeptfacetten nur in Interaktion mit der Geschlechtszugehörigkeit von Kindern ohne diese Neigung unterscheiden, zeigen sich bei Kindern mit einer Vereinszugehörigkeit deutlichere Unterschiede zu Kindern ohne Vereinszugehörigkeit, wenn auch hier der Faktor Geschlecht ebenfalls nicht zu vernachlässigen ist. Für das *allgemeine Selbstkonzept* im Querschnitt gilt: Kinder, die sich in einem Sportverein engagieren, schätzen ihr Selbstkonzept signifikant besser ein als Kinder ohne diese Sportvereinszugehörigkeit. Der Sport im Verein kann demnach tatsächlich als eine Handlungssituation betrachtet werden, die eine Symbiose zwischen sportlicher Betätigung und der psychischen Komponente Selbstkonzept erstellt (vgl. Kap. 5.3.4.2). Dieses Ergebnis kann – einschränkend betrachtet – nicht in der Längsschnittstichprobe bestätigt werden. Hier zeigen sich bezüglich des Selbstkonzeptes zwar signifikante Veränderungen über die Zeit und wichtige vereins- und geschlechtsspezifische Besonderheiten, aber keine Zusammenhänge zwischen Sportvereinstätigkeit und *allgemeinem Selbstkonzept*. Dieses Ergebnis sollte jedoch nicht zu der Interpretation führen, dass sich eine konstante sportliche Förderung nicht positiv auf das eigene Empfinden auswirken kann. Nicht zuletzt sprechen die Korrelationen zwischen der Bewegungspräferenz und den Facetten des Selbstkonzeptes für die Sozialisationshypothese, die dem Sport eine förderliche Wirkung zuschreibt.

Für Jungen und Mädchen ergibt sich insgesamt betrachtet ein unterschiedlicher Handlungsbedarf. Es zeigt sich, dass Mädchen noch mehr an die sportliche Betätigung herangeführt werden müssen. Die förderliche Wirkung eines Sportvereins ermöglicht sowohl die Verbesserung der motorischen Fertigkeiten als auch eine Selbstbewusstseinssteigerung. Es wird deutlich, dass Mädchen, die sich ebenso wie Jungen auf eine sportliche Handlungssituation wie den Sportverein einlassen, bis auf den Bereich der *Moral und Wertschätzung* signifikant in allen Selbstkonzeptfacetten besser einschätzen als ihre Mitschülerinnen ohne eine Sportvereinsbindung. Gerade für Mädchen scheint demnach die Integration in einen Sportverein von Vorteil zu sein. Dies bedeutet jedoch nicht, dass Jungen von ihrer sportlichen Aktivität im Verein keinen Nutzen ziehen. Sie sind jedoch durch ihr sonstiges Freizeitverhalten ohnehin bereits stark sportlich geprägt, so dass der Sportverein als Ergänzung und Unterstützung nicht denselben hohen Effekt herbeiführt wie bei den Mädchen. Die Ausgangslage muss daher differenziert betrachtet werden. Nichtsdestotrotz sollte diese Konstante im Leben der Jungen sinnvollerweise weiter beibehalten werden, wie die Ergebnisse der Jungenstichprobe bestätigen: Jungen mit einer hohen Bewegungspräferenz zeigen bis auf eine Ausnahme, der Facette *Selbsticherheit und Durchsetzungsvermögen,* – ein Bereich, in dem Jungen generell stärker hervortreten – höhere Selbstkonzeptwerte als Jungen mit niedriger Bewegungspräferenz.

Für eine optimale Förderung bedeutet dies, dass Jungen in ihrem freizeitlichen sportlichen Engagement weiter unterstützt werden sollten. Da sie sich gerne und häufig mit Freunden und anderen sportlich betätigen und sich auch über diese Tätigkeiten identifizieren, ist ein offenes Handlungsfeld mit zahlreichen Möglichkeiten der bewegungsreichen Aktivitäten eine ideale Ausgangsbasis für eine ganzheitliche Förderung, die mit dem Eintritt in den Sportverein noch gezielter in Angriff genommen werden kann. Für die Förderung von Mädchen bedeutet dies, dass diejenigen Mädchen durch Bewegung gefördert werden können, die sich auch für den Sport als Handlungsfeld interessieren und gerne in einen Sportverein eintreten. Unter diesen Bedingungen richtet sich auch ihr Fokus auf die sportlichen Handlungssituationen und die Indentifikation mit der sportlichen Betätigung und kann, wie bei den Jungen, sowohl eine motorische als auch psychische Entwicklungsförderung ermöglichen.

Der Bewegung im Kindesalter kann zusammenfassend eine förderliche Wirkung zugesprochen werden. Die Ergebnisse der Querschnittsanalyse sowie einige Tendenzen in der längsschnittlichen Betrachtung sprechen für die Bewegung als einen Faktor, dessen Ausprägungen in formellen oder informellen Aktivitäten in positivem Zusammenhang mit bestimmten Facetten der Selbstkonzeptentwicklung zu sehen sind. Die Ergebnisse stimmen zuversichtlich, dass mit einer größeren Stichprobe über zwei oder mehr Erhebungszeitpunkte hinweg auch Veränderungen über die Zeit in Zusammenhang mit der sportlichen Betätigung gefunden werden können.

9. Abbildungsverzeichnis

10. Tabellenverzeichnis

11. Literaturverzeichnis

Abele, A., Brehm, W. (1993). Moods and effects of exercice versus sportgames: Findings and implications for well-beeing and health. *International Review of Health Psychology 2*, 53-80.

Alanen, L. (1997). Soziologie der Kindheit als Projekt. Perspektiven für die Forschung. *Zeitschrift für Sozialisationsforschung und Erziehungssoziologie 17(2)*, 162-177.

Alfermann, D. (1995). Sportpsychologie. Alte und neue Themen. In: K. Pawlik (Hg.), *Bericht über den 39. Kongress der Deutschen Gesellschaft für Psychologie in Hamburg 1994*. Hamburg: Psychologisches Institut I der Universität, 245-250.

Alfermann, D. (1998). Selbstkonzept und Körperkonzept. In: K. Bös und W. Brehm (Hg.), *Gesundheitssport. Ein Handbuch*. Schorndorf: Hofmann, 212-220.

Allmer, H. (1983). *Entwicklungspsychologische Grundlagen des Sports*. Köln: bps.

Allport, G.W. (1983). *Werden der Persönlichkeit. Gedanken zur Grundlegung einer Psychologie der Persönlichkeit*. Frankfurt a. Main: Klett.

Arent, S. M., Rogers, T. J., Landers, D. M. (2001). Mental health and physical activity. *Sportwissenschaft 31*, 239-254.

Ariès, P. (1975). *Die Geschichte der Kindheit*. München: Hauser.

Arnold, K. (1980). *Kind und Gesellschaft in Mittelalter und Renaissance. Beiträge und Texte zur Geschichte der Kindheit*. Paderborn: Schöningh/Lurz.

Asendorpf, J. B. (1990). Wider die allgemeinpsychologische Interpretation differentieller Befunde. In: D. Frey (Hg.), *Bericht über den 37. Kongress der Deutschen Gesellschaft für Psychologie in Kiel 1990. Band 2*. Göttingen: Verlag für Psychologie, 124-130.

Asendorpf, J. B. (2004). *Psychologie der Persönlichkeit*. Berlin, Heidelberg: Springer.

Bachleitner, R. (1985). *Werteinstellungen zum Sport. Empirische Untersuchung zu Einstellungen, Funktionsbewertungen und Stellenbestimmungen des „Sports"*. Bad Homburg: Limpert.

Bahlke, S., Mielke, R. (1995). *Struktur und Präferenzen fundamentaler Werte bei jungen Sportlern und nicht sporttreibenden Jugendlichen*. Bielefeld: Universität.

Baldering, D. (1993). *Selbstkonzepte von Kindern im Grundschulalter*. Frankfurt a. Main: Lang.

Balz, E., Kuhlmann, D. (2003). *Sportpädagogik. Ein Lehrbuch in 14 Lektionen*. Aachen: Meyer und Meyer.

Bargfrede, A., Pauli, A., Hornberg, C. (2004). Gesundheit. Zur gesundheitlichen Situation von Frauen. In: R. Becker und B. Kortendieck (Hg.), *Handbuch Frauen und Geschlechterforschung. Theorie, Methoden, Empirie*. Wiesbaden: Verlag für Sozialwissenschaften, 519-528.

Bates, E. (1990). Language about me and you: Pronominal reference and the emerging concept of self. In: D. Cichetti und M. Beeghly (Hg.), *The self in transition: Infancy to childhood*. Chicago: University of Chicago press, 1-15.

Baumann, S. (1998). *Psychologie im Sport*. Aachen: Meyer und Meyer.

Baur, J. (1989). *Körper- und Bewegungskarrieren. Dialektische Analysen zur Entwicklung von Körper und Bewegung im Kindes- und Jugendalter*. Schorndorf: Hofmann.

Baur, J. (1993). *Motorische Entwicklung in kulturellen Kontexten*. Köln: Sport und Buch Strauß.

Baur, J., Brettschneider, W.D. (1994). *Der Sportverein und seine Jugendlichen*. Aachen: Meyer und Meyer.

Baur, J., Braun, S. (2001a). *Sportvereinsforschung in Deutschland*. Sportwissenschaft 31, 199-212.

Baur, J., Braun, S. (2001b). *Der vereinsorganisierte Sport in Ostdeutschland*. Köln. Sport und Buch Strauß.

Baur, J., Burrmann, U., Krysmanski, K. (2002). *Sportpartizipation von Mädchen und jungen Frauen in ländlichen Regionen.* Köln: Sport und Buch Strauß.

Baur, J., Burrmann, U. (2003). Aufwachsen mit Sport in Ostdeutschland. In: W. Schmidt, I. Hartmann-Tews, W-D. Brettschneider (Hg.), *Erster deutscher Kinder- und Jugendsportbericht.* Schorndorf: Hofmann, 167-188.

Baur, J., Burrmann, U. (2004). Informelle und vereinsgebundene Sportengagements von Jugendlichen: Ein empirisch gestützter Vergleich. In: E. Balz und D. Kuhlmann (Hg.), *Sportengagements von Kindern und Jugendlichen – Grundlagen und Möglichkeiten informellen Sporttreibens.* Aachen: Meyer und Meyer, 17-30.

Bässler, R. (1988). Ausdauerlaufen und Wohlbefinden bei Schülern. *Sportunterricht 37*, 334-343.

Beck, U. (1986). *Risikogesellschaft. Auf dem Weg in eine andere Moderne.* Frankfurt a. Main:Suhrkamp.

Beck-Gernsheim, E. (1998). *Was kommt nach der Familie? Einblicke in neue Lebensformen.* München: Beck.

Becker-Schmidt, R. (2005). Von soziologischen Geschlechtsrollentheorien zur Gesellschaftstheoretischen Erforschung des Geschlechterverhältnisses. In: U. Vogel (Hg.), *Was ist weiblich – was ist männlich? Aktuelles zur Geschlechterforschung in den Sozialwissenschaften.* Bielefeld: Kleine, 89-112.

Becker, R., Kortendieck, B. (2004). *Handbuch Frauen und Geschlechterforschung. Theorie, Methoden, Empirie.* Wiesbaden: Verlag für Sozialwissenschaften.

Behnken, I., Zinnecker, J. (1987). Vom Straßenkind zum verhäuslichten Kind. Zur Modernisierung städtischer Kindheit 1900-1980. *Sozialwissenschaftliche Information 2*, 87-96.

Behnken, I., Zinnecker, J. (2001). Sport. In: ebd. (Hg.), *Kinder. Kindheit. Lebensgeschichte. Ein Handbuch.* Seelze-Velber: Kallmeyer, 870-871.

Behnken, I., Zinnecker, J. (2001). Die Lebensgeschichte der Kinder und die Kindheit der Lebensgeschichte. In: ebd. (Hg.), *Kinder. Kindheit. Lebensgeschichte. Ein Handbuch.* Seelze-Velber: Kallmeyer, 16-32.

Bergler, R. (1974). Selbstkonzept, Lebensalter und interindividuelle Differenzen. In: U. Lehr, F. Weinert (Hg.), *Entwicklung und Persönlichkeit.* Stuttgart: Kohlhammer, 26-37.

Berk, L. E. (2005). *Infants, Children, Adolescents.* Boston: Pearson.

Berndt, I., Menze, A. (1996). Distanz und Nähe – Mädchen treiben ihren eigenen Sport. In: D. Kurz, H-G. Sack und K-P. Brinkhoff (Hg.), *Kindheit, Jugend und Sport in NRW. Der Sportverein und seine Leistungen. Eine repräsentative Befragung der nordrhein-westfälischen Jugend.* Düsseldorf: Satz und Druck, 361-430.

Beuster, F. (2006). *Die Jungenkatastrophe. Das überforderte Geschlecht.* Reinbek: Rowohlt.

Biddle, S. (1993). Children, exercise and mental health. *International Journal of Sport Psychology 24*, 200-216.

Birklbauer, J. (2006). *Modelle der Motorik. Eine vergleichende Analyse moderner Kontroll-, Steuerungs- und Lernkonzepte.* Aachen: Meyer und Meyer.

Bischof-Köhler, D. (1995). *Kognitive Entwicklung.* Zürich: Stiftung der Studentenschaft der Universität Zürich.

Bischof-Köhler, D. (2004). *Von Natur aus anders. Die Psychologie der Geschlechterunterschiede.* Stuttgart: Kohlhammer.

Bittmann, I. (1980). *Über Selbstkonzepte von Kindern. Empirische Untersuchung an deutschen und israelischen Kindern.* Dissertation Universität Frankfurt.

Bortz, J., Döring, N. (1995). *Forschungsmethoden und Evaluation.* Berlin: Springer.

Bönold, F. (2005). Zur Lage der pädagogischen Frauen- und Geschlechterforschung: Bildungstheoretische Diskussion. In: R. Casale, B. Rendtorff, S. Andersen, V. Moser und A. Prengel (Hg.), *Geschlechterforschung in der Kritik.* Opladen: Budrich, 87-105.

Bös, K., Mechling, H. (1983). *Dimensionen sportmotorischer Leistungen.* Schorndorf: Hofmann.

Bös, K. (1987). *Handbuch sportmotorischer Tests.* Göttingen: Hogrefe.

Bös, K., Opper, E., Woll, A., Liebisch, R., Breithecker, B., Kreme, B. (2001). Das Karlsruher Testsystem für Kinder (KATS-K) – Testmanual. *Haltung und Bewegung 21(4),* 4-66.

Bös, K. (2003). Motorische Leistungsfähigkeit von Kindern und Jugendlichen. In: W. Schmidt, I. Hartmann-Tews, W-D. Brettschneider (Hg.), *Erster deutscher Kinder- und Jugendsportbericht.* Schorndorf: Hofmann, 85-107.

Bredemeier, B.J. (1995). Fivergence in childrens moral reasoning about issues in daily life and sport specific contexts. *International Journal of Sport Psychology 26,* 453-463.

Breitenbach, E. (2005). Vom Subjekt zur Kategorie. Veränderte Denkfiguren. In: R. Casale, B. Rendtorff, A. Andresen, V. Moser und A. Prengel (Hg.), *Geschlechterforschung in der Kritik.* Opladen: Budrich, 73-86.

Brettschneider, W-D., Bräutigam, M. (1990). *Sport in der Alltagswelt von Kindern und Jugendlichen.* Düsseldorf: Ritterbach.

Brettschneider, W-D., Schierz, M. (1993). *Kindheit und Jugend im Wandel. Konsequenzen für die Sportpädagogik?* St. Augustin: Academia.

Brettschneider, W-D., Brandl-Bredenbeck (1997). *Sportkultur und jugendliches Selbstkonzept. Eine interkulturell vergleichende Studie über Deutschland und die USA.* Weinheim und München: Juventa.

Brettschneider, W-D. (1999). Der Sportverein als soziale Ressource? Perspektiven moderner Jugendarbeit. In: Deutsche Turnerjugend (Hg.), *Kinder in Bewegung: Vom Kinderturnen zum Sport mit Jugendlichen. Kongressbericht zum Kongress von Göttingen 1997.* Aachen: Meyer und Meyer, 208-217.

Brettschneider, W-D. (2003). Sportliche Aktivität und jugendliche Selbstkonzeptentwicklung. In: W. Schmidt, I. Hartmann-Tews, W-D. Brettschneider (Hg.), *Erster deutscher Kinder- und Jugendsportbericht.* Schorndorf: Hofmann, 211-233.

Brettschneider, W-D., Kleine, W. (2002). *Jugendarbeit in Sportvereinen, Anspruch und Wirklichkeit.* Schorndorf: Hofmann.

Breuer, C. (2004). Zur Dynamik der Sportnachfrage im Lebenslauf. Sport und Gesellschaft – Sport and Society 1, 50-72.

Brinkhoff, K-P., Ferchhoff, W. (1990). Jugend und Sport. Zur Karriere einer offenen Zweierbeziehung. In: W. Heitmeyer und T. Olk (Hg.), Individualisierung von Jugend. Weinheim: Juventa, 29-74.

Brinkhoff, K-P., Sack, H-G. (1996). Überblick über das Sportengagement von Kindern und Jugendlichen in der Freizeit. In: D. Kurz, H-G. Sack und K-P. Brinkhoff (Hg.), *Kindheit, Jugend und Sport in NRW. Der Sportverein und seine Leistungen. Eine repräsentative Befragung der nordrhein-westfälischen Jugend.* Düsseldorf: Satz und Druck, 29-74.

Brinkhoff, K-P. (1998). *Sport und Sozialisation im Jugendalter. Entwicklung, soziale Unterstützung und Gesundheit.* Weinheim und München: Juventa.

Brinkhoff, K-P., Sack, H-G. (1999). *Sport und Gesundheit im Kindesalter. Der Sportverein im Bewegungsleben der Kinder.* Weinheim und München: Juventa

Bronfenbrenner, U. (1976). *Ökologische Sozialforschung.* Stuttgart: Lüscher.

Bronfenbrenner, U., Morris, P.A. (2000). Die Ökologie des Entwicklungsprozesses. In: A. Lange, W. Lauterbach (Hg.), *Kinder in Familie und Gesellschaft zu Beginn des 21sten Jahrhunderts.* Stuttgart: Lucius und Lucius, 29-58.

Bronfenbrenner, U., Evans, G. W. (2000). Developmental science in the 21th century: Emerging theoretical models, research designs and empirical findings. *Social Development 9,* 115-125.

Bründel, H., Hurrelmann, K. (1996). *Einführung in die Kindheitsforschung.* Weinheim: Beltz.

Bucher, A. (2001). *Was Kinder glücklich macht. Historische, psychologische und empirische Annäherungen an das Kindheitsglück.* Weinheim und München: Juventa.

Buchner, C. (1997). *Kluge Kinder fallen nicht vom Himmel.* Freiburg: Herder.

Bund, A. (2002). Selbstvertrauen, Vorstellungsinhalte und Vorstellungskompetenz von SportlerInnen. In: B. Strauß, M. Tietjens, N. Hagemann und A. Stachelhaus (Hg.), *Expertise Sport. Lehren-lernen-leisten.* Köln: bps, 158-159.

Bundesministerium für Familien, Senioren, Frauen und Jugend (BMFSFJ) (2005). *12. Kinder und Jugendbericht.* Berlin: Druck Vogt.

Burrmann, U., Krysmanski, K., Baur, J. (2002). Sportbeteiligung, Körperkonzept, Selbstkonzept und Kontrollüberzeugungen im Jugendalter. *Psychologie und Sport 9*, 20-34.

Burrmann, U. (2004). Effekte des Sporttreibens auf die Entwicklung des Selbstkonzepts Jugendlicher. *Zeitschrift für Sportpsychologie 11(2)*, 71-82.

Burrmann, U. (2005a). Zur Einführung. In: ebd. (Hg.), *Sport im Kontext von Freizeitengagements Jugendlicher. Aus dem Brandenburgischen Längsschnitt 1998-2002.* Köln: Sport und Buch Strauß, 9-22.

Burrmann, U. (2005b). Betrachtungen zum „Stubenhocker-Phänomen". In: ebd. (Hg.), *Sport im Kontext von Freizeitengagements Jugendlicher. Aus dem Brandenburgischen Längsschnitt 1998-2002.* Köln: Sport und Buch Strauß, 57-75.

Burrmann, U. (2005c). Zum Wandel von Sportengagements. In: ebd. (Hg.), *Sport im Kontext von Freizeitengagements Jugendlicher. Aus dem Brandenburgischen Längsschnitt 1998-2002.* Köln: Sport und Buch Strauß, 95-115.

Burrmann, U. (2005d). Zur Vermittlung und intergenerationalen „Vererbung" von Sportengagements in der Herkunftsfamilie. In: ebd. (Hg.), *Sport im Kontext von Freizeitengagements Jugendlicher. Aus dem Brandenburgischen Längsschnitt 1998-2002.* Köln: Sport und Buch Strauß, 207-266.

Burrmann, U. (2005e). Effekte des Sporttreibens auf die Entwicklung des Selbstkonzepts von weiblichen und männlichen Jugendlichen. In: ebd. (Hg.), *Sport im Kontext von Freizeitengagements Jugendlicher. Aus dem Brandenburgischen Längsschnitt 1998-2002.* Köln: Sport und Buch Strauß, 207-266.

Butterworth, G. (1992). Origins of self-perception in infancy. *Psychological Inquiry 3*, 103-111.

Büchner, P. (1983). Vom Befehlen und Gehorchen zum Verhandeln. In: U. Preuss-Lausitz (Hg.), *Die Kindes des Jahrhunderts. Zur Pädagogik der Vielfalt im Jahr 2000.* Weinheim und Basel: Beltz, 196-212.

Büchner, P. (1990). Durch frühe Verselbständigung zur großen Selbständigkeit. Thesen zur Kindersportkultur. In: U. Preuss-Lausitz, T. Rülcker, H. Zeiher (Hg.), *Selbständigkeit für Kinder – die große Freiheit? Kindheit zwischen pädagogischen Zugeständnissen und gesellschaftlichen Zumutungen.* Weinheim und Basel: Beltz, 178-191.

Büchner, P., Fuhs, B. (1993). Kindersport. In: M. Markefka und B. Nauck (Hg.), *Handbuch der Kindheitsforschung.* Neuwied: Luchterhand, 491-499.

Büchner, P. (1994). Kindliche Bewegungswelt im Wandel: Kindersportkultur als neue Form kindlicher Freizeitsozialisation. In: R. Hildebrandt, G. Landau und W. Schmidt (Hg.), *Kindliche Lebens- und Bewegungswelt im Umbruch. Symposium an der Universität Osnabrück – Standort Vechta – vom 14.-16. Oktober 1993.* Hamburg: Czwalina, 44-54.

Büchner, P., Fuhs, B. (1998). Zur Sozialisationswirkung und zur biographischen Bedeutung der Kindersportkultur. In: W. Kleine und N. Schulz (Hg.), *Modernisierte Kindheit – sportliche Kindheit?* St. Augustin: Academia, 58-86.

Bühler-Niederberger, D., Sünker, H. (2003). Von der Sozialisationsforschung zur Kindheitssoziologie – Fortschritte und Hypotheken. In: A. Bernhard, A. Kremer und F. Frieß (Hg.), *Kritische Erziehungswissenschaft und Bildungsreform. Programmatik, Brüche, Neuansätze.* Hohengeren: Schneider, 200-220.

Bührle, M. (1971). *Die sozialerzieherische Funktion des Sports.* Ahrensburg: Czwalina.

Cachay, K., (1995). *Kindersport als Dienstleistung. Theoretische Überlegungen und empirische Befunde zur Einrichtung von Kindersportschulen in Sportvereinen.* Schorndorf: Hofmann.

Case, R., Griffin, S. (1990), Child cognitive development. The role of central conceptual structures in the development of scientific and social thought. In: C. A. Hauert (Hg.), *Developmental Psychology: Cognitive, perceptuo-motor and neuropsychological perspectives*. Amsterdam: North-Holland, 231-272.

Case, R. (1991). Stages in the development of the young child´s first sense of self. *Developmental Review 11*, 210-230.

Conzelmann, A., Gabler, H. (1993). Entwicklungstheoretische Konzepte und ihre Anwendung im Sport. In: H. Gabler, J. R. Nitsch und R. Singer (Hg.), *Einführung in die Sportpsychologie, Teil 2 Anwendungsfelder*. Schorndorf: Hofmann, 25-64.

Conzelmann, A. (2001). *Sport und Persönlichkeitsentwicklung. Möglichkeiten und Grenzen von Lebenslaufanalysen*. Schorndorf: Hofmann.

Conzelmann, A. (2006). Persönlichkeit. In: M. Tietjens, B. Strauß (Hg.), *Handbuch Sportpsychologie. Beiträge zur Lehre und Forschung im Sport*. Schorndorf: Hofmann, 104-117.

Cooley, C.H. (1902). *Human nature and the social order*. New York: Scribes.

Cornelißen, W., Blanke, K. (2004). Zeitverwendung von Jungen und Mädchen. In: Statistisches Bundesamt (Hg.), *Alltag in Deutschland. Analysen zur Zeitverwendung. Beiträge zur Ergebniskonferenz der Zeitbudgeterhebung 2001 am 16./17. Februar 2004 in Wiesbaden*. Wiesbaden: Statistisches Bundeamt, 160-174.

Corsaro, W. A. (1997). *The sociology of childhood*. Thousand oaks: Pine Forge Press.

Damasio, A. R. (2000). *Ich fühle also bin ich*. München: Econ.

Damon, W., Hart, D. (1982). The development of self-understanding from infancy through adolescence. *Child Development, 53*, 841-864.

De Ras, M., Luneberg, M. (1993). *Girls, girlhood and girls´studies in transition*. Amsterdam: Het Spinhuis.

Deusinger, I. M. (1986). *Die Frankfurter Selbstkonzeptskalen (FKSN)*. Göttingen: Hogrefe.

Deusinger, I. M. (2003). *Frankfurter Kinder - Selbstkonzept-Inventar (FKSI)*. Göttingen (in Vorbereitung).

Deutsche Fußballbund. (2006). *Talentförderung*. http://www.dfb.de/dfb-info/juniorecke/talent_neu/right.php (06.07.2006).

Deutsche Sportjugend (2003). *Zur Notwendigkeit der Fortentwicklung der sozialen Offensive im Kinder- und Jugendsport. Ein Begründungs- und Orientierungskonzept*. http://www.dsj.de (06.07.2006).

Deutscher Sportbund (2003). *WIAD-AOK-DSB Studie II. Bewegungsstatus von Kindern und Jugendlichen in Deutschland*. http://www.richtigfit.de/pages/de/ratgeber/390.html (05.04.2006).

Deutsches Jugendinstitut (Hg.) (1992). *Was tun Kinder am Nachmittag? Ergebnisse einer empirischen Studie zur mittleren Kindheit*. München: DJI.

Dewey, J. (1993). *Demokratie und Erziehung. Eine Einleitung in die philosophische Erziehung*. Weinheim und Basel: Beltz.

Dickreiter, B. (1999). Die Bewegung und das Gehirn. In: U. Pühse. und U. Illi (Hg.), *Bewegung ist Leben – Bewegung und Sport im Lebensraum Schule*. Schorndorf: Hofmann.

Diem, I., Lehr, U., Olbrich, E., Undeutsch, U. (1980). *Längsschnittuntersuchungen über die Wirkung frühzeitiger motorischer Stimulation auf die Gesamtentwicklung des Kindes im 4. – 6. Lebensjahres*. Schorndorf: Hofmann.

Dietrich, K. (1997). „Kinder, wie die Zeit vergeht!" Über den sozialen Wandel von Kindheit und Bewegungswelt und seine Folgen. In: L. Pfeiffer (Hg.), *Kindliche Bewegungswelt im High-Tech-Zeitalter. 4. Symposium der Deutschen Olympischen Gesellschaft*. Celle: Pohl, 29-42.

Dietrich, K. (2001). *Spiel und Bewegungsräume im Leben der Stadt: Sozial- und erziehungswissenschaftliche Untersuchungen und Projekte*. Butzbach-Griedel: Afra.

Digel, H., Fahrner, M., Sloboda, H. (2005). Talentsuche und Talentförderung als Ressource des Hochleistungssports. Ein internationaler Vergleich. In: E. Emrich, A. Güllich und M-P. Büch (Hg.), *Beiträge zum Nachwuchsleistungssport. Erweiterte Dokumentation des Workshops „Aktuelle empirische Forschung im Nachwuchsleistungssport" des Bundesinstituts für Sportwissenschaft und des Deutschen Sportbundes / Bereich Leistungssport vom 21.-23. November in Mainz.* Schorndorf: Hofmann, 15-44.

Dixon, J.C., Street, J.W. (1975). The distinction between self and not-self in children and adolescents. *Journal of Genetic Psychology 127,* 157-162.

Dordel, S. (2000). Kindheit heute: Veränderte Lebensbedingungen = reduzierte motorische Leistungsfähigkeit? Motorische Entwicklung und Leistungsfähigkeit im Wandel. *Sportunterricht 49 (11),* 341-349.

Dordel, S. Drees, C., Liebell, A. (2000). Motorische Auffälligkeiten in der Eingangsklasse der Grundschule. *Haltung und Bewegung, 20(3),* 5-16.

DOSB (2006). Mehr Bewegung für Kinder in Kindergarten und Schule. Deutsche Sportjugend und Bundeselternrat wollen enger zusammenarbeiten. *DOSB Presse, 26.* http://www.dosb.de (27.06.2006).

Döring, D., Hanesch, W., Huster, E. U. (1990). *Armut im Wohlstand.* Frankfurt a. Main: Suhrkamp.

Dötsch, J., Dittrich, K., Rascher, W., Kiess, W. (1997). Macht fernsehen dick? Beziehung zwischen Adipositas bei Kindern und Jugendlichen und Konsum alter und neuer Medien. *Der Kinderarzt 28,* 1351-1356.

Drexel, G. (2002). *Paradigmen im Sport und Sportwissenschaft.* Schorndorf: Hofmann.

Durkheim, E. (1922). *Education et sociologie.* Paris: Alcan.

Ebbeck, V., Weiss, M. R. (1998). Determinants of children´s self esteem: An examination of perceived competence and affect in sport. *Pediatric Science 10,* 285-298.

Eggert, D., Brandt, K., Jendritzki, H., Küppers, B. (2000). Verändern sich die motorischen Kompetenzen von Schulkindern? Ein Vergleich zwischen den Jahren 1985 und 1995. *Sportunterricht 49,* 350-355.

Eichler, H. (1993). *Rettet die Kindheit. Entwicklung in Harmonie.* Bamberg: Bayerische Verlagsanstalt.

Elkind, D. (1987). *Wenn Eltern zuviel fordern. Die Risiken einer leistungsorientierten Früherziehung.* Bergisch Gladbach. Lübbe.

Elkind, D. (1995). *Das gehetzte Kind.* Bergisch Gladbach: Lübbe

Endrikat, K. (2001). *Jugend, Identität und sportliches Engagement.* Lengerich. Pabst.

Engelbert, A., Herlth, A. (1993). Sozialökologie der Kindheit: Wohnung, Spielplatz und Straße. In: M. Markefka und B. Nauck (Hg.), *Handbuch der Kleinkindforschung.* Neuwied: Luchterhand, 403-415.

Engelbert, A., Herlth, A., Mansel, J., Palentien, C. (2000). Postmoderne Familienkindheit? Anforderungen, Risiken und Chancen. In: A. Herlth, A. Engelbert, J. Mansel und C. Palentien (Hg.), *Spannungsfeld Familienkindheit. Neue Anforderungen, Risiken und Chancen.* Opladen: Leske und Budrich, 7-22.

Ennemoser (2003). Effekte des Fernsehens im Vor- und Grundschulalter. *Nervenheilkunde 9,* 343-353.

Epstein, S. (1973). The self-concept revisited or a theory of a theory. *American Psychologist 28,* 404-416.

Epstein, S. (1979). Entwurf einer integrativen Persönlichkeitstheorie. In: S-H. Filipp (Hg.), *Selbstkonzept-Forschung.* Stuttgart: Klett, 15-47.

Erikson, E-H. (1950). *Identität und Lebenszyklus.* Frankfurt: Suhrkamp.

Ernwein, V., Keller, D., Wittersheim, G. (1998). Activités physiques, fonctions mentales et rhythmes scolaires. *Science and Sports 13,* 159-176.

Europäische Kommission (1999). *A pan-EU survey on consumer attidudes to physical activity, body weight and health.* Luxenburg: Office for Official Publications of the European Communities.

Faulstich-Wieland, H. (1995). *Geschlecht und Erziehung. Grundlagen des pädagogischen Umgangs mit Mädchen und Jungen.* Darmstadt: Wissenschaftliche Buchgesellschaft.

Faulstich-Wieland, H. (1999). Weibliche Sozialisation zwischen geschlechterstereotyper Einengung und geschlechterbezogener Identität. In: H. Scarbath, H. Schlottau, V. Straub und K. Waldmann (Hg.), *Geschlechter. Zur Kritik und Neubestimmung geschlechtsbezogener Sozialisation und Bildung.* Opladen: Leske und Budrich, 47-62.

Faulstich-Wieland, H., Horstkemper, M. (1998). Veränderte familiäre Erziehungsnormen oder: Verschwindet die Geschlechterdifferenz? In: M. Horstkemper und P. Zimmermann (Hg.), *Zwischen Dramatisierung und Individualisierung. Geschlechtstypische Sozialisation im Kindesalter.* Opladen: Leske und Budrich, 213-231.

Feldmann, K. (2005). *Erziehungswissenschaft im Aufbruch. Eine Einführung.* Wiesbaden: Verlag für Sozialwissenschaften.

Fend, H. (1994). *Die Entdeckung des Selbst und die Verarbeitung der Pubertät.* Bern: Huber.

Ferchhoff, W. (2000). Eventmarketing in sportorientierten Jugendszenen. Der gesell-schaftliche Zusammenhang von Jugend und Sport. In: W. Gebhardt, R. Hitzler und M. Pfadenhauer (Hg.), *Events: Soziologie des Außergewöhnlichen.* Opladen: Leske und Budrich, 325-342.

Filipp, S-H. (1978). Aufbau und Wandel von Selbstschemata über die Lebensspanne. In: Oerter, R. (Hg.), *Entwicklung als lebenslanger Prozess.* Hamburg: Hoffmann und Campe, 111-135.

Filipp, S-H. (1979). Entwurf eines heuristischen Bezugsrahmens für die Selbstkonzeptforschung: Menschliche Informationsverarbeitung und naive Handlungstheorie. In: ebd. (Hg.), *Selbstkonzeptforschung. Probleme, Befunde, Perspektiven.* Stuttgart: Klett-Cotta 129-152.

Filipp, S-H. (1988). Das Selbst als Gegenstand psychologischer Forschung. *Bildung und Erziehung 41(3),* 281-292.

Filipp, S-H. (1996). „Wie schön war doch die Jugendzeit!" – Lebensrückschau im Alter. In: R. Schumann-Hengsteler und H. M. Trautner (Hg.), *Entwicklung im Jugendalter.* Göttingen: Hogrefe, 217-238.

Filipp, S-H. (2000). Selbstkonzept-Forschung in der Retrospektive und Prospektive. In: W. Greve (Hg.), *Psychologie des Selbst.* Weinheim: Psychologie Verlags Union, 7-14.

Fischer, K. (2000). Psychomotorik und kindliche Entwicklung: Metatheoretische Perspektiven. *Motorik 23(1),* 22-26.

Fischer, K. (2003). Psychomotorik im Lichte unterschiedlicher Entwicklungstheorien. In: O. Weiß und J. Ullmann (Hg.), *Motopädagogik.* Wien: Facultas, 123-144.

Fischer, K. (2004). *Einführung in die Psychomotorik.* München: Reinhardt.

Flade, A., Hacke, U., Lohmann, G. (2003). Pragmatische Kindheit und das Verschwinden des Geschlechtsunterschieds. In: C. Podlich und W. Kleine (Hg.), *Kinder auf der Straße. Bewegung zwischen Begeisterung und Bedrohung.* St. Augustin: Academia, 120-144

Flitner, W. (1989). Das Selbstverständnis der Erziehungswissenschaft in der Gegenwart. *Gesammelte Schriften 3,* 310-349.

Fogel, A. (2000). Sytems, attachment and relationships. *Human Development 43,* 314-320.

Foon, A-E. (1989). Sports participation among adolescent females: Effects on self-esteem, affiliation patterns and locus of control. *Journal of Human Movement studies 16,* 225-231.

Forster, E., Rieger-Ladich, M. (2004). Männerforschung und Erziehungswissenschaft. In: E. Glaser, D. Klika und A. Prengel (Hg.), *Handbuch Gender- und Erziehungswissenschaft.* Bad Heilbrunn: Klinkhardt, 271-285.

Forster, E. (2005). Männerforschung, Gender Studies und Patriarchskritik. In: R. Casale, B. Rendtorff, A. Andresen, V. Moser und A. Prengel (Hg.), *Geschlechterforschung in der Kritik*. Opladen: Budrich, 41-72.

Fox, K. R. (2000). The effects of exercise on self-perceptions and self-esteem. In. S. Biddle u.a. (Hg.), *Physical activity and psychological well-being*. London: Routledge, 88-117.

Fölling-Albers, M. (1992). *Kindheit heute*. Weinheim und Basel: Beltz.

Franken, S. (2005). *Fernseherziehung, Fernsehkonsum und psychomotorischer Entwicklungsstand bei Grundschulkindern*. Unveröff. Diplomarbeit Universität Bonn.

Frey, D., Benning, E. (1983). Das Selbstwertgefühl. In: H. Mandl und G. L. Huber (Hg.), *Emotion und Kognition*. München: Beltz, 148-182.

Frey, G. (1981). *Training im Schulsport. Bedingungen und Grenzen körperlicher Förderung durch Sport*. Schorndorf: Hofmann.

Friedlmeier, W. (1993), *Entwicklung von Emphatie, Selbstkonzept und prosoziales Handeln in der Kindheit*. Konstanz: Hartung Gorre.

Fritzsche, B. (2003). *Pop- Fans. Studie einer Mädchen-Kultur*. Wiesbaden: Verlag für Sozialwissenschaften.

Fritzsche, B., Münchmeier, R. (2000). Mädchen und Jungen. In: Jugendwerk der deutschen Shell (Hg.), *Jugend 2000, Band 1*. Opladen: Leske und Budrich, 343-348.

Frohmann, M. (2003). Aspekte einer körperbezogenen Jugendsoziologie. In: J. Mansel, H. M. Griese und A. Scherr (Hg.), *Theoriedefizite der Jugendforschung*. Opladen: Leske und Budrich, 144-156.

Fuchs, R. (1990). Sportliche Aktivität bei Jugendlichen. Entwicklungsverlauf und sozial-kognitive Determinanten. *Psychologie und Sport Sonderband 14*.

Fuhrer, U. (2005). *Lehrbuch Erziehungspsychologie*. Bern: Huber.

Fuhrer, U., Marx, A., Holländer, A., Möbes, J. (2000). Selbstbildentwicklung in Kindheit und Jugend. In: W. Greve (Hg.), *Psychologie des Selbst*. Weinheim: Psychologie Verlags Union, 39-57.

Fuhs, B. (1990). Natur und Klassengesellschaft in Wiesbaden. In: I. Behnken (Hg.), *Stadtgesellschaft und Kindheit im Prozess der Zivilisation. Konfiguration städtischer Lebeweise zu Beginn des 20. Jahrhunderts*. Opladen: Leske und Budrich, 97-120.

Fuhs, B. (1996).Das außerschulische Kinderleben in Ost- und Westdeutschland. Vom kindlichen Spiel zur jugendlichen Freizeitgestaltung. In: P. Büchner, B. Fuhs und H-H. Krüger (Hg.), *Vom Teddybär zum ersten Kuss. Wege aus der Kindheit in Ost- und Westdeutschland*. Opladen: Leske und Budrich, 129-158.

Fuhs, B. (1999). *Kinderwelten aus Elternsicht. Zur Modernisierung von Kindheit*. Opladen: Leske und Budrich.

Fuhs, B. (2000a). Kinderfreizeit als Familienprojekt. In: A. Herlth, A. Engelbert, J. Mansel und C. Palentien (Hg.), *Spannungsfeld Familienkindheit. Neue Anforderungen, Risiken und Chancen*. Opladen: Leske und Budrich, 202-217.

Fuhs, B. (2000b). Überlegungen zur Freizeit von Kindern. In: N. Meder (Hg.), *Spektrum Freizeit. Halbjahresschrift Freizeitwissenschaft 1*, 38-54.

Fuhs, B. (2002). Kindheit, Freizeit, Medien. In: H-H. Krüger und C. Grunert (Hg.), *Handbuch Kindheits- und Jugendforschung*. Opladen: Verlag für Sozialwissenschaften, 637-652.

Gabbard, C. P. (2004). *Lifelong motor development*. San Francisco: McGraw-Hill Education.

Gabler, H., Mohr, C. (1996). Motivation zu Fairness im Sport. *Sportwissenschaft 26*, 290-314.

Gardemannn, J. (2001). Neuer Kurs im Kinder- und Jugendgesundheitsdienst, ärztliche Professionalität zwischen sozialer Pädiatrie, Betriebsmedizin und interdisziplinärer Gesundheitsförderung. *Gesundheitswesen 63*, 658-666.

Gaschler, P. (1999). Motorik von Kindern und Jugendlichen heute – Eine Generation von „Weicheiern, Schlaffis und Desinteressierten"? Teil 1. *Haltung und Bewegung 19(3)*, 5-16.

Gaschler, P. (2000). Motorik von Kindern und Jugendlichen heute – Eine Generation von „Weicheiern, Schlaffis und Desinteressierten"? Teil 2. *Haltung und Bewegung 20(1)*, 5-16.

Gaschler, P. (2001). Motorik von Kindern und Jugendlichen heute – Eine Generation von „Weicheiern, Schlaffis und Desinteressierten"? Teil 3. *Haltung und Bewegung 21(1)*, 5-17.

Gehlen, A. (1961). Anthropologische Forschung. Zur Selbstbegegnung und Selbstentdeckung des Menschen. Hamburg: Rowohlt.

Geissler, B. Oechsle, M. (1996). *Lebensplanung junger Frauen. Zur widersprüchlichen Modernisierung weiblicher Lebensläufe.* Weinheim: Deutscher Studien Verlag.

Georg, W., Hasenberg, R., Zinnecker, J. (1998). Die Weitergabe der Sportkultur in der Familie. Söhne und Töchter im Vergleich. In: J. Zinnecker und R. K. Silbereisen (Hg.), *Kindheit in Deutschland. Aktueller Survey über Kinder und ihre Eltern.* Weinheim und München: Juventa, 137-143.

Gergen, K. J. (1993). Selbsterkenntnis und die wissenschaftliche Erkenntnis des sozialen Handelns. In: S-H. Filipp (Hg.), *Selbstkonzeptforschung. Probleme, Befunde, Perspektiven.* Stuttgart: Klett-Cotta 75-95.

Gildemeister, R. (2005). Gleichheitssemantik und die Praxis der Differenzierung. Wann und wie aus Unterscheidungen Unterschiede werden. In: U. Vogel (Hg.), *Was ist weiblich – was ist männlich? Aktuelles zur Geschlechterforschung in den Sozialwissenschaften.* Bielefeld: Kleine 71-88.

Glaser, E., Klika, D., Prengel, A. (Hg.) (2004). *Handbuch Gender und Erziehungswissenschaft.* Bad Heilbrunn: Klinkhardt.

Glaser, E., Priem, K. (2004). Wissenschaftsforschung, Disziplin Erziehungswissenschaft und Geschlecht. In: E. Glaser, D. Klika und A. Prengel (Hg.), *Handbuch Gender und Erziehungswissenschaft.* Bad Heilbrunn: Klinkhardt, 16-23.

Gogoll, A., Kurz, D., Menze-Sonneck, A. (2003). Sportengagements Jugendlicher in Westdeutschland. In: W. Schmidt, I. Hartmann-Tews, W-D. Brettschneider (Hg.), *Erster deutscher Kinder- und Jugendsportbericht.* Schorndorf: Hofmann, 145-165.

Graf, H. (1975). Zusammenhang zwischen Ängstlichkeit und Fußballspiel. *Psychologie in Erziehung und Unterricht 22*, 186-189.

Grapka, M. M., Krause, P. (2005). Einkommen und Armut von Familien und älteren Menschen. *DIW Wochenbericht 72(9)*, 155-162.

Grefe, C. (1995). *Wie wir unsere Kinder verplanen. Ende der Spielzeit.* Berlin: Rowohlt.

Greve, W. (2000). Psychologie des Selbst. Konturen eines Forschungsthemas. In: ebd. (Hg.), *Psychologie des Selbst.* Weinheim: Psychologie Verlags Union, 15-36.

Großegger, B., Hinzlmaier, B. (2002). *Jugendkultur Guide.* Wien: öbv und htp.

Gruber, J. J. (1986). Physical activity and self-esteem development in children: A meta-analysis. In: G. A. Stull und H. M. Eckert (Hg.), *Effects of physical activity on children.* Champaign: Human Kinetics, 30-48.

Grupe, O. (1982). *Bewegung, Spiel und Leistung im Sport. Grundthemen der Sportanthropologie.* Schorndorf: Hofmann.

Grupe, O., Krüger, M. (1997). *Einführung in die Sportpädagogik.* Schorndorf. Hofmann.

Grupe, O. (2000).*Vom Sinn des Sports: kulturelle, pädagogische und ethische Aspekte.* Schorndorf: Hofmann.

Haag, H. (1986). *Bewegungskultur und Freizeit: Vom Grundbedürfnis nach Sport und Spiel.* Zürich: Edition Interform.

Haag, H. (1999). Sportpädagogik in Deutschland. Entwicklung und aktueller Stand. In: ebd. (Hg.), *Zum Selbstverständnis der Sportpädagogik. Vergangenheit – Gegenwart – Zukunft.* Köln: Sport und Buch Strauß, 15-23.

Habemeyer, W. (2005). Soziale Kompetenz. *Microsoft corporation.* Microsoft Encarta Enzyklopädie.

Hackfort, D., Birkner, H-A. (2006). Funktionen von Emotionen. In: M. Tietjens und B. Strauß (Hg.), *Handbuch Sportpsychologie. Beiträge zur Lehre und Forschung im Sport*. Schorndorf: Hofmann, 165-177.

Hagemann-White, C. (1984). *Sozialisation: Weiblich - männlich?* Opladen: Leske und Budrich.

Hagemann-White, C. (1998). Subjektbezogene Theorien zur Geschlechtersozialisation. Psychoanalytische Ansätze. In: M. Horstkemper und P. Zimmermann (Hg.), *Zwischen Dramatisierung und Individualisierung. Geschlechtstypische Sozialisation im Kindesalter*. Opladen: Leske und Budrich, 17-46.

Hagemann-White, C. (2004). Sozialisation – ein veraltetes Konzept in der Geschlechterforschung? In: E. Glaser, D. Klika und A. Prengel (Hg.), *Handbuch Gender- und Erziehungswissenschaft*. Bad Heilbrunn: Klinkhardt, 146-157.

Hanesch, W., Bordt, E. M. (1994). *Armut in Deutschland. Der Armutsbericht des DGB und des Paritätischen Wohlfahrtsverbandes*. Reinbeck: Rowohlt.

Hannover, B. (2000). Das kontextabhängige Selbst. In: W. Greve (Hg.), *Psychologie des Selbst*. Weinheim: Psychologie Verlags Union, 227-238.

Harney, K., Groppe, C., Honig, M-S. (2006). Geschichte von Familie, Kindheit und Jugend. In: K. Harney und H-H. Krüger (Hg.), *Einführung in die Geschichte der Erziehungswissenschaft und Erziehungswirklichkeit*. Opladen: Budrich, 177-203.

Harter, S. (1986). Cognitive-developmental processes in the integration of concepts about emotions and the self. Special issue. Developmental perspectives on social-cognitive theories. *Social Cognition 4(2)*, 119-151.

Hasenberg, R., Zinnecker, J. (1998). Sportive Kindheiten. In: J. Zinnecker und R. K. Silbereisen (Hg.), *Kindheit in Deutschland. Aktueller Survey über Eltern und ihre Kinder*. Weinheim: Juventa, 105-136.

Hasenberg, R., Zinnecker, J. (1999).Sportive Kindheit in Familie, Schule, Verein im Übergang zur Jugend. Eine quer – und längsschnittliche Analyse des Deutschen Kindersurveys. In: W. Kleine und N. Schulz (Hg.), *Modernisierte Kindheit – Sportliche Kindheit?* Köln: Academia, 87-104.

Haug-Schnabel, G. (2002). Prävention und Förderung – im Spannungsfeld von evolutionärer Ausstattung und kultureller Anforderung. In: K. W. Alt und A. Kemkes-Grottenthaler (Hg.), *Kinderwelten. Anthropologie – Geschichte – Kulturvergleich*. Köln: Herder, 41-48.

Haug-Schnabel, G., Bensel, J. (2006). *Grundlagen der Entwicklungspsychologie. Die ersten zehn Lebensjahre*. Freiburg: Herder.

Hänsel, F. (2006). Feedback und Instruktion. In: M. Tietjens und B. Strauß (Hg.), *Handbuch Sportpsychologie. Beiträge zur Lehre und Forschung im Sport*. Schorndorf: Hofmann, 62-70.

Hearn, J. (1987). *The gender of oppression*. New York: St. Martins Press.

Heckhausen, H. (1989). *Motivation und Handeln*. Berlin: Springer.

Heim, R. (2002). Sportpädagogische Kindheitsforschung – Bilanz und Perspektiven. *Sportwissenschaft 3*, 284-302.

Heim, R. (2002). *Jugendliche Sozialisation und Selbstkonzeptentwicklung im Hochleistungssport. Eine empirische Studie aus sportpädagogischer Perspektive*. Aachen: Meyer und Meyer.

Heim, R., Brettschneider, W-D. (2002). Sportliches Engagement und Selbstkonzeptentwicklung im Jugendalter. *Zeitschrift für Erziehungswissenschaft 5*, 118-138.

Heim, R., Stucke, C. (2003). Körperliche Aktivitäten und kindliche Entwicklung – Zusammenhänge und Effekte. In: W. Schmidt, I. Hartmann-Tews, W-D. Brettschneider (Hg.), *Erster deutscher Kinder- und Jugendsportbericht*. Schorndorf: Hofmann, 127-144.

Hein, A. K. (2003). *Perspektiven auf Kindheit im chronologischen Wandel – Die kulturkritische Perspektive als Herausforderung für die Grundschule im 21. Jahrhundert*. Münster: LIT.

Helmke, A. (1992). *Selbstvertrauen und schulische Leistungen*. Göttingen: Hogrefe.

Hempel, M. (1998). Lebensentwürfe von Mädchen und jungen Frauen in Ostdeutschland. In: M. Oechsle und B. Geissler (Hg.), *Die ungleiche Gleichheit. Junge Frauen und der Wandel im Geschlechterverhältnis.* Opladen: Leske und Budrich, 87-105.

Henderson, S. E., Sudgen, D. A. (1992). *Movement Assesment Battery for Children.* London: Psychological Corporation.

Hengst, H. (1999). Objekte zu Subjekten - Zum Wandel von Kindheitsbildern und Kinderwelten. In: W. Kleine und N. Schulz (Hg.), *Modernisierte Kindheit – Sportliche Kindheit.* St. Augustin: Academia, 10-37.

Hengst, H., Zeiher, H. (2005). Von Kinderwissenschaften zu generationalen Analysen. Einleitung. In: ebd. (Hg.), *Kindheit soziologisch.* Wiesbaden: Verlag für Sozialwissenschaften, 9-23.

Hengst, H.(2005). Kindheitsforschung, sozialer Wandel, Zeitgenossenschaft. In: H. Hengst und H. Zeiher (Hg.), *Kindheit soziologisch.* Wiesbaden: Verlag für Sozialwissenschaften, 245-266.

Herber, H-J. (1979). *Motivationstheorie und pädagogische Praxis.* Stuttgart: Kohlhammer

Higgins, E. T. (1991). Development of self-regulatory and self-evaluative process. Costs, benefits and tradeoffs. In: M. R. Gunnar und L. A. Sroufe (Hg.), *Self processes and development. The Minnesota Symposium on Child Development 23,* 125-166.

Hildebrandt-Stramann, R. (2001). Bewegungsbiographien heutiger Kindheit. In: I. Behnken und J. Zinnecker (Hg.), *Kinder. Kindheit. Lebensgeschichte. Ein Handbuch.* Seelze-Veber: Kallmeyer, 872-893.

Hildebrandt, R. Landau, G., Schmidt, W. (1994). Kindliche Lebens- und Bewegungswelt im Umbruch: Fragen an Experten – Eine Einführung in das Tagungsthema. In: ebd. (Hg.), *Kindliche Lebens- und Bewegungswelt im Umbruch. Symposium an der Universität Osnabrück – Standort Vechta – vom 14. bis 16. Oktober 1993.* Hamburg: Czwalina, 5-8.

Hofäcker, D., Lück, D. (2004). Zustimmung zu traditionellem Alleinverdienermodell auf dem Rückzug. Einstellungen von Frauen zur geschlechtsspezifischen Arbeitsteilung im internationalen Vergleich. *Informationsdienst Soziale Indikatoren 32,* 1-6.

Hoffmann, A., Brand, R., Schlicht, W. (2006). Körperliche Bewegung. In: A. Lohaus, M. Jerusalem und J. Klein-Heßling (Hg.), *Gesundheitsförderung im Kindes- und Jugendalter.* Göttingen: Hogrefe, 201-220.

Hoffmann, R., Schlicht, W. (2006). Sozialisation und Identitätsentwicklung. In: M. Tietjens und B. Strauß (Hg.), *Handbuch Sportpsychologie. Beiträge zur Lehre und Forschung in Sport.* Schorndorf: Hofmann, 95-103.

Holzer, V. (1993). Verlorene Kindheit? Zur Situation von Kindern und Jugendlichen in Österreich. *Kinder, Jugend, Gesellschaft 4,* 122-132.

Honig, M-S., Leu, H-R., Nissen, U. (1996) (Hg.). *Kinder und Kindheit. Soziokulturelle Muster und sozialisationstheoretische Perspektiven.* Weinheim und München: Juventa.

Honig, M-S. (1999). Entwurf einer Theorie der Kindheit. Frankfurt a. Main: Suhrkamp.

Horstkemper, M., Zimmermann, P. (1998). *Zwischen Dramatisierung und Individualisierung. Geschlechtstypische Sozialisation im Kindesalter.* Opladen: Leske und Budrich.

Höhne, T. (2003). *Pädagogik der Wissensgesellschaft.* Bielefeld: Transcript.

Hradil, S. (2005). *Soziale Ungleichheit in Deutschland.* Wiesbaden: Verlag für Sozialwissenschaften

Hradil, S. (2006). *Die Sozialstruktur Deutschlands im internationalen Vergleich.* Wiesbaden: Verlag für Sozialwissenschaften.

Hurlock, E. B. (1970). *Die Entwicklung des Kindes.* Weinheim: Beltz.

Hurrelmann, K. (1993). *Einführung in die Sozialisationstheorie. Über den Zusammenhang von Sozialstruktur und Persönlichkeit.* Weinheim und Basel: Beltz.

Hurrelmann, K. (1999*). Die soziale Lebenslage von Kindern und Familien. In: BMFSFJ (Hg.), Materialien zur Familienpolitik 5, Familie 1999. Dokumentation einer Fachtagung der Abteilung Familie des BMFSFJ am 27. April 1999, 14-31.* Berlin: Druck Vogt.

Hurrelmann, K. (2003). *Einführung in die Sozialisationstheorie.* Weinheim und Basel: Beltz.

Hurrelmann, K., Bründel, H. (2003). *Einführung in die Kindheitsforschung.* Weinheim und Basel: Beltz

Jacobi, J. (1991). Sind Mädchen unpolitischer als Jungen? In: W. Heitmeier, J. Jacobi (Hg.), *Politische Sozialisation und Individualisierung.* Weinheim: Juventa, 99-116.

James, A., Jenks, C., Prout, A. (1998). *Theorizing childhood.* Oxford: Polity Press.

James, W. (1890). *The principles of psychology. Band 1 und 2.* New York: Holt

Jerusalem, M. Schwarzer, R. (1991). Entwicklung des Selbstkonzeptes in verschiedenen Lernumwelten. In: R. Pekrun und H. Fend (Hg.), *Schule und Persönlichkeitsentwicklung. Ein Resümee der Längsschnittforschung.* Stuttgart: Enke, 115-128.

Joos, M. (2001). *Die soziale Lage der Kinder. Sozialberichterstattung über die Lebensverhältnisse von Kindern in Deutschland.* Weinheim und München: Juventa

Jütting, D. H. (1989). Die Differenzierung des Sports und die Beteiligung der Lebensalter. In: W-D. Brettschneider, J. Baur und M. Bräutigam (Hg.), *Bewegungswelt von Kindern und Jugendlichen. Bericht über den 8. sportwissenschaftlichen Hochschultag der deutschen Vereinigung für Sportwissenschaft.* Schorndorf: Hofmann, 311-318.

Kahlert, H., Thiessen, B. Weller, I. (2005). *Quer denken- Strukturen verändern. Gender studies zwischen den Disziplinen.* Wiesbaden: Verlag für Sozialwissenschaften.

Kaiser, A. (2004). Gender in der Primarstufe des Schulwesens. In: E. Glaser, D. Klika und A. Prengel (Hg.), *Handbuch Gender- und Erziehungswissenschaft.* Bad Heilbrunn: Klinkhard, 372-389.

Kaiser, H. F. (1974). An index of factorial simplicity. *Psychometrika 39,* 31-36.

Kalies, H., Lenz, J., von Kries, R. (2002). Prevalence of overweight and obesity and trends in body mass index in German pre-school children, 1982-1997. *International Journal of Obesity 26,* 1211-1217.

Kamensky, J., Heusohn, J., Klemm, U. (Hg.) (2000). *Kindheit und Armut in Deutschland. Beiträge zu Analyse, Prävention und Intervention.* Ulm: Klemm und Oelschläger.

Karsten, L. (2003). Children's use of public space. The gendered world of the playground. *Childhood 10(4),* 457-473.

Kaschuba, W. (1989). Sportivität. Die Karriere eines neuen Leitwerts. *Sportwissenschaft 19,* 154-171.

Kavale, K., Mattson, D. (1983). „One jumped off the balance beam". A meta-analysis of perceptual motor training. *Journal of Learning Disabilities 16,* 165-173.

Kay, R. S., Felker, D. W., Varoz, R. O. (1972). Sports interests and abilities as contributors to self concept in junior high school boys. *Research Quarterly for Exercice and Sports 43,* 208-215.

Käser, U. (2005). *Didaktische Modelle mathematisch-naturwissenschaftlichen Unterrichts und ihre Umsetzung in der Unterrichtswirklichkeit. Eine empirische Untersuchung zur Evaluation didaktischer Modelle mathematisch-naturwissenschaftlichen Unterrichts an der gymnasialen Oberstufe.* Dissertation Universität Bonn.

Keck, S. (2005). Mädchen und Frauen im Sport – Natur und Geisteswissenschaften im Dialog. *Sportwissenschaft 27(3),* 354-356.

Kersten, S. (1999). Risiken und Nebenwirkungen. Zur gesellschaftlichen Konstruktion von Männlichkeiten. In: H. Scarbath, H. Schlottau, V. Straub und K. Waldmann (Hg.), *Geschlechter. Zur Kritik und Neubestimmung geschlechtsbezogener Sozialisation und Bildung.* Opladen: Leske und Budrich, 77-86.

Key, E. (1992). *Das Jahrhundert des Kindes.* Neu herausgegeben mit einem Nachwort von Ulrich Herrmann. Weinheim und Basel: Beltz

Kimmel, M. S., Messner, M. A. (1992). *Mens's lives.* New York: Macmillan.

Kiphard, E. J. (1975). *Psychomotorische Elementarerziehung. Ein Bildbericht.* Gütersloh: Flöttmann.

Kirchner, G. (2000). *Childrens's games from around the world.* Boston: Allyn und Bacon.

Klaes, L., Rommel, A., Cosler, D., Zens, Y. C. K. (2000). *Bewegungsstatus von Kindern und Jugendlichen in Deutschland. Forschungsbericht im Auftrag des deutschen Sportbundes und des AOK Bundesverbandes*. Bonn: WIAD.

Kleine, W. (1999). Kinder unterwegs – Wegstrecken als Räume kindlicher Bewegungssozialisation. In: W. Kleine und N. Schulz (Hg.), *Modernisierte Kindheit – sportliche Kindheit?* St. Augustin: Academia, 105-133.

Klocke, A. (2001). Die Bedeutung von Armut. In: A. Klocke und K. Hurrelmann (Hg.), *Kinder und Jugendliche in Armut. Umfang, Auswirkungen und Konsequenzen*. Wiesbaden: Westdeutscher Verlag, 272-290.

Klocke, A., Hurrelmann, K. (2001). Einleitung: Kinder und Jugendliche in Armut. In: ebd. (Hg.), *Kinder und Jugendliche in Armut. Umfang, Auswirkungen und Konsequenzen*. Wiesbaden: Westdeutscher Verlag, 9-26.

Knapp, G-A. (2005). Achsen der Differenz. Was verbindet Frauen, was trennt sie? In: U. Vogel (Hg.), *Was ist weiblich – was ist männlich? Aktuelles zur Geschlechterforschung in den Sozialwissenschaften*. Bielefeld: Kleine, 113-134.

Knoll, M. (1997). Sport und körperliche Gesundheit – Ausgewählte Ergebnisse einer Meta-Analyse. In: H. Ilg (Hg.), *Gesundheitsförderung. Konzepte, Erfahrungen , Ergebnisse aus sportpsychologischer und sportpädagogischer Sicht*. Köln: bps, 91-99.

Knopp. K. (2007). *Risikowahrnehmung, Selbstkonzept und motorischer Status – Eine empirische Studie zu den Auswirkungen unterschiedlicher Trainingsbedingungen bei Kindern*. Dissertation Universität Bonn (in Vorbereitung).

Kommer, D. Röhrle, B. (1981). Handlungstheoretische Perspektiven primärer Prävention. In: W-R. Minsel und R. Scheller (Hg.), *Brennpunkte der klinischen Psychologie. Band 2: Prävention*. München: Kösel, 89-151.

Krais, B., Beaufays, S. (2005). Wissenschaftskultur und Geschlechterordnung. Verborgene Mechanismen der Macht. In: U. Vogel (Hg.), *Was ist weiblich – was ist männlich? Aktuelles zur Geschlechterforschung in den Sozialwissenschaften*. Bielefeld: Kleine, 135-151.

Krapp, A. (1997). Selbstkonzept und Leistung – Dynamik ihres Zusammenspiels. In: F. E. Weinert und A. Helmke (Hg.), *Entwicklung im Grundschulalter*. Weinheim: Psychologie Verlags Union, 323-341.

Krappman, L. (2000). Chancen und Risiken der Kinder im 21. Jahrhundert. In: A. Lange und W. Lauterbach (Hg.), *Kinder in Familie und Gesellschaft zu Beginn des 21. Jahrhunderts*. Stuttgart: Lucius und Lucius, 345-356.

Kraus, U. (1994). *Breitensport für Mädchen und Frauen - eine Chance für unsere Sportvereine? Bausteine der Breitensportentwicklung in NRW*. Düsseldorf: Ritterbach, 122-130.

Kreppner, K. (1998). Vorstellungen zur Entwicklung der Kinder. Zur Geschichte von Entwicklungstheorien in der Psychologie. In: H. Keller (Hg.), *Lehrbuch Entwicklungspsychlogie*. Bern: Huber, 122-146.

Kretschmer, J., Giewald, C. (2001). Veränderte Kindheit – veränderter Schulsport? *Sportunterricht 50*, 36-42.

Kroll, R. (2002). *Metzler Lexikon: Gender studies, Geschlechterforschung. Ansätze – Personen – Grundbegriffe*. Stuttgart: Metzler.

Krombholz, H. (1988). *Sportliche und kognitive Leistungen im Grundschulalter. Eine Längsschnittuntersuchung*. Frankfurt a. Main: Lang.

Krüger, M. (1999). Gymnastik, Turnen, Leibeserziehung und Sport – zur Institutionalisierung kindlicher Bewegung. In: W. Kleine und N. Schulz (Hg.), *Modernisierte Kindheit – sportliche Kindheit?* St. Augustin: Academia, 38-57.

Kunz, T. (1994). Spielerische Bewegungsförderung in Kindergärten und Grundschulen. *Praxis der Psychomotorik 19*, 214-224.

Kunze, D. (2003). Mit Sport und Bewegung Krankheiten vorbeugen. In: M. Scholz (Hg.), *Zukunftssicherung durch Bewegung und Spiel im Kindesalter*. Wiebelsheim: Limpert.

Kurth, B-M., Bergmann, K-E., Dippelhofer, A., Hölling, H., Kamtsiuris, P., Thefeld, W. (2002). Die Gesundheit von Kindern und Jugendlichen in Deutschland. *Bundesgesundheitsblatt 45*, 852-858.

Kurz, D. (1993). Kinder brauchen Bewegung. Überlegungen zur pädagogischen Verantwortung des Sportlehrers in hochindustriellen Gesellschaften. In: W. Schmidt (Hg.), *Selbst- und Welterfahrung in Spiel und Sport.* Ahrensburg: Czwalina, 60-72.

Kurz, D., Sack, H-G., Brinkhoff, K-P. (Hg.) (1996). *Kindheit, Jugend und Sport in NRW. Der Sportverein und seine Leistungen. Eine repräsentative Befragung der nordrheinwestfälischen Jugend.* Düsseldorf: Satz und Druck.

Kurz, D., Tietjens, M. (2000). Das Sports- und Vereinsengagement der Jugendlichen. *Sportwissenschaft 30*, 384-407.

Kurz, D. (2002). *Den Ball flach halten! Zur Bedeutung des Fußballspiels für Kinder und Jugendliche.* Vortrag für den Kongress „Bündnis für Fußball – Schule, Verein, Verband". http://www.uni-bielefeld.de/sport/arbeitsbereiche/ab-iv/personal/potsdam   2002.pdf. (10.01.2007).

Kückmann-Metschies, Müller-Heisrath (1998). Aufwachsen in der Familie. In: M. Horstkemper und P. Zimmermann (Hg.), *Zwischen Dramatisierung und Individualisierung. Geschlechtstypische Sozialisation im Kindesalter.* Opladen: Leske und Budrich, 47-67.

Lange, A. (2000). Aufwachsen in Zeiten der Unsicherheit. Kultur und Alltag im post-modernen Kinderleben. In: A. Lange und W. Lauterbach (Hg.), *Kinder in Familie und Gesellschaft zu Beginn des 21. Jahrhunderts.* Stuttgart: Lucius und Lucius, 209-240.

Largo, R. H. (2000). Kindliche Entwicklung und psychosoziale Umwelt. In: H. G. Schlack (Hg.), *Sozialpädiatrie.* München: Urban und Fischer, 7-25.

Laskowski, A. (2000). *Was den Menschen antreibt. Entstehung und Beeinflussung des Selbstkonzepts.* Frankfurt a. Main: Campus.

Lauterbach,W., Lange, A. (2000). Kinder, Kindheit und Kinderleben. Ein interdisziplinärer Orientierungsrahmen. In: A. Lange und W. Lauterbach (Hg.), *Kinder in Familie und Gesellschaft zu Beginn des 21. Jahrhunderts.* Stuttgart: Lucius und Lucius, 5-28.

Ledig, M. (1992). Vielfalt oder Einfalt- Das Aktivitätsspektrum von Kindern. In: Deutsches Jugendinstitut (Hg.), *Was tun Kinder am Nachmittag? Ergebnisse einer empirischen Studie zur mittleren Kindheit.* München: DJI.

Lehnung, M., Leplow, B. (2001). Die Entwicklung räumlicher Orientierungsleistungen bei Vorschul- und Schulkindern. Untersuchungen mit traditionellen Ansätzen und mit dem Kieler Laufraumlabyrinth. *Psychologie in Erziehung und Unterricht 48(246)*, 261.

Leu, H-R. (1990). Computer im Kinderzimmer. In: U. Preuss-Lausitz, T. Rülcker, H. Zeiher (Hg.), *Selbständigkeit für Kinder – die große Freiheit? Kindheit zwischen pädagogischen Zugeständnissen und gesellschaftlichen Zumutungen.* Weinheim und Basel: Beltz, 110-125.

Lewis, M. (1994). Myself and me. In: S. T. Parker, R. W. Mitchell und M. L. Boccia (Hg.), *Self-awareness in animals and humans: Developmental perspectives.* New York: Cambridge University Press, 20-34.

Lewis, M. (2000). The promise of dynamic systems approaches for an integrated account of human development. *Child development 71*, 36-43.

Lewis, M., Brooks-Gunn, J. (1979). Auf der Suche nach den Ursprüngen des Selbst. Implikationen für das Sozialverhalten und für pädagogische Interventionen. In: L. Montada (Hg.), *Brennpunkte der Entwicklungspsychologie.* Stuttgart: Kohlhammer, 157-172.

Leyendecker, B. (1989). Die ökologische Perspektive: Umweltpsychologie und ökologische Psychologie in der Kleinkindforschung. In: H. Kelle (Hg.), *Handbuch der Kleinkindforschung.* Berlin: Springer, 89-107.

Linville, P. W. (1987). Self-complexity as a cognitive buffer against stress-related illness and depression. *Journal of Personality and Social Psychology 52*, 663-676.

Lipka, L., Brinthaupt, T. M. (1993). *Self-perspectives across the life-span.* New York: Suny Press.

Lipski, J. (2000). Zur Verlässlichkeit der Angaben von Kindern bei standardisierten Befragungen. In: F. Heinzel (Hg.), *Methoden der Kindheitsforschung. Ein Überblick über Forschungszugänge zur kindlichen Perspektive.* Weinheim und München: Juventa.

Lüscher, K. (1975). Perspektiven einer Soziologie der Sozialisation – Die Entwicklung der Rolle des Kindes. Zeitschrift für Soziologie 4, 359-379.

Mahler, M. S., Pine, F., Bergmann, A. (1980). *Die psychische Geburt des Menschen.* Frankfurt a. Main: Fischer.

Maltz, D., Borker, R. (1982). A cultural approach to male-female miscommunication, In: J. Gumpertz (Hg.), *Language and social identity.* Cambridge: Cambridge University Press, 195-216.

Markus, H., Nurius, P. (1986). Possible selves. *American Psychologist 41,* 954-969.

Markus, H., Wurf, E. (1987). The dynamic self-concept: A social psychological perspective. *Annual Review of Psychology 38,* 299-377.

Marotzki, W., Nohl, A-M, Ortlepp, W. (2005). *Einführung in die Erziehungswissenschaft.* Wiesbaden: Verlag für Sozialwissenschaften.

Marsh, H. W.; Barnes, J., Cairns, L., Tidman, M. (1984). Self-Description questionnaire. Age and sex differences in the structure and level of self-concept for preadolescent children. *Journal of Educational Psychology 76 (5),* 940-956.

Martin, D. (1982). Leistungsentwicklung und Trainierbarkeit konditioneller und koordinativer Komponenten im Kindesalter. *Leistungssport 12,* 14-24.

Martin, D. (1991). Zum Belastungsproblem im Kinder- und Jugendtraining unter besonderer Berücksichtigung von Vielseitigkeit und Frühspezialisierung. *Leistungssport 5,* 5-8.

Mast, M., Körtzinger, I., Müller, M. J. (1998). Ernährungsverhalten und Ernährungszustand 5- 7 jähriger Kinder in Kiel. *Aktuelle Ernährungsmedizin 23,* 282-288.

Mause de, L. (1977). *Hört ihr die Kinder weinen. Eine psychogenetische Geschichte der Kindheit.* Frankfurt a. Main: Suhrkamp

Mayer, A. E. (1998). *Kinderwerbung – Werbekinder. Pädagogische Überlegungen zu Kindern als Zielgruppe und Stilmittel der Werbung.* München: KoPäd.

Mc Namee, S. (2000). Foucault´s heteropia and children´s everyday lives. *Childhood 7,* 479-492.

Mechling, H., Effenberg, A. O. (2006). Motorische Entwicklung. In: M. Tietjens und B. Strauß (Hg.), *Handbuch Sportpsychologie. Beiträge zur Lehre und Forschung in Sport.* Schorndorf: Hofmann, 80-94.

Meinel, K., Schnabel, G. (1998). *Bewegungslehre – Sportmotorik.* Berlin: Südwest Verlag.

Meltzoff, A. N., Moore, M. K. (1994). Imitation, memory and the representation of persons. *Infant Behaviour and Development 17,* 83-99.

Mensink, G. B. M. (1999). Körperliche Aktivität. *Gesundheitswesen 61 (Sonderheft 2),* 126-131.

Miller, P. (1993). *Theorien der Entwicklungspsychologie.* Heidelberg: Spektrum.

Montessori, M. (1967). *Kinder sind anders.* Stuttgart: Deutscher Taschenbuch Verlag.

Mrazek, J. (1987). Struktur und Entwicklung des Körperkonzepts im Jugendalter. *Zeitschrift für Entwicklungspsychologie und Pädagogische Psychologie 14,* 1-3.

Mrazek, J., Rittner, V. (1991). *Übungsleiter und Trainer im Sportverein.* Schorndorf: Hofmann.

Muchow, M. (1998). *Der Lebensraum des Großstadtkindes.* In: J. Zinnecker (Hg.).Weinheim und München: Juventa

Mummendey, H. D. (1983). Selbstkonzept. In: D. Frey und S. Greif (Hg.), *Sozialpsychologie. Ein Handbuch in Schlüsselbegriffen.* München: Urban und Schwarzenberg, 281-285.

Mummendey, H. D., Mielke, R. (1986). *Selbstkonzepte von Spitzensportlern – Eine Analyse ihrer Autobiographien.* Bielefeld: Universität Bielefeld.

Mummendey, H. D., Mielke, R. (1987). *Untersuchung zur Selbstdarstellung von Sportlern bei der Persönlichkeits- und Selbstkonzepterfassung.* Bielefeld: Universität Bielefeld.

Mummendey, H. D. (1995). *Psychologie der Selbstgestaltung.* Göttingen: Hogrefe.

Mummendey, H. D. (2002). *Zur Substantialisierung des „Selbst" – Wurzel und Erscheinungsformen.* Bielefeld: Universität Bielefeld.

Munzert, J. (2006). Wahrnehmung und Aufmerksamkeit. In: M. Tietjens und B. Strauß (Hg.), *Handbuch Sportpsychologie. Beiträge zur Lehre und Forschung in Sport.* Schorndorf: Hofmann, 36-43.

Müller-Dietiker, P. (1999). *Die Entwicklung von Persönlichkeitsmerkmalen bei Schülerinnen und Schülern der Sekundarstufe I. Eine explorative Studie über die Auswirkungen eines additiven und eines integrativen Oberstufenmodells auf die Selbstkonzept – und Persönlichkeitsentwicklung von Schülerinnen und Schülern.* Disseration Universität Zürich.

Nagel, M. (2003). *Soziale Ungleichheiten im Sport.* Aachen: Meyer und Meyer.

Nagel, M. (2005). Die geschlechtertypische Ordnung des Sports. Sport- und Vereinsengagements von Jungen und Mädchen in vergleichender Perspektive. In: U. Burrmann (Hg.), *Sport im Kontext von Freizeitengagements Jugendlicher. Aus dem Brandenburgischen Längsschnitt 1998-2002.* Köln: Sport und Buch Strauß, 295-347.

Napp-Peters, A. (1995). *Familien nach der Scheidung.* München: Kunstmann.

Neidhard, E., Schmitz, S. (2001). Entwicklung von Strategien und Kompetenzen in der räumlichen Orientierung und in der Raumkognition. Einflüsse von Geschlecht, Alter, Erfahrung und Motivation. *Psychologie in Erziehung und Unterricht 48*, 262-279.

Neubauer, W. F. (1976). *Selbstkonzept und Identität im Kindes- und Jugendalter.* München: Reinhard.

Neumann-Braun, K. (2001). Sozialer Wandel und die Kommerzialisierung der Kindheit. In: G. Scholz und A. Ruhl (Hg.), *Perspektiven auf Kindheit und Kinder.* Opladen: Leske und Budrich, 91-113.

Newcomb, T. M. (1959). *Sozialpsychologie.* Meisenheim: Hain.

Nissen, U. (1992). Raum und Zeit in der Nachmittagsgestaltung von Kindern. In: Deutsches Jugendinstitut (Hg.), *Was tun Kinder am Nachmittag? Ergebnisse einer empirischen Studie zur mittleren Kindheit.* München: DJI Verlag, 127-170.

Nissen, U. (1993). Modernisierungstendenzen im Kinderalltag. Sind Mädchen die „moderneren" Kinder? In: Deutsches Jugendinstitut (Hg.), *Was für Kinder. Aufwachsen in Deutschland. Ein Handbuch.* München: DJI, 241-246.

Nissen, U. (1998). *Kindheit, Geschlecht und Raum. Sozialisationstheoretische Zusammenhänge geschlechtsspezifischer Raumaneignung.* Weinheim und München: Juventa.

Oakley, A. (1993). Women and children first and last: Parallels and differences between children´s and women´s studies. In: J. Qvortrup (Hg.), *Childhood as a social Phenomenon: Lessons from an international project.* Wien: European centre for social welfare policy and research, 51-69.

Oechsle, M., Geissler, B. (1998). *Die ungleiche Gleichheit. Junge Frauen und der Wandel im Geschlechterverhältnis.* Opladen: Leske und Budrich.

Oelkers, J. (2001). *Einführung in die Theorie der Erziehung.* Weinheim: Beltz.

Oerter, R. (1980). *Moderne Entwicklungspsychologie.* Donauwörth: Auer.

Oerter, R. (1993). Kinderspiel. In: M. Markefka und B. Nauck (Hg.), *Handbuch der Kindheitsforschung.* Neuwied: Luchterhand, 377-389.

Oerter, R. (2002). Kultur, Ökologie und Entwicklung. In: R. Oerter und L. Montada (Hg.), *Entwicklungspsychologie.* Weinheim und Basel: Beltz, 72-104.

Oerter, R. (2002). Kindheit. In: R. Oerter und L. Montada (Hg.), *Entwicklungspsychologie.* Weinheim und Basel: Beltz, 209-257.

Oswald, H., Boll, W. (1992). Das Ende des Generationenkonflikts? ZumVerhältnis von Jugendlichen zu ihren Eltern. *Zeitschrift für Soziologie der Erziehung und Sozialisation 1*, 30-51.

Otto, B. (1912). *Der Lehrgang der Zukunftsschule. Formale Bildung ohne Fremdsprache.* Berlin: Verlag des Hauslehrers.

Otto, U. (1997). *Aufwachsen in Armut. Erfahrungswelten und soziale Lage von Kindern und armen Familien.* Opladen: Verlag für Sozialwissenschaften.

Parker, J. (1989). *Discourse and power.* London: Sage.

Paulus, P. (1986). Körpererfahrung und Selbsterfahrung in persönlichkeitspsychologischer Sicht. In: J. Bielefeld (Hg.), *Körpererfahrung. Grundlagen menschlichen Bewegungsverhaltens.* Göttingen: Hogrefe, 87-122.

Pauen, S. (2000). Wie werden Kinder Selbst-Bewusst? Frühkindliche Entwicklung von Vorstellungen über die eigene Person. In: A. Newen und K. Vogeley (Hg.), *Selbst und Gehirn.* Paderborn: Mentis, 291-312.

Pekrun, R. (1983). *Schulische Selbstkonzeptentwicklung. Theorieentwicklung und empirische Erhebungen zur Persönlichkeitsentwicklung von Schülern der 5. bis 10. Klassenstufe.* Frankfurt a. Main: Lang.

Pfister, G. (Hg.) (1980). *Frau und Sport.* Frankfurt a. Main: Fischer.

Piaget, J. (1977). *Die Psychologie des Kindes.* Frankfurt a. Main: Deutscher Taschenbuch Verlag.

Pilz, G. (1995). Performance sport: Education in fair play? *International Review for Sociology of Sport 30*, 391-418.

Pleck, J., Sawyer, J. (1974). *Men and masculinity.* Englewood Cliffs: Prentice Hall.

Podlich, C., Kleine, W. (2003). Straßenkids. Straßen aus der Sicht von Kindern. In: ebd. (Hg.), *Kinder auf der Straße. Bewegung zwischen Begeisterung und Bedrohung.* St. Augustin: Academia, 29-63.

Postmann, N. (2000). *Das Verschwinden der Kindheit.* Frankfurt a. Main: Fischer.

Prenner, K. (1989). Zum sozialen Wandel von Kindheit und Bewegungswelt. In: T. Irmischer und K. Fischer (Hg.), *Psychomotorik in der Entwicklung.* Schorndorf: Hofmann, 39-53.

Prohl, R. (1999). Grundriss der Sportpädagogik. Wiebelsheim: Limpert.

Prout, A. (2003). Kinder-Körper. Konstruktion, Agency und Hybridität. In: H. Hengst und H. Kelle (Hg.), *Kinder, Körper, Identitäten.* Weinheim und München: Juventa, 33-50.

Quaiser-Pohl, C. (2001). Zum Einfluss des Wohnviertels auf die Raumvorstellungen und die kognitiven Landkarten von 7-12jährigen. *Psychologie in Erziehung und Unterricht 48(4),* 280-279.

Raab, M., Plessner, H. (2006). Urteilen, Entscheiden und Problemlösen. In: M. Tietjens und B. Strauß (Hg.), *Handbuch Sportpsychologie. Beiträge zur Lehre und Forschung im Sport.* Schorndorf: Hofmann, 71-78.

Rauh, H. (2002). Vorgeburtliche Entwicklung und frühe Kindheit. In: R. Oerter und L. Montada (Hg.), *Entwicklungspsychologie.* Weinheim und Basel: Beltz, 131-208.

Rauschenbach, B. (1990). Hänschen klein ging allein…Wege in die Selbständigkeit. In: U. Preuss-Lausitz, T. Rülcker, H. Zeiher (Hg.), *Selbständigkeit für Kinder – die große Freiheit? Kindheit zwischen pädagogischen Zugeständnissen und gesellschaftlichen Zumutungen.* Weinheim und Basel: Beltz, 161-177.

Rebel, M. (1999). Kräfte im Gleichgewicht – „Zirkus" in der Rückenschule. In: Deutsche Turnerjugend (Hg.), *Kinder in Bewegung. Vom Kinderturnen zum Sport mit Jugendlichen. Kongressbericht zum Kongress von Göttingen 1997.* Aachen: Meyer und Meyer, 187-291.

Reigber, D. (1993). *Frauen-Welten.* Düsseldorf: Econ.

Reinders, (2006). Kausalanalysen in der Längsschnittforschung. Das Cross-Lagged-Panel Design. *Diskurs Kindheits- und Jugendforschung 4*, 569-587.

Rendtorff, B. (2006). *Erziehung und Geschlecht. Eine Einführung.* Stuttgart: Kohlhammer.

Rethorst, S. (2006). Angst. In: M. Tietjens und B. Strauß (Hg.), *Handbuch Sportpsychologie. Beiträge zur Lehre und Forschung in Sport.* Schorndorf: Hofmann, 146-155.

Richardson, K. (1998). *Models of cognitive development.* East Sussex: Psychology Press Ltd..

Rieder, H. (1971). *Sport als Therapie. Psychomotorische und soziomotorische Untersuchungen an verhaltensgestörten Kindern.* Berlin: Bartels und Wernitz.

Rittner, V., Breuer, C. (2000). *Soziale Bedeutung und Gemeinwohlorientierung des Sports.* Köln: Sport und Buch Strauß.

Roberts, B.W., DelVeccio, W. F. (2000). The rank order consistency of personality traits from childhood to old age: A quantitative review of longitudinal studies. *Psychological Bulletin 126*, 3-25.

Rogers, C. R. (1976). *Die klientenzentrierte Gesprächstherapie.* München: Frankfurt: Fischer.

Rohrmann, T. (1994). *Junge, Junge-Mann, O Mann. Die Entwicklung zur Männlichkeit.* Reinbek: Rowohlt.

Rolff, H-G. (1983). Massenkonsum, Massenmedien und Massenkultur. Über den Wandel kindlicher Aneignungsweisen. In: U. Preuss-Lausitz (Hg.), *Kriegskinder, Konsumkinder, Krisenkinder.* Weinheim: Beltz, 153-167.

Rolff, H-G. (1990). Kindheit heute – Leben aus zweiter Hand. Herausforderungen für die Grundschule. In: G. Faust-Siehl; R. Schmitt und R. Valentin (Hg.), *Kinder heute – Herausforderungen für die Grundschule. Dokumentation des Bundesgrundschulkongresses 1989 in Frankfurt.* Frankfurt a. Main: Arbeitskreis Grundschule, 61-137.

Rolff, H-G., Zimmermann, P. (2001). *Kindheit im Wandel. Eine Einführung in die Sozialisation im Kindesalter.* Weinheim und Basel: Beltz.

Roth, K., Willimczik, K. (1999). *Bewegungswissenschaft.* Ahrensburg: rororo.

Roth, K. (2002). Geschlechtsunterschiede im Körperbild Jugendlicher und deren Bedeutung für das Selbstwertgefühl. *Praxis der Kinderpsychologie und Kinderpsychiatrie 51(3)*, 150-164.

Rousseau, J-J. (1998). *Emile oder über die Erziehung.* Stuttgart: UTB.

Röhner, C. (2003). *Kinder zwischen Selbstsozialisation und Pädagogik.* Opladen: Leske und Budrich.

Röhr-Sendlmeier, U. M. (1988). *Pubertät.* Bonn: Bouvier.

Röhr-Sendlmeier, U. M. (2006). Erfolgreich lernen: Schulische und familiäre Faktoren. In: E. Mittag, E. Sticker und K. Kuhlmann (Hg.), *Leistung – Lust und Last. Impulse für eine Schule zwischen Aufbruch und Widerstand. Kongressbericht der 17. Bundeskonferenz für Schulpsychologie 2006 in Köln.* Bonn: Deutscher Psychologen Verlag, 39-47.

Röhr-Sendlmeier, U. M. (2007) (Hg.). *Frühförderung auf dem Prüfstand. Die Wirksamkeit von Lernangeboten in Familie, Kindergarten und Schule.* Berlin: Logos.

Röhr-Sendlmeier, U. M., Greubel, S. (2004). Die Alltagssituation von Kindern in Stieffamilien und Kernfamilien im Vergleich. *Zeitschrift für Familienforschung 16(1)*, 56-71.

Röhr-Sendlmeier, U. M., Götze, I., Stichel, R. (2007). Fernseher, Computer und Videokonsole: die Bedeutung der Medienerziehung. In: U. M. Röhr-Sendlmeier (Hg.), *Frühförderung auf dem Prüfstand. Die Wirksamkeit von Lernangeboten in Familie, Kindergarten und Schule.* Berlin: Logos, 35-58.

Röhr-Sendlmeier, U. M., Knopp, K. (2007). Entwicklungsförderung durch Fußballtraining: eine Follow-up-Studie zu Trainingsbedingungen, sportlichen Leistungen und Selbstkonzept im Kindesalter. In: U. Baumann und D. Dahlmann (Hg.), *Faszination Fußball.* Bonn: Bonn University Press Vandhoeck und Rupprecht (im Druck).

Röhr-Sendlmeier, U. M., Knopp, K., Franken, S. (2007). Die psychologische Bedeutung motorischer Anregungen für die Entwicklung im Kindesalter. Kindheit, Jugend und Gesellschaft 52, 77-82.

Röthlisberger, C., Calmonte, R., Seiler, R. (1997). Sport, Stress und emotionaler Rückhalt als Determinanten von Gesundheit und Lebenszufriedenheit bei Adoleszenten. Eine zweijährige Longitudinalstudie. *Psychologie und Sport 4*, 92-101.

Ruble, D. N., Dweck, C. (1995). Self-conception, person conception and their development. In: N. Eisenberg (Hg.), *Review of personality and social psychology. Development and Social Psychology: The interface 15*, 109-139.

Rusch, H. (1998). *Suchen nach Identität. Kinder zwischen 8 und 12.* Hohengeren: Schneider.

Rusch, H., Irrgang, W. (2001). *Handreichung für den Münchener Fitnesstest. Materialmappe zur Gemeinschaftsaktion „Fit sein macht Schule ".* Frankfurt: Westdeutscher Verlag.

Rusch, H., Thiemann, F. (2003). Die Wiederbelebung der Straße. Eine ethnographische Studie über neue Formen kindlicher Selbstorganisation. In: C. Podlich und W. Kleine (Hg.), *Kinder auf der Straße. Bewegung zwischen Begeisterung und Bedrohung.* St. Augustin: Academia, 7-28

Rückriem, G. (1996). Kinder als Systomträger? Was wir von der Pädologie heute lernen können. In: J. Werner (Hg.), *Kindheit heute. Differenzen und Gemeinsamkeiten.* Bad Heilbrunn: Klinkhardt, 9-41.

Rüssel, A. (1965). *Das Kinderspiel.* München: Beck.

Sack, H-G. (1980). *Die Fluktuation Jugendlicher im Sportverein.* Marburg: Philipps Universität

Sack, H-G. (1984). Die These von der „besonderen Persönlichkeit des Forschers". *Sportwissenschaft 14,* 82-86.

Sack, H-G. (1989). Zum Verhältnis jugendkultureller Lebensstile im Sportengagement. In: W-D. Brettschneider, J. Baur und M. Bräutigam (Hg.), *Bewegungswelt von Kindern und Jugendlichen. Bericht über den 8. sportwissenschaftlichen Hochschultag der deutschen Vereinigung für Sportwissenschaft.* Schorndorf: Hofmann, 188-205.

Sader, M. (1996). *Psychologie der Persönlichkeit.* München: Juventa

Sander, M., Vollbrecht, R. (1993). Kinderkultur in individualisierten Gesellschaften. In: Zentrum für Kindheits- und Jugendforschung (Hg.), *Wandlungen der Kindheit. Theoretische Überlegungen zum Strukturwandel der Kindheit heute.* Opladen: Leske und Budrich, 94-114.

Scherler, K. (1975). *Sensomotorische und materiale Erfahrung.* Schorndorf: Hofmann.

Scherler, K. (1976). Bewegung und Erfahrung. In: E. Hahn und W. Preising (Hg.), *Die menschliche Bewegung.* Schorndorf: Hofmann, 93-103.

Scheuerl, H. (1965). *Das Spiel.* Weinheim: Beltz.

Schildmacher, A. (1989). Trends und Moden im Sport. *DVS-Informationen 13(2),* 14-19.

Schilling, F. (1973) *Motodiagnostik im Kindesalter.* Berlin: Marhold.

Schilling, F. (1990). Das Konzept der Psychomotorik – Entwicklung, wissenschaftliche Analysen, Perspektiven. In: G. Huber, H. Rieder und G. Neuhäuser (Hg.), *Psychomotorik in Therapie und Pädagogik.* Dortmund: Modernes Lernen, 57-77.

Schlack, H. G. (2004). Lebenswelten – Einfluss sozialer Faktoren auf Gesundheit und Entwicklung. In: ebd. (Hg.), *Sozialpädiatrie.* München: Urban und Fischer, 89-103.

Schlemmer, E. (2000). Pädagogischer Familienalltag in Schule. In: A. Herlth, A. Engelbert, J. Mansel und C. Palentien (Hg.), *Spannungsfeld Familienkindheit. Neue Anforderungen, Risiken und Chancen.* Opladen: Leske und Budrich, 78-91.

Schlumbohm, J. (1983). *Kinderstuben. Wie Kinder zu Bauern, Bürgern und Aristokraten wurden, 1700 bis 1850.* München: Deutscher Taschenbuch Verlag.

Schmidt-Denter, U., Zierau, R. (1994). Soziale Entwicklung im Kindes- und Jugendalter. In: U. Pühse (Hg.), *Soziales Handeln im Sport und Sportunterricht.* Schorndorf: Hofmann, 45-58.

Schmidt, W. (1993). Kindheit und Sportspielzugang im Wandel: Konsequenzen für die Sportspielausbildung. In: ebd. (Hg.), *Vermittlungs- und Trainingskonzepte im Wandel.* St. Augustin: Academia, 7-35.

Schmidt, W. (1993).Kindheit und Sportzugang im Wandel. Konsequenzen für die Bewegungserziehung? *Sportunterricht 42,* 24-32.

Schmidt, W. (2002). *Sportpädagogik des Kindesalters.* Hamburg: Czwalina.

Schmidt, W., Hartmann-Tews, I., Brettschneider, W-D. (2003). Der deutsche Kinder- und Jugendsportbericht: Anlass, Ziele und Hoffnungen. In: ebd. (Hg.), *Erster deutscher Kinder- und Jugendsportbericht.* Schorndorf: Hofmann, 13-17.

Schmidt, W. (2003a). Kindheiten, Kinder und Entwicklung: Modernisierungstrends, Chancen und Risiken. In: W. Schmidt, I. Hartmann-Tews, W-D. Brettschneider (Hg.), *Erster deutscher Kinder- und Jugendsportbericht.* Schorndorf: Hofmann, 19-42.

Schmidt, W. (2003b). Kindersport im Wandel der Zeit. In: W. Schmidt, I. Hartmann-Tews, W-D. Brettschneider (Hg.), *Erster deutscher Kinder- und Jugendsportbericht.* Schorndorf: Hofmann, 109-126.

Schmitz, A., Schlicht, W. (2001). Gestaltung des städtischen Wohnumfeldes – Ein Thema für die Pädagogik? *Diskurs 1,* 58-63.

Schneidinger, H. (1990). Konstruktion kleinfamiliärer Krisen. In. C. Stromberger (Hg.), *Lebenskrisen. Abschied von Mythos der Sicherheit.* Wien: Verlag für Gesellschaftskritik, 89-109.

Scholz, U. (2005). *Entwicklungspotentiale einer kindgerechten Bewegungserziehung. Analyse und Möglichkeiten der Konzeption Kindersportschule.* Hamburg: Dr. Kovac.

Schulze, G. (1992). *Die Erlebnisgesellschaft. Kultursoziologie der Gegenwart.* Frankfurt a. Main: Campus.

Schütte, M. (1993). *Sporttreiben selbstbewusst und sinnvoll gestalten. Sinngefüge und Selbstkonzepte in der sportlichen Bewegungskultur.* Münster: LIT.

Schütz, A. (2000). Das Selbstwertgefühl als soziales Konstrukt. Befunde und Wege der Erfassung. In: W. Greve (Hg.). *Psychologie des Selbst.* Weinheim: Psychologie Verlags Union, 189-207.

Schütze, Y. (1993). Zum tendenziellen Fall eines Deutungsmusters. *Zeitschrift für Pädagogik 4,* 551-562.

Schwier, J. (2003). *Sport und Individualisierung.* http://www.uni-giessen.deg51039/VorlesungX.htm (07.05.2006).

Shavelson, R. J., Bolus, R. (1982). Self-concept. The interplay of Theory and Methods. *Journal of Educational Psychology 74(1),* 3-17.

Shavelson, R. J., Hubner, J. J., Stanton, J. C. (1976). Self-concept. Validation of construct interpretations. *Review of educational research 46,* 407-441.

Sherif, M., Cantril, H. (1947). *The psychology of ego-involvement.* New York: Wiley.

Shields, D.L., Bredemeier, B.J. (1995). *Character in action: Moral development and physical activity.* Champaign: Human Kinetics.

Siegler, R., DeLoache, J., Eisenberg, N. (2005). *Entwicklungspsychologie im Kindes- und Jugendalter.* München: Spektrum.

Sielert, U. (1999). Halt suchen auf schwankenden Boden. Männliche Sozialisation und Konsequenzen für die geschlechterbezogene Jugendbildung. In: H. Scarbath, H. Schlottau, V. Straub und K. Waldmann (Hg.), *Geschlechter. Zur Kritik und Neubestimmung geschlechtsbezogener Sozialisation und Bildung.* Opladen: Leske und Budrich, 63-76.

Simons, H. (1984). Sport und Persönlichkeit – nichts Genaues weiß man. *Sportwissenschaft 14,* 86-92.

Simons, J. (2000). Psychomotorik in der Therapie von Kindern und Jugendlichen. *Motorik 23(2),* 72-76.

Sing, D. (2000). Sozialstaat und Kinderarmut. In: J. Kamensky, J. Heusohn, U. Klemm, (Hg.), *Kindheit und Armut in Deutschland. Beiträge zu Analyse, Prävention und Intervention.* Ulm: Klemm und Oelschläger, 56-75.

Singer, R., Haase, H. (1975). Sport und Persönlichkeit. *Sportwissenschaft 5,* 25-38.

Singer, R. (2000). Sport und Persönlichkeit. In: H. Gabler, J. R. Nitsch und R. Singer (Hg.). *Einführung in die Sportpsychologie. Teil 1. Grundthemen.* Schorndorf: Hofmann, 289-336.

Singer, W. (2002). *Der Beobachter im Gehirn. Essays zur Hirnforschung.* Frankfurt a. Main: Suhrkamp.

Singer, W. (2003). *Ein neues Menschenbild? Gespräche über Hirnforschung.* Frankfurt a. Main: Suhrkamp.

Smith, L. B., Thelen, E. (2003). Development as a dynamic system. *Trends in Cognitive Sciences 7(8)*, 343-348.

Sonstroem, R. J. (1997). The physical Self-System: A mediator of exercise and self-esteem. In: K. R. Fox (Hg.), *The Physical self. From motivation to well-being.* Champaign: Human Kinetics, 3-26.

Söll, W. (2000). Das Sportartenkonzept in Vergangenheit und Gegenwart. *Sportunterricht 49(1)*, 4-8.

Späth, U., Schlicht, W. (2000). Sportliche Aktivität und Selbst- und Körperkonzept in der Phase der Pubeszenz. *Psychologie und Sport 7*, 51-66.

Spiel, C. (1994). Selbstkonzept und Sport. In: O. Weiß (Hg.), *Sport, Gesundheit, Gesundheitskultur.* Wien: Böhlau, 150-161.

Sportjugend NRW e.V. (2006). *Mitgliederzahlen in NRW vom Jahr 2005.* Schriftliche Auskunft.

Stecklina, G. (2004). Männliche Geschlechtsidentität und Männerbewegung. In: H. Mogge-Grotjahn (Hg.), *Gender, sex and gender-studies – Eine Einführung.* Freiburg: Lambertus, 163-176.

Stehr, N. (1994). *Arbeit, Eigentum und Wissen. Zur Theorie der Informationsgesellschaften.* Frankfurt: Suhrkamp.

Stelter, R. (1996). *Du bist wie dein Sport. Studien zur Entwicklung von Selbstkonzept und Identität.* Schorndorf: Hofmann.

Stelter, R. (1999). Der Einfluss des Sportes auf das Selbstkonzept von Kindern. *Sportunterricht 48*, 243-249.

Steptoe, A., Butler, N. (1996). Sports participation and emotional wellbeing in adolescents. *Lancet 374*, 1789-1792.

Stern, D. (1992). *Die Lebenserfahrung des Säuglings.* Stuttgart: Klett-Cotta.

Stipek, D. J., Recchia, S., McClintic, S. (1996). Self-evaluation in young children. *Monographs of the Society of Research in Child Development 57 (1)*, 84.

Stone, J., Church, J. (1979). *Kindheit und Jugend. Einführung in die Entwicklungspsychologie Band 2.* Weinheim: Beltz.

Strehmel, P. (2005). Weniger gefördert? Elterliche Arbeitslosigkeit als Entwicklungskontext der Kinder. In: C. H. Alt (Hg.), *Kinderleben- Aufwachsen zwischen Familie, Freunden und Institutionen. Band 1, Aufwachsen in Familien.* Wiesbaden: Verlag für Sozialwissenschaften, 217-238.

Strzoda, C., Zinnecker, J. (1998). Interessen, Hobbys und deren institutioneller Kontext. In: J. Zinnecker und R. K. Silbereisen (Hg.), *Kindheit in Deutschland. Aktueller Survey über Kinder und ihre Eltern.* Weinheim: Juventa, 41-79.

Sygusch, R., Brehm, W., Ungerer-Röhrich, U. (2003). Gesundheit und körperliche Aktivität bei Kindern und Jugendlichen. In: W. Schmidt, I. Hartmann-Tews, W-D. Brettschneider (Hg.), *Erster deutscher Kinder- und Jugendsportbericht.* Schorndorf: Hofmann, 63-84.

Tausch, R., Tausch, A-M. (1977). *Erziehungspsychologie.* Göttingen: Hogrefe.

te Poel, Y., du Bois-Reymond, M., Zeijl, E. (2000). Wie sehen Eltern die Freizeit ihrer Kinder? In: A. Herlth, A. Engelbert, J. Mansel und C. Palentien (Hg.), *Spannungsfeld Familienkindheit. Neue Anforderungen, Risiken und Chancen.* Opladen: Leske und Budrich, 218-232.

Telschow, S. (2000). *Informelle Sportengagements Jugendlicher.* Köln: Sport und Buch Strauß.

Textor, M. R. (1994). Veränderte Kindheit – gefährdete Kindheit. *Grundschulmagazin 6*, 4-6.

Thelen, E., Smith, L. B. (1994). *A dynamic system approach to the development of cognition and action.* Cambridge: MIT Press.

Thelen, E., Smith, L. B. (1998). Dynamic system theories. In: R. M. Lerner (Hg.), *Handbook of child psychology. Vol. 1, Theoretical models of human development.* New York: Wiley, 563-634.

Thomae, H. (1968). *Das Individuum und seine Welt. Eine Persönlichkeitstheorie.* Göttingen: Hogrefe.

Thomas, J. R., Thomas, K. T. (1986). The relation of movement and cognitive function. In: V. Seefeld (Hg.), *Physical activity and well being.* Reston: Amer Alliance for Health Physical.

Tietjens, M. (2001). *Sportliches Engagement und sozialer Rückhalt im Jugendalter. Eine repräsentative Surveystudie in Brandenburg und Nordrhein – Westfalen.* Lengerich: Pabst.

Trembley, M. S., Inman, J. W., Willms, J. D. (2000). The relationship between physical activity, self-esteem and academic achievement in 12-year-old children. *Pediatric Exercise Science 12,* 312-323.

Tuchscherer, K. (2004). *Psychomotorische Entwicklung bei BallettschülerInnen im Vergleich zu nicht Ballett tanzenden Kindern im Vorschulalter.* Unveröff. Diplomarbeit Universität Bonn.

Ulich, D., Mayring, P. (1992). *Psychologie der Emotionen.* Stuttgart: Kohlhammer.

van Aken, M. A. G., Asendorpf, J. B. (1999). A person-centered approach to development. The temporal consistency of personality and self concept. In: F. E. Weinert (Hg.). *Individual development from 3 to 12: Findings from the Munich Longitudinal Study.* Cambridge: Cambridge University Press, 301-319.

Vogel, U. (2005). Einleitung. In: U. Vogel (Hg.), *Was ist weiblich – was ist männlich? Aktuelles zur Geschlechterforschung in den Sozialwissenschaften.* Bielefeld: Kleine, 9-31.

von der Leyen, U. (2005). *Rede der Bundesministerin für Familie, Senioren, Frauen und Jugend am 1. Dezember 2005 vor dem deutschen Bundstag.* http://www.bmfsfj.de

Wahl, K. (1999). Familienbilder und Familienrealität. In: K. Lenz und L. Böhnisch (Hg.), *Familien. Eine interdisziplinäre Einführung.* Weinheim und München: Juventa, 99-112.

Walper, S. (1995). Kinder und Jugendliche in Armut. In: K. J. Bieback und H. Milz (Hg.), *Neue Armut.* Frankfurt a. Main: Campus, 181-219.

Weber-Kellermann, I. (1979). *Die Kindheit. Kleidung und Wohnen, Arbeit und Spiel. Eine Kulturgeschichte.* Frankfurt a. Main: Insel.

Weber-Kellermann, I. (1981). *Die deutsche Familie. Versuch einer Sozialgeschichte.* Frankfurt a. Main: Suhrkamp.

Weber-Kellermann, I., Falkenberg, R. (1992). *Was wir gespielt haben. Erinnerungen an die Kinderzeit.* Frankfurt a. Main: Insel.

Weiss, M. R., McCullagh, P., Smith, A. L., Berlant, A. R. (1998). Observational learning and the fearful child: Influence of peer models on swimming skill performances and psychological responses. *Research Quarterly for Exercise and Sport 69,* 380-394.

Weiß, O., Ullmann, J. (2006). *Motopädagogik.* Wien: Facultas.

Wetterer, A. (2004). Konstruktion von Geschlecht. Reproduktionsweisen der Zweigeschlechtlichkeit. In: R. Becker, B. Kortendiek (Hg.), *Handbuch Frauen- und Geschlechterforschung.* Wiesbaden: Verlag für Sozialwissenschaften, 122-131.

WHO (2002). *The european health report 2002. Reducing risks, promoting healhy life.* Genf: WHO.

Wilk, L., Bacher, J. (1994). *Kindliche Lebenswelten. Eine sozialwissenschaftliche Annäherung.* Opladen: Leske und Budrich.

Wilk, L. (2000). Veränderte Familienformen – postmoderne kindliche Lebenswelten? In: A. Herlth, A. Engelbert, J. Mansel und C. Palentien (Hg.), *Spannungsfeld Familienkindheit. Neue Anforderungen , Risiken und Chancen.* Opladen: Leske und Budrich, 23-46.

Wilke, E. (1981). Körper-Bewegung-Psyche. *Motorik 4(2),* 40-49.

Williams, H. G. (1986). The development of sensory-motor function in young children. In: V. Seefeldt (Hg.), *Physical activity and well being. Reston: American Alliance for Health, Physical Education, Recreation and Dance,* 104-122.

Wolf, M. (2005). „Komm spiel mit mir!" Die Bedeutung des Spiels in der kindlichen Entwicklung von 0 - 6 Jahren. In: A. Hüter-Becker und M. Dölken (Hg.), *Physiotherapie in der Pädiatrie*. Stuttgart: Thieme, 33.

Wolff, U. (2000). Die kindliche Entwicklung. In: R. Naschwitz-Moritz (Hg.), *Die psychomotorische Idee. Grundlagen und Praxisanregungen*. Aachen: Meyer und Meyer, 25-44.

Wopp, C. (1999). Lebenswelt, Jugendkulturen und Sport in der Schule. In: W. Günzel und R. Laging (Hg.), *Neues Taschenbuch des Sportunterrichts, Band 1*. Baltmansweiler: Schneider, 342-359.

Wygotski, L. (1987). *Ausgewählte Schriften. Band 2, Arbeiten zur psychischen Entwicklung der Persönlichkeit*. Berlin: Volk und Wissen.

Zaichkowsky, L. D., Zaichkowsky, L. B., Martinek, T. J. (1980). *Growth and development. The child and physical activity*. St. Louis: Mosby Company.

Zeiher, H. J., Zeiher, H. (1998). *Orte und Zeiten der Kinder. Soziales Leben im Alltag von Großstadtkindern*. Weinheim und München: Juventa.

Zeiher, H. (1983). Die vielen Räume der Kinder. In: U. Preuss-Lausitz (Hg.), *Kriegskinder, Konsumkinder, Krisenkinder*. Weinheim und Basel: Beltz, 176-195.

Zeiher, H. (1993). Zeitmanagement und spontanes Spiel. Wer plant den Kinderalltag? In: Deutsches Jugendinstitut (Hg.), *Was für Kinder. Aufwachsen in Deutschland. Ein Handbuch*. München: DJI, 234-240.

Zeiher, H. (2005). Der Machtgewinn der Arbeitswelt über die Zeit der Kinder. In: H. Hengst und H. Zeiher (Hg.), *Kindheit soziologisch*. Wiesbaden: Verlag für Sozialwissenschaften, 201-226.

Zimmer, R. (1981). *Motorik und Persönlichkeitsentwicklung bei Kindern im Vorschulalter. Eine empirische Studie zur Bedeutung der Bewegung für die kindliche Entwicklung*. Schorndorf: Hofmann.

Zimmer, R. (1994). *Handbuch der Bewegungserziehung*. Freiburg im Breisgau: Herder.

Zimmer, R. (1998). *Handbuch für Kinder- und Jugendarbeit im Sport*. Aachen: Meyer und Meyer.

Zimmer, R. (2001). Identität und Selbstkonzept – Zur Bedeutung von Bewegungserfahrungen für die Persönlichkeitsentwicklung. In: R. Zimmer und I. Hunger (Hg.), *Kindheit in Bewegung*. Schorndorf: Hofmann, 13-23.

Zimmermann, P. (2003). *Grundwissen Sozialisation. Einführung zur Sozialisation im Kindes- und Jugendalter*. Opladen: Leske und Budrich.

Zinnecker, J. (1989). Jugend, Körper und Sport im Zivilisationsprozess. In: W-D. Brettschneider, J. Baur und M. Bräutigam (Hg.), *Bewegungswelt von Kindern und Jugendlichen. Bericht über den 8. sportwissenschaftlichen Hochschultag der deutschen Vereinigung für Sportwissenschaft*. Schorndorf: Hofmann, 296-310.

Zinnecker, J. (1990a). Sportives Kind und jugendliches Körperkapital. *Neue Sammlung 30(4)*, 645-653.

Zinnecker, J. (1990b). Vom Straßenkind zum verhäuslichten Kind. Kindheitsgeschichte im Prozess der Zivilisation. In: I. Behnken, M. du Bois-Reymond und J. Zinnecker (Hg.), *Stadtgeschichte als Kindheitsgeschichte. Lebensräume von Großstadtkindern in Deutschland und Holland um 1900*. Opladen: Leske und Budrich, 142-162.

Zinnecker, J. (2000). Selbstsozialisation – En Essay über ein aktuelles Konzept. *Zeitschrift für Soziologie der Erziehung und der Sozialisation 3*, 272-290.

Teil III: Anhang

Kinderfreizeitbogen

1. **Name:**

2. **In welche Klasse gehst Du?**

3. **Hast Du Geschwister?**

4. **Wo wohnst Du?** Kreise bitte Deine Antwort ein.

1	bei beiden Eltern	3	mit meinem Vater
2	mit meiner Mutter	4	

5. **Beschreibe bitte Dein Zuhause:** Kreise bitte Deine Antwort wieder ein.

1	Haus mit Wiese	3	Haus ohne Wiese
2	Wohnung mit Wiese	4	Wohnung ohne Wiese

6. **Spielst Du ein Instrument? Wenn ja, welches?**

7. **Bist Du zurzeit in einem Sportverein? Wenn ja, in welchem?**

8. **Wann bist Du in den Verein eingetreten?** Kreise bitte Deine Antwort wieder ein

1	erst vor kurzem	3	vor ca. 2 Jahren
2	vor ca. einem Jahr	4	vor mehr als 2 Jahren
5	Ich bin in keinem Verein		

9. **Wer hat dazu beigetragen, dass Du in einen Verein gehst?**
Du kannst auch mehrere Personen einkreisen.

1	meine Eltern	4	meine Lehrer / ein Lehrer
2	meine Geschwister	5	war mein Wunsch
3	meine Freunde	6	Sonstiges:
7	Ich bin in keinem Verein		

10. **Wenn Du in keinem Verein bist, würdest Du gern in einen gehen?**
Kreise bitte Deine Antwort wieder ein

    1   ja, ich würde gerne in einen Sportverein gehen
    2   ja, ich würde gerne in einen Musik / Freizeitverein gehen
    3   nein, ich möchte in keinen Verein gehen
    4   ich bin in einem Verein

11. **Warum bist Du in keinem Verein?**
Du kannst auch mehrere Antworten einkreisen.

1	Ich habe keine Lust	4	Vereine sind zu teuer
2	keiner meiner Freunde ist im Verein	5	Meine Eltern erlauben es nicht
3	Ich bin lieber für mich	6	Es gibt keinen Verein in meiner Nähe
7	Ich bin in einem Verein		

12. Treibst Du mit Deinen Familienangehörigen zusammen Sport?
Kreise bitte in jeder Zeile die betreffende Zahl ein.

	nie	selten	manchmal	öfter	häufig
mit dem Vater	1	2	3	4	5
mit der Mutter	1	2	3	4	5
mit Vater und Mutter	1	2	3	4	5
mit meinen Geschwistern	1	2	3	4	5
mit der ganzen Familie	1	2	3	4	5

13. Was machst Du mit der Familie zusammen?
Kreise bitte wieder in jeder Zeile die betreffende Zahl ein!

	nie	selten	manchmal	öfter	häufig
Einkäufe erledigen	1	2	3	4	5
sportliche Dinge	1	2	3	4	5
Ausflüge in die Natur	1	2	3	4	5
Essen gehen	1	2	3	4	5
Theater/ Kinobesuche	1	2	3	4	5
gemeinsam fernsehen	1	2	3	4	5
gemeinsame Spiele	1	2	3	4	5
Sonstiges:	1	2	3	4	5

14. Triffst Du Dich mit Deinen Freunden nach der Schule um gemeinsam etwas zu machen? Bitte kreise Deine Antwort ein!

nie	selten	manchmal	öfter	häufig

Was macht ihr?

1	sportliche Sachen	4	Hausaufgaben
2	Spiele im Haus (Computer, Lego etc)	5	fernsehen
3	Bewegungsspiele (fangen.....)	6	

15. Bewerte bitte folgende Aussagen: Stimmst Du zu oder eher nicht zu?
Kreise bitte die entsprechende Zahl ein:

		Stimme gar nicht zu				Stimme voll zu
1	Meine Eltern fordern mich auf Sport zu machen.	1	2	3	4	5
2	Meine Eltern sind immer für mich da.	1	2	3	4	5
3	In unserer Familie wird viel gemeinsam gemacht.	1	2	3	4	5
4	Meine Eltern wissen, was ich in meiner Freizeit mache.	1	2	3	4	5
5	Meine Eltern merken sofort, wenn etwas nicht stimmt.	1	2	3	4	5

6	Meine Eltern helfen mir bei den Hausaufgaben.	1	2	3	4	5
7	Wir essen meistens immer alle gemeinsam zu Abend.	1	2	3	4	5
8	Ich fühle mich in meiner Familie wohl.	1	2	3	4	5

16. Gehe bitte die vorliegende Liste durch und nenne die fünf Dinge, die Du in Deiner Freizeit am häufigsten tust: Bitte erst ganz durchlesen, dann fünf ankreuzen!!

1	handarbeiten, basteln, malen	8	Sporttreiben im Verein
2	lernen	9	draußen toben
3	lesen	10	im Haushalt helfen
4	faulenzen, träumen	11	Treffen mit anderen im Kindertreff
5	mich mit Freunden treffen	12	Dinge sammeln
6	Musik / Hörspiele hören	13	mit Eltern etwas unternehmen
7	fernsehen	14	Musik machen
15	Sonstiges:		

17. Schaue Dir nun folgende Liste an und kreise 2 Dinge an, die Dir in Deiner Freizeit am wichtigsten sind.

1	handarbeiten, basteln, malen	8	Sporttreiben im Verein
2	lernen	9	draußen toben
3	lesen	10	im Haushalt helfen
4	faulenzen, träumen	11	Treffen mit anderen im Kindertreff
5	mich mit Freunden treffen	12	Dinge sammeln
6	Musik / Hörspiele hören	13	mit Eltern etwas unternehmen
7	fernsehen	14	Musik machen
15	Sonstiges:		

18. Gehörst Du einer bestimmten Gruppe an, zu der Du jede Woche (alle zwei Wochen) gehst? Kreise bitte die entsprechenden Nummern ein!

1	Sportgruppe	5	Musikgruppe
2	Jugendgruppe	6	Theatergruppe
3	Hausaufgabengruppe	7	sportliche Fördergruppe
4	Hort	8	
9	Ich gehe in keine Gruppe		

19. Bekommst Du Hilfe in Form einer Einzelförderung, zu der Du jede Woche (alle zwei Wochen) gehst? Kreise bitte die entsprechenden Nummern ein!

1 Einzelförderung in Schule   4 Musikunterricht

2 Sprachtraining   5 Hausaufgabenhilfe

3 Bewegungstraining   6

7 Ich bekomme keine Förderung

20. Es gibt verschiedene Möglichkeiten, Beziehungen zu Freunden zu haben. Wie ist das bei Dir?
Kreise bitte Deine Antwort ein:

1 Ich habe eine Gruppe von Freunden, mit denen ich viel zusammen mache.
2 Ich habe ein oder zwei gute Freunde, mit denen ich viel mache.
3 Ich bin meistens für mich allein.

21. Bewerte nun bitte wieder folgende Aussagen und kreuze in jeder Zeile Deine Zustimmung oder Ablehnung an.

		Stimme gar nicht zu				Stimme voll zu
1	Ich verbringe mehr Zeit draußen als im Haus.	1	2	3	4	5
2	Statt mit der Bahn oder mit dem Bus zu fahren nehme ich lieber das Fahrrad.	1	2	3	4	5
3	Nach der Schule bin ich am liebsten in der Wohnung.	1	2	3	4	5
4	In meiner Wohngegend gibt es viele Möglichkeiten zum Spielen.	1	2	3	4	5

25. Auf der nachfolgenden Liste sind verschiedene Sportangebote genannt.
Kreuze bitte in jeder Zeile an, ob Du in diesem Jahr das eine oder andere gemacht hast – und wie häufig.

	nie	selten	manchmal	öfter	häufig
Tennis/ Federball	1	2	3	4	5
Fußball	1	2	3	4	5
Basketball	1	2	3	4	5
Schwimmen	1	2	3	4	5
Tischtennis	1	2	3	4	5
Inline/ Skateboard/ Kickboard fahren	1	2	3	4	5
Fahrrad fahren	1	2	3	4	5

26. Was machst Du um Dich so richtig wohl zu fühlen?
Kreuze bitte wieder in jeder Zeile Deine Häufigkeit an.

	nie	selten	manchmal	öfter	häufig
im Zimmer entspannen	1	2	3	4	5
mich draußen austoben	1	2	3	4	5
Musik /Kassetten hören	1	2	3	4	5
mit Freunden treffen	1	2	3	4	5
Hobby nachgehen	1	2	3	4	5
Zeit mit Familie verbringen	1	2	3	4	5

Fernsehen	1	2	3	4	5
im Haus toben	1	2	3	4	5
Sport	1	2	3	4	5

9. Hier noch mal eine Liste mit Aussagen, die Du bewerten sollst.
Denke daran, wieder in jeder Zeile ein Kreuz zu machen.

		Stimme gar nicht zu				Stimme voll zu
1	Ich freue mich auf den Sportunterricht in der Schule.	1	2	3	4	5
2	Mir macht es nichts aus, mir auch mal weh zu tun.	1	2	3	4	5
3	Ich kletter sehr gern auf hohe Bäume	1	2	3	4	5
4	Ich renne gerne um die Wette.	1	2	3	4	5
5	Draußen spiele ich lieber ruhigere Spiele.	1	2	3	4	5

**Geschafft. Vielen Dank, dass Du Dir so viel Mühe gegeben hast.
Wenn Du noch irgendwelche Fragen hast, dann melde Dich bitte jetzt!!**

Erschienene Bände in der Reihe "Lebenslang lernen"

Band 1: Una M. Röhr-Sendlmeier (Hrsg.)
"Frühförderung auf dem Prüfstand. Die Wirksamkeit von Lernangeboten in Familie, Kindergarten und Schule"

Band 2: Laura Hemker
"Die Entwicklung visueller Fähigkeiten – Analysen zur bildhaften Tiefenwahrnehmung im ersten Lebensjahr"

Band 3: Stefanie Greubel
"Kindheit in Bewegung. Die Auswirkungen sportlicher Förderung auf das Selbstkonzept und die Motorik von Grundschulkindern"

Band 4: Simone Vogelsberg
"Verkehrserziehung durch Edutainment – Der Einfluss spielerischer Lernsoftware auf Verkehrswissen, Gefahrenbewusstsein und Verkehrsverhalten"

Band 5: Kerstin Knopp
"Risikowahrnehmung, Selbstkonzept und motorischer Status – eine empirische Studie zu den Auswirkungen unterschiedlicher Trainingsbedingungen bei Kindern"

Band 6: Udo Käser (Hrsg.)
"Lernen mit dem Computer"

Band 7: Jenny Demircioglu
"Englisch in der Grundschule – Auswirkungen auf Leistungen und Selbstbewertung in der weiterführenden Schule"

Band 8: Sebastian Bergold
"Identifikation und Förderung von begabten und hochbegabten Schülern"

Band 9: **Schiwa Amri**
"Bildung und Bindungsaspekte bei Migranten der zweiten Generation in Deutschland"

Band 10: **Una M. Röhr-Sendlmeier (Hrsg.)**
"Inzidentelles Lernen - Wie wir beiläufig Wissen erwerben"

In Vorbereitung:

Band 11: **Udo Käser**
"Systematische Fehler im Mathematikunterricht"

Band 12: **Anke Terörde**
"Diagnostik interkultureller Kompetenz"

Band 13: **Claudia Fermor**
"Effektivität der Therapie bei Sprachentwicklungsstörungen"